KIPA 연구보고서 2009-28-3
경제 · 인문사회연구회 협동 연구총서 09-34-03
한국행정연구원 사회위험 · 안전관리 연구총서 ❷

자연재해 및 국가위기 발생시 국가적 종합위기 관리방안연구 3편

불확실성에 대응하는 위험거버넌스

- 신기술 및 신종재난을 중심으로 -

김은성 편저

한국행정연구원

法 文 社

Integrated National Disaster Management Vol. 3

Risk Governance of Emerging Technologies and Disasters in the Face of Uncertainty

edited by

Kim, Eun-Sung

The Korea Institute of Public Administration

Pajubookcity: Bobmunsa, 2009

발 간 사

2010년 우리나라는 세계 선진 국가들의 모임인 G20의 의장국으로서 이미 선진국들과 어깨를 나란히 하고 있습니다. 그러나 아직까지도 우리 국민의 삶이 얼마나 안전해졌는지에 대해서는 자신 있게 답변하기 어려운 상황입니다. 국민들을 경악하게 했던 숭례문 화재, 아직까지도 해결이 요원한 태안 허베이스피리트호의 기름유출 사고, 폭설에 완전히 마비된 교통체계 등 이른바 선진국이라는 대한민국에서 발생하는 재난의 양상은 너무도 후진적입니다. 이에 정부가 "안심하며 살 수 있는 안전한 나라를 만들겠습니다"라는 슬로건을 주요 국정전략의 하나로 삼고 행정안전부를 새롭게 출범시켜 안전을 강조하고 있는 것은 매우 의미있는 일이라 할 수 있습니다.

이러한 전략을 효과적으로 수행하기 위해서는 우리 사회의 변화된 환경을 정확히 이해하고, 정부와 기업, 시민사회의 원활한 협력을 위하여 노력할 필요가 있습니다. 오늘날의 사회 위험은 정부 혼자만의 노력에 의해서는 결코 해결하기가 힘든 상황입니다. 숭례문과 태안의 사고 현장에서 나타났던 헌신적인 국민들의 노력은 향후 우리 사회에서의 안전 거버넌스의 중요성을 다시 한번 강조하고 있습니다. 이와 같은 맥락에서 이 연구는 국가의 안전수준을 한층 높일 수 있는 매우 실용적인 연구로서, 국가 정책 기조에 즉각적으로 대응할 수 있는 매우 기동성 있는 연구로서, 그리고 협동연구과제로서 경제인문사회연구회의 지원을 바탕으로 다양한 전문가가 함께하는 매우 효율적인 연구로서 그 의의가 매우 크다고 할 수 있습니다.

이 연구는 총 2년에 걸친 대형 과제로, 1차년도에는 사회학, 행정학, 공학의 관점을 학제적으로 응용하여 종합적 국가 위기관리의 이론적 토대를 형성하려 노력했습니다. 그리고 이번 2차년도에는 정책입안자와 실무담당자가 활용할 수 있는 실질적 정책 방안을 협력적 거버넌스를 통한 재난 및 위기관리 시스템의 구축 및 강화, 재난 및 위기관리 관련법령 개선 방향 수립, 불확실성에 대응하는 위험거버넌스 연구, 재난에 대한 복원력과 사회적 자본의 관계 분석 및 정책 방향 수립 등 총 4개의 주제하에 연구를 수행하였습니다.

이 연구를 수행한 정지범 · 김은성 한국행정연구원 연구위원과 그 밖의 원내외 연구진의 노고를 치하합니다. 그리고 2년에 걸쳐 연구를 후원해 주신 경제인문사회연구회에 이 지면을 빌어 감사의 말씀을 전합니다.

2009년 12월

한국행정연구원 원장 **박 응 격**

■ **연구 책임자:** 정지범 연구위원 (한국행정연구원)

김은성 부연구위원 (한국행정연구원)

■ **참여 연구진:** 김동광 교수 (고려대학교)

성지은 부연구위원 (과학기술정책연구원)

윤순진 부교수 (서울대학교)

이영희 교수 (가톨릭대학교)

(가나다 순)

차례

Contents

제 2 편 국가 위기관리 입법론 연구 - 입법의 기초와 비교법적 접근

제 3 편 불확실성에 대응하는 위험거버넌스 – 신기술 및 신종재난을 중심으로

제 4 편 재난에 강한 사회시스템 구축 – 복원력과 사회적 자본

표 목차

그림목차

제 3 편

불확실성에 대응하는 위험거버넌스 – 신기술 및 신종재난을 중심으로

제1장 서 론

김은성

21세기 우리 사회는 수해, 화재, 산불 등 전통적인 재해를 넘어 새로운 유형의 위험에 직면하고 있다. 광우병, 조류독감, 돼지독감 등의 신종전염병과 기후변화 등의 신종재난들이 전 세계를 위협하고 있다. 미국산 쇠고기의 광우병에 대한 우려로 우리 사회는 엄청난 사회적 혼란을 겪은 바 있으며, 돼지독감의 세계적 대유행으로 인하여 전 세계 국민들이 불안에 떨고 있다. 더불어, 생명과학기술 및 나노기술 등 새로운 과학기술의 발달 속도가 너무 빨라서 위험정책이 따라가지 못하고 있는 실정이다. 우리나라의 과학기술이 선진국을 모방하는 단계로부터 추월하는 시대로 접어들면서, 위험정책의 환경도 변하고 있다. 과거의 우리나라의 과학기술 관련 위험정책은 선진국이 걸어온 길을 따라가기만 하면 되었으나, "탈추격형 기술혁신시대"에서는 규제정책을 스스로 만들어 가지 않으면 안 된다(성지은 외, 2007).

이러한 신종재난 및 신기술의 위험은 기존의 우리 사회가 직면해 왔던 전통적인 재해와는 다른 성격을 가지고 있다. 그것은 바로 불확실성이다. 불확실성은 모든 위험관리의 본질적인 부문이나, 특히 신종재난 및 신기술의 경우 그 위험의 원인 및 파급효과에 대한 과학적 지식이 부족하기 때문에 불확실성의 정도가 높으며, 그 불확실성의 특성도 기존의 위험과는 다른 성격을 가진다.

우리나라의 전통적인 재난관리정책은 재난예방보다는 재난발생 후의 신속한 복구에 치중을 했기 때문에 불확실성은 재난관리 정책의 중요한 부문이 아니었다. 왜냐하면 불확실성은 재난이 발생한 후보다 발생하기 전이 보다 더 높기 때문이다. 전통적인 재해는 매년 반복적인 성격을 가지고 있어, 경험의 축적과 학습을 통하여 불확실성을 어느 정도 해결할 수 있었다. 하지만 신종재난 및 신기술위험의 불확실성은 기존 우리나라 재난관리정책의 경험에서 볼 때 매우 생소한 것이었다.

불확실성의 증가는 바로 위험을 평가하는 과학적 지식 및 그 지식을 소유한 전문가의 한계를 의미한다. 그동안 위험정책은 위험을 평가하는 과학기술 전문가에게 많이 의존해 왔다. 이와 같이 과학기술적 전문성에 의존한 정책적 접근법을 "기술관료주의적 접근법"이라 부른다. 불확실성의 증가는 이러한 기술관료주의의 접근법에 대한 한계와 불신의 증가를 가져왔다. 즉, 위험의 불확실성이 증가함에 따라 전문가 집단 및 정책관료에 대한 대중의 신뢰가 감소하고, 사회적 갈등이 증가하여, 많은 사회적 비용을 지출하게 된다. 특히, 신기술 및 신종재난에 대한 불확실성이 높음에도 불구하고, 제한된 시간 내에, 제한된 위험정보를 가지고 의사결정이 이루어져야 하기 때문에, 과학적 전문성에 한계가 있으며, 전문가의 능력에 대한 불신이 증대된다.

이러한 신종재난 및 신기술 관련 위험의 불확실성에 대응하기 위해서는 전통적인 위험정책과는 다른 형태의 위험정책 및 전략이 필요하다. 그러므로 전문가, 정부, 시민 간의 새로운 관계 설정이 필요하며, 많은 이해관계자 집단의 경험 등 사회적 지능을 활용한 새로운 형태의 의사결정방식에 입각한 위험거버넌스가 필요하다. 즉, 과학적 전문성으로 불확실성을 완전히 제거하려는 시도보다는 불확실성을 받아들이지만, 이에 대항하기 위해서는 사회적 지능(social intelligence)을 활용한 새로운 정책전략의 개발이 필요하다.

본 연구는 신기술 및 신종재난의 사례연구를 통하여 이론적 고찰과 경험적 연구, 그리고 규범적 정책제언 간의 종합적 연계를 추구한다. 본 연구는 신기술 및 신종재난과 관련하여 각각 두 가지 사례를 분석한다. 신기술과 관련해서는 생명공학기술과 나노기술을 분석하며, 생명공학기술은 유전자조작물질(GMO)에 대해 분석한다. 신종재난에 대해서는 광우병과 기후변화를 사례로 분석한다. 본 연구는 불확실성을 세 가지 유형으로 분류하고, 각각의 사례가 어떠한 유형의 불확실성을 배태하고 있는지를 분석한다. 또한, 신기술 및 신종재난의 위험에 대한 해외 주요국 및 한국의 위험거버넌스에 대한 경험적 분석을 통하여, 세계 각국의 정책이 신종재난 및 신기술 위험의 불확실성에 대해 어떻게 대응하고 있는지에 대해 분석한다. 불확실성에 대응하는 위험정책 거버넌스를 네 가지의 정책 유형으로 분류하여, 각 사례별 정책이 이러한 유형의 정책적 전략을 가지고 있는지 그리고 어떻게 활용하고 있는지에 대해 분석한다. 마지막으로, 사례연구에서 제시된 불확실성과 위험정책을 종합적으로 분석하면서, 위험의 불확실성에 대응하는 포괄적 정책대안을 제시한다.

이 책의 구성은 다음과 같다. 첫째, 2장에서는 불확실성이 만연하는 시대적 특성을 "탈정상시대(Post-normal age)"와 "탈신뢰사회(Post-trust society)"의 개념 속에서 제시한다. 탈정상시대는 위험정책에서의 과학적 지식의 효용성이 한계를 드러내는 시대를 의미하며, 탈신뢰사회란 전문가, 관료에 대한 신뢰 및 그들의 권위가 줄어드는 사회를 의미한다. 이러한 새로운 시대적 개념에 기초하여 1) 불확실성, 2) 전문성, 3) 신뢰, 4) 정책에 대한 유형을 분류하고 연계함으로써, 불확실성에 대응하는 위험거버넌스의 틀 속에서 개념들을 종합한다. 불확실성은 1) 기술적 불확실성, 2) 방법적 불확실성, 3) 인식론적 불확실성으로 구분하며, 전문성은 1) 기술관료주의적 전문성, 2) 민주적 전문성, 3) 시민 전문성으로 분류한다. 신뢰는 1) 능력, 2) 객관성, 3) 일관성, 4) 공평함 등으로 분류한다. 불확실성에 대응하는 정책유형은 1) 기술관료주의적 접근법, 2) 점증주의적 접근법, 3) 사전예방적 접근법, 4) 민주적/숙의민주주의적 접근법으로 구분한다. 이론적 개념을 종합적으로 연계하고 통합함으로써 전체 연구의 분석틀을 제시한다.

3장에서는 생명공학기술에 대한 사례분석을 통하여 불확실성과 정책 간의 연관관계에 대한 함의를 분석한다. 특히, 여기에서는 생명공학기술 중 GMO에 대한 사회적 논쟁과 국내외 정책을 분석한다. 이 사례에서는 인식론적 불확실성의 개념을 활용하여 바이오기술에 대한 불확실성을 분석한다. 특히, "실질적 동등성"의 논란을 통하여 사회적으로 형성되는 인식론적 불확실성에 주목한다. "실질적 동등성"이란 유전자재조합기술에서 만들어진 GMO가 전통적 교배방식에 의해 만들어진 개체와 사실상 본질적인 차이가 없다는 개념이다. 바이오기술과 전통교배의 유사성과 차이에 대한 실질적 동등성의 개념은 바이오기술에 대한 사회적 논쟁 및 정책적 논의에서 끊임없이 대립되고 논란이 되어 왔다. 또한 위험거버넌스와 관련하여, 이 사례는 미국, 유럽(덴마크), 그리고 한국의 위험거버넌스의 특징을 분석하면서, 기술관료주의적 접근, 결정주의적 접근, 사전예방적 접근, 숙의민주주의적 접근을 적용하여 분석한다.

4장에서는 나노기술에 대한 위험거버넌스를 분석한다. 불확실성과 관련하여 이

장에서는 나노기술의 인체적, 환경적, 사회적 영향과 관련한 인식론적 불확실성을 도출해 낸다. 이와 같은 나노기술의 영향에 대한 이해집단 간의 인식 차이를 살펴보면서 인식론적 불확실성이 사회적으로 구성됨을 보여준다. 또한, 미국, 유럽연합, 일본을 중심으로 위험거버넌스를 분석한다. 특히, 이 사례에서는 참여적 위험거버넌스에 주목하면서 나노배심원, 기업과 시민 파트너쉽의 해외사례에 대해 살펴본다. 5장에서는 광우병에 대한 위험거버넌스를 분석한다. 이 장에서는 인식론적 불확실성과 방법적 불확실성에 대해 다룬다. 인식론적 불확실성으로 1) 광우병의 원인, 2) 광우병 잠복기와 진행예측, 3) 광우병에 걸릴 확률, 4) 광우병 취약 유전자의 존재, 5) 광우병 특정위험물질(SRM)의 범위 등과 관련한 불확실성을 다룬다. 방법적 불확실성으로는 30개월 미만 소 판별법인 치아판별법과 관련한 논란을 다룬다. 위험거버넌스와 관련하여, 기술관료주의적 접근법, 사전예방적 · 참여민주주의적 접근법을 활용하여, 유럽, 미국, 일본, 우리나라 순으로 광우병에 대응하는 위험거버넌스를 비교, 분석한다. 광우소 검사(전수검사 또는 표본검사), SRM 금지 정책(SRM부위의 범위), 사료정책(금지사료의 범위), 이력추적제 등 광우병 관련 정책을 살펴보면서 기술관료주의적 접근법과 사전예방적 접근을 비교한다.

6장에서는 기후변화의 위험거버넌스를 분석한다. 이 장에서는 기술적, 방법적, 인식론적 불확실성을 모두 다룬다. 기술적 불확실성으로 지구표면 온도측정의 오차를 다룬다. 방법적 불확실성으로 기후변화의 측정방법인 산소동위원소법 또는 꽃가루성분법 등 측정방법의 불확실성을 다룬다. 인식론적 불확실성으로는 기후변화의 진행속도와 강도, 불가역적 문턱의 존재유무와 시점 등 기후변화 진행속도와 영향에 대한 인지적 한계를 다룬다. 기후변화의 위험거버넌스로 완화와 적응전략 등 사전예방적 접근을 기반으로 다루나, 구체적 실행방식에서 이러한 사전예방적 접근법이 기술관료주의, 점증주의, 참여/숙의적 접근법과 결합하는 것을 보여준다.

마지막 7장에서는 사례연구에서 분석된 불확실성과 위험정책을 다시 요약 및 종합하고, 불확실성의 유형별 위험정책을 제시한다.

제 2 장 불확실성에 대응하는 거버넌스에 대한 이론적 고찰

김은성

제 1 절 탈정상시대와 탈신뢰사회의 도래

신종재난 및 신기술 위험의 특징은 바로 불확실성이다. 위험의 불확실성이 증가함에 따라 위험분석에 사용되는 과학적 지식의 한계가 지적되고 있으며, 이러한 과학적 지식을 생산하는 전문가집단과 전문가집단의 지식에 의존하는 기존 위험정책 및 제도에 대한 불신도 증가되고 있다. 이러한 불확실성이 만연한 위험사회를 학자들은 탈정상시대(post-normal age)와 탈신뢰사회(post-trust societies)로 부르고 있다(Funtowicz & Ravetz 1993; Lofstedt 2005).

탈정상시대란 Silvio O. Funtowicz와 Jerome R. Ravetz에 의해 고안된 개념으로 토마스 쿤의 "정상과학(normal science)"의 개념을 응용하여, 복잡하고 불확실한 위험사회에서에서의 과학의 한계를 지적한 것이다. 쿤은 현대과학의 특징을 정상과학이라 규정한 바 있다. 쿤은 과학이란 특정한 패러다임 위에서의 퍼즐풀기(puzzle-solving)라고 정의하였다. 즉, 과학에서는 그 과학이 내포하고 있는 패러다임을 벗어난 퍼즐은 풀 수가 없는 것이다. 이러한 개념을 활용하여, Funtowicz와 Ravetz는 정상과학상태에서의 불확실성은 과학에 의해서 자동적으로 관리되나, 불확실성이 매우 높을 경우 정상과학은 제대로 기능할 수 없다고 주장하였다. 위험분석에 있어서 과학이 적용될 수 있는 범위는 불확실성의 정도와 유형에 따라 한계가 있는 것이다.

하지만, Funtowicz와 Ravetz의 과학에 대한 태도는 결코 반과학이 아니다. 불확실성이 낮은 경우 과학은 분명히 적용될 수 있다. 불확실성이 높은 경우 탈정상과학이 필요한데, 탈정상과학(post-normal science)은 결코 반과학을 의미하는 것이 아니며, 대중역학, 대체과학, 시민과학 등 대안적 과학을 의미한다. 이러한 대안적 과학은 전문가들만이 참여하는 기존의 동료심사(peer review) 시스템을 확대하여 전문가 외의 다양한 이해당사자들 - "확장된 동료 그룹(extended peer communities)" - 의 참여와 숙의를 필요로 한다. 예를 들어, 대중역학은 전문가 외에 일반시민이 역학조사에 직접 참여하는 것을 의미한다.

탈신뢰사회는 Ragnar E. Lofstedt(2005)에 의해 고안된 개념으로, 전문가 및 관료의 권위가 축소되고, 불신이 증가되는 사회를 의미한다. 전문가 및 제도에 대한 "회의주의(scepticism)"가 탈신뢰사회의 하나의 특징이다(Taylor-Gooby 2006). 시민들은 전문가들에게 무조건적이고, 자발적인 지원을 하지 않으며, 전통적인 위계질서에 대해 거부하면서 새로운 관계설정을 요구한다. 그들은 명령과 통제의 매커니즘에 기초한 기존의 위험관리 패러다임을 거부하면서, 이해관계자들 간의 협동, 참여, 조정, 연계에 기초한 협력적 거버넌스 시스템을 요구한다.

Lofstedt(2005)는 신뢰에 대한 심리학적 접근에 기초하여 신뢰를 형성하는 세부질적 지표로 능력(competence), 공평함(fairness), 객관성(objectivity)을 이야기한다. 불확실성은 이러한 신뢰의 세부요소들에게 영향을 준다. 즉, 탈신뢰사회의 시민들은 전문가 혹은 관료들이 신종재난 및 신기술의 불확실성에 대해 무능하며, 모든 이해당사자들의 의견을 대변하는 데 공평하지 않으며, 정보의 수집이나, 정책의 집행에 있어서 편견을 가지고 있다고 생각할 수 있다는 것이다.

이 장에서는 불확실성과 거버넌스에 대한 선행연구들을 검토하면서, 이 연구의 이론적인 배경을 제공한다. 불확실성, 신뢰, 전문성, 거버넌스의 개념에 대해 소개하며, 이 개념들을 통합하여 연구의 분석틀을 제공한다. 이 연구는 주요 개념으로 불확실성과 거버넌스를 활용하고, 신뢰와 전문성은 불확실성과 거버넌스를 설명하는 보조적 개념으로 활용할 것이다.

제 2 절 불확실성

1. 불확실성의 유형

기술적 불확실성, 인식론적 불확실성, 윤리적 불확실성, 정책적 불확실성, 정치적 불확실성 등 매우 다양한 유형의 불확실성이 학자들에 따라 다양한 각도에서 논의되어 왔다. 이 절에서는 Funtowicz와 Renn이 제시한 불확실성의 유형을 중심으로 설명한다(Craye외 2005; Renn 2008).

Funtowicz그룹은 불확실성을 1) 기술적 불확실성(technical uncertainty), 2) 방법적 불확실성(methodological uncertainty), 3) 인식론적 불확실성(epistemological uncertainty)으로 구분하였다. 기술적 불확실성은 "부정확성(inexactness)", 방법적 불확실성은 "비신뢰성(unreliability)", 인식론적 불확실성은 "불확정성(indeterminacy)" 및 "무지(ignorance)"를 의미한다(Funtowicz & Ravetz, 1993: 743). 기술적 불확실성은 정상과학상태의 불확실성으로 과학적 방법론의 응용으로 해결되며, 방법적 불확실성은 전문가적 합의가 요구되는 불확실성이고, 인식론적 불확실성은 탈정상과학이 필요한 불확실성이다.

기술적 불확실성(부정확성)은 수, 단위, 표준편차(numeral-unit-spread) 등에 관련된 것으로, 데이터 수집 및 분석에서의 불확실성으로 측정의 오차에서 비롯되는 부정확성을 의미한다. 기술적 불확실성에서 데이터 수집 및 분석은 특수한 전문영역의 표준 루틴을 따른 것으로 문제가 되지 않으며, 단지 통계적 편차에 불확실성이 있다.

방법적 불확실성(비신뢰성)은 수집된 정보에 대한 가치(value) 및 신뢰(reliability)와 관련이 있을 때 발생한다. 이러한 신뢰는 위험정보를 분석하는 데 사용되는 방법, 모델과 분석자에 대한 신뢰와 관련된다. 신뢰도는 서로 다른 모델, 분석방법을 사용했을 때 차이가 나며, 이 모델 및 방법에 대한 신뢰도는 데이터를 수집하는 전문가의 능력(skill) 및 판단(judgement)과 결부된다. 이러한 방법적 불확실성의 경우는 전문가 델파이조사나 전문가 위원회의 구성을 통한 전문가적 상담(professional consultancy)이 필요하다. 예를 들어, 위험분석에서 역학과 동물 독성학이 사용되는데, 어느 방법을 더 신뢰할 것인가에 대한 것이 바로 방법적 불확실성이다.[1] 기술적 불확실성과 방법적 불확실성을 구분하는 한 가지 방법은 기술적 불확실성은 하나의 분석방법 및 모델에서 측정의 오차와 관련되고, 방법적 불확실성은 서로 다른 측정모델 및 방법 간의 불확실성을 의미한다.

셋째, 인식론적 불확실성은 과학적 지식의 생산과정에 가치가 개입됨으로써 나타나는 불확실성이다. 인식론적 불확실성은 "불확정성(indeterminacy)" 그리고 "무지(ignorance)"로 구분할 수 있다. 불확정성은 지식의 사회적 맥락성과 관련되며, 자연 현상 또는 사회 · 기술적 현상에 대한 선험적 접근(a priori approach)이 없다는 것을 의미한다(Craye et al., 2005: 223). 예를 들어 불확정성은 사회적 집단의 문제틀의 차이에 따라, 과학에 대한 인식의 차이가 발생함으로써 생산되는 불확실성이다. 무지(ignorance)는 실제와 지식 간의 극복할 수 없는 절대적 간극(gap)을 의미한다. 인간의 지식이 아무리 증가하더라도, 그 지식은 모든 불확실성을 제거할 수는 없으며, 피할 수 없는 절대적 한계가 있다는 윤리적 태도와 관련된 불확실성이 바로 무지이다.[2]

본 연구에서 주로 주목하고자 하는 것은 바로 인식론적 불확실성이다. 이 중 특히, 불확정성은 위험에 대한 사회적 논쟁을 통해 만들어진다. 예를 들어, 기후변화의 원인을 인간활동에 의한 이산화탄소의 배출에 의한 것인지, 자연적인 현상에 의한 것인지에 대한 과학적, 사회적 논쟁이 있었다. 더불어, 광우병이 프리온이라는 단백질에 의한 것이지, 바이러스에 의한 것인지에 대한 과학적 논쟁이 있다. 바이오기술에서 유전자조작식물이 자연식물과의 동일성 여부와 관련된 실질적 동등

---

1) 일반적으로 역학이 독성학보다 더 신뢰되는 방법이다. 왜냐하면, 독성학은 인간과 동물 간의 차이에 의해 불확실성이 존재한다. 다만, 역학조사의 경우는 특정한 통계적 중요성(statistical significance) 이상의 수치만 인정한다. 이와 같은 기준들은 바로 전문가의 합의에 의해 만들어진 것이다.

2) 이 책에서는 불확정성과 무지를 인식론적 불확실성의 두 유형으로 구분하였지만, Funtowicz와 Ravetz는 이를 인식론적, 윤리적 불확실성으로 표현한다. 여기서 인식론적 불확실성과 윤리적 불확실성을 구분하자면, 무지는 윤리적 불확실성에 해당하며, 규범적 차원에서의 불확실성을 의미한다. 이는 Emmanel Levinas의 철학과 연결이 되는데, 신(god)에 대한 무지처럼 아무리 인간의 인식 및 지식이 증가할지라도 근원적인 한계가 존재할 수밖에 없다는 윤리적 의식으로부터 비롯되는 것이 바로 윤리적 불확실성이다. 그래서 Levinas는 절대자에 대한 태도는 인식론이나 존재론이 아니라 윤리라고 주장하였다.

〈그림 2-1〉 불확실성에서의 의사결정

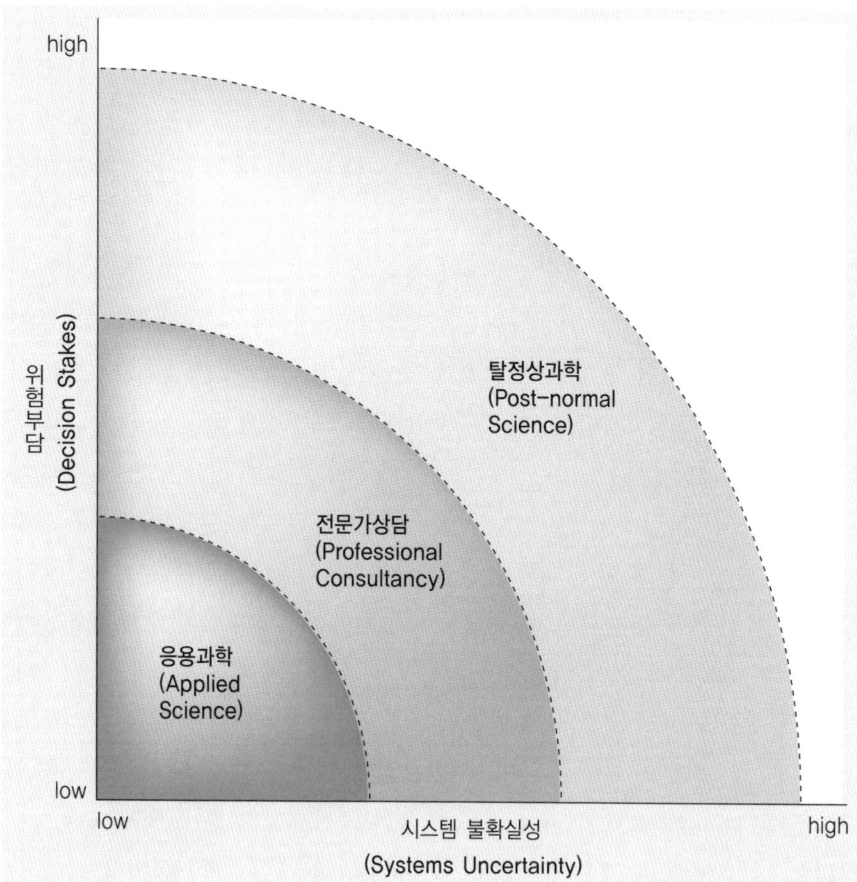

출처: NUSAP Net.

성 논의, 나노기술에서의 나노기술과 바이오기술 간의 동일성 논의 등 이러한 논쟁들은 인식론적 불확실성과 관련된다. 인식론적 불확실성은 위험의 원인 및 파급효과뿐만 아니라, 정책실행의 효과의 불확실성과도 관련된다. 예컨대, 기후변화에 대한 대응 전략으로써 탄소배출량의 감소에 초점을 두는 완화전략(mitigation)과 기후변화의 부정적인 영향을 최소화하는 적응전략(adaptation) 간의 논쟁이 이에 해당한다. 더불어 적응전략에서도 과대 적응(over-adaptation)이냐, 과소 적응(under-adaptation)이냐의 논쟁이 발생한다. 이러한 논쟁들은 불확실성 때문에 쉽게 해결되지 않는다.

불확실성의 유형에 대한 또 다른 논의로서 Ortwin Renn(2008: 178)의 연구를 들 수 있다. Renn은 1) 선형성(linearity), 2) 복잡성(complexity), 3) 불확실성(uncertainty), 4) 모호성(ambiguity)을 기준으로 위험을 구분하였다. 위험의 선형성은 위험의 확실성을 의미하며, 그 외에 복잡성, 불확실성, 모호성은 광의적 의미에서 모두 위험의 불확실성과 관련된다.

선형적 위험이란 위험평가와 계량화가 쉬워 전통적인 위험-편익 분석에서 관리가 가능한 위험을 말한다. 선형적 위험은 위험의 부정적인 결과가 분명하고, 관련된 가치와 목적에 대한 논쟁이 매우 적은 것을 의미한다. 예를 들어 차사고, 알려진 식품 및 건강 위험, 매년 일어나는 자연재난 또는 대형 건물의 안전사고 등이 이러한 위험에 해당한다.

둘째, 위험의 "복잡성"이란 특정 위험이 수많은 인자와 결합하여 서로 복잡한 상호작용을 함으로써 위험에 대한 인과관계가 매우 복잡할 때 나타나는 현상이다. 예를 들어 복잡한 위험 문제는 1) 위험물질의 양(dose)과 그것의 영향(effect)과 관련된 복잡한 인과관계, 2) 위험관련 취약성을 감소시키기 위해 활용되는 조치의 효과성 등에 대한 과학적 논쟁과 주로 관련한다. 셋째, Renn이 제시하는 "불확실성"은 위험에 대한 범주와 차원이 알려져 있지 않아 해결할 수 없는 불확실성을 의미한다. 넷째, Renn은 모호성(ambiguity)을 인식론적 모호성과 규범적 모호성으로 구분하였다. "해석적 모호성(interpretative ambiguity)"은 사회 속에서 서로 다른 이해당사자들에 의한 가치의 개입으로 인하여 사실을 다르게 해석하는 것을 말한다. 위험에 대한 사실관계에 대하여 이해당사자들이 서로 다른 관점을 가지고 있는 것을 말한다. "규범적 모호성(normative ambiguity)"이란 정책과 관련된 것으로 확인된 위험에 대해 어떠한 위험관리정책이 타당한지에 대한 모호성을 의미한다.[3)]

Funtowicz그룹과 Renn의 불확실성에 대한 논의는 서로 유사한 부분이 적지 않

3) 규범적 모호성에서의 용어 "규범적"은 주석 2)에서 언급한 무지 즉 윤리적 불확실성의 "윤리적"과는 서로 의미가 다르다. 규범적 모호성의 "규범적"은 정책을 의미하며, 윤리적 불확실성의 "윤리적"은 정책을 의미하는 것이 아니라, 절대적 지식의 부재로부터 오는 성찰성을 의미한다.

다. Renn이 정의한 "복잡성(complexity)"은 위험물질의 양(dose)과 영향(effect)에 대한 복잡한 상호관계에 대한 과학적 논쟁과 관련되며, 특정 분석 방법 및 그것을 사용하는 전문가에 대한 신뢰에 매우 연관된다. 이는 Funtowicz의 특정한 분석방법 및 모델 그리고 그것들을 사용하는 전문가에 대한 신뢰(reliability)와 관련된 "방법적 불확실성(methodological uncertainty)" – 즉, 전문가의 방법과 기술(skill)에 대한 비신뢰성(unreliability) – 과 그 맥이 닿아 있다.

Renn의 모호성(ambiguity)에 대한 정의는 사회 속에서 서로 다른 이해당사자들에 의해 하나의 현상에 대해 서로 다른 해석이 만들어지는 것으로, Funtowicz가 정의한 사실과 가치의 결합에 의한 지식의 사회적 맥락성에 관한 불확정성(indeterminacy)과 거의 유사하다. Renn이 정의한 "불확실성(uncertainty)"은 위험에 대한 지식의 절대적 한계를 의미하며, Funtowicz가 정의한 무지(ignorance)와 유사하다.

마지막으로 언급이 필요한 부분은 이러한 유형분류를 기계적으로, 그리고 이념적으로 받아들여서는 안 된다는 점이다. 앞에서 논의된 불확실성의 유형 간에는 어느 정도의 중복성이 존재한다. 기술적 불확실성과 인식론적 불확실성은 서로 구분된다고 할 수 있으나, 방법적 불확실성은 인식론적 불확실성과 일부분 중복될 수 있다. 특정한 방법 및 모델, 그리고 그것을 사용하는 전문가들에 대한 신뢰의 문제는 전문가집단 내부의 문제일 수도 있지만, 이해집단 간의 논쟁과 밀접하게 연관이 될 수 있다. 이해집단의 가치가 개입되어 그들 간의 사회적 논쟁이 위험 분석 방법 및 모델에 관련된 내용과 연계될 경우는 방법적 불확실성과 인식론적 불확실성(여기서는 불확정성)의 혼성(hybrid)의 형태라고 볼 수 있다.

기술적 · 방법적 불확실성과 인식론적 불확실성은 불확실성에 대응하는 전략을 중심으로 구분이 가능하다. 즉, 방법적 불확실성의 경우 전문가 간의 합의를 통한 의사결정방식을 지향하고, 인식론적 불확실성의 경우 이해당사자 간의 조정을 통한 참여적 접근법이 필요하다. 따라서, 전문가들이 사용하는 모델 및 방법에 대한 동일한 이슈이지만, 이해집단의 논쟁과 관련이 없는 경우는 방법적 불확실성으로 분류하고, 이해 집단 간 논쟁으로 발전한 경우에는 인식론적 불확실성으로 규정할 수 있다.

Renn이 정의한 "복잡성"과 "해석적 모호성(interpretative ambiguity)" 간에 중복이 나타난다. Renn은 "해석적 모호성"을 사회속의 이해집단에 따라 위험이 서로 다르게 해석되는 것으로 정의 내리고 있다. 하지만 이러한 해석적 모호성은 위험의 인과관계의 복잡성 – 예를 들어, 위험물질의 양과 영향에 대한 복잡한 상호작용 – 에 관련된 이슈로 나타날 수 있다. 이런 경우 복잡성과 해석적 모호성이 공존하는 경우이다. 하지만, 이 경우에도 관련 정책을 중심으로 구분한다면, 그 위험의 인과관계의 복잡성이 전문가들 간의 과학적 의견의 차이라면, 그것은 "복잡성"에 해당할 것이고, 보다 넓은 이해집단의 가치의 개입에 의한 사회적 논쟁과 관련된다면, 해석적 모호성과 관련이 될 것이다. 따라서, 같은 사안이라 할지라도 사회적 맥락에 따라 불확실성의 유형이 달라질 수 있다. 같은 문제를 두고서, 어떤 집단은 기술적 불확실성, 어떤 집단은 방법적 불확실성, 어떤 집단은 인식론적 불확실성이 지배한다는 식으로 서로 다르게 해석할 수 있다. 그러므로 불확실성에 대한 연구자의 메타분석적 판단 및 유형분류 그 자체도 불확실성 하에 있는 것이다.

2. 위험의 유형과 불확실성

이 절에서는 유럽위원회의 2001년도 보고서에서 제시된 위험의 유형과 불확실성에 대해 알아본다. 이 보고서에서 제시한 위험 유형에 대한 내용은 "세계 변화에 대한 독일 위원회(German Council on Global Change)"의 보고서의 결과를 차용한 것이다(Stirling, 2001; WBGU, 1998). 이 위원회는 피해(damage)정도와 발생확률(probability of occurrence) 등 위험평가의 전통적인 범주를 기본적인 범주로 활용하되, 보다 다양한 지표를 활용하여, 위험의 특성을 분석하고자 하였다.

유럽위원회는 위험의 발생확률과 피해의 정도에 따라 위험을 1) 정상영역(normal area), 2) 중간영역(intermediate area), 3) 참을 수 없는 영역(intolerable area)으로 구분하였다. 이 외에 이 위원회가 사용한 위험의 분류기준은 표와 같다. 이 위원회가 제시한 위험기준의 특이성은 객관적인 과학적 기준에 의해서만 분류한 것이 아니라, 인간의 지식 정도, 심리적 · 사회적 요인까지 고려하면서 위험의 유형을 분류하였다는 점이다.

정상영역은 통계적 불확실성이 낮고, 위험이 발생할 경우 피해의 정도가 크지 않은 영역을 의미한다. 그리고 정상영역은 위험피해의 지속성과 편재성이 낮고, 위험결과의 가역성이 높은 영역을 의미한다. 하지만 중간영역과 참을 수 없는 영역은 정상영역과 다른 형태의 많은 문제점을 낳는다(Stirling 2001: 14). 이 영역에서는 위험평가의 확실성이 부족하고, 통계적 불확실성이 매우 높으며, 격변적 잠재력(catastrophic potential)이 경고 차원에 도달할 수 있으며, 위험결과의 피해 확산에 대한 지식이 부족하다. 더불어, 위험은 세계적이며, 비가역적 피해를 낳을 수 있으며, 대중적 논란을 야기하여 시민들의 정치적 행동을 초래할 수 있다.

이러한 기준에 준거하여, 유럽위원회는 그리스 신화의 내용을 활용하여, 〈그림 2-2〉와 같은 6개의 위험 유형을 분류하고 사례를 제시하였다. 첫째, 위험유형 "다모클의 칼(Sword of Damocles)"은 위험 피해의 정도는 매우 높으나, 발생할 확률은 매우 낮은 유형의 위험을 의미한다. 예를 들어, 핵에너지, 화학공장, 댐 등이 이러한 유형에 해당한다. 둘째, 위험유형 "사이클롭(Cyclops)"은 한 개의 눈을 가진

〈그림 2-2〉 위험의 유형

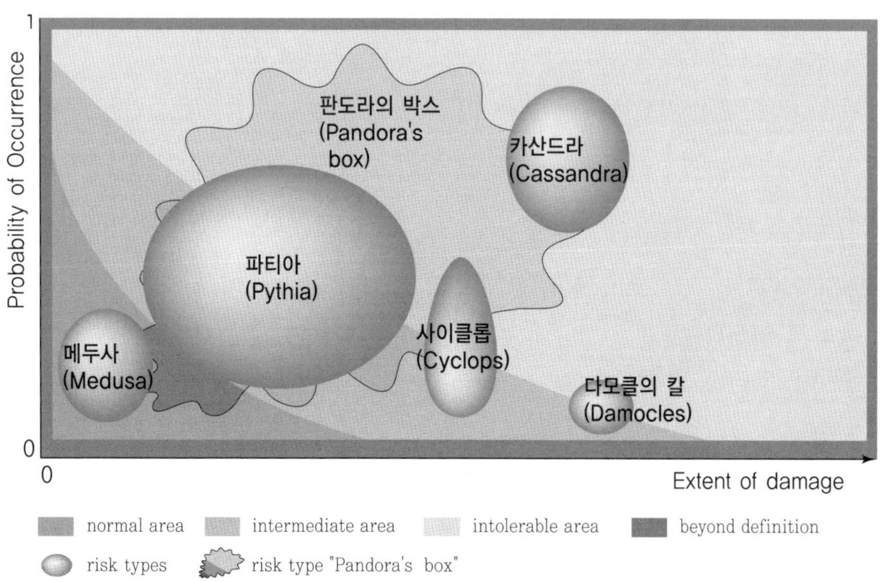

출처: Stirling(2001).

〈표 2-1〉 위험의 평가기준

위험기준	정 의	기준 및 범위
발생확률(probability of occurrence)	피해가 발생할 통계적 확률	0~1
피해정도(extent of damage)	위험결과의 피해 정도	1~∞
평가의 확실성 (certainty of assessment)	평가의 정확성	p: 발생확률 예측의 정확성 d: 피해정도 예측의 정확성
편재성(ubiquity)	잠재적 피해의 지역적 확산 [세대내 정의(intragenerational justice)]	세계적 확산 전까지 지역적
지속성(persistency)	잠재적 피해의 시간적 확대 [세대간 정의(intergenerational justice)]	잠재적 회복 전까지 낮음.
가역성(reversibility)	피해가 일어나기 전에 회복할 가능성	피해의 회복 속도
지체효과(delay effect)	초기사건과 피해의 실제 영향과의 시간간격	시간간격의 수치
이동력(potential of mobilization)	위험에 의해 영향을 받는 개인 혹은 집단에 의해 사회적 충돌과 심리적 반응을 양산하는 개인적, 사회적, 문화적 이해와 가치의 위반	정치적 관련성의 정도

출처: Stirling(2001).

괴물을 의미하는 것으로 실재의 한 측면은 위험하나, 나머지 측면은 위험하지 않은 경우를 말한다. 피해의 발생확률은 위험하지 않으나, 최고의 피해는 예측할 수 있는 경우를 말한다. 예를 들어 홍수, 지진, 화산과 같은 자연재난과 AIDS의 경우가 이러한 유형의 위험에 해당한다.

셋째, 위험유형 "파티아(Pythia)"는 눈먼 예언사를 의미하며, 그의 예언은 항상 모호하다는 것을 의미한다. 이 유형의 위험은 큰 위험이 일어날 수 있으나, 위험의 발생확률, 피해 정도, 위치, 피해의 방식은 불확실한 경우를 말한다. 생태계에 대

〈표 2-2〉 위험유형 및 사례

위험유형	사 례	
다모클의 칼	낮은 p(0에 가까움) 높은 d(무한대에 가까움) p와 낮은 d의 신뢰구간	핵에너지 대규모 화학시설 댐 운석충돌
사이클롭	불확실한 p 높은 d 높은 p의 신뢰구간 보다 낮은 d의 신뢰구간	홍수 지진 화산폭발 에이즈 감염 인위개변 영향종의 대량개발
파티아	불확실한 p 불확실한 d(잠재적으로 높은) p와 높은 d의 신뢰구간	온실효과 증가 유전자변형 식물의 확산 광우병(BSE) 특정 유전자공학 적용 서 · 남극 빙판의 불안정성
판도라 박스	불확실한 p 불확실한 d(추정) p와 불확실한 d의 신뢰구간(불명확) 높은 지속성(몇 세대)	잔류성 유기오염물질(POPs) 내분비 교란물질(환경호르몬)
카산드라	높은 p 높은 d 보다 높은 p 보다 낮은 d 높은 지연효과	인위개변 기후변화 지구생태계 불안정화
메두사	보다 낮은 p 보다 낮은 d(높은 설명) 보다 높은 p의 신뢰구간 보다 낮은 d의 신뢰구간 높은 이동잠재력	전자기영역

출처: Stirling(2001).

한 인간의 개입, 바이오기술의 기술적 진보, 온실가스 효과 등이 이러한 위험 유형에 해당한다.

넷째, 위험유형 “판도라의 상자(Pandora’s box)”는 위험이 상자 속에 있을 경우는 아무런 문제가 없으나, 밖으로 유출될 경우 비가역적이며, 지속적인 위험을 양산하는 위험을 말한다. 이 유형의 위험은 발생확률과 피해정도에서는 불확실성이 있으나, 강한 지속성과 비가역성을 가진 위험을 말한다. 다이옥신과 같은 생체지속 물질 및 호르몬 등이 그 예가 된다.

다섯째, 위험유형 “카산드라(Cassandra)”는 위험을 정확하게 예측할 수 있는 예언자를 의미하는 것으로, 위험의 발생확률과 피해정도가 어느 정도 잘 알려져 있지만, 위험이 긴 시간 후에 일어나 지체효과(delay effect)가 매우 높은 위험의 유형을 말한다. 기후변화가 이 경우의 위험유형에 해당한다.

여섯째, 위험유형 “메두사(Medusa)”는 공포를 확산하여, 대중에 대한 파급효과 및 정치적 이동력(moblilization)이 매우 높은 위험유형을 의미한다. 이 유형의 위험은 연구자와 대중과의 효과적인 의사소통이 필요한 위험이라 할 수 있다. 위험의 피해에 대한 심리적 인식은 높으나, 위험확률은 통계적으로 증명된 바가 없다. 전형적인 예는 전자기장이다.

하지만, 유럽위원회가 제시한 이러한 사례는 고정적인 것이 아니라, 위험에 대한 인간의 이해 정도에 따라 계속해서 변할 수 있는 것이다. 왜냐하면 인간 지식의 증가에 따라 불확실성이 감소할 경우 위험유형은 변하기 때문이다. 그리고 국가적, 사회적 맥락에 따라 위험의 유형은 변할 수 있다. 어떤 국가에서는 대중의 공포를 많이 낳은 위험이, 다른 국가에서는 대중에 의해 쉽게 수용될 수도 있기 때문

〈표 2-3〉 위험유형과 불확실성

사 례	기 준	위험유형
확실성	발생확률과 피해정도가 알려짐.	다모클 카산드라, 메두사
불확실성	발생확률과 피해정도가 불확실함.	사이클롭, 파티아
무지	발생확률과 피해정도가 거의 모름.	판도라 박스

출처: Stirling(2001).

이다.

유럽위원회가 제시한 위험유형과 불확실성의 정도를 연관시킨 것이 〈표 2-3〉이다. 즉, 다모클의 칼, 카산드라, 메두사의 경우는 위험의 발생확률과 위험피해의 정도에 대한 확실성이 높은 경우를 말한다. 사이클롭(Cyclops)과 파티아(pythia)는 발생확률과 피해정도의 불확실성이 높다. "판도라의 박스"는 발생확률과 피해정도에 대해 거의 무지할 경우에 해당한다.

제 3 절 신뢰(Trust)

불확실성은 단순히 지식의 문제만이 아니라, 정치적 제도, 사회구조, 주요행위자 간의 관계에 영향을 미친다. 특히, 불확실성은 정부의 제도 및 지식을 소유한 전문가에 대한 신뢰를 감소시킨다. 물론, 신뢰에 대한 연구는 불확실성에 대한 연구와 독립적으로 이루어졌다. 본 절에서는 Peter Taylor-Gooby(2006)가 정리한 신뢰에 대한 연구 분류에 기초하여 신뢰에 대한 연구를 소개하고자 한다.

Taylor-Gooby(2006)는 신뢰에 대한 선행 연구를 1) 정치학적 접근, 2) 사회학적 접근, 3) 심리학적 접근으로 구분한다. 정치학에서는 주로 정부의 제도에 대한 정치적 신뢰의 감소에 대해 연구하였으며, 민주주의 가치를 신봉하고 기존 정치시스템에 대해 불신하는 보다 비평적인 시민들의 증가에 의해 정치적 불신이 증대되는 것을 고찰한다. Nye(1997)의 경우는 세계화와 지식서비스 산업의 성장으로부터 비롯된 제3차 산업혁명과 정치적 불신과 상관관계가 있다고 주장한다. 세계화에 의해 지식의 흐름이 증대되어, 국가권력이 상대적으로 축소된다는 것이다. Mouffe(1993)의 경우는 보다 비평적이고 활동적인 시민들이 참여할 수 있는 숙의와 참여의 중요성에 대해 언급하였다.

사회학에서는 개인적 차원에서 사회적 커뮤니티 차원 그리고 제도적, 구조적 차원에서 신뢰를 분석한다. 사회학에서의 신뢰연구는 Coleman(1986)의 합리적 행위자(rational actor) 모델에서 Beck과 Lash의 문화적 접근까지 다양하다. Beck과 Lash의 위험사회의 관점에서는 탈전통화와 개인주의화에 의한 "자기문화(Self-Culture)"의 형성에 주목한다(Lash외 1996). 그들은 위험사회에서는 이러한 자기문화를 통하여 성찰성이 형성된다고 주장한다. 일과 가족의 패턴에서의 유동성 증가로부터 비롯된 개인적, 사회적 불확실성이 증가되고 전문가 및 제도에 대한 신뢰가 감소한다고 주장한다. Giddens는 자신의 삶에 대한 확신을 가진 시민들이 증가한다고 주장하면서 "능동적 신뢰(active trust)"의 개념을 만들었다. 이 개념은 신뢰에 대한 전통적인 견해를 대체한다. 불확실성이 높은 상황 속에서 시민은 자기 확신이 있고, 능동적이며, 전문가의 견해를 자기 나름대로 해석하고 판단할 수 있는 능력을 가진다. Wynne(1992)의 경우는 시민과 전문가 간의 신뢰 관계에 대해 주시하며, 전문가지식을 비판하였다.

심리학적 접근은 사회과학적 접근에 비해 보다 체계화, 구조화되어 있어 신뢰에 대해 보다 구체적인 정의를 내리려는 경향이 있다. 주관적 신뢰뿐만 아니라, 제도적 신뢰에 대해 연구했으며, 위험의 불확실성과 신뢰의 개념 간의 직접적인 연관을 갖게 만들고자 하였다. 즉, 신뢰는 "다른 사람의 행위에 대한 긍정적 기대에 기초하여 취약성을 받아들이는 심리적 상태"로 정의한다(Taylor-Gooby 2006).

〈표 2-4〉 신뢰의 구성요소(Renn and Levine 1991)

구성요소	정 의
인식된 능력(perceived competence)	제도적 기준(mandate)에 부합하는 기술적 전문성의 정도
객관성(objectivity)	정보와 행동에서의 편견의 부족
공평함(fairness)	모든 관련된 다양한 관점에 대한 인지와 고려
일관성(consistency)	과거의 행동과 의사소통에 기초한 주장과 행위의 예측성
진정성(sincerity)	정직과 투명함(openness)
믿음(faith)	행위와 소통에서의 선의지(goodwill)의 인식
공감(empathy)	다른 사람의 기대와 느낌을 이해하고 호응하는 능력

심리학자들은 신뢰에 대한 개념을 다양한 세부요소를 통하여 분석하려고 했다. Hovland(1993)의 경우는 능력(competence), 배려(care), 신용(trustworthiness), Renn과 Levine(1991)은 인식된 능력(perceived competence), 객관성(objectivity), 공평함(fairness), 일관성(consistency), 믿음(faith)으로, Metlay(1999)는 신용(trustworthiness), 능력의 인식(perceptions of competence), Lofstedt(2005)의 경우 능력(competence), 공평함(fairness), 효율성(efficiency) 등이 신뢰에 영향을 미친다고 주장한다.

Ragnar Lofstedt(2005)는 신뢰와 정책적 의사결정 간의 관계에 대해 분석하면서 알고리즘을 만들었다. Lofstedt는 신뢰가 높을 경우는 하향식(top-down)의 의사결정이 가능하다고 주장한다. 하지만, 신뢰가 낮을 경우 불신이 1) 무능(incompetence), 2) 불공평함(unfairness), 3) 비효율(inefficiency)로부터 비롯되느냐에 따라

〈그림 2-3〉 신뢰와 의사결정(Lofstedt 2005)

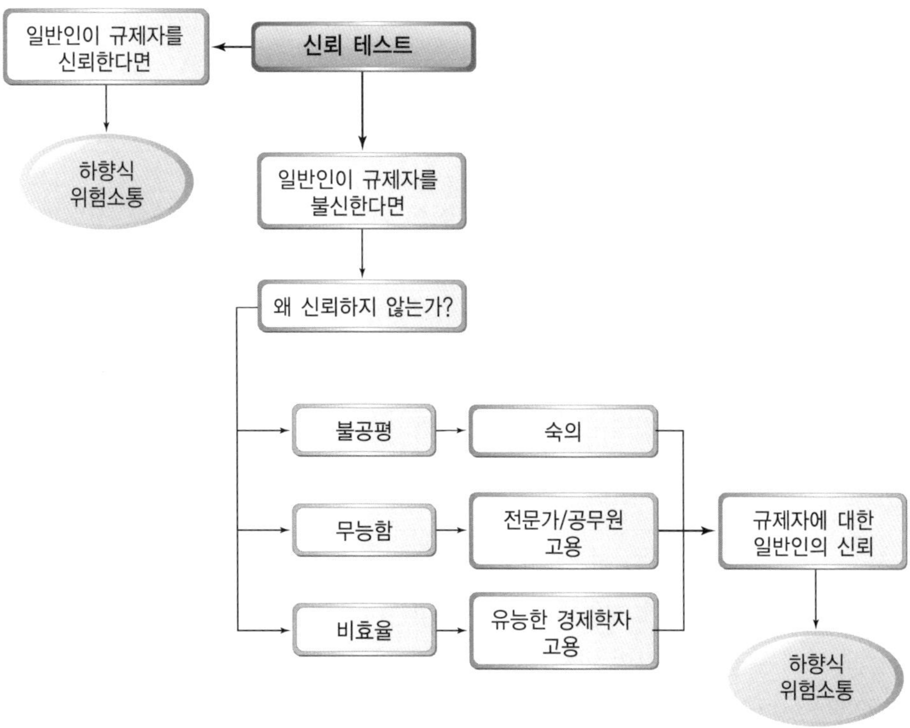

서로 다른 정책적 접근이 필요하다. 첫째, 불신이 무능력(incompetence)으로부터 나올 경우 기술관료주의를 활용한다. 둘째, 불신이 공평함(fairness)의 부족으로부터 나올 경우 시민 참여와 숙의매커니즘을 활용한다. 마지막으로 불신이 비효율(inefficiency)로부터 유래할 경우는 경제전문가를 활용한다.

심리학적 관점에서 볼 때 불확실성은 신뢰의 요소 중 1) 인식된 능력(perceived competence), 2) 객관성(objectivity), 3) 공평함(fairness), 4) 일관성(consistency)에 영향을 줄 것으로 판단된다. 즉, 불확실성에 의해 전문가들의 능력에 한계가 있다고 생각할 수 있으며, 전문가 개인의 가치가 위험분석에 결합되면서 객관성이 부족하다고 볼 수도 있다. 같은 맥락에서 불확실성으로 인하여, 전문가의 분석에 이해관계가 개입되어 공평함이 부족할 수 있으며, 불확실성에 의해 전문가들의 주장이 계속 바뀜으로써 일관성을 상실할 수도 있다.

하지만, 〈그림 2-3〉의 Ragnar Lofstedt(2005)의 알고리즘은 불확실성이 신뢰에 미치는 영향을 고려할 때는 잘 적용되지 않을 수 있다. 왜냐하면, 불확실성에 의한 신뢰의 부족은 무능력, 객관성, 공평함, 일관성 등 하나의 원인에서 비롯된다면, Lofstedt의 알고리즘은 유용하다. 하지만, 이러한 불확실성의 증가는 세부원인들의 복합적 상호작용에 의한 중첩된 효과로 인하여 만들어질 수 있기 때문에 〈그림 2-3〉에서처럼 특정한 유형의 의사결정으로의 경로를 제시하기는 어렵다. 이러한 경우는 전문가, 시민, 경제전문가의 공동의 참여와 기여로 이루어져야 한다.

제 4 절 전문성

전문성은 특정 전문가 개인의 이론적 사고 및 실험의 우월함, 특정 전공학위의 획득에 의해 결정되는 것이 아니라, 전문가와 시민 혹은 관료와의 관계 속에서 결정되는 것이다(Hilgartner, 2000; Esptein, 1995). 전문성은 객관적 사실을 발견하는 능력에 의해 성취되는 것이 아니라, 대중의 신뢰를 획득하는 능력에 의해 만들어진다. Epstein(1995)과 Hilgartner(2000)는 전문성을 신뢰에 대한 투쟁(struggles of credibility)으로 묘사한다. Hilgartner(2000: 14)에 의하면 전문가들은 대중의 신뢰를 획득하기 위하여 1) 정보통제, 2) 자기표현의 두 가지 전술을 활용한다. 정보통제란 대중의 이해를 관리하기 위해 전문가 자문과정에서의 정보의 공개 및 비공개를 의미하며, 자기표현(self presentation)은 전문가가 여러 가지 형태의 정체성을 보여주는 것을 말한다. 즉, 전문가들은 그들의 자문이 객관적이며, 이해관계와 무관하다는 것을 보여주려고 노력한다. Epstein(1995)은 전문성이란 주장의 신뢰와 합법성을 획득하기 위하여 다른 연구자와 지지자, 정치인들과의 네트워크를 형성하고, 동맹세력을 형성함으로써 만들어진다고 주장한다.

1. 기술관료적 전문성

현대의 정책을 만드는 데에 있어 기술관료적 전문성에 대한 의존은 매우 광범위하게 이루어지고 있다. 정책의 "시녀"로서의 과학의 이미지는 현대의 정책 개발에서 많이 등장한다(Collingridge & Reeve, 1986). 특히, 정책과학접근법(Policy Science approach)에서, 정치인들은 비용-편익분석 및 위험-편익분석 전문가에게 권한을 넘겨준다(Schneider & Ingram, 1997). 역사적으로 정책과학접근법은 이해관계자들의 정치에 의존하는 다원주의적 정책 접근법에 대한 비판으로 등장했다. 이러한 다원주의적 정책접근법은 한편으로는 정책을 특수한 이해관계로 오염시킨다는 이유로, 다른 한편으로는 정책에서의 시민의 역할을 축소한다는 이유로 "이해관계자 자유주의(interest group liberalism)"로 비난되었다(Schneider & Ingram, 1997: 23). 그러므로 정책과학접근법은 합리적이고 계산적인 과학적인 방법으로 객관적인 데이터를 마련하여 정책으로부터 이해관계를 제거하고자 하는 시도이다. 이러한 접근법을 통하여 기술관료적 전문성이 발달하였다.

철학적 관점에서 본다면, 기술관료적 전문성은 경험적 연구와 논리를 이용하는 과학적 방법에 기반한 합리적-계산적, 도구적 합리성과 연결된다. 기술관료적 전문성은 실증주의, 객관주의, 공리주의, 환원주의에 기초한다. 이것은 사회적으로 맥락화된 지식보다는 일반화된 지식(generalized knowledge)을 추구한다(Dryzek, 1994; Fischer, 2000). 기술관료적 전문성은 전문가적 지식은 가치중립적이고, 객관적이라는 믿음에 기초한다. 이러한 믿음에 기초하여, 사실과 가치를 분리하려고 시도한다(Fischer, 2000; Jasanoff, 1991). 기술관료적 전문성에 기초한 정책은 정책이란 문제의 발견에서 대안의 개발 그리고 문제 해결로의 단방향(linear)의 연쇄적 과정을 가진다는 정책의 "생산 모델(production model)"에 기초한다(Stone, 2000). 이러한 모델에서 정책분석가의 역할은 사회적, 문화적 가치와 별개로 객관적으로 존재하는 문제를 발견(identify)하는 것이다. Shiela Jasanoff(1991; 1996)는 이러한 것을 "경계작업(boundary work)"으로 불렀다. 경계작업은 바로 비과학과 과학을 분리하고, 사실과 가치를 구분하는 것을 말한다.

2. 기술관료적 전문성에 대한 비판

Daniel Fiorino는 기술관료적 전문성에 대하여 세 가지 형태의 비판을 분류한 바가 있다. 첫째는 정치와 정책 간의 관계, 그리고 정책적 문제의 불확실성, 불확정성, 복잡성에 직면한 전문성의 실질적인 한계를 지적하는 실질적 비판이다(Woodhouse, 2001; Stone, 2000; Jasanoff, 1991). 이 실질적 비판은 불확실성의 논의와 연결된다. 두 번째는 전문성과 민주주의를 연결하는 규범적 비판으로 전문성에 대한 강조는 민주주의에 대한 위협이 될 수 있다는 점을 강조하는 비판적 주장이다(Dryzek, 1994; Fischer, 2000; Fiorino, 1990). 세 번째는 도구적 주장으로 시민의 참여와 기술적 전문성 간의 상보성을 주장한다. 즉, 시민의 참여는 기술관료적 전문성을 보다 더 합법화해 줄 수 있다고 주장하는 것을 말한다. 본 글에서는 앞의 두 가지 주장을 소개하고자 한다.

1) 실질적 비판

실질적 비판은 정책실행과 관련한 전문성 및 전문적 지식의 한계를 지적하는 것이다. 학자들은 가치로부터 사실을, 그리고 정책으로부터 정치를 분리할 수 없다고 주장한다(Jasanoff, 1991; Stone, 2000). 그들은 다양한 정치적 편견이 기술관료적 전문성 속에 배태되어질 수 있다고 주장한다. 또한 전문성은 불확실성을 제거할 수 없으며, 복잡한 정책적 문제를 해결할 수 없다고 주장한다(Collingridge & Reeve, 1986; Woodhouse & Nieusma, 2001; Irwin, 1997).

Debora Stone(2000)은 정책의 "생산모델(the production model)" 또는 "시장모델(the market model)"은 정책개발의 본질을 파악하는 데 실패한다고 주장한다. 정책을 만드는 데 있어서 정책의 목적, 문제, 해결방안에 따라 매우 다양한 견해에 대한 충돌이 일어날 수 있으며, 생산모델은 이러한 복잡성을 반영하지 못한다는 것이다. 정책이란 정치 없는 합리적 분석의 영역이라고 주장하는 "시장모델"에 도전하면서, Stone은 정책개발의 바람직한 모델은 "폴리스 모델(Polis Model)"이라고 주장한다. 이 모델은 분류, 분배, 권력과 열정이 있는 정책 모델이다. 폴리스 모델은 정책과 정치 간의 이분법을 거부하며, 이 둘 간의 경계가 안정적이지 못하다는 것을 주장한다. 즉, 정책은 본질적으로 분류(classification)와 분리(demarcation)에 관련되어 있으며, 이러한 분류과정에 정치와 권력이 개입한다는 것이다. 합리적 분석 또한 정치적이다(Stone 2000: 378).

Collingridge & Reeve(1986: 5)는 "정책의 필요와 효과적인 과학적 연구의 필요조건 사이의 기본적인 불일치가 존재"한다고 주장한다. 그들은 과학에 대한 두 가지의 미신을 언급한다. 첫번째 미신은 "과학은 가능한한 보다 많은 정보를 얻음으로써, 불확실성을 감소시킬 수 있다."라는 믿음이다. 두 번째 믿음은 "과학은 정책이 요구하는 모든 정보를 제공할 수 있다."라는 믿음이다(p. 2). 하지만 이러한 이상은 정책의 실제에서는 성취될 수 없다는 것이다. 불확실성이 증가할 때 과학은 정책을 위한 합의를 제공하는 데 성공할 수 없다(p. 6).

Edward J. Woodhouse(1996: 5)은 전문성이 잘못되어 갈 수 있는 몇 가지 원인을 이야기한다. 1) 전문성이 일상의 판단을 교체할 때, 2) 당파적 요소를 가지는 것으로 인식되는 것보다 가치중립적 정보로 가장될 때, 3) 전문성이 타겟 전략을 돕는 것 대신에 전략을 대체할 때, 4) 전문성이 협상으로부터 영향을 받은 특정한 이해를 제외할 때 전문성은 잘못된 길로 접어든다. 즉, 전문성이 정치로부터 소외되거나, 정치를 대체하려고 할 때 문제가 생긴다. Woodhouse는 전문성은 항상 제한된 자원과 시간내에 너무 많은 정보 혹은 너무 적은 정보를 다루어야 하기 때문에 항상 불확실성과 복잡성을 대면하며, 불확실성을 영원히 제거하는 것은 불가능하다고 주장한다.

Irwin(1997) 또한 과학은 다양한 불확실성을 제거할 수 없으며, 오히려 환경정책과정에 배태되어 있는 사회적, 문화적 가치를 제거하는 데 공헌한다고 주장한다. Irwin은 전문성이 직면한 다양한 불확실성을 소개하였다. - 1) 실용적 불확실성: 충분한 데이터가 없이 짧은 시간에 실질적 조언을 제공할 때의 불확실성, 2) 이론적 불확실성: 서로 다른 전공의 접근을 통합하는 강한 이론적 틀이 존재하지 않을 때의 불확실성, 3) 생태예측의 복잡성과 관련된 불확실성, 4) 사회적 시스템과 문화와 관련된 구조적 불확실성(structural uncertainty)이다.[4)]

2) 규범적 비판

규범적 비판의 관점에서 학자들은 전문성과 민주주의를 연계한다(Dryzek, 1994; Fischer, 2000; Fiorino, 1990). 그들은 기술관료적 전문성에 대한 강조는 민주주의에 대한 위협이 될 수 있다고 주장한다. Dryzek(1994)은 기술관료적 전문성이 권위적 전제주의(authoritarian tyranny)의 정치적 체계와 관계가 있다고 주장한다. 이러한 정치체제에서의 정치적 실천은 사회적 통제와 전문가에 의한 결정과 선택이다. 이러한 정치체제하에서 대중은 뒷따르는 사람(follower)으로 묘사된다. Dryzek은 합리성에 따라, 전제주의, 자유민주주의, 숙의민주주의로 구분한다. 그는 하버마스의 의사소통적 합리성의 개념을 활용하여 전제주의의 도구적 합리성

---

4) Funtowicz의 불확실성의 유형에서 본다면, 실용적 불확실성과 생태예측의 복잡성과 관련된 불확실성은 지식의 절대적 한계와 관련된 무지와 관련이 있으며, 이론적 불확실성은 방법론적 불확실성, 구조적 불확실성은 불확정성과 관련된다.

과 객관주의를 비판한다. 그는 도구적 합리성이 지배하는 사회가 기술관료주의적 사회이며, 전문가가 통제하는 사회이며, 결국 왜곡된 의사소통체계를 낳는다고 주장한다. Dryzek는 전문성의 민주화를 주장하지만, 이 민주화는 자유민주주의에 의해 달성되는 것이 아니다. 그는 자유민주주의(liberal democracy)는 집단적 이성(collective reasoning)을 과소평가하며, 자유민주주의적 해결방안은 임시적이며, 특수한 이해관계에 지나치게 치우칠 수 있다고 주장한다.

비슷한 관점에서 Frank Fischer(2000) 또한 기술관료적 전문성을 기술관료정치, 전문가정치, 관료정치와 연관을 짓는다. 그는 또한 기술관료주의적 정책은 민주적 정책보다 엘리트적이어서 그 결과 "사회하부로부터의 정치적 압력을 막는 역할을 수행한다."고 주장한다(p. 23). 기술적 용어를 말하거나 특수한 정책 집단의 은어를 사용하는 것이 정책참여의 자격이 되고 있다고 주장하면서 전문성과 민주적 거버넌스 간의 균형이 중요한 정치적 아젠다가 되고 있다고 주장한다.

제 5 절 거버넌스

앞에서 지적한 바와 같이 정책개발과정에서의 불확실성은 단순히 지식의 정확성의 문제만이 아니며, 이해관계자, 전문가, 관료, 시민 간의 관계(신뢰), 즉 거버넌스와 밀접한 연관을 가지고 있다는 점을 이해할 필요가 있다. 불확실성의 유형 및 정도에 따라 거버넌스의 유형과 형태가 바뀔 수 있다는 것이다. 기존의 기술관료적 전문성에 기초한 통치체제는 불확실성이 매우 높을 경우 문제를 드러낼 수 있으며, 새로운 형태의 정책전략과 거버넌스 형태가 필요하다. 본 절에서는 불확실성에 대한 정책적 접근법을 소개하면서, 불확실성이 매우 높을 경우 활용될 수 있는 거버넌스 전략을 소개하고자 한다.

1. 불확실성에 대한 정책적 접근법

정책에서의 과학적 지식의 활용정도에 따라 정책적 접근법은 여러 가지로 구분될 수 있다. Craye 외(2001)는 위험분석에 활용되는 과학적 지식에 대한 태도가 지식의 가치중립성을 강조하는 과학주의 또는 실증주의에 기반하느냐, 지식의 사회적 성격을 고려하는 구성주의에 기초하느냐에 따라 1) 결핍모델, 2) 증거평가주의, 3) 성찰적 접근법 등의 세 가지 정책적 접근법으로 구분하고 있다.

1) 결핍모델

첫번째 접근법은 결핍모델(deficit model)이다. 결핍모델은 강한 과학주의에 기초한 정책적 접근법이다. 강한 과학주의란 "과학은 권력에 진실만을 말한다(Science would speak truth to power.)." 그리고 "모든 사람은 과학자들이 도달하는 결론에 동의할 것이다."라는 신념에 기초한 세계관을 의미한다. 결핍모형은 과학적 불확실성을 정보의 결핍으로 잠정적인 것으로 판단하고, 과학적 연구가 증가되면, 불확실성이 반드시 제거될 수 있다고 보는 접근을 의미한다. 주로 기술적, 방법적 차원의 불확실성만 인정하며, 인식론적 불확실성에 대해서는 고려하지 않는 접근법이라 할 수 있다. 그리고 이러한 접근법은 주로 계량적 위험분석에 의존한다.

결핍모델은 또한 "분리모델(demarcation model)"이라고도 불린다. 이 모델에서는 정치와 정책을 분리한다. 정책이란 민주적 제도들의 책임이며, 과학과 전문성은 단순히 정책적 결정들을 뒷받침하는 사실을 제공한다고 본다. 그리하여, 정치적 개입으로부터 과학과 전문성을 보호한다. 그 결과, 정책적 책임은 전문가의 문제가 아니라, 정책입안자의 것이 된다. 더불어, 지식 엘리트주의를 지향하며, 특정 집단에 의한 과학적 지식의 독점을 옹호한다.

2) 증거 평가주의

두 번째 접근법은 증거평가주의(evidence evaluation)적 접근법이다. 이 접근법은 과학적 지식의 협상적 성격을 인정하면서도, 특정한 과학적 연구의 강점에 초점을 두는 접근법을 의미한다. 결핍모델이 가지는 강한 과학주의는 거부하지만, 특정한 과학적 연구가 보다 신빙성 있는 데이타를 제공해 줄 수 있다는 점을 인정한다. 기후변화에 대한 정부 간 패널(Intergovernmental Panel on Climate Change: IPCC), 국제보건기구(World Health Organization), 화학안전에 대한 국제프로그램(International Programme on Chemical Safety) 등의 국제기구조직들의 과학에 대한 태도가 증거평가주의에 해당한다.

3) 성찰적 접근

세 번째 접근법은 "성찰적 접근"이다(Craye 외, 2001). 이 접근은 과학에 대한 구성주의적(constructionistic) 시각이 가장 강한 접근법으로, 인식론적 불확실성에 대해 많은 고려를 하는 접근법이라 할 수 있다. 즉, 서로 다른 과학적 의견이 존재하거나, 사회 · 정치적 논쟁 속에서 다양한 해석이 있을 경우에는 추가적인 연구 및 연구결과의 비교, 평가를 통하여 불확실성이 감소되거나 제거되지 않는다고 본다. 불확실성을 기술적인 문제로 분석하는 것은 충분하지 않으며, 서로 다른 사회적 관점과 정책적 옵션과의 관계 속에서 불확실성을 논해야 한다. 그리하여, 과학과 외부세계(정책가, 이해당사자, 시민사회)와 관계에 대한 성찰적 접근이 중요하다고 주장한다. 이해당사자, 정책전문가에 따라 위험에 대한 서로 다른 틀을 가지고 있기에 불확실성이 사회적으로 구성된다고 본다. 그러므로 정책과정에서의 협상의 영역을 확대하여, 상호 신뢰를 구축하고 해결방안을 마련해야 한다고 본다.

2. 높은 불확실성에 대응하는 정책전략

불확실성이 낮을 경우에는 기존의 기술관료적 전문성을 활용한 정책 전략이 여전히 도움이 될 수 있다. 하지만, 불확실성이 높거나, 특히 인식론적, 윤리적 불확실성이 대두될 경우에는 기존의 기술관료주의적 정책은 그 해결책이 되지 못하며,

지식에 대한 보다 성찰적인 접근법이 필요하다. 본 절에서는 높은 불확실성에 사용될 수 있는 세 가지 유형의 성찰적 접근법을 소개하고자 한다.

첫째, 전문성에 대한 실용적, 점증주의적 접근으로, 전문성이 불확실성에 대항하는 방법을 제시한다(Collingridge, 1993; Lindblom & Woodhouse; 1993; Woodhouse & Nieusma, 2001). 두 번째 접근법은 전문성에 대한 민주적 접근법으로, 기술관료적 전문성의 문제를 해결하기 위해서 시민의 참여를 증진시키는 것이다(Dryzek, 1994; Fischer, 2000; Fiorino, 1990). 점증주의적 접근법은 "민주적 전문성(democratic expertise)"이라는 개념을 도출하였으며, 참여민주주의적 접근법은 "시민 전문성(lay expertise)"이라는 개념을 만들었다. 세 번째 접근법은 사전예방적 접근법이다. 사전예방적 접근법은 불확실성에 직면하여 미리 사전경고적 조치를 취하는 것으로, 특정한 유형의 전문성과는 무관한다.

실제 정책에서는 이러한 세 가지 성찰적 접근법이 서로 융합되면서 사용되곤 한다. 다시 말하면, 사전예방원칙이 점증주의적 접근법에 사용되기도 하고, 점증주의적 접근법과 참여적 접근법을 활용하여, 사전예방원칙에 적용하기도 한다. 따라서, 여기서의 세 가지 성찰적 접근법의 구분은 정책의 실제보다는 이론적 차원의 구분이다.

1) 점증주의적 접근: 민주적 전문성

점증주의적 접근은 과학적 분석의 문제를 개선하는 방안은 참여자 간의 상호조정(mutual adjustment)을 증진시켜 보다 더 상호적인(interactive) 정책 개발을 추진하는 것을 말한다. 여기서 전문가의 의무는 정책에 관련된 다양한 이해관계자를 지원하는 것이다. 이와 관련하여 Woodhouse & Nieusma(2001)는 "민주적 전문성(democratic expertise)"이라는 개념을 만들었다. 민주적 전문성은 두 가지의 특성을 가지고 있다. 첫째, 전문성을 "진부한 가치중립성(phony neutrality)"으로부터 "사려 깊은 당파성(thoughtful partisanship)"으로 이동시켜 편견에 대항하는 것, 둘째, 불확실성에 대항하는 데 있어 모든 당파주의자(이해관계자)를 지원하는 것이다(Woodhouse & Nieusma, 2001: 25). 어떤 의미에서 민주적 전문성은 자유민주주의, 대의 민주주의적 체제 속의 전문성이라 할 수 있으며, 참여민주주의 관점에서의 전문성의 민주화를 의미하는 것은 아니다.

한편, 점증주의계열의 학자들은 불확실성을 다루는 구체적인 방법을 제시하였다. 점증주의의 목적은 불확실성을 제거하는 것이 아니라, 불확실성에 대항하는(cope) 것이다. 이해당사자들의 경험 등 사회적 지능을 활용하면서, 시행착오(trial & error)기법을 사용하여 불확실성에 대응하는 것이 점증주의적 접근법이다. Collingridge(1983)는 불확실성에 대항하는 시행착오기법을 제안하였다. 시행착오기법이란 낮은 단계의 정책실행의 실수로부터 얻은 경험을 통하여 불확실성을 점차적으로 해결하는 방법이다. 그러나, 일상적인 시행착오기법은 다음과 같은 몇가지 결점을 가지고 있다. 1) 하나의 정책을 시행해 보는데 너무 비싼 대가를 치를 수 있다. 2) 새로운 정책으로의 전환은 유연성이 너무 적어, 정책의 시행착오를 수정하기에 어려울 수 있다. 3) 실수에 대한 배움이 너무 느릴 수 있다(Lindblom & Woodhouse, 1993).

이러한 기존의 시행착오기법을 개선하기 위해서 Morone & Woodhouse(1986)는 "지능적 시행착오(Intelligent Trial and Error)" 기법을 소개하여, 정책개발과정에서의 불확실성을 보다 빨리 해결하고자 하였다. 이 방법은 피할 수 없는 에러에 대해서는 피해가 덜 가게 하고, 정책실패의 경험으로부터 보다 빨리 배우게 하는 것을 목적으로 한다. 지능적 시행착오의 핵심원리는 받아들일 수 없는 위험에 대해서는 초기경고(initial precaution)하에서 시행하고, 정책에 대한 우선순위선정을 통하여 정책의 유연성을 제고한다. 모니터링과 피드백 매커니즘을 개선하여, 실수의 경험으로부터의 배움의 속도를 가속화시키는 것이다. 지능적 시행착오의 원리는 다음과 같은 순서로 이루어진다.

(1) 받아들일 수 없는 에러에 대항하여, 초기 경고[5)]

- 가장 높은 위험에 견딜 수 있는 가외시스템(redundant systems) 구축
- 위험생산자에게 증명의 책임(burden of proof)의 이전

5) 지능적 시행착오의 첫번째 단계는 사전예방원칙과 동일하다. 이처럼 점증주의적 접근법, 사전예방원칙, 참여적 접근법은 서로 공통분모를 가진다.

(2) 정책의 유연성 확보
- 우선순위에 의한 테스트와 모니터링으로 부정적인 피드백 존재시 빠르게 정책을 전환

(3) "경험으로부터의 학습의 가속화"를 통하여 불확실성에 대응
- 피드백의 가속화를 통하여 경험으로부터의 배움 증진

2) 참여/숙의민주주의 접근법: 시민 전문성 활용

기술관료적 전문성을 개선하는 또 다른 방법은 정책개발과정에서의 시민참여를 증진시키는 민주주의적 접근법이다. 보다 폭 넓은 참여는 보다 나은 의사결정에 공헌할 수 있고, 보다 다양한 가치를 의사결정에 통합할 수 있으며, 시행착오의 확률을 감소시킬 수 있다. Daniel Fiorino(1990)는 민주적 매커니즘의 네 가지 기준을 제시하였다. 그것은 1) 선출된 대표, 임명된 행정가, 이해관계그룹전문가 또는 기술적 전문가들보다 더 의사결정에서의 아마추어의 직접적 참여가 가능한 매커니즘, 2) 시민이 집단적 의사결정을 공유할 수 있는 매커니즘, 3) 직접대면을 통한 논의가 가능한 구조를 가진 매커니즘, 4) 공무원 및 전문가와의 평등한 관계 속에서 시민의 참여가 가능한 매커니즘 등이다.

전문성에 대한 민주주의적 접근법을 옹호하는 학자들은 시민 전문성을 강조한다. "시민 전문성(lay expertise)"은 지식의 문화적, 해석학적 차원(cultural/hermeneutic dimension)의 합리성에 기초한다(Fischer, 2000; Krimsky, 1984; Wynne 1992, 1996). "시민 전문성"은 일상적이고, 맥락적이며, 상황지워진 지식이다(Fischer, 2000). Krimsky(1984)에 의하면, 문화적 합리성은 한 지역에서의 일반대중의 오랜기간 동안의 경험의 축적에 의해 만들어졌다. 이러한 경험은 "많은 세대에 걸친 시행착오를 통하여, 또는 그들 자신과 환경이 다른 삶의 형태에 대한 직접적이며, 감각적인 인식을 통하여 만들어졌다."(Krimsky, 1984: 254, 256).

몇몇 학자들은 시민의 지식은 기술관료주의적 지식에 많은 성찰성을 제공할 수 있다고 주장한다(Fischer, 2000; Wynne 1992, 1996). Wynne(1996)은 "전문성 및 그것의 제도와 대중의 관계는 항상 합리적-계산적 모델에서보다, 철저한 해석학

적 관점에서 성찰적이다."라고 주장한다. 특히, 그는 모든 형태의 지식의 합리적, 계산적 타당성을 기각한다. 즉, 그는 시민의 지식은 문화적, 해석적 합리성에 기초하고, 전문가적 지식은 합리적, 계산적 지식에 기초한다고 주장하지 않는다. 오히려, 그는 두 가지 유형의 지식은 서로 다른 문화적, 해석적 맥락에 기초할 뿐이라고 주장한다. Irwin(1997)은 "시민 전문성"을 "시민과학(citizen science)"으로 정의하였다. 시민과학은 시민을 동질적이고, 수동적 · 비이성적이며, 과학적 지식에 대해 무지하다고 보는 과학 중심적 사고에 반대한다.

Frank Fischer(2000)는 시민참여의 모델로서 대중역학(popular epidemiology), 참여행동연구(participatory action research), 합의회의(consensus conference), 구성적 위험평가(constructive risk assessment) 등의 참여조사기법을 제시하였다. 하지만, Fischer는 일반사람들이 복잡한 정책적 문제를 다루는 데 기대보다 더 능력이 있다는 점을 강조하면서도, 그는 시민참여가 정책문제 해결의 만병통치약이며, 과학적 전문성은 중요하지 않다는 것을 의미하는 것은 아니라는 점을 강조한다. 그는 시민참여의 요구는 시민이 전문가들이 하는 모든 일을 다룰 수 있으며, 전문가들을 대체할 수 있다는 것을 의미하지는 않는다고 주장한다(p. 40). 이러한 개념을 그는 전문성의 참여자 지배 모델(participant dominated model)이라고 부르면서 비판하였다. Barber(1984)의 "강한 민주주의(strong democracy)"의 개념이 이 모델과 상응한다. 그러나 Fischer(2000)는 시민 참여는 저절로 일어나기가 쉽지 않으며, 시민참여는 "조직화되어야 하고, 조성되어야 하며(facilitated), 길러져야 한다(nurtured)"고 주장한다(p. 260). 그래서 Fischer는 과학적 전문성과 지역적으로 맥락 지워진 일상의 지식에 의한 "시민 전문성(lay expertise)"간의 협력적 모델을 제안한다. 그는 반대전문성(counter expertise)의 문제를 지적하면서, 환경운동의 초기에 주류 전문성을 비판하고 일반시민을 옹호하는 반대전문성은 효과적이었으나, 결국 좋지 않은 결과를 낳았다고 주장한다(p. 243). 이러한 관점에서 Fischer의 입장은 Woodhouse & Nieusma(2001)의 민주적 전문성과는 좀 다르다고 할 수 있다. 왜냐하면 민주적 전문성이 반대전문성으로 간주될 수 있기 때문이다.

3) 사전예방적 접근법

사전예방원칙은 위험의 파급효과가 비가역적이고 매우 클 가능성이 있을 경우 과학적 증거의 불확실성에도 불구하고 사전조치를 취하는 것을 말한다 (Raffensperger & Tickner, 1999). 기존 위험정책이 위험이 증명되기 전까지 안전하다는 개념에 기초한다면, 사전예방원칙은 위험의 안전성이 증명되기 전까지는 위험하다는 기본적 개념에 기초한다. 그러므로, 위험의 안전성에 대한 증명의 부담을 위험피해자 및 정부기관이 하는 것이 아니라, 위험생산자가 책임을 담당하게 한다.

사전예방원칙의 범위는 연구자에 따라 매우 상이하다. 본 연구에서는 좀 더 광의적인 사전예방적 접근을 활용한다. 사전예방원칙에서 사용되는 정책은 다양한 형태가 이루어질 수 있으며, 규제범위도 금지와 일시적 유예(moratorium) 등의 강력한 규제로부터, 재해 보험 등 시장 매커니즘을 활용할 수도 있다. 유해물질 배출을 금지하는 "무방출(zero discharge)", 충분한 가외시스템 구축, 사회 복원력 구축, 미래예측조사를 통한 "선견적 거버넌스(anticipatory governance)"도 사전예방적 접근으로 볼 수 있다. 따라서, 재난에 미리 대비하는 완화(mitigation) 및 적응(adaptation) 전략들도 사전예방원칙의 전략들이라 할 수 있을 것이다. 예를 들어 기후변화의 경우 완화전략으로의 탄소거래세, 적응전략으로써의 도시의 물리공간의 가외시스템(redundant system) 구축 및 재해 보험 그리고 지역 사회의 복원력(resilience) 구축 방안 등은 사전예방적 접근이라 할 수 있다.

사전예방원칙에는 시장 매커니즘을 활용한 형태가 있는데, 이를 사전예방오염자지불원칙(4P) 이라고 부른다(Costanza and Cornwell, 1992). 사전예방오염자지불원칙은 사전예방원칙과 시장매커니즘과의 결합을 통하여, "유연한 환경확신보증금시스템(a flexible environmental assurance bonding system)"을 만드는 것을 의미하며, 미리 예치하고 나중에 되돌려 받는 예금-반환시스템(deposit-refund system)의 변형된 형태라고 할 수 있다. 기본적인 개념은 잠재적인 미래 위험생산자는 그들의 활동에 의한 환경파괴를 보상할 수 있는 충분한 재정적 자원이 있는지를 보여주어야 하는 것이다. 하지만, 이 원칙의 궁극적인 목적은 보상액을 확보하는 것이 아니라, 위험이 발생하기 전에 피하는 것이다. 기본적인 절차는 다음과 같다.

(1) 위험생산자에게 잠재적인 위험의 가장 최악의 경우에 해당하는 경제적인 보증금 요구

(2) 안전에 대한 증명의 부담을 피해 집단이 아닌 위험생산자집단이 가짐.

(3) 위험생산자가 그들의 생산물에 대한 안전함을 증명하면, 규제기관은 보증금을 환불

(4) 실제 위험이 발생하면, 보증금은 피해 집단을 보상하는 데 사용

정책의 유형은 이론적인 차원에서 서로 분리했지만, 서로 완전히 배타적인 것은 아니므로 실제 정책에서는 혼성(hybrid)된 형태로 사용될 수 있다. 기술관료주의적 접근법과 참여적 접근법은 서로 배타적인 측면이 있지만, 사전예방적 접근법과 기

〈그림 2-4〉 정책적 접근법들 간의 관계

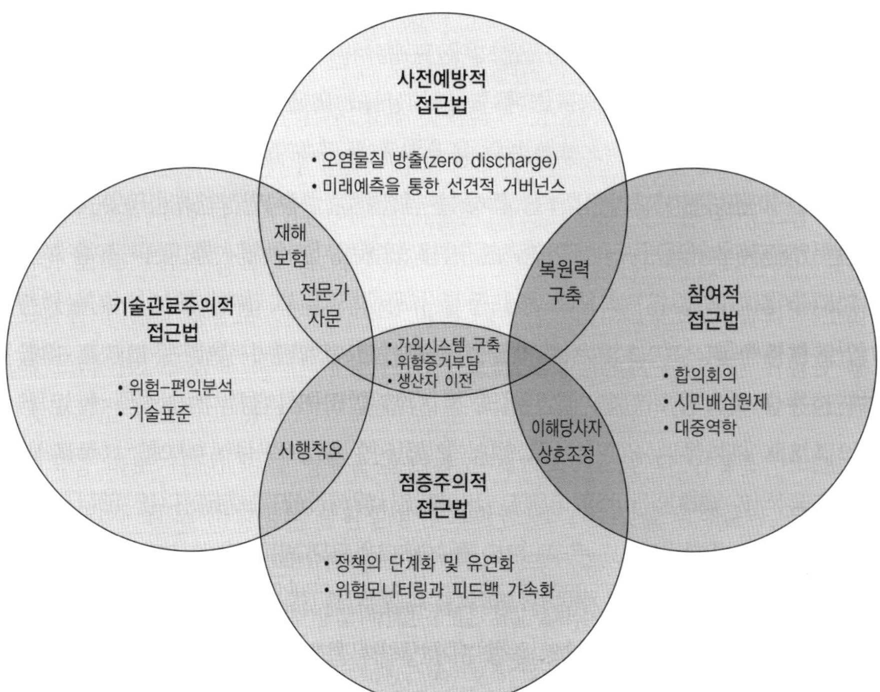

술관료주의적 접근 그리고 참여적 접근법은 실제 적용과정에서 혼용되어 사용되어질 수 있다. 사전예방적 접근의 경우는 특정한 정치 및 전문성과 기본적인 관계는 없다. 따라서, 사전예방적 접근은 기술관료주의, 자유주의, 참여민주주의와 결합되어 일어날 수 있다. 사전예방적 접근의 적용과정에서 있어서 특정한 형식의 전문성을 활용할 뿐이다. 예를 들어, 재해 보험의 경우는 기술관료적 전문성을 활용할 수 있으며, 재난 대비를 위한 지역 복원력 구축은 참여적 민주주의를 사용할 수도 있다. 점증주의적 접근법에도 기술관료주의적 접근, 참여적 접근, 사전예방적 접근과 중복되는 부분이 존재할 수 있다. 일반적인 시행착오 기법은 기술관료주의적 접근이라 볼 수 있다. 하지만, 가외시스템(redundant systems) 구축이나, 위험생산자에게 증명의 책임(burden of proof)의 이전 등은 사전예방적 접근이라고 볼 수 있다.

3. 불확실성의 유형별 위험관리 전략

Funtowicz 그룹은 〈그림 2-1〉에서 불확실성의 유형별 대응전략을 제시하였다. 기술적 불확실성의 경우는 기존과학의 응용을 통하여 해결할 수 있으며, 방법적 불확실성의 경우는 전문가 상담을 통하여 해결한다. 하지만, 인식론적 불확실성의 경우는 다양한 이해당사자의 참여를 통한 "탈정상과학" 및 확장된 동료심사(extended peer review)를 통하여 불확실성에 대응할 수 있다.

Ortwin Renn(2008: 182)은 불확실성 유형별 위험에 대한 보다 구체적인 대응전략을 제시하고 있다. "선형적 위험"의 경우 위험-편익분석, 기술적 표준, 시행착오기법, 경제적 인센티브 등 전통적인 의사결정 방법을 통하여 관리할 수 있다. 둘째, "복잡한 위험"의 경우는 위험분석방법 및 분석가에 대한 신뢰와 위험의 인과관계 관련 전문가들 간의 논쟁과 관련이 있으므로, 이를 해결하기 위해서는 전문가 간의 합의를 하는 것이 매우 중요하다. 이를 위해서는 서로 다른 위험분석의 비교를 통해 메타분석을 하거나 전문가 델파이 조사를 추진할 수 있다. 또한, 전문가들 간의 합의가 이루어지기 전에 의사결정을 내려야 할 경우 혹은 전문가들 간의

〈표 2-5〉 불확실성 유형별 위험관리전략

불확실성의 유형		위험관리전략
Funtowicz	Renn	
부정확성	선형성	• 전통적인 의사결정방식 -위험-편익분석, 위험-위험교환 -시행착오기법, 기술표준, 경제적 인센티브 -교육, 라벨링, 정보, 자발적 동의
비신뢰성	복잡성	• 가능한 증거 확정 -전문가 합의 도구들의 활용 델파이조사 또는 전문가 합의회의 메타분석(i.e. 위험 간 비교, 분석) 시나리오 구성 등 -그 결과는 기존 위험관리과정에 적용 • 위험에 대한 완충 능력(buffer capacity) 향상 -추가적인 안전 인자 마련 -안전장치 설계에서의 가외성(redundancy) 및 다양성 구축 -대응능력(coping capacity) 향상 -고신뢰조직(high-reliability organization) 구축
무지	불확실성	• 사전예방적 관리 -위험의 지속성(persistence) 및 비편재성(ubiquity) 중점 고려 -대상 위험 물질의 고립(containment) 및 무방출(zero discharge) -가장 유용한 통제 기술 활용 • 복원력 증진을 통한 갑작스러운 위험(surprises) 대응력 증진 -다양한 대체물질/수단 개발 -높은 취약성 회피 -유연한 대응전략 허용을 통한 정책의 유연성 확보 -적응 준비 -정책 집행의 단계화/우선 순위선정을 통한 정책 실행
불확정성	모호성	• 참여 및 갈등 해결 수단 적용 -이해당사자의 정책 수립 및 집행 참여 증진 -위험 소통 및 사회적 담론 증진

출처: Renn(2008: 182) 재구성.

명확한 합의가 어려운 경우에는 위험관리시스템의 가외성(redundancy)을 충분히 확보함으로써, 발생할 수 있는 복잡한 위험에 대처할 수 있다.

셋째, "불확실한 위험"의 경우, 위험에 대한 절대적인 지식의 부족과 관련되므로 사전예방적 접근이 활용가능하다. 예를 들어, 잠재적 위험물질의 고립된 공간에서의 통제(containment) 및 생태계로의 무방출(zero discharge) 그리고, 재난 발생시 그 부정적인 영향을 최소화할 수 있는 사회의 복원력(resilience)을 증진시킬 수 있는 적응 전략 등 사전예방적 접근이 필요하다. 마지막으로 "모호한 위험"의 경우는 서로 다른 이해당사자의 가치가 개입되어 위험관련 사실관계 및 정책 선택의 모호성과 관련되기 때문에 위험 정책 수립 및 집행과정에서 이해당사자들의 참여를 증진시키고, 이해당사자들 간의 의사소통을 증진시키는 참여주의적 접근법이 필요하다.

4. 위험유형별 위험관리전략

본 절에서는 유럽위원회가 제시한 위험유형별 위험정책전략을 소개한다(Stirling 2001: 26). 유럽위원회는 위험의 유형에 따라, 과학에 기반한 기술관료주의적 접근법이 유용할 수도 있으며, 사전예방적 접근법이나, 참여적 접근법이 필요한 경우도 있다고 주장한다. 모든 유형에 모두 통할 수 있는 만병통치약적인 정책전략은 없다는 것이다.

유럽위원회에 따르면(Stirling 2001: 26), 예를 들어, 핵에너지, 공장시설 및 댐에 의한 위험 같은 Damocles의 위험유형의 경우는 위험의 발생확률과 피해발생시 피해정도가 잘 알려져 있어 불확실성이 높지 않다. 따라서, 기존의 과학에 기반한 위험전략과 도구들이 잘 활용될 수 있다. Cyclops의 경우 피해위험의 정도는 잘 알려져 있지만, 발생확률에 대해서는 불확실성이 높기 때문에 과학기반 전략과 사전예방전략의 혼용이 유용하다.

유전자전이작물(transgenic plants), 유전자공학, 온실가스효과, 생체지속물질, 호르몬 등 파티아(Phythia)와 판도라 상자(Pandora's box)의 위험유형의 경우, 발생확률과 위험정도에 있어서 불확실성이 매우 높기 때문에 사전예방원칙이 필요하다. 카산드라와 메두사의 위험과 같은 경우에는 숙의적, 참여적 접근법 등이 보다 유용할 수 있다. 이러한 유형의 경우 전문가의 의견이나, 과학적 전문성이 모호하며, 때로는 논쟁적일 수 있다. 따라서, 분리된 견해 간의 합의를 추구할 수 있는 숙의 매커니즘(discursive mechanism)이 필요하다. 특히, 대중이 이러한 위험의 유형에 의해 강하게 움직인다면, 전문가, 정치인, 시민이 함께 참여하는 정치적인 의사결정과정이 필요하다.

더불어, 유럽위원회가 강조하는 것은 위험의 동적인 성격이다((Stirling 2001: 27). 하나의 위험사례는 어느 하나의 유형에 존재하는 것이 아니라, 우리 사회의 인식과 전문성의 정도에 따라 계속해서 움직일 수 있는 것이다. 즉, 기후변화가 항상 카산드라의 유형에 존재하지는 않는다는 것이다. 기후변화에 대한 사회적 맥락이 바뀌면 기후변화가 속하는 위험유형은 달라질 수 있다. 하나의 사례의 위험유형이 변할 경우, 그 사례에 접근하는 정책적 전략 또한 달라질 수 있는 것이다.

〈표 2-6〉 위험유형별 위험정책

우선전략 / 위험유형	기술관료적 (science-based)	사전예방적 (precautionary)	심의적 (discursive)
다모클	대체개발을 통한 잠재적 재난 감소	수용력 형성을 통한 복원력 증가	
사이클롭	발생확률의 탐지	책임 및 의무보험을 통한 기습예방	
파티아		ALARA, BACT, 기술표준 같은 예방원칙의 엄격한 이행	
판도라 박스		대체개발 및 기초연구 지원	
카산드라			자기의무 및 행동수칙에 의한 장기적 책임 강화
메두사			정보설명을 위한 독립기관설립으로 신뢰형성

출처: Stirling(2001).

제 6 절 종합 요약

앞에서 논의된 결과를 바탕으로 불확실성에 대처하는 정책적 접근법을 아래의 표로 정리하였다. 기술관료주의적(technocratic) 접근법은 불확실성을 제거해야 할 대상으로 보는 반면, 점증주의, 사전예방, 참여적 접근법은 불확실성을 위험관리의 본질적인 부분으로 제거할 수 없으며, 대응(cope)해야 한다고 본다. 그러므로,

〈표 2-7〉 불확실성에 대한 정책적 접근법들

<table>
<tr><th rowspan="2">정 책</th><th colspan="2">기술관료주의적 접근법</th><th rowspan="2">점증주의적 접근</th><th rowspan="2">사전예방적 접근</th><th rowspan="2">참여 및 숙의 민주주의적 접근</th></tr>
<tr><th>지식결핍 모델</th><th>증거평가 주의</th></tr>
<tr><td>목적</td><td colspan="2">불확실성 제거</td><td colspan="3">불확실성 대응</td></tr>
<tr><td>불확실성</td><td colspan="2">기술적, 방법적 불확실성</td><td colspan="3">기술적, 방법적 & 인식론적 불확실성</td></tr>
<tr><td rowspan="2">정치의 활용 및 체제</td><td colspan="2">정치와 과학의 분리</td><td colspan="3">정치의 활용</td></tr>
<tr><td>기술관료 주의,
전문가 통치</td><td>약한 기술관료주의</td><td>대의 민주주의</td><td>정치체제와 직접 관련 없음.</td><td>참여민주주의</td></tr>
<tr><td>정책 도구</td><td>비용-편익분석
위험-편익분석

전문가 위원회</td><td>특정한 과학적 연구

전문가 델파이조사</td><td>-우선순위 선정에 의한 테스트
-정책의 단계화
-모니터링 및 피드백 시스템 구축</td><td>재해보험 & 환경세금

지역복원력 구축

무방출(zero discharge)

미래예측</td><td>- 합의회의
- 구성적 기술영향평가
- 확장된 동료심사
- 규제협상
- 대중역학, 대체의학, 시민과학, 시민배심원제</td></tr>
<tr><td>전문성</td><td colspan="2">기술관료적 전문성</td><td>민주적 전문성</td><td>여러 형태의 전문성 가능</td><td>시민 전문성</td></tr>
</table>

이러한 대안적 접근법들은 불확실성을 위험정책 및 정치의 주요 자원으로써 적극 활용한다. 기술관료주의적 접근법의 경우 기술적, 방법적 불확실성을 해결하는 데는 유용하나, 인식론적 불확실성에 대해 대응하기 위해서는 점증주의, 사전예방, 참여적 접근법이 필요하다.

제 7 절 연구의 분석틀

본 연구는 위험에 관련된 불확실성이 범람하는 위험관리의 시대를 "탈정상시대(post-normal age)"와 "탈신뢰사회(post-trust societies)"로 정의하였다. 탈정상시대란 토마스 쿤(Thomas Kuhn)이 이야기한 "정상과학(normal science)"으로서의 과학이 그 한계에 부딪치는 시대를 의미한다. 탈신뢰사회란 전문가 및 정부에 대한 불신이 증가하는 사회를 말한다.

본 연구에서는 불확실성과 정책의 유형을 연구의 가장 핵심적 개념으로 두되, 신뢰와 전문성은 불확실성과 정책을 설명하는 보조개념으로 활용한다. 사례 연구를 통하여, 신종재난 및 신기술에 대한 불확실성 및 정책 간의 유형을 분석하고, 상관관계에 대해 경험적 분석을 할 것이다. 각 사례별 거버넌스의 분석은 일차적으로는 불확실성에 대응하는 정책을 분석하지만, 직접적인 인과관계만을 고려하는 것은 아니다. 즉, 각 사례별 정책을 분석할 때 불확실성에 대비하는 정책만을 분석할 필요는 없는 것이다. 예컨대, 참여민주주의 접근은 민주주의의 필요성과 같은 규범적 측면과도 관계가 있기에 반드시 불확실성에 대응하기 위한 실질적 차원에서만 요청되는 것은 아니다. 하지만, 이러한 직접적인 인과관계는 없다 하더라도 불확실성과 정책 간의 간접적인 상응(correspondence)의 관계가 존재한다면, 이러한 정책기법의 선택은 불확실성의 해결에 영향을 줄 수 있다고 본다.

〈그림 2-5〉 연구의 분석틀

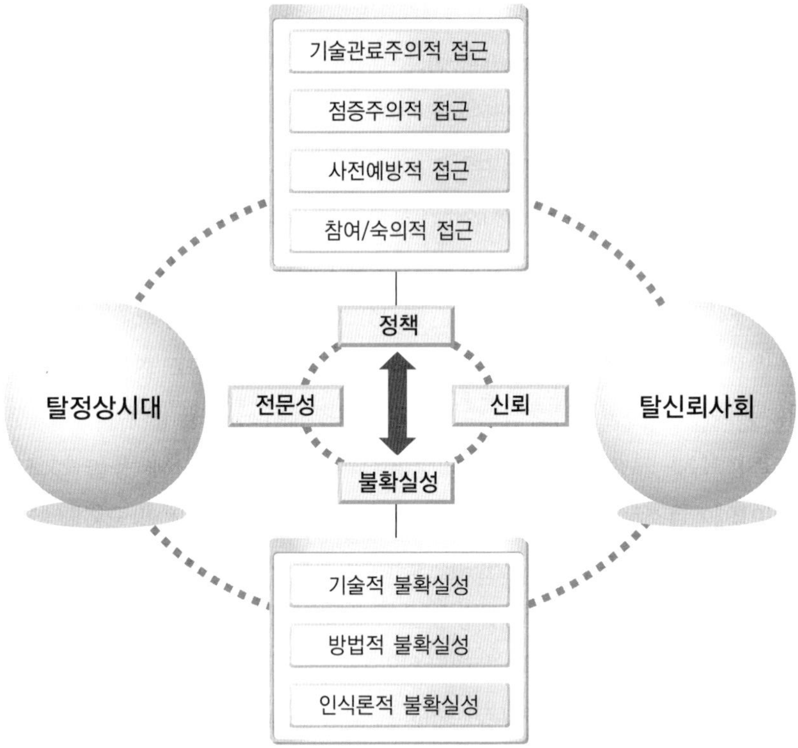
기술관료주의적 접근
점증주의적 접근
사전예방적 접근
참여/숙의적 접근
정책
탈정상시대
전문성
신뢰
탈신뢰사회
불확실성
기술적 불확실성
방법적 불확실성
인식론적 불확실성

〈표 2-8〉 연구의 분석 요소

개 념	유 형	정 의
불확실성	기술적 불확실성 (부정확성)	측정에 있어 오차에 의한 불확실성
	방법적 불확실성 (비신뢰성)	측정하는 전문가의 기술(방법) 및 판단에 대한 비신뢰성
	인식론적 불확실성 (불확정성 및 무지)	- 불확정성: 특정이해집단의 가치와 과학적 지식의 결합에 의하여 사회적으로 구성된 불확실성 - 무지: 지식의 절대적 부재 또는 한계
정책	기술관료주의적 접근	- 불확실성은 잠정적이며, 계속적인 연구를 통하여 불확실성이 제거 가능하다는 신념에 기초한 접근 - 특정 전문가집단에게 사실의 합법적 판단의 권한을 이임하여 정치와 정책(과학) 분리
	점증주의적 접근	- 정책의 유연성을 확보하고, 시행착오에 의한 피드백 속도를 증가시켜, 경험을 활용하여 불확실성에 신속 대응하는 접근법 - 전문가들이 이해당사자들을 보조하여 보다 사려 깊은 당파성의 정치를 지원
	사전예방적 접근	- 위험의 불확실성이 높지만, 잠재적인 위험의 정도가 높을 경우 사전적 조치를 통하여 불확실성에 대응 - 위험생산자에게 안전증명책임 위임, 재해 보험 및 슈퍼펀드, 지역사회 복원력 향상 등의 사전조치를 취하여 최악 상황 대비
	참여/숙의 민주주의적 접근	시민 등 다양한 이해당사자의 직접 참여를 통하여 불확실성 대응

제 3 장 생명공학
- GMO 위험거버넌스를 중심으로 -

김동광

제 1 절 서 론

GMO[1]는 분자생물학과 생명공학의 탄생 이후에 처음 시장에 등장한 산물 중 하나로 생명공학을 둘러싼 기대와 우려의 결집체라고 볼 수 있다. 또한, GMO는 그에 대한 인식을 둘러싼 과학적 논쟁과 GMO의 도입과 생태계 방출을 둘러싼 사회적 논쟁의 역사를 통해 두 가지의 서로 상반되는 특성을 배태하게 되었다. 그것은 농경기술의 자기 전개과정의 연속성으로서의 유전자 조작의 산물이라는 측면과 지금까지 생명의 역사에서 한번도 등장하지 않았던 유전적 조성을 가진 생물체로서의 새로움(novelty)이다. GMO는 탄생과 함께 이러한 이중성과 양면성을 가지고 있으며, 이러한 인식적 양면성과 모호함은 GMO를 둘러싼 다양한 이해당사국과 이해관계 집단들이 자신들의 이해관계에 유리한 규제 체계를 수립하기 위해 즐겨 동원하는 수사적 · 담론적 원천으로 기능해 왔다.

농경기술이 함의하는 인간과 자연의 관계라는 근원적 측면에서, 농경은 그 탄생과 함께 자연에 대한 통제의 극대화라는 자기경향성을 내재한다. 이러한 내재적 지향성(orientation)은 근대 과학의 출범과 함께 배태된 역학적 세계관과 공학적 지향성, 즉 자연의 산물에 인간의 의지를 투입해서 통제를 확대하고 대량 이용을 가능하게 하려는 일련의 경향을 포괄하게 된다. 근대과학의 역사는 곧 통제 확대의 역사라고 할 수 있다. 생명공학은 그 통제의 대상을 생명 이외의 물질적 대상(물리

---

1) EC의 공식적인 정의에 따르면, GMO(genetically modified organism)는 “사람을 제외하고, 그 유전물질이 짝짓기나 자연적인 재조합 등의 자연적인 방법이 아닌 방식으로 변화된 생물”을 뜻한다. 2001 Directive

과학의 대상)에서 생물, 나아가 인간에까지 확장시킨다는 점에서 차이가 있지만, 근본적인 통제의 확장이라는 점에서는 연속성을 가진다고 볼 수 있다.

그러나 다른 한편, GMO는 단순한 인공물이 아닌 인간과 자연의 관계에서 지금까지와는 전혀 다른 형태의 잡종(hybrid)으로 간주된다. 과학사회학자 도나 하러웨이는 무르지 않는 토마토 플레이버 세이버(Flavr Savr)가 등장한 사건을 "1994년 5월 19일, 외계체의 침공"으로 표현했다. 하러웨이는 플레이버 세이버와 플루토늄을 지난 2천년을 규정하는 세 가지 합성물 중의 하나(나일론, 플루토늄, GMO)라고 말했고, 단순한 물질이 아니라 혁명적 신세계의 새로운 주민들로 규정했다. 그 존재로 인해 세계가 변화했다는 것이다(Haraway, 1997). 그녀에게 GMO는 비자연이나 반자연이 아닌 새로운 자연이었다.

GMO의 거버넌스는 명확하게 규정된 대상에 대해서 통제를 가하는 전통적인 형태의 통치, 또는 규율과는 사뭇 다른 종류의 실행이다. GMO는 그 자체가 아직까지 명확한 정의가 내려지지 않고 있는 경계물(boundary object)이기 때문에, GM 산물에 대한 거버넌스는 근본적으로 매우 복잡하고 다양한 주제들이 얽혀 있다고 할 수 있다. 생명공학의 규율 문제는 그 자체가 실천적인 성격이고, 존재론적 프로젝트이기도 하다(Mol and Law, 1994).

이 연구는 GMO 거버넌스를 GMO의 위험거버넌스를 중심으로 고찰한다. 여기에서 GMO 거버넌스는 GMO의 위험에 대한 경계작업(boundary work)으로 간주된다. 과학사회학에서 경계작업의 개념은 과학의 역사에서 이른바 과학과 비과학을 구분지으려는 경계짓기, 즉 경계획정(boundary demarcation)에 대한 분석에서 비롯되었다(Gieryn, 1995). 이 분석에서 GMO는 경계에 위치한 산물인 경계물로 간주되며, 이 경계물의 지위는 그를 둘러싼 행위자들의 지속적인 경계작업으로 인해 요동(fluctuate)한다. 위험 행위자(risk actor)들은 GMO에 대한 규정(definition)을 둘러싸고 경합하며, 이러한 끊임없는 경합과정에서 GMO의 존재적 지위는 계속 요동한다. 이것이 GMO를 둘러싼 불확실성의 근원적인 한 요소이다. GM 작물을 둘러싼 규율과 거버넌스의 역동성을 이러한 경계 작업의 역동성으로 설명할 수 있다.

이 연구는 크게 세 부분으로 나뉜다. 첫번째는 불확실성의 관점에서 GMO가 가지는 특성을 설명한다. 둘째, GMO를 중심으로 한 생명공학의 위험에 대한 규율과 거버넌스의 특성을 경계작업(boundary work)의 관점에서 분석한다. 셋째, 국가 단위로 GMO 거버넌스[2)]의 형성과정과 그 특성을 비교, 고찰한다.

제 2 절 생명공학 사례의 개요; GMO를 중심으로

GMO는 생명공학 기술이 발달하면서 실제로 제품화로 연결된 첫번째 사례에 해당한다. 실험실을 나와 현실에 적용된 생명공학 기술의 최초 사례 중 하나인 셈이다. 따라서, GMO는 생명공학기술의 발전 과정에서 등장한 과학기술적, 사회적, 문화적 논란을 대표할 뿐만 아니라 그 과정에서 생명공학에 대한 규율의 기본적 틀을 형성해 온 사례이기도 하다.

오늘날 GM 식품의 탄생을 가능하게 한 중요한 기술적 돌파구는 1970년대 초의 재조합 DNA 기술(recombinant DNA, rDNA)의 등장이었다. 새로운 기술이었던 재조합 DNA 기술에 대한 관점은 단일하지 않았으며, 당사자인 과학기술자와 미국 정부, 일반 시민들은 이 기술이 가지는 불확실성과 위험에 대해 제각기 다양한 대응양식을 나타냈다. GMO를 탄생시킨 재조합 DNA 기술은 탄생부터 과학기술적, 사회적 논란에 휩싸인 셈이었다.

1994년 최초의 GMO가 승인을 받으면서 GM 식품은 순조로운 출발을 보이는 듯 했지만, 이후 유럽을 중심으로 강력한 반대에 부딪혔고, GM 식품 승인의 중요한 근거로 제시되었던 "실질적 동등성(substantial equivalence)"의 개념은 심각한 도전에 직면했다. 1990년대 후반 이후에는 동물 실험 과정에서 GMO가 인체 및 생태계에 해로운 영향을 미칠 수 있다는 GMO의 안전성을 둘러싼 과학기술적 논

2) 이 연구에서 GMO 거버넌스의 기본 단위는 국가이다. 국제기구나 그밖의 국제적 거버넌스 시도는 결국 국가적 관점의 확장이나 영향력 확대의 시도로 간주될 수 있으며, 기본적 분석 단위가 되기 어렵다.

쟁이 본격화되었다. 또한, GMO가 인류의 식량난을 해결할 수 있는지, 그리고 GM 기술의 혜택이 기아에 시달리는 저개발국에게 돌아갈 수 있는지, 아니면 개발 당사자인 초국적 기업들만이 수혜자인지에 대한 사회적 논쟁도 이어졌다.

오늘날에도 GMO를 둘러싼 불확실성과 그에 대한 과학기술적, 사회적 논쟁은 계속되고 있다. GMO에 대한 거버넌스는 이러한 불확실성과 안전을 둘러싼 사회적 논쟁의 산물이라고 할 수 있다.

1. 재조합 DNA 기술과 사회적 논쟁

재조합 DNA 기술은 생명공학의 발전에서 1953년의 DNA 이중나선 구조 발견에 필적할만큼 중요한 의미를 갖는다. 이 기술은 1973년에 스탠리 코헨(Stanley Cohen)과 허버트 보이어(Herbert Boyer)에 의해 최초로 개발되었으며, 종의 경계를 뛰어넘는 유전자 이식이라는 새로운 가능성을 열어놓았다. 수십억 년의 진화과정에서 형성된 종과 종 사이의 간격을 뛰어넘어 자연 상태에 존재하지 않는 새로운 생물을 만들어낼 수 있게 된 것이다. 전통적인 육종이 종의 경계를 넘지 못하는 반면 재조합 DNA 기술은 박테리아의 유전자를 콩에 삽입하고, 넙치의 유전자를 과일에 넣는 식으로 지금까지는 상상조차 할 수 없었던 방식으로 유전자를 재조합할 수 있다. GM 식품, 즉 유전자조작 식품을 가능하게 한 기술이 바로 이 재조합 DNA 기술이다. 이 기술을 통해 자연 상태에서는 발견될 수 없는 새로운 종류의 잡종 생물(hybrid organism)이 탄생할 수 있게 되었기 때문에, 그 잠재적 가능성은 거의 무한한 것으로 평가되었다. 그러나 초기에는 새로운 기술에 대한 기대보다는 이 기술로 가능해질 유전자 조작의 결과가 사람에게 주는 부정적인 영향이나 유전자가 조작된 생물체의 실험실 밖으로의 방출로 인한 생태계 교란과 같은 문제점에 대한 우려가 높았다.

재조합 DNA 기술은 탄생의 시점부터 많은 논란을 불러일으켰고, 생명공학의 대중 논쟁과 시민참여가 처음 이루어지는 중요한 장을 마련해주었다. 1970년대 초반의 몇 년 동안 진행된 이 논쟁 과정에는 생명공학 기술을 둘러싼 수많은 쟁점과 주제들이 고스란히 압축되어 있다. 또한, 과학자들이 스스로 자신들의 연구의 위험성을 인식하고 일시적으로 연구 중단(모라토리엄)을 선언한 역사적 사건이 일어났다는 점에서 중요한 의의를 가진다. 연구자들은 1975년 "아실로마(Asiloma) 회의"에서 유전자 재조합의 인체 유해 가능성과 생태계 방출로 인한 위험성 문제를 감안하여 3년 동안 연구 중단을 선언했다.

반면, 미국 정부는 1980년대부터 생명공학을 미국의 미래를 좌우할 중요한 기술로 판단하고, 적극적인 지원 태세에 나섰다. 당시 연구를 주도하던 과학자들 중 상당수가 재조합 DNA 기술의 불확실성에 주목했던 것과는 사뭇 다른 관점이었다. 1990년에 시작되어 이후 GMO를 비롯한 생명공학 발전에 초석을 다진 인간유전체프로젝트(Human Genome Project)는 국립보건원(NIH)와 에너지성(DOE)과 같은 미국 정부의 주요 기구들의 적극적인 주도로 가능할 수 있었다.

한편, 미국에서는 1970년대 후반에 이 기술을 둘러싸고 일반 대중들이 문제를 제기하면서 재조합 DNA 논쟁은 대중 논쟁의 차원으로 진전되었다. 1976년 하버드 대학교에 DNA 재조합 연구시설을 설치하려는 계획을 둘러싸고 벨루치 케임브리지 시장을 비롯한 시민들이 반발하면서 조직된 케임브리지 실험 심사위원회(CERB) 활동이 대표적인 대중 논쟁 사례이다. 이러한 대중 논쟁들은 이후 생명공학을 둘러싼 대중 논쟁과 시민참여, 그리고 숙의적 거버넌스에 많은 시사점을 주었다.

2. GM 식품의 안전성에 대한 우려

1986년 미국의 칼진(Calgene) 사가 무르지 않는 토마토, 플레이버 세이버를 개발한 이래 해충 저항성 옥수수, 감자, 대두, 면실, 카놀라 등 여러 가지 품목들이 개발되어 전 세계에 판매되고 있다. 플레이버 세이버는 1994년 미국 식품의약품국(FDA)의 승인을 받아 최초로 판매가 허용되었으며, 이 외에도 유전자변형 옥수수, 콩, 토마토, 감자 등의 미국 내 판매가 허가되었다.

그러나 유럽을 중심으로 GM 식품은 "프랑켄 푸드(Franken-food)"라는 악명이

붙을 정도로 부정적인 평판을 받았다. GMO의 안전성에 대한 유럽의 인식이 미국과 큰 차이를 나타낸 데에는 여러 가지 요인들이 있지만, 그중에서도 광우병(BSE)이라는 집단 체험이 큰 영향을 주었다. 특히, 영국은 광우병의 경험으로 GM 식품에 대한 시민들의 반발이 가장 강한 나라 중 하나가 되었으며, 이러한 영국의 경험은 대체로 유럽 전체에 공유되었다. 광우병 사태는 GMO와 같은 신기술의 위험 규제(risk regulation)의 필요성을 대중들에게 인식시켰다.

GM 식품의 안전성을 둘러싼 논쟁에서 가장 잘 알려진 사건은 1998년에 일어났다. 영국의 최대 생명공학연구기관인 로웨트 연구소의 푸스타이(Arpad Pusztai) 박사가 영국의 텔레비전 프로그램 '움직이는 세계' 에서 발표한 쥐를 대상으로 한 실험 결과는 사람들에게 엄청난 충격을 주었다. 유전자가 변형된 감자를 먹인 결과, 쥐의 면역체계가 크게 약화되고, 뇌의 축소 및 위벽의 확장 등이 일어났다는 것이다. 푸스타이 박사는 이 발표 직후 연구소에서 해고되었고, 연구 자료를 몰수당했다. 이후 푸스타이 박사의 연구가 타당한 것인지를 둘러싸고 지금까지도 논쟁이 계속되고 있다.

이러한 인체에 미치는 안전 이외에 생태계에 미치는 영향도 유전자 조작 곡물을 둘러싼 중요한 쟁점이다. 다른 유전자를 삽입하는 이유는 해당 식물에 새로운 특성을 부여해서 특정 기능을 수행하게 하려는 것이었다. 그러나 유전자는 다양하게 퍼져나갈 수가 있는데, 예컨대 인근 들판에 바람을 타고 꽃가루처럼 날아갈 수 있다. 그리고 유전자는 종 사이의 벽을 넘을 수도 있고, 예기치 않은 장소에 전혀 예상치 않은 영향(unexpected effect)을 미칠 수도 있다. GMO의 불확실성 중에서 최근 관심의 초점이 되는 것은 바로 이러한 예상치 않은 영향이다.

3. GMO를 둘러싼 사회적 쟁점들

생명공학은 그 출발부터 국가와 자본의 주도에 의한 거대과학(big science)의 성격을 띠었다. 생명공학 기술이 시장에 출시한 첫번째 상품 중의 하나가 GMO였다는 점에서, GMO는 그 출발과 함께 숱한 사회적 쟁점들을 내포하고 있었다.

GMO 개발의 주축을 이루는 초국적 기업들과 이들을 뒷받침하는 과학자들의 주장은 GM 작물이 기아근절과 전 지구적 식량난 해소에 도움이 될 수 있을 것이라고 주장한다. 반면, GMO를 반대하는 전 세계의 NGO와 과학자들은 식량난과 기아의 주 원인이 식량의 절대적 부족이 아니라 사회적 분배의 구조적 문제 때문이며, 다국적 기업들이 특허라는 형태로 종자를 비롯한 생물자원을 장악하고 있는 GM 작물은 오히려 식량 빈곤국과 선진국의 빈부격차를 크게 증폭시킬 것이라고 주장한다.

GMO를 비판하는 진영은 GM 식품이 유전자 변형 종자를 생산하는 기업의 손에 과도하게 권력을 집중시키는 문제점도 지적한다. 예를 들면, 현재 세계 최대의 유전공학농업 다국적기업인 몬산토(Monsanto)가 개발한 유전자변형 종자 중의 하나는 역시 몬산토가 제조한 “라운드 업(Round-up)”이라는 제초제에 저항성을 갖도록 만든 것이다. 따라서, 이 종자를 재배하는 농부는 몬산토로부터 라운드업 저항종자와 더불어 라운드업 제초제까지 사들여야 하는 셈이다.

한편, GM 식품의 교역을 둘러싼 갈등도 GMO를 둘러싼 불확실성에서 한 축을 이루고 있다. 2000년 1월 UN 생물 다양성 협약의 일환으로 카르타헤나 생명공학 안전성 의정서(Cartegena Protocol on Biosafety)가 채택되어 법률로 규정된 최초의 국제적 합의가 이루어졌지만, 의정서는 GMO를 둘러싼 위험과 사회적 논란의 해결과정으로 이루어진 합의가 아니라 국가 간 교역만을 위한 합의였다는 점에서, 오히려 불확실성과 위험에 대한 논의를 부추길 수 있다는 지적도 있다. 최근 국내에서 벌어졌던 미국과 유럽을 상대로 한 FTA 협정 논쟁도 GM 식품에 대한 거버넌스에 상당한 영향을 미치고 있다.

제 3 절 생명공학과 불확실성

1. 불확실성과 과학

피터 훼일(Peter Wheale)과 루스 맥널리(Ruth McNally)는 유전공학과 생명공학 기술을 둘러싼 논의의 특성을 "인식론적 상대주의, 국소적 · 비-보편적 관점의 우월성(primacy of local non-universal perspective), 주체의 용해, 생산력으로서의 지식" 등으로 파악한다. 즉, 생명공학이 포스트-모던과학(post-modern science)의 양상을 띤다는 것이다(Wheale et al, 1998). 이 관점은 "전통적인 과학의 지위의 탈정통화된 상태(delegitimised status)와 그에 따른 도전"을 강조한다. 그것은 서로 경쟁하는 인식론들을 화해시킬 수 있는 어떤 "초(超) 내러티브"나 초월적인 담론(over-riding discourse)도 존재하지 않는 생물정치의 장에서 다른 지식주장들로부터 제기되는 도전이다. "초 내러티브"의 부정은 필연적으로 국소적인 인식적 주장들 사이의 치열한 경쟁을 불러온다. 경쟁의 치열함은 전통적인 과학이 탈권위화할수록, 그리고 과학기술의 민주화가 진전될수록 그 강도가 높아진다. 그리고 이 경쟁을 중재할 수 있는 어떤 "초월적 담론"도 존재할 수 없기 때문에 논쟁 종결은 매우 힘들어지며, 심지어는 폭력적인 양상을 띠는 경향도 빈발한다.

푼토비치와 라베츠(Funtowicz & Ravetz)는 포스트-정상과학(post-normal science) 개념을 제기했다. 포스트-정상과학은 지금까지 우리가 당연하게 받아들여 온 종류와는 전혀 다른 유형의 문제해결 활동이다. 이 영역의 전형적인 특성은 "사실의 불확실성, 가치들 사이의 경합, 높은 위험, 그리고 시급한 결정" 등이며, 기존의 계량적 수학 모형들과의 근본적인 차이는 "불확실성의 문제를 소거할 수 없다."는 관점이다.

"탈정상과학"에서는 전통과학에서 당연시되던 "사실"들이 그 확실한 지위를 상실하고, 가치들 사이에서 치열한 경쟁이 벌어지며, 기존의 과학적 방법으로 문세를 해결할 수 없게 된다. 이 상황에서는 과학적 판단이 과학자 전문가들에게만 맡겨지지 않는다. 이와 같이 전혀 새로운 불확실성에 직면한 상황에서는 "전문가들

역시 아마추어이기" 때문이다(Funtowicz & Ravetz, 1992).

여기에서 공통되는 요소는 오늘날 과학, 특히 생명공학이 불확실성과 복잡성에 직면해 있을 뿐만 아니라, 그 존재 자체가 불확실성이라는 토대 위에 놓여 있다는 것이다. 여기에서 불확실성은 소거불가능한 무엇이며, 생명공학의 연구활동을 규정하는 기본 조건으로 간주된다.

이 연구에서 불확실성은 과학연구의 외재적 요소가 아니라 과학과 그 연구를 구성하는 한 부분으로 인식되며, 새로운 과학연구 프로그램의 수립 과정에서 적극적인 역할을 수행하는 것으로 분석된다. 불확실성은 GMO를 둘러싼 규율과 거버넌스에서 중요한 요소로 작용한다.

2. GMO와 불확실성

불확실성이란 특정한 행동, 산물, 또는 현상이 인간이나 환경에 위험을 야기할 것인지 분명치 않다는 것이다. 그 까닭은 인과관계가 복잡하고, 가능한 복수의 결과가 이질적이며 시간적으로 장기적, 공간적으로 전 지구적 규모로 확장될 수 있기 때문이다(Asselt and Vos, 2008). 그렇다면 GMO의 불확실성은 어디에서 기인하는가? 푼토비치는 불확실성을 기술적 불확실성(technological uncertainty), 방법적 불확실성(methodological uncertainty), 인식론적 불확실성(epistemological uncertainty)으로 구분하였다. 기술적 불확실성은 정상상태의 불확실성에 해당하며, 방법적 불확실성은 데이터를 수집하는 전문가의 능력과 판단에 대한 신뢰와 관련된다. 인식론적 불확실성은 포스트-정상과학에서 나타나는 불확실성이며, 과학지식 생산과정에 이해집단의 가치가 개입되면서 나타난다. 또한, 이 유형의 불확실성은 지식의 사회적 맥락, 즉 사회 집단들에서 저마다 달리 나타나는 문제의 틀에 따라 발생하는 경향이 있다. 따라서, GMO의 불확실성은 인식론적 불확실성의 전형적인 예라 할 수 있다. GMO의 인식론적 불확실성은 크게 실질적 동등성을 둘러싼 불확실성, 인체 및 생태계에 미치는 영향을 둘러싼 불확실성, 그리고 사회 · 경제적 불확실성으로 나누어 볼 수 있다.

1) 실질적 동등성을 둘러싼 불확실성

"실질적 동등성" 개념은 1993년 OECD에 의해 제안되어 FAO/WHO 합동자문회의에 의해 채택된 이래, 여러 나라들이 GM 식품 규제의 원칙으로 받아들이고 있다. 실질적 동등성 개념은 앞에서 설명했던 유전자재조합기술이 전통적 교배와 사실상 본질적인 차이를 갖지 않는다는 가정을 기반으로 한다.

OECD가 GMO의 안전한 사용을 위한 과학적 원칙과 기준을 마련하기 위해 설립한 전문가 그룹 GNE(Group of National Experts)는 GM 식품 또는 그 성분이 기존의 식품과 실질적으로 동등하다면 안전성이나 영양의 측면에서 문제가 없다고 볼 수 있다는 관점을 제시했고, 실질적으로 동등한 식품은 유사한 기존 식품과 같은 방법으로 취급할 수 있다는 원칙을 수립해서 이후 미국을 비롯한 일부 국가들의 GMO 규율의 기본 틀을 마련해주었다.

그러나 유럽을 비롯한 여러 나라들은 이러한 실질적 동등성 개념을 받아들이지 않고, 이 개념이 전제하고 있는 실질적으로 동등하다는 가정 자체에 의문을 제기했다. 실질적 동등성을 둘러싼 논쟁은 GMO 불확실성의 핵심적인 요소이다. 또한, GMO에 대한 규율의 대상을 결과로서의 산물로 볼 것인가, 또는 과정으로 볼 것인가의 논쟁도 GMO를 그 성분으로 환원가능한지 여부에 대한 서로 다른 관점에 기반한다.

2) 인체 및 생태계의 유해성을 둘러싼 불확실성

GMO의 인체 및 생태계의 유해성을 둘러싼 논쟁에서 나타난 과학기술적 불확실성은 GMO 불확실성의 중요한 요소이다. 앞에서도 언급했듯이 lectin(생체반응을 조절하는 인자) 분야의 세계적인 권위자인 아파트 푸스타이 박사가 lectin을 지시하는 형질전환 유전자를 가지는 GM 감자를 이용한 실험을 수행했다. 이 연구가 문제시된 까닭은 이미 EU 시상에 출시된 GM 콩이나 옥수수와 같은 산물의 안전성에 의문이 제기될 수 있기 때문이었다.

RRI는 이 그룹의 연구에 대한 지원을 중단하고, 푸스타이 박사를 해고했고, 연구 데이터에 대한 접근을 금지시켰다. 왕립학회(Royal Society)는 1999년에 특별 위원회를 조직해서 이 문제를 조사했고, "GM 감자에서 어떠한 부정적인 영향에 대한 확실한 증거도 발견하지 못했다."고 결론지었다. 〈랜싯(Lancet)〉은 GM 식품의 위험 연구에 대한 왕립학회의 "오만한 접근방식"을 비판했다. 전 세계의 과학자들 사이에서 푸스타이 박사의 연구 결과에 대한 찬반 논쟁이 격화되었다. 결국 이 전문가 논쟁은 그동안 많은 나라에서 받아들였던 실질적 동등성 개념을 다시 논쟁의 한복판으로 옮겨놓는 결과를 가져왔다.

지난 2005년 러시아 과학자 일리나 에르마코바(Dr. Irina Ermakova) 박사가 실시한 몬산토 GM 콩(Mon40-3-2)의 쥐 실험 결과가 태아에게 미치는 영향 실험이 큰 파장을 일으켰다. 이 실험 결과 GM 콩 섭취 쥐의 태아 사산율이 55.6%에 이르러 Non-GM 콩을 섭취한 쥐의 9.0%에 비해 월등하게 높은 것으로 나타났다. 또한, 출산 후에도 사망이 많고, 현저하게 성장이 불량한 것으로 나타났다(농어촌사회연구소, 2005). 에르마코바 박사의 연구 결과에 대해서도 논란이 이어졌다. 이러한 연구결과가 사회적 논란을 일으키자 〈네이처 바이오테크놀로지〉는 2007년 9월호에서 편집자가 에르마코바에게 질문을 던지고 4명의 과학자가 반론을 제기하는 기이한 방식의 특집기사를 실었다. 일방적인 마녀사냥이라는 비난이 쏟아지자 이 저널은 부랴부랴 에르마코바의 재반론을 포함한 두 번째 특집을 다시 싣는 해프닝을 벌였다(김명진, 2008).

인체 유해성을 둘러싼 불확실성은 정책연관 과학에 대해 서로 갈등을 일으키는 여러 가지 해석을 제공하고 위험을 둘러싼 가치 갈등(value conflict)을 격화시켜 위험을 둘러싼 논쟁을 야기한다. 과학자들은 흔히 이러한 불확실성에 대해 분명한 표명을 하지 않는다.

GMO가 생태계에 미치는 영향으로는 2001년 멕시코 식물생물학자 이그나치오 차펠라와 환경과학자 데이빗 퀴스트가 밝혀냈던 GM 옥수수 유전자의 토종 옥수수 오염 사태가 대표적인 논쟁 사례이다. 두 과학자는 유전자 조작 옥수수의 유전자가 멕시코의 토종 옥수수에 전이되었다는 사실을 밝혀내서 〈네이처〉에 실으려 했지만, 관련 생명공학 기업의 반발로 저널측이 반대 입장의 논문을 함께 게재해서 기업의 로비에 굴복한 것이 아닌가라는 큰 논란을 일으켰다(피어스, 2002).

흔히, 정책입안가들을 사회적 맥락과 분리해서 과학적 사실과 증거에만 근거한 위험평가가 가능하다고 생각하고, 실제로 그러한 시도가 이루어지기도 하지만 현실적으로 이러한 분리는 불가능하다. 간략하게 살펴본 GMO가 인체와 생태계에 미치는 영향을 둘러싼 과학자들 사이의 논쟁은 과학기술적 주제가 사회적, 정치·경제적 주제와 긴밀히 연관되어 있다는 점을 잘 보여준다.

3) 사회·정치적 환경에 따른 불확실성

오늘날 GMO를 둘러싼 불확실성은 GMO의 생산, 승인, 수출, 수입 등을 둘러싼 환경이 불안정하다는 사실에 의해 한층 증폭되는 경향이 있다. 그 근본적인 원인은 GM 작물을 둘러싼 수입, 수출국의 이해관계가 저마다 다르다는 것이다.

그 대표적인 예가 바이오안전성의정서(biosafty protocol)이다. 생물다양성 협약에 근거한 바이오안전성의정서는 2001년에 채택되어 2003년 9월 11일에 발효되었다. 이 의정서는 사전예방원칙과 GMO의 국가 간 이동에 관해 사전통보합의절차 등을 정하고 있다. 사전예방원칙은 GMO의 인체와 환경에 대한 안전성이 입증되지 않으면 잠재적으로 위해성을 가진다고 보아 재배와 수입을 규제하는 원칙이며, 사전통보 합의는 GMO가 국가 사이에 이동할 때 수출국이 미리 안전성 관련 정보를 수입국에 제공해서 승인 통보를 받은 후 거래하는 것을 뜻한다. 그 외에도 안전성 평가와 관리, 정보공개와 공공참여 보장 등의 내용이 포괄된다.

의정서의 문제점은 미국, 캐나다, 아르헨티나 등 GMO를 주로 수출하는 나라들이 당사국에 포함되지 않으며, 당사국 사이에서도 핵심 내용을 놓고 합의가 이루어지지 않고 있다는 점이다. 지난 2008년 5월 독일 본에서 열린 제4차 바이오안전성의정서 당사국 총회에서도 구체적인 결론을 내리지 못하고 향후 지속적 합의를 위해 노력한다는 결의를 얻는 데 그쳤다. 또한, 의정서와 가장 밀접한 이해관계를 가지는 미국과 초국적 농업 생명공학 기업들의 전방위 로비도 당사국 간의 합의를 어렵게 만드는 중요한 요인이다(김은진, 2009).

바이오안전성의정서를 둘러싼 국가 간의 입장 차이에서 잘 드러나듯이, 오늘날 GMO를 둘러싼 불확실성은 사회·정치적 맥락에 따라서 크게 증폭되거나 감쇠될 수 있다. 사회, 문화, 정치 · 경제 등 그 사회의 특정한 맥락(context)이 위험 신호를 증폭하거나 감쇠시킬 수 있는 증폭소를 이룰 수 있다. 카스퍼슨은 위험의 사회적 증폭이론(social amplification of risk)에서 똑같은 위험 신호에 대한 대응이 집단, 사회, 국가에 따라 다른 이유를 사회 · 문화적 위험 증폭과 그 작동 방식의 차이로 설명했다(Kasperson, 1992).

여러 차례 식품과 관련된 사회적 문제를 겪었던 유럽과 상대적으로 이런 문제에 시달린 경험이 없는 미국은 GMO에 대한 태도에서 상당한 차이를 나타낸다. 특정 위험 메시지에 대해서 공명을 일으킬 수 있는가는 사회 · 문화적 불확실성과 밀접한 관계를 가진다. 가령, GMO의 위험성이라는 똑같은 메시지에 대해서 국가별로 다른 대응방식이 나타나는 것은 이러한 이유 때문이다.

3. 불확실성을 둘러싼 경계 획정

GMO는 일반적인 과학기술의 불확실성 이외에 식품이라는 측면에서 특히 대중의 위험 인식에 영향을 준다. 그동안 위험의 심리측정(psychometric) 접근방식은 대중들이 위험을 다차원적으로 인식한다는 것을 보여주었다는 점에서 위험 연구에 기여한 바가 컸다. 다차원적 인식의 의미는 위험 인식이 한, 두가지 위험 요소로 환원될 수 없으며, 많은 요소들에 의해 복합적인 영향을 받는다는 것을 뜻한다.

브라이언 윈은 과학적 불확실성이 지식의 객관적 분석으로는 적절히 기술될 수 없으며, 불확실성의 인식은 복잡한 사회적 · 문화적 맥락에 달려있는 주관적인 것으로 보았다. “과학적 불확실성은 실제 해석이라는 맥락에서 사회적 불확실성에 의해 증대되거나 감소할 수 있다.”(Levidow, 2001).

과학적 불확실성은 개별적으로 존재하기보다는 구체적인 상황에 따라서 복합적인 형태를 띠면서 나타난다. 이러한 불확실성의 다양한 측면들은 상호의존적이며, 불확실성을 둘러싼 이해 경합의 균형과 긴장이라는 사회적, 정치 · 경제적 관계를 통해 유지, 확대, 또는 재생산된다.

여기에서 불확실성은 해결, 관리해야 할 일탈적 현상이 아니라 다양한 이해관계

집단들의 위험커뮤니케이션과 담론 생산, 거버넌스의 수립을 위한 자원으로서 적극적으로 동원(mobilize)된다. 따라서, 불확실성이 곧바로 위험과 연결되지 않으며, 위험 여부를 둘러싼 경계 작업들이 있을 뿐이다. 오늘날 불확실성은 이미 주어진 조건이 되고 있으며, 경계작업으로서의 위험으로 구성될 수 있는 하나의 요소이자 자원이다. “무엇이 위험한가”는 이러한 경계작업을 통한 사회 · 문화적 구성 과정의 국소적(local) 결과로 나타난다.

이 연구는 인식론적 불확실성인 실질적 동등성을 중심으로 분석한다. 실질적 동등성에 대한 관점은 GMO에 대한 규율과 거버넌스의 토대를 이루며, 실질적 동등성에 대한 태도의 차이는 GMO에 대한 규율의 국가 간 차이의 핵심적 요소에 해당하기 때문이다.

제 4 절 GMO의 위험거버넌스

전통적으로 국가의 통치구조나 행위를 표상하는 개념으로 정부(government)라는 말이 사용되었지만, 최근 정부 대신 거버넌스(governance)라는 개념이 많이 쓰이고 있다. 학자마다 그 의미는 조금씩 다르지만, 공통적인 요소를 몇 가지 찾을 수 있다. 첫째, 거버넌스는 정책 결정에서 비정부 참여자의 역할 증가를 뜻한다. 따라서, 공적 영역과 사적 영역을 구분하는 것이 점차 어려워지는 상황에서 부상하는 새로운 통치양식(mode of governing)을 거버넌스로 개념화할 수 있다. 둘째, 거버넌스는 통치의 결과가 아니라 그 과정과 관련된다(조현석, 2008).

거버넌스의 개념을 도입하는 이유는 첫째, 위험이 전문가나 정책 관련자들의 좁은 영역으로 국한되지 않고 다양한 행위자들이 관여하는 포괄적인 사회적 실행이며, 둘째, 점차 정부와 비정부기구, 대중 사이의 구분이 흐려지고 있고, 셋째, 위험 문제의 해결이라는 결과도 중요하지만, 그 과정에서 이루어지는 숙의적 학습과정이 핵심적이기 때문이다.

위험거버넌스는 불확실성에 대한 대응양식과 긴밀한 상호 연관성을 가진다. GMO의 위험에 대한 규율은 이 두가지 요소를 기반으로 형성된다고 할 수 있다. GMO를 둘러싼 불확실성에 대응하는 여러 나라의 거버넌스 유형은 이러한 규율 양식의 구현이라고 볼 수 있다.

1. 통치에서 거버넌스로

지난 10년 동안 거버넌스(governance)라는 말은 국제관계, 정치학, 정책연구, 환경 및 기술 사회학, 그리고 위험 연구 등의 영역에서 거의 유행어가 되다시피했다. 국가적 차원에서 거버넌스는 "정부와 비정부 행위자를 포괄하는 집합적인 의사결정 구조와 그 과정"을 뜻한다(Nye and Donahue, 2006: 215).

위험거버넌스는 거버넌스 개념의 핵심 원리를 위험과 위험관련 의사결정의 맥락으로 번역한 것이라고 할 수 있다. 위험거버넌스는 전통적으로 위험분석에 포함된다고 인식된 3가지 요소, 즉 위험평가(risk assessment), 위험관리(risk management), 그리고 위험커뮤니케이션(risk communication)을 모두 포괄하며, 동시에 이러한 요소들을 넘어서는 무엇이다. 또한, 위험거버넌스에는 위험이 평가되는 법률적, 제도적, 사회적, 그리고 경제적 맥락, 위험을 대표하는 행위자들과 이해당사자들이 모두 포함된다. 위험거버넌스는 행위자, 규칙, 협약, 과정, 그리고 매커니즘의 복잡다단한 연결망을 본다.

위험 관련 의사결정과 정부 및 비정부, 그리고 사적 부문 행위자들을 모두 포괄한다는 점에서, 위험거버넌스는 위험 관련 의사결정을 내리는 단일한 권위(authority)가 없는 경우에 매우 중요하다. 실제로 오늘날은 위험을 독단적으로 정의할 수 있는 권위가 어느 행위자에게 배타적으로 주어지는 경우는 드물다. 위험을 어떻게 규정하는가를 둘러싼 경합은 거의 일상적인 상황이 되고 있다. 이해관계에 따라 문제에 대한 정의가 달라진다는 점을 고려하면, 위험거버넌스 개념은 거의 모든 영역에서 의미를 가진다고 볼 수 있다. 즉, 오늘날 위험의 본성 자체가 서로 다른 이해당사자들 사이에서의 협력과 조정을 필요로 한다.

2. 불확실성에 대한 대응양식과 위험거버넌스 유형

1) 불확실성에 대한 대응양식

불확실성이 위험으로 번역되는가, 그렇지 않은가는 불확실성에 대한 개인, 집단, 국가의 대응양식과 그것을 둘러싼 복잡한 맥락에 따라 달라진다. 오늘날 불확실성은 이미 생활세계의 일부가 되었고, 삶의 일부이자 사회적 배경이 되고 있다. 불확실하다고 해서 곧바로 위험한 것은 아니다. 일반적으로 "불확실성 = 위험"이라는 등식이 성립하는 것으로 간주하는 경향이 있다. "불확실한 위험(uncertain risk)"이라는 개념은 위험이 고도로 불확실한 상황을 가리키지만, 모든 위험이 고도로 불확실하거나 모든 불확실성이 위험한 것은 아니다(Asselt and Vos, 2008).

앞에서도 언급했듯이 불확실성은 규제 정책 수립과 대응 과정, 담론생산 과정에서 중요한 자원으로 동원되는 양상을 띤다. 이러한 불확실성의 동원 양식, 또는 대응 양식은 위험거버넌스 유형의 기반이 된다.

불확실성에 대한 대응양식은 크게 세 가지로 구분할 수 있다.

첫째, 관리 대상으로서의 불확실성

이 대응양식은 불확실성을 일시적이거나 일회적 현상으로 간주한다. 여기에서 불확실성은 관리의 대상이 된다. 이것은 과학기술을 통한 기술관료적 거버넌스에 상응한다. 이러한 접근방식은 기술 전문성에 의존하며, 시민참여는 상대적으로 미약하다.

둘째, 협상 대상으로서의 불확실성

이 관점은 불확실성을 인정한다는 점에서 첫번째 관점과 다르지만 여전히 관리적 관점을 견지한다. 이것은 실용적, 처방적, 결정주의적 관점이다. 기술적 요소 이외에 사회적 요소를 인정하지만, 관리(management–사회적)와 평가(assessment–과학기술적)를 분리하려고 시도하며, 이러한 분리가 가능하다고 믿는다. NGO를 비롯한 시민사회의 관점을 반영하지만 대중 자문(public consultation)의 단계이며,

NGO의 문제제기에 대해 수동적인 입장을 취한다.

셋째, 불확실성에 대한 적극적 인식

여기에서 불확실성은 과학적 실행과 규율의 한 요소로 포괄된다. 이 접근방식은 불확실성을 소거불가능한 정상적(normal) 요소로 간주하고, 위험거버넌스에서 불확실성을 적극적으로 활용한다. 전문성은 확장되고 시민참여는 선택이 아닌 필수적인 요소가 된다. 따라서, 시민적 전문성(lay expertise)이 강조되며, 합의회의 등 시민참여가 거버넌스의 중요한 요소를 이룬다. 이것은 숙의적 위험거버넌스에 해당한다.

2) GMO의 위험거버넌스 유형

불확실성 대응양식에 상응하는 위험거버넌스는 다음과 같이 유형화할 수 있다.

첫째, 기술관료적 거버넌스

이것은 객관적인 과학이 정책수립에 직접 정보를 제공하는 것이 가능하다고 보는 모델이다. 흔히, 위험은 과학적 근거로 뒷받침될 때에만 인정된다. 불확실성은 제거되거나 관리될 수 있는 대상이다. 그리고 과학자들이 위험의 수용가능성(tolerability)에 대한 최고의 판단자 역할을 하는 것으로 간주된다. 따라서, 전문성의 성격은 과학기술자 집단이나 정부의 관료에서만 나오는 엘리트 전문성이다. GMO에서 기술관료적 거버넌스는 실질적 동등성 개념을 기반으로 전통적 식품에 대한 규율의 연장으로 GM 식품을 다루는 접근방식에 해당한다. 이러한 접근방식에서 GMO는 새로운 위험이 아니라 전통적인 식품 위험의 부수적인 측면으로 간주된다.

둘째, 결정주의적 거버넌스

이 유형은 호그우드와 건(Hogwood & Gunn)의 점증주의적 접근과 유사하다. 이러한 거버넌스의 목적은 불확실성을 제거하는 것이 아니라 불확실성에 대항하는(cope) 것이다. 렌(Renn)은 이러한 유형을 결정주의적(decisionistic) 접근이라고 표현했다. 이 접근방식의 특성은 의사결정을 내리기 위해서 과학 이외의 다른 입력을 필요로 하며, 위험을 다루기 위해서는 다른 적합한 요인들(가령, 사회 · 정치적,

경제적 목적 등)을 고려해야 한다는 점을 인식하는 것이다. 그렇지만 이러한 요인들은 하나로 통합되기 보다는 별개의 과정으로 분리되는 경향이 있다. 즉, 위험 분석(risk analysis)의 전체 과정 속에서 과학적 측면(risk assessment)과 정치적, 가치적 측면(risk manage-ment)을 구분하는 경향이 있다(Renn, 2008). GMO에서 점증주의 · 결정주의적 거버넌스는 실질적 동등성이나 사전예방원칙처럼 불확실성과 위험에 대한 기본 입장을 견지하기보다 상황 변화에 따라 유연하게 입장을 바꾸면서 문제 해결을 위한 처방(prescription)을 내놓는 땜질식(tinkering) 규율 양식이라고도 할 수 있다.

셋째, 숙의적 거버넌스

최근 과학기술 거버넌스의 개념과 그 실행은 숙의적 거버넌스(deliberative governance)를 중심으로 변화하고 있다. 숙의적 거버넌스는 대중 참여를 촉진하고, 합리적인 공공 논쟁의 역할을 증진하며, 사회 · 정치적 합의를 강조하는 경향이 있다(Hargendijk & Kallerud, 2003). 여기에서 공공논쟁(public debate)은 사회 구성원들이 해당 주제를 숙의할 수 있는 공간으로 작용한다(Nelkin, 1992). GMO에서 숙의적 거버넌스는 실질적 동등성 개념에 반대해서 사전예방적 접근을 채택한다. 1990년대 말엽 이후 여러 나라에서 실시된 GMO에 대한 시민 합의회의 결과는 거의 예외없이 사전예방적 접근방식과 표시제 채택을 권고했다.

3) 경계 작업으로서의 GMO 규율

GMO는 경계물(boundary object)의 특성을 가진다. 기어린은 과학의 역사에서 과학과 비과학을 구분지으려는 경계 획정(boundary demarcation)의 과정을 분석했다. 여기에는 본질 대 비본질, 중심 대 주변, 구조 대 현상, 본체 대 일화라는 구분법이 개입한다(Gieryn, 1995). 경계작업(boundary work)은 가령, 과학과 비과학, 과학과 정치 등의 두 영역 사이에 경계를 획정하려는 의도적이고 전략적인 행동이다. 경계작업은 두 영역의 차이를 대비시키고, 이러한 대비를 지속시키려는 일련의 실천 행위까지를 포괄한다.

이러한 관점에서 GMO 규율은 경계 획정이자 경계작업으로 볼 수 있다. GMO

에 대한 규율에서 GMO 관련 독립 법규를 제정하는 경우와 기존의 식품관계 법령을 그대로 적용하거나 일부 수정하는 경우는 GMO를 새로운 식품으로 규정하는지 여부에 따라 달라지며, 그 자체가 경계작업에 해당한다.

또한, 표시제도 "non GMO", 또는 "GMO free" 표시를 통해서 유전자 변형 여부를 밝히는 것이기 때문에 가장 명시적인 경계작업의 예에 해당한다. 그런 면에서 의무표시제를 실시하지 않고 자발적인 표시제만을 실시하는 미국과 가장 엄격한 표시제를 적용하는 유럽의 차이에서 잘 드러나듯이, 표시제의 실시여부, 표시제의 실효성 여부는 GMO에 대한 그 사회의 인식을 보여주는 하나의 지표가 된다.

경계작업이 일회적으로 끝나는 경우는 거의 없으며, 한 집단에서도 상황이나 맥락에 따라 변화하는 매우 역동적인 과정이다. 따라서, 경계는 이러한 경계작업의 역동성에 의해 끊임없이 요동하는 경향이 있다. 가령, 미국이 고수하는 "실질적 동등성" 개념을 둘러싼 경계작업은 초기에 매우 확고한 것으로 비쳐졌고, 그 결과 경계물로서의 GMO가 시장에 진입하는 데 큰 어려움을 겪지 않았지만, 이후 유럽에서 이 개념은 집중적인 공격을 받으면서 크게 흔들렸다. 유럽에서도 경계작업의 결과로 수립된 사전예방의 원리 또한 그 지위가 상황 변화에 따라 끊임없는 도전에 직면해 왔다.

〈표 3-1〉 경계작업과 GMO 규율의 특성

요동하는 경계		
certain	↔	uncertain
known	↔	unknown
natural	↔	artificial
scientific	↔	nonscientific
경계작업으로 나타난 GMO 규율의 특성		
실질적 동등성	↔	new food
사후 대응	↔	사전 예방
기존 규율 연장	↔	새로운 규율

통제 가능	↔	통제 불가능
전문가 대응	↔	대중 참여
technocratic	↔	deliberative
un-labelling	↔	labelling

제 5 절 생명공학과 GMO 거버넌스의 국가 간 비교; 미국, EU(덴마크), 한국

GMO 거버넌스는 국가별로 상당한 차이를 나타낸다. GMO에 대한 규율 방식은 기본적으로 불확실성에 대한 인식과 태도, 그리고 대응양식을 기반으로 한다. 여기에는 여러 가지 요소들이 복합적으로 작용한다. 가장 기본적인 요소는 불확실성에 대한 관점과 대응 양식이다. 대표적인 GMO 수출국인 미국은 실질적 동등성 원칙을 고수하면서 GMO에 대한 지원 정책을 일관되게 추진해 왔으며, OECD와 같은 국제기구와 수입국들에 영향력을 행사해서 GMO를 전통적인 곡물과 동등하게 취급할 것을 요구했다. 반면, EU는 GMO를 기존의 식품과 전혀 다른 새로운 종류의 식품으로 간주했고, 처음부터 사전예방의 원칙에 입각해서 GMO에 대해 엄격한 규율을 적용하고 있다.

그렇다면 무역마찰까지 빚고 있는 미국과 유럽의 차이는 어디에서 기인하는 것인가? 이러한 국가 간 차이는 단지 표면적인 규율 양식의 문제나 GM 작물의 수출-수입국의 경제적 이해관계로 환원시킬 수 없다. 거기에는 기술에 대한 태도, 식품을 둘러싼 불확실한 위험에 대한 역사적 경험, 환경단체나 시민단체와 같은 NGO의 조직과 활동 양태 등이 복합적으로 작용한다. 거버넌스의 관점에서 GMO 규율의 특성을 파악하기 위해서는 정부와 같은 단일 행위자에 대한 분석만으로는 힘들다. 거버넌스는 이해당사자들의 복잡다단한 상호작용으로 이루어진다.

이 절에서는 불확실성에 대한 대응양식, 실질적 동등성의 원칙과 사전예방 원칙의 적용 여부, NGO의 활동 양상, 위험 규율의 제도적 특성 등을 중심으로 미국, EU(덴마크), 한국의 사례를 비교한다.

1. 미국

- 실질적 동등성의 원칙 고수
- 대중 참여 저조, 시민단체도 상대적으로 활발하지 않음.
- 법률적, 제도적 기반 취약
  - 사전예방 원칙 적용하지 않음. – 사후적 대응
  - 별도의 입법 하지 않음.
  - 의무표시제 실시하지 않음.
- 기술관료적 거버넌스

재미슨과 바크는 기술에 대한 미국의 특징적 태도를 실용성의 헤게모니(hegemony of practical)라고 묘사했다. 프래그머티즘 철학의 발상지인 미국은 기술에 대해서도 극단적으로 실용적인 접근방식을 발전시켜 왔다는 것이다. 이것은 토착문화 없이 구세계의 이민자들로 이루어진 다민족 국가인 미국이 가지는 진보의 기술적 관념(technocratic idea of progress)의 또다른 특징이기도 하다. 이러한 경향은 사회적 문제를 기술적 수단으로 해결하려는 시도로 이어진다. 이러한 경향성은 초기 단계에서 생명공학을 둘러싼 문제에 대한 평가가 오로지 과학자들만의 문제로 인식하는 양상을 불러 왔다(Jamison and Baark, 1990).

또한, 미국은 GMO를 가능하게 한 획기적인 기술(breakthrough)인 재조합-DNA 기술을 탄생시킨 나라였기 때문에 일찍이 생명공학에 대한 논쟁을 경험했다. 이러한 논쟁의 결과 중 하나는 NIH에 만들어진 재조합 DNA 자문위원회(RAC)이며, RAC는 재조합 DNA뿐 아니라 이후 생명공학에 대한 전반적인 규율의 전형으로서 규제의 틀을 형성한 과정이라고 할 수 있다. 폴 마틴(Paul Martin)은 "RAC가

정치적으로, 행정적으로 인간에 대한 유전자 치료를 고려하는 논리적인 장소였다."고 말한다(Martin, 1998).

역사적으로 RAC 가이드라인의 형성과 자문위원회의 구성은 생명공학에 대한 규율의 성격을 규정짓는 과정으로 파악할 수 있으며, 그런 의미에서 이후 생명공학에 대한 규율의 전범을 제공해 준다. 그것은 첫째, 연방 차원에서의 규율의 실패, 둘째, 법률적 구속력이 없는 가이드라인으로 국한된 규율의 성격, 그리고 셋째 "과학자들의 자율적인 규율 + 정부의 조정(coordination)"이라는 기본적인 규율의 구도이다.

1) NGO

미국은 재조합 DNA를 둘러싼 논쟁 과정에서 일찍이 대학 연구자와 새로운 생명공학 기업들을 위한 안정적인 규제틀을 마련했다. 1970년대 후반에서 1980년대 초반까지 케임브리지를 비롯한 여러 지역에서 벌어졌던 재조합 DNA 논쟁은 대부분 그 지역의 일반 대중들이 참여하는 형태로 전개되었고, 이러한 시민참여 형태는 자연스럽게 생명공학과 관련된 지식을 대중화시키는 역할을 했으며, 시민참여적 정책 수립은 과학자와 대중 사이에 일종의 상호 신뢰를 높이는 역할을 했다(Baark and Jamison, 1990).

생명공학의 경우, 시민단체의 활동은 화학 살충제나 독성 폐기물에 대한 경우와 달리 매우 적었다. 환경단체에서도 한두 명의 실무자가 생명공학에 대한 평가에 할애되는 정도였다. 제레미 리프킨(Jeremy Rifkin)이나 셸던 크림스키(Sheldon Krimsky)와 같은 걸출한 개인들의 활동이 있었지만, 상징적인 면이 강했다. 이러한 경향은 미국 야생동물보호협회(National Wildlife Federation, NWF)의 마가렛 멜론(Margaret Mellon)과 같은 활동가들에서도 나타난다.

이러한 개인과 단체들의 활동은 대중을 동원하거나 대중적인 논쟁을 야기하는 방식이라기보다는, 법정 소송이나 로비 활동을 통해서 정부의 규제 체계가 생명공학에 제기되는 실질적인 문제에 보다 효율적으로 대응할 수 있게 만들어나가는 방식에 가깝다고 할 수 있다. 1983년에 과학자, 공중보건학자 등이 결성한 책임있는 유전학을 위한 회의(Council for Responsible Genetics)는 생명공학에 대한 반대를 의제화하고, 소식지(Gene Watch) 발간, 도서 출간 등을 통해 비판적 담론을 생산하는 역할을 담당한다는 점에서 미국 NGO의 주류적 경향에서 예외적인 집단이었다. CRG는 미국 내에서 비판 담론을 생산하는 독보적인 역할을 수행하고 있지만 시민단체가 아닌 전문가 단체의 성격을 가진다.

2) 제도적 측면

미국은 연방 차원에서 GMO를 다루기 위해 별도의 법안을 마련하지 않았고, 기존의 "식품 의약품 및 화장품 법(Food, Drug and Comestic Act)"을 GMO에 적용했다. 이 법의 실행 책임을 맡고 있는 식품의약품국(FDA)은 1992년에 GM 식품에 대한 "정책 선언, 새로운 식품종에서 유래한 식품지침"[3)]을 발행했다. FDA는 이 문건에서 곡식에 전이된 유전물질이 "일반적으로 안전한 것으로 간주된다."고 밝혔다. 이 결론에 도달하는 과정에서 FDA는 전통적으로 재배된 식품과 GM 작물이 사람에 대한 건강상의 위험을 낳을 가능성에서 동등하다(comparable)는 결론에 도달했다.

이후 FDA는 생명공학을 응용한 식품, 즉 그 유전자 성분이 생명공학 기술에 의해 변형된 식품을 시장에서 판매하려는 기업들을 대상으로 한 자문(consultation) 과정을 도입했다. 1996년에 FDA는 "기업 자문 절차에 관한 지침"[4)]을 발간했다. 이 지침은 1992년 정책 선언과 같은 기조를 유지하는 것으로 기업측이 제출한 문헌에 의존했고, 기업이 제출한 문헌에 대해서도 포괄적인 과학적 평가 작업을 수행하지 않고, 상업화 과정에서 문제가 될 수 있는 해결되지 않은 문제가 있는지를 판단하는 방식이었다.

많은 이해당사자들은 이러한 자문 과정이 공중 보건을 지키는 데 충분하지 않다고 보았다. 특히, 기업들이 재조합 DNA 기술을 점차 높은 비중으로 사용하게 되면서 식품의 영양분이나 독성에 큰 변화를 일으킬 수 있다는 우려가 제기되었다.

---

3) Statement of Policy; Foods derived from new plant varieties, Federal Register 57; 22984-23002

4) "guidance document for industry on the procedures for consultation." 이 지침의 개략적인 내용은 다음과 같다. "생명공학 식품을 상업화하려는 기업은 시장 출시에 앞서 해당 식품과 연관된 안전성, 영양 및 기타 규제항목을 밝히고, 이에 대해 FDA와 논의를 거쳐야 한다. 개발자는 식품 개발 과정 초기나 후기에 이러한 자문을 시작할 수 있다."(FDA 1997, 2) 이 내용을 통해 알 수 있듯이 개발자들에 대한 규율은 상당히 느슨했고, 개발자들의 자율적인 자문 요청을 기반으로 삼았던 것으로 볼 수 있다.

이후 FDA는 재조합 DNA가 일으킬 수 있는 복잡한 영향과 그 문제점을 부분적으로 인정하면서 2001년에 시장출하전 통지 규칙(Premarket Biotechnology Notification Rule, PBN Rule)을 제정했다. 이것은 1992년 정책 선언과 비교해서 부분적인 변화를 의미한다. 이 규칙에 따르면 식품의 성분에서 유전자 변화로 인해 나타나는 모든 변화는 PBN 규칙의 관할을 받게 된다.

그러나 부분적인 입장 변화에도 불구하고 FDA는 GM 식품이 기본적으로 안전하며, 의무적인 검사나 표시제가 필요하지 않다는 관점을 계속 유지해 왔다. 실제로 FDA는 자문 과정을 통해서 1994년에 칼젠(Calgene) 사의 무르지 않는 토마토의 시장 판매를 허용했고, "시장 판매가 이루어지고 있는 GM 식품의 안전성에 대해 문제가 될만한 새로운 정보가 나타나지 않고 있다."는 입장을 고수했다(Krimsky and Murphy, 2002).

FDA는 2001년 GMO에 대한 자발적 표기를 원하는 제조업자들을 위해서 "기업의 자발적(voluntary) 표시지침"을 발표했다. 그 내용은 식품의 안전도에 문제가 될 경우 생산자가 자발적으로 표시할 수 있다는 것이다. 현재까지 미국은 의무 표시제를 시행하지 않고 있다.

3) 실질적 동등성에 기반한 GMO 규율 – 기술관료적 위험거버넌스

미국은 "견고한 과학(sound science)"을 기반으로 GMO를 규율한다고 주장한다. GMO에 대한 미국의 규율은 1986년 OTA의 "Coordinated Framework of Biotechnology"에서 시작되었다. 이 문헌에서 미국 정부는 GMO가 식품이나 화학물질을 대상으로 한 기존의 법률을 토대로 규율될 것이고, 새로운 규율은 필요하지 않다는 입장을 천명했다. 이 포괄적이고 복합적인 정책선언은 전통적인 산물들을 다루는 기존의 보건 안전 법률을 토대로 재조합 DNA 기술을 이용해서 개발된 산물들을 평가하겠다는 입장을 천명한 것이다. 이러한 입장은 이후 GM 식품에 대한 규율에서 일관된 흐름을 보인다. 미국의 GM 규율체계는 "실질적 동등성" 원리에 기반한다. 이 원칙은 미국이 상당한 영향력을 행사하는 국제기구들에도 채택되었다(OECD, WHO 등).

여기에 내재되는 관점은 다음과 같다. "GM 기술은 '정확한' 유전자 변화를 일으킨다(실수를 범하지 않는다). GMO는 "새로운 위험"을 야기하지 않는다("no unique risk"). GMO와 연관된 위험은 예측가능하다. GMO는 새로운 범주의 생물이 아니다"(Murphy, Levidow, Carr, 2006). FDA의 태도는 화학적 조성의 동일성을 "실질적 동등성"의 근거로 삼는 환원주의적 접근방식이라고 볼 수 있다. 여기에서 과학적 근거는 환원가능한 결과물로서의 화학 성분으로 국한된다.

미국 정부는 1980년대에 이미 생명공학을 미래에 미국의 농업과 국가 경쟁력을 좌우할 중요한 기술로 예견했다. 미국은 1980년대 중반에 재조합 DNA 기술을 이용한 산물이 전통적인 농업 생산물과 근본적으로 다르지 않다는 결론을 내렸고, 이러한 판단을 기반으로 GM 작물을 규율하기 위해 별도의 새로운 입법이 불필요하다고 결정했다. FDA는 1992년에 GM 작물을 포함한 새로운 식물 품종에서 유래한 식품의 위험평가에 대한 지침을 발간했다. 1992년의 지침은 유전자 조작이 보통 식품에서 발견되는 "통상적으로 안전하다고 인식되는(generally recognized as safe, GRAS)" 수준과 "실질적으로 유사한(substantially similar)" 수준이라고 판단했다.

FDA는 이러한 유사성을 식품에 포함된 화학 성분을 검사하는 방법으로 입증가능하다고 판단했다. 미국에서는 화학성분이 GM 식품의 위험 평가를 위한 중요한 기준이었다. 따라서, 기업들은 상품의 화학 성분에 대한 데이터만을 FDA에 보냈고, 미국 정부는 기업에게 GMO에 대한 출시전 승인(premarket approval)을 요구하지 않았다.

미국의 GMO 위험거버넌스는 전형적인 기술관료적 접근방식에 해당한다. 첫째, 미국은 불확실성과 위험에 대한 태도에서 "견고한 과학에 기반하는" 과학주의적 입장을 취한다. 과학적 근거가 밝혀지지 않은 위험은 위험이 아니며, 불확실성은 과학을 통해 제거가 가능하다는 관점이다. 둘째, GM 식품과 전통적인 식품은 화학 성분이 동일하기 때문에 실질적으로 동등하다. 즉, 식품의 안전성이 성분으로 환원가능하다는 환원주의적 입장이다. 따라서, 사전예방원칙이 인정되지 않으며, 문제가 발생했을 때 사후적인 조치를 취하는 대응방식이다. "지금까지 인체에 유해한 명백한 사례가 과학적으로 밝혀지지 않았다."는 것이 그 근거이다. 미국의 GMO 규율은 안전성을 입증하고 불확실성을 제거하기 위해 과학이 적극적으로 동원되는 양상이다. 셋째, NGO의 활동이 미약하거나 개인적 활동에 그치는 경향이 있으며, GMO 거버넌스는 주로 과학기술적 전문성에 기반한다. 의회의 싱크탱크 역할을 했던 OTA는 대표적인 사례에 해당한다.

2. 덴마크

- 실질적 동등성 원칙 기본적으로 인정하지 않음. GMO - 새로운 실체
- 대중 참여 활발, 시민단체가 위험거버넌스에서 중요한 역할 수행
- 법률적, 제도적 기반 수립 - 사전예방원칙이 중심 원리
- GM을 비롯한 생명공학 기술에 대한 숙의적 거버넌스

1) 역사적 배경- EU의 대응과정

GMO가 유럽에서 언론의 조명을 받으면서 사회적 논쟁의 대상이 된 것은 1990년대 후반이었다. 유럽 국가들의 초기 대응 과정은 적절하지 못했고, 1990년대 말엽에 환경운동 단체를 비롯해서 폭넓은 NGO들을 중심으로 대중적으로 격렬한 GMO 반대 움직임이 일어났다. 영국과 프랑스에서는 GM 작물을 재배하는 경작지를 불태우는 식의 폭력적인 양상까지 나타났다. 여기에는 1990년대에 영국을 강타했던 광우병 사태도 큰 영향을 주었다. 또한, 1997년에 복제양 돌리가 태어나면서 생명공학의 안전과 윤리에 대한 함의에 대해 대중적 우려가 한층 높아졌다. 1998년에 이루어진 푸스타이 박사의 실험결과 발표는 대중들의 불안감을 한층 증폭시켰다.

유럽의 GMO 규율은 미국과 달리 실질적 동등성을 인정하지 않고 사전예방의 원칙을 기반으로 삼았다. 그렇지만 유럽의 국가들이 일관되게 사전예방원칙을 고수한 것은 아니며, 미국의 압력이나 그밖의 상황 변화에 따라서 때로는 이 원칙이 후퇴하고 실질적 동등성을 받아들이기도 했다. 그러나 기본적인 규율의 틀은 사전예방적 관점을 중심으로 형성되었다고 볼 수 있다.

1990년에 유럽 연합은 유전자 조작 생물체의 의도적인 환경방출로 인한 "인체와 환경에 대한 부정적인 영향"을 막기 위해서 특별한 법령, Directive 90/220을 제정했다. 이에 따라 생산자들은 모든 GMO를 유럽에 방출하기에 앞서 "사전 승인"을 얻어야 했다. 생산자들은 모든 위험을 평가하는 데 사용할 수 있는 정보를 서류로 제출하도록 의무화되었다. 이 명령은 이후 EU의 GM 식품 안전성 평가를 위한 규제틀로 작용했다. 이것은 의도적인 환경방출이 이루어진 GMO 위해의 과학적, 정치적 불확실성을 관리하기 위해 고안된 조치였다.

그 후 1997년 New Foods Regulation이 이루어졌다. 즉, GM 식품을 전통적인 식품과는 다른 새로운 식품(novel foods)으로 규정한 것이다. 이것은 GM 식품의 불확실성에 대한 적극적인 대응이라고 할 수 있다. 그리고 이 규정을 기반으로 GMO에 대한 승인 및 감독 절차와 의무표시제를 내용으로 하는 Regulation 258/97이 제정되었다. 이를 통해 수입업자나 생산자들은 GM 식품이 인체에 유해하지 않다는 것을 입증해야 하는 승인절차가 수립되었고, 승인된 GMO에 대해 GMO 포함여부, 원료 사용여부를 의무적으로 표시하도록 했다

EU는 1997년에 명령을 개정하면서 실질적 동등성 개념에 법률적 지위를 부여했다. Regulation 258/97은 모든 새로운 식품(GMO 포함)의 상업화 이전에 승인을 받는 것을 법률적 의무로 정립시켰다. 그러나 이 명령은 Directive 90/220와 달리 실질적 동등성 원리를 채택함으로써 무역 자유화에 대한 요구를 대폭 수용하는 양상을 나타냈다. 이러한 과정은 EU 내에서도 GM 식품의 불확실성에 대한 정의가 끊임없이 요동했고, 그에 따라 실질적 동등성이라는 개념의 채택과 적용도 균일하지 않았다는 것을 보여준다.

복잡한 승인절차와 일부 승인 GM 작물[5)]에 대한 가맹국들의 논쟁으로 EU는 사실상 집행 곤란 상태에 직면했다. 1998년 4월까지 16개 GMO만이 승인되었고, 11개 승인 신청서는 미결 상태였으며, 4개는 EU의 승인에도 불구하고 개별 가맹국들이 승인을 거부했다. 1998년 4월 이후에는 사실상 GM 작물에 대한 모라토리엄(승인 유예) 조치가 시작되었다(전영평, 이곤수, 2008).

---

5) 1995년 GM 유채, 1996년 Bt 옥수수, 1996년 Monsanto의 라운드업 레디

이후 2001년에 Directive 2001/18이 제정되었다. GMO와 GMO에서 유래한 식품에 대한 표시제를 규정하고, 사전예방원칙을 포함시키는 등 GMO에 대한 기존의 Directive 90/220의 내용을 다시 강화하는 형태로 전환되었다. 회원국들은 비의도적 혼합치를 0.5% 수준으로 낮출 것을 요구했으나 집행이사회는 2002년 최종적으로 0.9%, 그리고 최종산물에서 GMO단백질이나 DNA가 발견되지 않아도 표시제를 실시하기로 하는 데 합의했다(조성은, 김선혁, 2006). 또한 같은 날에 GM 작물에 대한 추적가능 제도(traceability)가 도입되었다. 그 결과가 Regulation 1829/2003, 1830/2003이었다.

2004년 신젠타사가 신청한 Bt11 계열의 GM 옥수수를 식품으로 사용 · 판매하는 것이 허가됨으로써 약 5년 동안 지속되었던 모라토리엄은 끝이 났다. 모라토리엄이 종료된 이후에도 GMO에 반대하는 가맹국, 지역, 농민 단체, NGO와 유럽연합 사이의 공방은 계속되고 있다.

2) 덴마크

덴마크는 19세기 말엽 농업 생산과 식품 가공을 성공적으로 산업화하면서 농업 식품 분야가 복지국가로 성장하는 데 가장 중요한 경제적 토대가 되었다. 덴마크가 성공적인 농식품 생산국으로서 발돋움하는 데 기여했던 요소들 중의 하나는 생명공학에 대한 이해와 새로운 지식의 습득이었다.

20세기 중엽까지 덴마크는 농업 국가로서의 성격을 유지했지만, 2차 세계대전이 끝난 후 산업부문이 급속하게 성장하면서 농업 부문이 차지하는 비중은 덴마크 전체 수출의 10퍼센트 정도로 줄어들었다. 또한, 이 과정에서 기존의 농업 부문이 급격히 선진화되면서 과학지식에 대한 의존도도 높아졌다. 산업화의 빠른 진전으로 서구 다른 나라들과 마찬가지로 덴마크에서도 산업화의 부작용에 대한 인식이 높아지기 시작했다. 1970년대에 처음으로 환경문제에 대한 비판적 성찰이 시작되었고, 1970년대와 1980년대에 환경운동, 소비자 운동, 그리고 그밖의 비판적인 움직임이 시작되었다.

덴마크의 사회운동은 과학기술정책에 중요한 역할을 수행했지만, 영국과 같은 유럽의 다른 나라들과 달리 과격한 양상을 띠거나 불법적인 행동을 수반하지 않는 특징을 가진다. 덴마크의 사회운동은 대개 정보 공개, 로비, 그밖의 합법적 활동을 수단으로 삼았다. NOAH(나중에 FoE-Denmark), Society for the Conservation of Nature가 1970년대에 가장 중요한 역할을 했던 환경단체들이다. 이 단체들은 대체로 정보공개나 주의 환기, 공론화 등의 활동을 수행했다.

과학기술과 관련된 제도적 측면에서 특징적 사건은 1974년의 환경보호법 입법과 10년 동안의 대중적 토론을 기반으로 1982년에 이루어진 핵에너지 사용금지 결정이다. 덴마크에서는 이미 1970년대부터 과학기술과 연관된 의사결정에 대중을 참여시키는 숙의적 거버넌스의 전통이 형성되고 있었다. 이것은 단순히 적녹(red-green) 성향이 의회의 다수를 이루고 있었다는 점 이외에도 과학기술에 대한 사회적 의식, 그리고 사회운동이 큰 영향을 주었다고 볼 수 있다(Lassen, 2004).

숙의적 기술영향 평가의 중요한 제도적 토대는 1985년에 설립된 덴마크 기술국(Danish Board of Technology)과 윤리위원회(Ethical Council)이다. 두 기구는 모두 의회에 대한 자문 역할을 수행했고, 과학기술의 여러 가지 측면에 대해 대중 논쟁을 촉진하는 기능을 담당했다. 가장 대표적인 사례가 합의회의(consensus conference)이다.

3) NGO

1990년대 말엽 이후 유럽의 환경 단체들은 농업 생명공학을 격렬하게 비판하기 시작했다. 특히, NGO들은 GM 식품을 BSE와 연관지어서 그 위험성을 제기하는 전략을 채택했다. 그린피스는 GM 식품의 "검증불가능한(untestable)" 위험성을 제기했고, 불확실성을 강조하면서 실질적 동등성 주장을 직접적으로 공격했다. 또한, 소비자 운동도 정치적인 중요성을 얻으면서 주요 환경단체인 NOAH는 1984년에 미국의 리프킨과 생명공학 논쟁에 영향을 받아서 환경 문제 이외에 생명공학 주제들을 포괄하기 시작했다.

2000년 이후에 Bayer Crop Science, 듀퐁, 몬산토, 플랜트 사이언스 스웨덴, 신젠타 등의 초국적 생명공학 기업들이 연합하여 유전자 변형 작물의 이로움을 집중적으로 선전하기 시작하면서, 네덜란드의 NGO들도 환경단체, 소비자 NGO, 유기농, 노동 조합 등이 연대를 이루기 시작했다. 이들 그룹은 넓은 의미의 사전예방의 관점에서 생명공학을 둘러싼 전반적인 위험 문제들을 다루었다. 가령, 사회적, 환경적 가치와 불확실성, 농부와 시민들이 GM-free 농작물을 먹고 경작할 권리, GMO의 사회 · 경제적 영향 등이 그런 주제에 포함되었다(Toft, 2005).

4) 제도적 측면

덴마크에서 생명공학에 대한 대중적 논쟁이 시작된 것은 1980년대 이후의 일이었다. 두 개의 생명공학기업 노보(Novo)와 노르디스크 겐토프테(Nordisk Gentofte)가 유전자 조작 미생물을 이용해서 제품을 생산하겠다는 계획을 발표하면서 공공 영역에서 생명공학에 대한 우려가 야기되기 시작했다. 노보는 유전자 조작 효모를 이용해서 사람의 인슐린을 제작할 계획을 발표했고, 노르디스크는 유전자 조작 대장균(E. Coli)을 이용해서 사람의 성장 호르몬을 제조할 예정이었다.

이에 대한 대응으로 1987년에 처음으로 유전 기술과 환경 법안(The Act on Gene Technology and Environment)과 윤리 위원회(Ethical Council)가 마련되었다. 덴마크의 생명공학 규율의 기본 특징은 새로운 생명공학 기술이 "대중적으로 책임있는 방식(publicly accountable manner)"으로 적용되도록 하는 것이었다. 이러한 양상은 1986년에 당시 사회주의 인민당(Socialistisk Folkeparti, SF) 환경장관이 식물과 동물에 대한 생명공학 규율에 "우리의 기본적인 생명 철학"이 포함되어야 한다고 선언했던 데에서 잘 드러난다(Lassen, 2004).

1980년대에 이루어진 규율의 기본적인 경향은 과학기술에 대한 의사결정이 전문가, 관료, 그리고 정치가에 의해 결정되는 순전히 기술적인 문제를 넘어서는 것으로 간주되었다는 점이다. 이것은 덴마크의 노동 시장 정책에서 오랫동안 형성된 당사자들 사이의 협상과 토론이라는 전통에서 기인하는 측면이 크다.

EU는 1997년부터 Regulation 258/97을 통해 GMO에 대한 의무 표시제의 근거를 마련했다. 이후 덴마크를 비롯한 여러 나라들이 GMO 승인의 모라토리엄을 주장하면서 EU는 1999년에 실질적으로 GMO의 승인을 중단했다. 모라토리엄을 통해서 유럽의 GMO 표시제는 훨씬 강력해졌다. 2001년에 Directive 2001/18은 사전예방 원칙을 적극적으로 포함시켜서 기존의 규제를 한층 강화시켰고, 2002년과

2003년에는 기존의 비의도적 혼입률 1% 규정을 0.9%로 낮추는 새로운 규정이 승인되었다.

5) 합의회의

덴마크는 대중 참여와 숙의를 기반으로 한 GMO 거버넌스의 전형적인 예 중 하나에 해당한다. 합의회의는 정책 결정을 위한 기술영향평가(technology assessment)에 시민을 직접 참여시키려는 노력으로 볼 수 있다(Einsidel et al, 2001).

합의회의의 원형이 처음 수립된 곳은 미국이었다. 원래, 미국 버전의 합의회의는 과학기술적 주제에 대한 합의에 도달하기 위해서 전문가 패널을 구성해서 토론하는 방식이었다. 덴마크기술국은 미국의 합의회의 모형을 받아들여서 덴마크의 방식으로 변형시켰다. 그 핵심은 과학자 법정(science court)의 특징이었던 미국식 합의회의를 대중 교육과 시민참여라는 덴마크의 전통과 결합시켜서 숙의적 합의 공간으로 변화시킨 것이다.

덴마크는 과학기술 정책 수립과 기술영향평가에 일반 시민들을 참여시키는 참여적 기술영향평가(participatory TA)의 독특한 전통을 가지고 있다. 따라서, 덴마크는 미국의 OTA에서 시작되었던 기존의 전문가 중심의 사후적 기술영향평가를 시민이 참여해서 기술 개발의 초기 단계부터 평가를 수행하는 참여적 기술영향평가(constructive technology assessment, CTA)로 발전시켰다.

6) 사전예방원칙에 입각한 숙의적 거버넌스

농업 생명공학에 적대적인 입장이었던 유럽의 NGO들은 실질적 동등성 개념을 집중적으로 비판하면서 과학적 불확실성을 적극적으로 부각시켰다. 불확실성에 대한 태도에서 EU는 미국과 달리 GMO를 새로운 불확실성으로 간주했고, 따라서 특별한 규율과 입법을 진행시켰다. 불확실성에 대한 유럽의 접근방식은 기본적으로 실질적 동등성 개념을 인정하지 않는다는 점에서 미국과 차이점을 보인다. 1980년 이후 EU는 GMO를 특별한 규율의 대상으로 삼는 것을 목적으로 한 규율을 시도했다. EU는 실질적 동등성 개념에 가장 적극적으로 반대했고, GMO를 기존의 식품과 전혀 다른 새로운 식품으로 규정했다.

유럽, 특히 덴마크의 GMO 거버넌스의 가장 중요한 특징은 사전예방원칙을 기본으로 하는 참여적 숙의 거버넌스이다. 여기에는 대중 교육과 계몽, 그리고 시민 참여를 중시하는 덴마크의 전통이 큰 몫을 차지한다. 덴마크에서 처음 실시된 시민 합의회의 모델은 오늘날 세계적으로 가장 많이 활용되는 시민참여 모델로 이미 그 유용성과 실행가능성이 입증되었다. 따라서, 덴마크의 거버넌스는 시민적 전문성을 기반으로 삼는다고 할 수 있다.

3. 우리나라의 GMO 거버넌스

- 과학적 접근 technocratic, 실질적 동등성 원칙 대체로 따름.
- 시민단체 주도 문제제기 - 정부에 수용되지 않음.
- 법률적, 제도적 기반 취약(2001년 이후 표시제 실시하고 있으나 형식적) 사전예방원칙 미흡
- FTA 등 정치 · 경제적 맥락이 크게 작용. GMO 자체에 대한 사회적 문제제기는 약한 편임. 생명공학기술에 대한 우려는 상대적으로 낮음.

우리나라에서 과학기술은 1960년대 박정희 정부의 경제개발계획 이래 주로 경제발전을 위한 도구의 개념으로 인식되었다. 당시 일반화되었던 "과학입국"이나 "전국민 과학화"와 같은 구호들은 "과학기술만이 살길이다."라는 인식을 대중들 사이에 깊이 각인시켰다. 이처럼 강한 과학주의(strong scientism)는 국가주의와 결합하면서 서구의 과학주의와는 또다른 특성을 배태했다. 즉, 문제 해결방식에서 과학기술적 수단에 대한 과도한 의존을 뜻하는 서구의 과학주의와 달리, 우리의 경우 과학을 국가와 등치시키는 경향이 나타나면서 과학에 대해 비판적 관점을 개진하는 세력이나 움직임을 곧바로 반과학, 반국가, 매국노로 비난하는 일련의 편향을 낳았다. 이러한 국가주의적 경향은 다른 한편, 과학기술에 대한 규율이 정부와 전문가를 중심으로 이루어지고, 일반 시민들을 참여시키는 참여적 거버넌스를

어렵게 만드는 요인이 되었다.

우리나라에서 생명공학에 대한 대중적 우려가 처음 시작된 것은 1997년 2월 영국 로슬린 연구소의 윌머트 박사에 의해 복제양 돌리가 탄생한 이후였다. 당시 미국의 클린턴 행정부를 비롯한 유럽 여러 나라 정부들은 서둘러 윤리위원회를 만들고, 인간복제 문제에 제도적으로 대응하기 위한 조치를 마련했다. 민간 차원에서도 같은 해 29차 유네스코 총회에서는 인간게놈과 인권에 관한 보편선언이 채택되었다. 초기의 논의는 주로 인간복제와 연관되었고, 1998년 12월에 경희의료원 불임 클리닉에서 체세포 이식기술을 이용한 인간배아 실험에 성공하면서 인간복제를 둘러싼 논의가 현실적인 문제로 등장했다.

유전자 조작식품의 안전성 문제는 1998년 11월의 유전자조작 두부 사건으로 불거졌다. 당시 한국소비자보호원이 시중에 유통 중인 콩 30종과 두부 22종을 조사해서 국내산 콩 28종은 GMO가 아니지만, 수입콩 2종은 GMO이고, 시판두부의 경우는 22종 중 82%인 18종이 미국의 다국적 곡물회사인 몬산토(Monsanto)가 개발한 제초제 내성(耐性)의 유전자 조작 콩이 사용된 것으로 밝혀졌다는 보도가 있은 후 국내에서도 유전자 조작 식품을 둘러싼 뜨거운 논란이 시작되었다. 발표가 있고 며칠 후 두부 소비량이 급격히 감소했고, 유전자 조작식품의 문제가 두부에서 그치는 것이 아니라 수입콩이나 옥수수를 원료로 하는 대부분의 가공식품까지 포함된다는 사실이 알려지면서 시민들 사이에서 "먹어야 하는가, 먹지 말아야 하는가?"를 둘러싸고 혼란이 야기되었고, 영세한 두부 제조업체들이 된서리를 맞았다. 이 사건 이후 국내에서 유전자조작 식품의 안전성을 둘러싼 대중 논쟁이 시작되었다(김동광, 2001). 1998년 8월에는 유전자 조작 콩이 우리나라에도 수입되고 있다는 사실이 밝혀지면서 실무자 모임을 중심으로 탑골공원 앞에서 집회가 열렸고, 정부에 유전자 조작 농산물의 유통실태를 조사하고 대책을 마련할 것을 촉구했다(허남혁, 2000).

1) NGO

국내 시민단체들이 생명공학 주제를 처음 다룬 것은 1997년이었다. 1997년 7월에 10개 시민단체[6)]가 "생명공학의 올바른 방향을 위한 시민 · 사회단체 토론회"를 개최했다. 토론회의 내용은 당시 복제양 돌리 사건으로 불거졌던 생명복제뿐 아니라 유전자 조작 식품, 유전자 치료, 유전자 조작 생물체의 환경 방출 등 생명공학 전반을 주제로 환경적, 사회적, 법률적 영향이 두루 다루어졌으며, 생명공학에 대한 시민참여가 이루어져야만 올바른 방향으로의 발전이 가능하다는 주장도 제기되었다(이혜경, 1999).

시민단체들의 활동은 인간복제와 유전자 조작 식품에 대한 대중적 우려가 시작되던 시기부터 이미 활발하게 이루어졌다. 특히, 1997년에 출범한 시민과학센터[7]는 과학기술의 민주화와 시민참여라는 모토를 기초로 우리나라에서 처음으로 과학기술을 시민운동의 영역으로 포괄시켰다.[8] 시민과학센터는 생명공학을 주된 활동영역으로 설정하고 소식지 〈시민과학〉을 발행하면서 생물공학의 사회적, 윤리적 문제들을 적극적으로 제기하는 문제제기 집단으로 대중적 의제 형성과정에서 중요한 역할을 했다. 우선, 1998년과 1999년에 생물공학에 대한 시민참여를 위해 한국 유네스코(UNESCO)가 주최한 두 차례의 합의회의(consensus conference)에서 중심적인 역할을 담당했다. 각기 "유전자조작식품"과 "생명복제기술"을 주제로 한 합의회의는 우리나라에서 처음 열렸을 뿐 아니라, 유전자 조작 식품을 주제로 잡았다는 점에서도 과학기술에 대한 시민참여가 활발한 유럽에 비해서 뒤지지 않았다. 두 차례의 합의회의는 유전자 조작 식품 문제를 대중적으로 인식시키고, 그 밖의 생물공학과 연관된 사회적 주제들을 공론화시키는 데 크게 기여했다.

이후 환경운동연합, 녹색연합, 한국여성민우회 등의 기존 시민단체들이 생명공학 문제를 활동 주제로 포괄해 들이면서 1998년 9월에 생명안전윤리연대모임(이후 연대모임)[9]이 발족되었다. 연대모임과 시민과학센터는 기존의 생명공학육성법 개정이 아닌 새로운 생명안전윤리법의 제정을 위해 다양한 활동을 전개했다. 이

---

6) 10개 단체는 다음과 같다. 기독교환경운동연대, 녹색연합, 다른과학편집위원회, 소비자문제를연구하는 시민의모임, 전국과학기술노동조합, 참과학기술실현정책연구소(추), 한국과학기술청년회, 한국불교환경교육원, 환경운동연합, 서울YWCA

7) 1997년에 처음 출범할 당시의 명칭은 "참여연대 과학기술민주화를 위한 모임(대표 김환석)"이었고, 이후 시민과학센터로 명칭을 바꾸었다.

8) 물론, 그 이전에도 환경운동단체들이 과학기술과 연관된 주제를 다룬 적은 있었지만, 환경문제 이외의 과학기술 그 자체를 운동 대상으로 삼은 것은 시민과학센터가 처음이었다.

단체들의 활동은 성명서 발표, 언론매체를 통한 입장 표명, 토론회 개최, 피케팅과 같은 시위 등 다양한 형태로 이루어졌다. 그 중에서도 주로 시민토론회의 형태를 띤 대중 토론회는 중요한 쟁점들을 제기하고, 생명공학의 사회적, 윤리적 문제를 공론화시키고, 사회적 합의를 기초로 한 제도적 규율장치의 필요성을 부각시키는 데 중요한 역할을 했다.

2000년에는 유전자조작식품반대 생명운동연대[10](이후 생명운동연대)가 결성되어 본격적인 GMO 반대운동이 전개되었다. 이러한 연대모임이 결성된 이유는 그 동안 구심점 역할을 해 왔던 연대모임이 생명윤리 기본법 제정을 위한 활동으로 선회하면서 실질적으로 GMO 문제에 힘을 싣지 못했고, 구성 단체들도 상대적으로 GMO와 직접적인 관련이 적었기 때문이다. 생명운동연대는 창립선언문에서 "농업 및 소비자단체들을 중심으로 GMO 문제를 집중적이고 지속적으로 다룰 수 있는 연대조직을 결성"할 필요성을 제기했다. 생명운동연대는 농민회, 생협, 농민단체 등 직접적인 이해당사자들을 대폭 포괄함으로써 GMO에 대한 공론화와 규율 등 다각적인 문제를 제기할 수 있는 동력을 갖추었다. 특히, 한국농어촌사회연구소는 GMO 문제를 다루는 토론회를 조직하고 기관지인 〈농민과 사회〉를 발간하면서 중심적인 역할을 수행했다.

2) 합의회의

우리 나라에서 합의회의라는 시민참여 제도가 대중적으로 처음 소개된 것은 앞에서 거론한 "생명공학의 올바른 방향에 대한 시민사회단체 토론회"와 1997년 10월 말에 김환석 교수(과민모 소장)가 주도했던 한겨레신문의 "과학기술 민주화 현장

9) 이 모임은 1998년 9월 11일에 경실련 환경개발센터, 한국여성민우회 등 9개 단체가 "생명안전윤리 시민사회단체 연대모임"의 이름으로 주최한 "생명공학 육성법 개정 관련 시민단체 연대모임 토론회"를 계기로 조직되었다. 9개 단체는 경실련 환경개발센터, 그린훼밀리운동연합, 기독교환경운동연대, 녹색소비자연합, 녹색연합, 불교환경교육원, 소비자문제를 연구하는 시민의 모임, 참여연대 과학기술민주화를 위한 모임, 한국여성민우회, 환경운동연합이다.

10) 생명운동연대에 참여한 단체들은 다음과 같다. 가톨릭농민회, 감리교생협, 강화환경농업농민회, 기독교농민회, 녹색평론사, 방주공동체, 예장생활협동조합, 우리밀살리기운동본부, 21세기생협연대, 21세기영농조합법인, 인드라망생명공동체, 전국귀농운동본부, 전국농민회총연맹, 정농회 주민생활협동조합, 한국농어촌사회연구소, 한살림 흙살림

을 가다"라는 특집 연재기사였다. 합의회의가 가능할 수 있었던 배경은 생명공학에 대한 대중적 인식의 확산과 시민운동 단체들의 활동이었지만, 우리나라에서 합의회의가 열리게 된 것은 상당히 우연적이었다. 유네스코 한국위원회에서 1998년의 주요 사업 중 하나로 "생명윤리(bioethics)"에 관한 사업을 하기로 기관 차원에서 결정하고, 그 구체적인 사업 내용을 구상하기 위한 자문회의를 3월 12일에 개최하였는데, 그 자리에 이후 합의회의 프로젝트의 책임자가 된 김환석 교수(과민모 대표)가 초청을 받아 생명윤리사업을 합의회의 방식으로 추진하도록 유네스코측에 적극 권유한 것이 그 계기가 되었다(김환석, 1998). 따라서 우리나라의 합의회의는 철저히 민간단체의 주도로 이루어졌다.

1998년 7월 20일 한겨레신문에 모집 공고를 내고 약 4개월의 준비기간을 거친 합의회의는 11월 14-16일 숭실대에서 본회의를 열었다. 14명의 시민패널(남 6, 여 8)은 최종 보고서에서 1) 유전자 조작 식품의 필요성, 2) 유전자 조작 식품이 인간의 건강에 미치는 영향, 3) 유전자 조작 농산물이 환경에 미치는 영향, 4) 유전자 조작 식품을 둘러싼 정치 · 경제적 이해관계, 5) 유전자 조작 식품의 안전에 대한 바람직한 규제방향, 6) 유전자 조작 식품의 윤리적 · 종교적 문제, 7) 유전자 조작 식품의 안전과 윤리 교육의 7개 항목에 걸쳐 GMO를 둘러싼 다양한 쟁점들에 대한 포괄적인 의견을 개진했다.

시민패널은 건강에 미치는 영향에 대해서 다음과 같은 견해를 제시했다. "경계심이 지나치게 과장된 것이라는 …… 일부 과학자들의 전망이 지나친 낙관이라고 본다. 건강에 대한 위험에 대해 일부 이견이 있었지만, 유전자 조작 식품의 위험성이 현실화될 가능성을 사전에 예방하는 노력을 게을리해서는 안 된다고 믿는다. 왜냐하면 과학자들의 이러한 태도는 과학에 대한 과도한 신뢰에서 비롯된 것일 수 있기 때문이다." 또한, 바람직한 규제 방향에 대해서는 표시제의 실시를 촉구했다. "연구개발, 생산, 유통, 소비 등과 관련된 정보공개가 실질적으로 이루어질 수 있도록 제도적 방안이 마련되어야 하며, 일반 시민이나 소비단체가 쉽게 접근할 수 있어야 한다. 특히, 표시제 등을 통해 소비자들의 선택권을 보장하기 위해서 정부에서 도입이 추진되고 있는 유전자 변형 농수산물 표시제도 소비자의 권리를 보장할 수 있는 실질적인 내용을 담아야 한다." 또한, 시민패널은 정부의 규율 과정에 대한 투명한 공개도 요구했다. "소비자 주권의 측면에서 소비자 개개인의 권리의식을 고양시키고 소비자 단체를 활성화시켜 나가는 것이 중요하다. 한 가지 예로 현재 논의되고 있는 생명공학 안전성의정서에 관한 정부의 입장을 정리하는 과정 자체가 공개되어야 할 뿐만 아니라 구체적인 대응방향을 수립할 때에도 시민 · 소비자 단체의 실질적인 참여기회가 주어져야 한다고 본다."

3) 제도적 측면

우리나라에서 GM 작물에 관한 정부의 규제 근거가 처음 마련된 것은 1995년 생명공학 육성법을 개정하면서 "유전적으로 변형된 생물체의 이전, 취급, 사용에 대한 안전기준이 마련되어야 한다(제 15조 2항)."라는 규정이 삽입된 것이었다. 보건복지부는 이에 근거해서 1997년에 유전자 재조합 실험지침을 마련했다. 그러나 이 지침은 생명공학 육성을 목적으로 한 모법의 규정을 받아서 제재조치에 대한 규정은 없었으며, 연구개발을 위한 실험지침에 그쳤다.

1999년 4월에 농산물을 제외하고 식품 관리를 책임지는 식약청은 유전자재조합 식품첨가물 안전성 평가자료 심사지침안을 마련했고, 같은 해 7월에 농림부는 농수산물품질관리법에 유전자변형 농산물 표시제 조항을 삽입해서 공식적으로 GMO 표시제의 근거가 마련되었다. 그러나 이런 조치들은 강제성이 없고, 그 수준이 미약했다(허남혁, 2000).

국내의 GMO 안전성 평가는 2002년 8월 식품위생법 개정, 2003년 4월 식품위생법 시행령, 시행규칙 및 고시의 재개정 절차를 거쳐 2004년 2월 이후 본격 시행에 들어갔다. 그리고 이들 법률은 인체위해성과 안전성 부분의 국제적 조화를 고려하여 국제보건기구(WHO)와 식량농업기구(FAO)가 공동 설치한 국제식품규격위원회(CODEX) 관련 사항을 참고로 하고 있다. 이 시기 이후부터 GMO 안전성 심사를 거치지 않은 제품은 식품으로서 국내 유통이 금지되었다.

현행법은 GMO 안전성 평가 대상으로 최초로 GMO를 수입하거나 개발 또는 생산하는 경우, 안전성 평가를 받은 후 10년이 경과한 GMO로서 시중에 유통되어 판매되고 있는 경우, 그밖에 안전성 평가를 받은 후 10년이 경과하지 아니한 GMO로 식품의약품안전청이 새로운 위해요인이 발견되었다는 등의 사유로 인체의 건강을 해할 우려가 있다고 인정하는 경우 등으로 신축적 적용을 명시하고 있다. 그러나 국내외 GMO 안전성의 추가적 문제제기에도 불구하고 아직까지 실질적 조치가 이루어진 사례가 없다. 따라서, 현 단계에서 국내법의 이 같은 설정은 유럽이나 카르타헤나 의정서 등 관련 국제규범과의 형평성 차원에서 제기되었을 뿐이다. 또한, 새로운 유해요인이 전문적, 과학적 분석을 전제로 한다는 점 그리고 개발자 정보가 영업비밀로 일체 공개되지 않고 있는 상황에서 향후 안전성 평가의 신축적 운영은 결코 용이한 일이 아닐 것으로 짐작된다.

2008년 1월에 우리나라 정부는 바이오안전성의정서와 "유전자변형생물체의 국가간 이동 등에 관한 법률(이하 LMO[11]법)"을 시행했다. 2007년에 UN 사무국에 바이오안전성의정서 비준서를 기탁한 이후 90일째인 2008년 1월 1일부터 바이오안전성의정서와 그 국내 이행법인 LMO법을 시행하고 있다. 이 법은 2000년에 입법예고되었고, 공청회 등을 거쳐서 2005년 9월에 시행령(대통령령 제19062호)이 마련되었다. 따라서 2008년부터 LMO법과 그 하위 규정에 의거해서 관계부처 소관 LMO의 수출입, 위해성 검사, 연구관리 등이 이루어지게 되었다(한국바이오안전성정보센터, 2009).

우리나라에서 표시제가 처음 거론되기 시작한 것은 1998년으로, 국정감사에서 시중에 유전자 조작콩이 유통되고 있다는 사실이 처음 밝혀지면서 사회문제화되기 시작했다. 당시 생명공학 감시를 위한 시민단체들의 연합인 생명안전윤리 연대모임이 유전자재조합 콩이 수입되는 선박을 추적해서 수입을 저지하기 위한 시위를 벌였다. 이 사건을 계기로 계속된 시민단체들의 요구에 의해 당시 농림부는 1999년 1월에 농수산물품질관리법에 GMO 표시 규정을 신설하였다.

---

11) LMO(Living Modified Organism)는 현대생명공학기술의 이용으로 획득된 유전물질의 새로운 조합을 갖고 있는 모든 생물체를 뜻하며, 생물체란 생식능력이 없는 유기체, 바이러스, 바이로이드를 포함해서 유전물질을 전달하거나 복제할 수 있는 모든 생물학적 존재를 말한다.(바이오안전성의정서, 제3조, (g)(h)) LMO와 GMO는 흔히 같은 의미로 사용되지만, 일반적으로 LMO는 "살아있다"는 것을 강조하는 개념으로 생식이나 번식이 가능한 것을 의미하고, GMO는 생식이나 번식이 불가능한 것을 포괄하는 용어로 사용된다. LMO는 국제협약인 바이오안전성의정서에서 주로 사용하는 용어이며, GMO가 일반적으로 사용되는 용어이다. 미국에서는 GEO(genetically engineered organism)라는 표현도 사용된다. 우리나라에서는 GMO에 대한 찬성 · 반대 관점이나 맥락에 따라서 유전자조작식품(NGO), 유전자변형생물체(LMO법), 유전자변형농산물(농산물품질관리법), 유전자재조합식품(식품위생법) 등 다양한 용어가 사용된다.

지난 2001년 7월부터 27개 품목의 식품을 대상으로 유전자재조합 식품 표시제가 실시되었다. 6개월 동안의 자발적인 참여 유도기간을 거친 후 2002년 1월부터 의무적인 표시제가 시행되고 있다. 그러나 가공식품의 정량검사 방법 미확립으로 원료와 가공식품을 수입 단계부터 제조 · 가공 · 유통까지 서류 검증과 과학적 검증을 병행하는 관리 체계를 수립하고 있다(식약청, 2004).

표시제는 농산물의 경우에는 농림부에서 맡고 있고, 수입단계의 농산물과 가공식품은 식품의약품안전청이 맡고 있다. GMO 표시제는 산업자원부의 유전자변형생물체의 국가 간 이동등에 관한 법률과 보건복지부의 식품위생법, 농림부의 농산물품질관리법 등에 근거한다. 그러나 수출 · 입을 비롯한 국내 GMO 표시제는 후자의 보건복지부의 식품위생법과 농림부의 농산물품질관리법이 실질적 구속력을 갖고 있다. 그리고 그 시행주체는 보건복지부 산하 식품의약품안전청과 농림부 산하 국립농산물품질관리원이다. 절차 및 업무의 범위에서 간략히 이해한다면 식품의약품안전청은 먹을거리 기준으로 수입통관 시의 모든 농산물 및 식품의 GMO 여부를 따지며, 사후적으로 식품을 대상으로 한 표시제 관리를 한다. 이에 비해 국립농산물품질관리원은 사후적으로 국내 유통 중인 농산물 부분에 대한 표시제를 담당한다. 참고로 산업자원부 관계 법률은 바이오안전성의정서 당사국 회의의 주요 안건이 되고 있다(한국농어촌사회연구소, 2005).

4) 결정주의적 GMO 거버넌스

GMO의 불확실성에 대한 우리 정부의 태도는 대체로 실질적 동등성 원리에 기반한 관점으로 볼 수 있지만, 실질적 동등성 원칙을 분명하게 천명하기 보다는 GMO의 안전성을 강조하고 그 위험성이 과장되는 것을 경계하는 실용적인 태도를 보인다고 할 수 있다. 1998년에 식품의약품안전청(식약청)은 “유전자 재조합식품은 현대과학기술이라는 것 외에는(기존 제품과) 다를 것이 없다.”고 서술했고 “기존 식품이 더 해로운 것이 많은데, GMO에 대해 더 엄격한 평가를 내리고 있다.”고 주장했다(조성은, 김선혁, 2006). 여기에는 1990년대 후반부터 시작된 국내 과학기술 NGO들의 지속적인 문제제기가 영향을 준 것으로 보인다. 이러한 언급도 2000년대 후반 이후의 문건에서는 찾아보기 힘들고, 대체로 전통적인 육종과 분자육종을 구분해서 설명하고 있다.

> 유전자 변형농산물(GM Crop)이란?
>
> 농산물 육종방식은 전통적인 방법과 분자육종의 두 가지로 구분할 수 있다. 전통적인 방법은 교배육종, 돌연변이육종, 잡종강세 등 근연 · 원연식물 간 교배를 통해 특정 형질이 우수한 개체를 선발하는 과정을 반복함으로써 우수한 품종을 육성하는 방법이다. 이에 반해 분자육종은 식물, 동물 또는 미생물의 특정 유전자를 대상 식물에 도입하여 그 유전자가 발현하도록 식물을 유전자변형시키는 것이다(농림부, 2008).

그렇지만 GMO의 위험성이나 유용성에 대해서는 정부가 훨씬 적극적인 입장을 개진하고 있다. 식약청은 GMO가 안전성을 평가받은 원료로 만들어진다는 점을 강조하면서 이른바 과학적 검증을 통한 안전성 입증을 강조하고 있고, 지금까지 건강상에 위해가 나타난 사례가 없다는 점을 그 근거로 제시한다.

> 유전자재조합식품은 안전성을 평가받은 원료 농산물로 만들어집니다. 유전자재조합식품은 유전자재조합기술을 이용하여 개발된 농산물을 식품으로의 안전성을 평가하여 만들어진 식품입니다(식약청, 2002).

> GMO는 위험하지 않나요?
>
> 개발과정 중에 있거나 정부에서 안전성을 평가하지 않은 GMO는 안전하지 않을 수 있습니다. 실제로 브라질너트(Brazil nut)의 일부 유전자를 콩에 넣어 만든 GMO 콩이 알레르기를 일으킨다는 사실이 밝혀져 개발이 중단된 사례가 있습니다.
>
> 우리 식탁에 오르는 GMO는 정부에서 최신의 과학적 수준으로 안전성을 평가한 것입니다. 세계보건기구(WHO)도 국제식품규격위원회(CODEX)의 원칙에 근거해서 각국 정부에서 안전성을 평가한 후 식품으로 승인되어 국제시장에서 유통되는 것은 안전하며, 지금까지 사람의 건강에 어떠한 위해도 나타나지 않았다고 밝혔습니다(식약청, 2008).

살충성분을 스스로 분비하는 Bt 계열의 GM 작물에 대해서도 정부는 그 안전성을 강조하고, GMO의 유용성을 적극적으로 강조한다.

> 벌레도 죽이는 GMO를 사람이 먹어도 위험하지 않나요?

해충저항성 GMO 옥수수인 Bt 옥수수는 벌레를 죽이는 물질을 생산합니다. 이 물질은 바실러스 튜린겐시스라는 토양 미생물에서 유래하는 살충성 단백질(Bt)인데, 해충의 소화관에 결합하여 구멍을 뚫어 해충을 죽게 합니다. 그러나 이 살충성 단백질은 해충의 소화관에만 결합할 수 있고, 사람의 소화관에는 결합할 수 없어 사람에게는 작용하지 않습니다.

GMO는 왜 만드나요?

GMO는 유전자재조합기술이라는 생명공학의 발전으로 탄생한 새로운 품종개량 방법을 통해 만들어집니다. 유전자재조합기술을 이용하면 품종개량에 걸리는 시간이 단축되고, 해충저항성 유전자 등 다른 종에 있는 유전자를 옥수수 등의 농산물로 옮겨 생산량을 늘릴 수 있습니다(식약청, 2008).

우리나라의 GMO 규율은 시민단체들의 줄기찬 규율에 대한 요구에 정부가 사후적, 소극적으로 대응해 나가는 과정으로 볼 수 있다. 따라서 NGO 활동이 미약한 미국이나 NGO들의 문제제기가 적극적으로 받아들여져 숙의적 거버넌스가 이루어지는 유럽의 중간에 해당하는 거버넌스의 특징을 나타낸다고 볼 수 있다.

제도적인 측면에서도 초기에는 GMO를 새로운 식품으로 규정하지 않고 기존 법률에 새로운 조항을 신설하는 형태로 규율하는 태도를 나타내다가, 2008년 LMO법을 제정함으로써 실질적 동등성 원칙과 사전예방원칙을 절충하는 양상을 나타낸다.[12] 이러한 절충적 양상은 우리나라가 현재는 GMO 수입국이지만, 앞으로 기술개발을 통해서 수출국으로 전환할 수 있는 가능성을 동시에 가진다는 양면성을 반영하는 것으로 볼 수 있다.

따라서, 우리나라의 GMO 위험거버넌스는 비교적 단일한 입장을 고수하는 미국이나 유럽과는 달리 GMO의 위험성과 불확실성을 둘러싼 경계 설정이 훨씬 유동적인 특징을 보인다고 할 수 있다. 2008년 LMO법 제정과 이 법률로 실질적 활동 근거를 확보한 한국바이오안전성정보센터가 하나의 예라고 할 수 있다. LMO법

12) 조성은 · 김선혁도 "정책결정요인으로서의 제도, 이해, 그리고 아이디어: EU · 한국 · 미국의 GMO표시정책 비교 · 연구"(2008) 132쪽에서 한국의 GMO 표시정책을 "사전예방원칙과 실질적 동등성 원칙의 절충"으로 분석했다.

에 대해 생명공학을 지지하는 업체와 NGO의 견해는 매우 상반되며, 이해당사자들과 NGO는 전혀 다른 관점에서 환영과 우려를 표명했다.

5) 해외업체(몬산토코리아(주) 한국지사);

오랜 산고 끝에 LMO법이 시행될 예정이라는 데 대해 기대와 동시에 걱정되는 부분이 있다. 과학적 사실을 토대로 한 합리적인 규정의 적용에 대한 기대가 있을 수 있으며, 업무가 한층 복잡해질 것이라는 걱정이 앞선다. 그러나 장기적으로 LMO의 안전성 평가가 합리적으로 이루어질 수 있다는 기대감, 안전성이 확보된 LMO에 대한 소비자 인식의 변화를 기대할 수 있다는 점, 더 나아가 보다 자유로운 조건에서의 이용이 가능할 수 있으리라는 기대감으로 LMO법의 시행은 환영할 만한 일이라 하겠다.

6) 국내개발업체;

국내에서는 LMO 농산물이 개발되어 상품화된 적이 없기 때문에 LMO법이 외국의 농산물을 더 많이 초대하는 지름길일 수 있다.

7) 연구개발자;

LMO법의 시행 과정에서 연구개발 과정에 수반될 수 있는 인체 및 환경에 대한 안전성 확보에 대한 긍정적 측면이 부각되기도 전에 일부 생명공학을 연구하는 연구자 입장에서 볼 때 기존에 규제하지 않았던 내용이 LMO법의 시작으로 생명공학의 발전을 저해하고 생명공학 연구를 규제하는 불필요한 규제라고 느낄 수 있다.

8) GMO 반대 생명운동연대;

LMO법의 제정은 국민 · 소비자에 대한 현혹이자 LMO에 대한 일상적 노출과 그 합법화를 뜻할 수 있다. 리스크 분석이 공급자 측면에서만 이루어지므로 기만성을 갖는다. 예방원칙의 미비함이 안전성에 대한 평가시스템의 부실로 이어져 발생할 악영향과 피해에 대한 책임소재, 사회적 책임을 지는 주체가 없다.[13]

LMO법은 이해당사자들의 반응에서 알 수 있듯이, GMO에 대한 절충적인 규율을 표상한다고 볼 수 있다. 명확하게 실질적 동등성 개념을 밝히지 않으면서, 그렇다고 바이오안전성의정서의 기본 정신인 사전예방원칙에 입각한 법률도 아니다. 심지어는 농어촌사회연구소 권영근의 지적처럼 GMO에 대한 규율인지 아니면 GMO의 합법화와 공식적인 수입의 정당화인지에 대한 해석도 분분하다.

따라서, 우리나라의 GMO 위험거버넌스는 다음과 같은 특징을 가지는 것으로 정리할 수 있다. 첫째, 위험과 불확실성에 대한 태도는 실질적 동등성과 사전예방주의의 절충적 입장에 가깝다. 둘째, GMO를 대상으로 한 합의회의가 이른 시기에 열렸고, 이후 NGO들의 문제제기가 지속되는 등 시민사회에서 숙의적 접근 방식이 지속되고 있지만, 정부는 시민사회의 문제제기를 사후적, 간접적으로 받아들여서 정책수립에 반영하는 소극적 대중자문(public consultation)의 수준에 머물고 있다. 셋째, GMO 수입국으로 향후 기술개발을 통한 수출국 전환의 가능성을 염두에 두면서 GMO에 대한 규율은 이해당사자들의 입장을 조율하는 처방적, 결정주의적 거버넌스의 경향을 띠고 있다.

제 6 절 결 론

지난해에 격렬한 대중 논쟁으로까지 발전했던 미국산 쇠고기 수입과 광우병을 둘러싼 논란은 위험이 단순히 광우병 쇠고기를 먹었을 때 인체에 유해한 결과가 나타날 과학적 확률로 환원될 수 없다는 것을 잘 보여주었다. 최근 검찰의 발표는 미국산 쇠고기에 대한 불안감을 비과학적 태도로 규정했다. 이것은 자신의 논리를 뒷받침하기 위한 전형적인 "과학적 ↔ 비과학적"의 경계작업에 해당한다.

13) 이 내용은 "LMO 시행에 대한 각계의 견해", Biosafty, 통권 33호. Vol.8, No.4(2007년 12월), 한국생명공학연구원 바이오안전성정보센터. pp.88-139을 요약한 것이다.

GMO의 위험을 둘러싼 논의는 새롭게 출현하는 기술(emerging technology)인 유전자 재조합 기술에서 비롯되어 분자적 육종이 전통적인 육종과 동등한가에 대한 실질적 동등성 논란, GMO의 인체 유해성에 대한 논란, 그리고 GMO가 찬성론자들의 주장처럼 세계의 기아 문제를 해결해줄 수 있는가를 둘러싼 논란 등을 불러일으켰다.

이 논문은 GMO를 둘러싼 불확실성 중에서 인식론적 불확실성에 해당하는 실질적 동등성 원칙을 중심으로 불확실성에 대한 대응양식과 그것을 기반으로 한 위험거버넌스 유형의 상관관계를 밝히려고 시도했다. 또한, 미국, 유럽(덴마크), 그리고 한국의 위험거버넌스의 특징을 분석해서 각기 기술관료적, 숙의적, 그리고 결정주의적 거버넌스 유형에 해당한다는 사실을 밝혀냈다.

위험거버넌스의 특성을 밝히려는 노력은 오늘날 GMO의 불확실성과 위험에 대응하기 위해서는 정부나 전문가들의 배타적인 대응만으로는 부족하다는 인식에서 비롯된 것이다. 푼토비치와 라베츠가 지적했듯이, 오늘날의 기술 위험은 전통적인 위험과 달리 "높은 불확실성, 가치의 배태, 시급한 결정" 등이 특징이다. 따라서, 포스트-정상과학 시대의 위험은 기존의 전문성만으로는 대응하기 어렵다.

레비도우 등은 GMO 규율에 대한 접근방식을 규제과학 관점(regulatory-science perspective)과 거버넌스 관점(governance perspective)으로 구분했다. 1970년대에 정부가 규제 결정을 기술 전문가들에게 의존하는 경향이 점차 높아지면서 "정치의 과학화(scientizing politics)" 경향이 나타났다. 정치의 과학화는 민주적 숙의보다 기술적 전문성(technical expertise)을 통해 문제가 더 잘 해결될 수 있을 것이라는 가정을 기반으로 한다(Levidow, Murphy, Carr, 2007). 여기에서 전문성은 두 가지 서로 연관된 역할을 수행한다. 첫째, 좀더 신뢰할 수 있는 지식을 통해 과학적 문제를 명료하게 만드는 도구적 역할, 둘째 과학적 불확실성을 전문가 조언으로 흡수시키고 정책 결정을 뒷받침함으로써 정책을 합리화시키는 역할이다. 과학화는 규제기구가 좀더 과학발전(새로운 방법이나 지식)에 종속된다는 것을 뜻한다. 이러한 경향은 자칫 최신 과학적 근거를 향한 지나친 경쟁으로 인해서 전문성의 과도한 이용(inflationary use)으로 귀결되면서 지식 및 다양한 해석의 과잉으로 인한 논쟁의 격화로 이어질 수 있다. 따라서, 기술적 전문성이 아닌 보다 다양한 가치와 관점을 포괄하는 시민적 전문성이 요구된다.

전문성과 함께 신뢰의 문제도 GMO와 같은 식품 위험을 해결하기 위해 중요한 요소이다. 신뢰는 과학기술적 증거의 축적만으로 자동적으로 획득되지 않는다. 신뢰 획득을 위한 가장 바람직한 접근방식은 GMO의 위험에 대한 숙의적 거버넌스의 구축이다.

제4장 나노기술

이영희

제1절 서 론

역사적으로 볼 때 새로운 기술은 항상 인류에게 기회와 더불어 위험을 안겨다 주었음을 알 수 있다. 원자력기술, 살충제, 정보기술, 유전자조작기술, 자동화기술 등이 그 대표적인 예들일 것이다.

신기술은 불확실성을 그 특징으로 한다. 특히, 세상에 처음으로 등장하는 새로운 기술일수록 그 불확실성의 정도는 더욱 커지게 된다. 신기술의 불확실성은, 기술개발의 초기 단계에서는 개발하고자 하는 특정한 기술이 사회에 미치게 될 영향의 정도와 성격을 미리 예측하기 어렵기 때문에 증폭된다. 그러나 사실 이러한 불확실성은 긍정적 측면에서의 불확실성과 부정적 측면에서의 불확실성을 모두 포함하고 있기 때문에 불확실성이 있다는 이유만으로 기술 개발을 처음부터 포기하거나 금지할 수는 없다. 따라서, 신기술이 가져올 수 있는 양면의 영향을 주시해야겠지만, 특히, 그 기술이 초래할 수 있는 위험에 대한 적절한 관리체계, 즉, 위험거버넌스(risk governance)를 구축하는 것이 무엇보다 중요하다.

신기술 위험거버넌스는 전 세계적으로 볼 때 새로운 기술이 초래할 수 있는 위험 관련 불확실성의 관리과정을 정책결정자 또는 전문가들만이 독점적으로 수행하던 전통적인 위험관리체계로부터, 이해당사자와 때로는 일반 시민들까지 참여하는 것이 위험불확실성에 대응할 수 있는 가장 합리적인 방식이라는 믿음에 기반을 두고 등장한 참여적 위험관리체계로 점차 변모되는 경향을 보여주고 있다. 그러나 참여의 정도와 수준이 해당 기술에 따라, 또는 나라에 따라 다르다는 것은 두말할 나위가 없다.

나노기술은 2000년대에 들어와 전 세계적으로 많은 연구개발이 이루어지고 있는 기술로서, 정부의 막대한 지원과 산업화에 따라 많은 나라들에서 현재 "나노 과열(nano-hype)"(Berube, 2006) 현상마저도 심심치 않게 나타나고 있다. 그러나 나노기술은 환경과 인간사회에 가져올 혜택 못지 않게 위험에 대한 우려도 많이 제기되고 있기 때문에 현재 많은 나라들에서는 나노기술에 대한 위험거버넌스 구축에도 노력을 기울이고 있다. 이 글은 실제로 나노기술에 대한 위험거버넌스가 어떻게 구축되고 있는가를 분석하는 데 목적이 있다. 이를 위해, 먼저 2절에서는 나노기술의 특징과 발전과정을 살펴보고, 3절에서는 나노기술의 "불확실성" 문제와 위험거버넌스의 유형에 대한 이론적 논의를 전개하게 된다. 이어 4절에서는 나노기술을 둘러싼 위험 논의가 현재 어떻게 진행되고 있는가를 논의의 구도, 주요 행위자 등을 통해 살펴본다. 5절에서는 나노기술에 대한 위험거버넌스의 동향을 미국과 유럽연합, 그리고 일본을 중심으로 분석하는데, 나노기술 위험규제를 위한 연구와 제도의 현황, 정부 · 기업 · 시민사회가 참여하는 위험거버넌스의 현황, 그리고 위험거버넌스를 둘러싼 쟁점들을 중심으로 논의를 전개할 것이다. 이어서 한국에서의 나노기술에 대한 위험거버넌스의 전개과정과 그 특징을 분석하게 된다. 마지막으로 6절 결론에서는 선진국과 한국의 나노기술 위험거버너스를 비교, 분석하고, 정책적 시사점을 도출하게 될 것이다.

제 2 절 나노기술의 발전과정 및 특징

1. 나노기술의 발전과정

나노(Nano)는 희랍어로 난쟁이를 뜻하는 "나노스"에서 유래한 말로 10억분의 1을 의미하는 접두어이다. 따라서, 나노기술이란 나노미터(10억분의 1미터) 수준에서

물체들을 만들고 조작하는 기술을 통칭하는 말인데, 나노미터란 서너 개의 금속 원자를 나열한 정도의 눈에 보이지도 않는 아주 미세한 길이이다(현택환, 2002). 나노 크기에서는, 기존의 마이크론 이상의 크기 수준에서 알고 있는 것과는 다른 이론과 모델이 적용되며, 기존 크기에서는 보지 못했던 독특한 특성과 거동이 나타날 수 있다고 한다. 그러므로 나노기술을 이용하면 현재 우리가 알고 있거나 상상하는 것 이상으로 기능을 대폭 향상시키거나 새로운 기능을 갖는 소자나 소재 개발을 할 수도 있게 된다(Ratner & Ratner, 2004).

나노기술의 핵심은 분자 수준에서 원자 한개, 한개를 다루는 것이 가능하게 된다는 것에 있다. 나노기술이 발전하여 원자나 분자를 원하는 대로 조작하는 것이 가능해진다는 것은, 자연계에 존재하지 않는 물질이라 할지라도 필요한 용도에 맞는 성질을 가진 물질을 합성하는 것, 그리고 원자, 분자 수준의 구조물을 원하는 형태로 제작, 가공하고 조절하는 것이 가능해진다는 의미이다. 예컨대, 생명공학에서 다루는 DNA, RNA, 유전자, 단백질의 크기가 수 나노미터, 수십 나노미터 크기이므로, 나노기술을 적용하면 이에 대한 조작과 응용이 가능해질 수 있다. 나노기술로 원자 메모리 소자를 만들면, 단위면적당 1000배 이상의 정보저장 용량 확대가 가능하며, 각설탕 정도의 크기에 미 의회 도서관 전체 자료를 저장할 수 있고, 에너지 소모도 적으므로 휴대형 슈퍼컴퓨터 개발도 가능하다고 한다. 이처럼 나노기술은 어떤 연구 분야라기보다는 인간이 원하는 새로운 도구(tool)를 제공해주는 기반기술이라고 할 수 있다(기술영향평가위원회, 2004).

나노기술의 등장을 처음으로 예견했던 사람은 리처드 파인만(Richard Feynman) 박사로, 그는 1959년 미국물리학회에서 행한 "바닥에는 풍부한 공간이 있다."라는 연설에서 향후 나노 수준에서 사물을 조작하고 제어하는 것이 가능하게 될 것임을 예측하였다. 1974년에는 동경대의 노리오 타니구치 교수가 나노기술이라는 개념을 처음으로 사용하였다. 그런데 실제로 물리학이나 화학 분야에서 나노기술에 관한 연구가 본격적으로 진행되기 시작한 것은 1980년대에 들어오면서부터였다. 1981년에는 원자나 분자를 눈으로 볼 수 있을 뿐만 아니라 조작도 가능한 도구로서 주사터널링 현미경(STM: Scanning Tunneling Microscope)이 발명되었는데, 이 STM으로 인해 비로소 나노기술의 시대가 열리게 되었다고 평가된다

(이인식, 2002). 1991년에는 일본 NEC 연구소에서 일하던 한 과학자가 탄소 나노튜브를 발견하였다. 탄소 나노튜브는 우수한 기계적 특성, 전기적 선택성, 뛰어난 전기 방출 특성, 고효율의 수소 저장 매체 등의 특성을 가진다고 한다. 한편, 1997년에는 미국에서 최초의 나노기술 벤처기업이 탄생함으로써 나노기술 시대가 개막하였음을 알려주었다. 나노기술이 점차 발전함에 따라 이제 나노기술은 정보통신, 생명공학, 의료 및 건강, 에너지 및 환경, 신소재 등 수많은 분야에 현재 응용되고 있고, 향후 더욱 그 응용성이 높아질 것으로 전망되고 있다.

지금까지 살펴본 나노기술의 발전과정과 향후 전망에 기반하여 2000년대에 들어와 각국 정부들은 나노기술개발에 앞다투어 나서고 있다. 미국의 클린턴 대통령은 2000년 연두교서를 통해 나노기술을 차세대 경쟁력 확보를 위한 핵심 기술의 하나로 선언한 바 있다. 이에 따라 미국은 국가나노발전계획(NNI: National Nanotechnology Initiative)을 수립하고 엄청난 예산을 나노기술개발에 투자하고 있다. 일본과 유럽 역시 2000년대에 들어와 나노기술개발에 많은 예산을 투자하고 있고, 우리나라도 역시 2002년에 나노기술개발촉진법을 제정하고 나노기술개발에 박차를 가하고 있다(이영희, 2004).

2. 나노기술의 기술적 · 산업적 특징과 응용

나노기술은 그 자체로 독립적인 기술이라기보다는 다른 기술들과 융합되는 기반기술로서의 성격을 지니고 있다. 특히, 나노기술은 현대의 생물학, 디지털혁명, 그리고 인지과학 등과의 융합(Nano-Bio-Info-Cogno, NBIC)으로 인해 그 응용범위가 넓어서 기술의 사회적 함의도 매우 클 수밖에 없다. 나노기술의 기술적, 산업적 특성은 다음과 같이 제시될 수 있다(Renn & Roco, 2006).

첫째, 나노기술은 산업, 생의약 및 환경에 폭넓게 응용되는 기술적 플랫폼을 제공할 뿐만 아니라 거의 무한정한 응용 잠재력을 지니고 있다.

둘째, 나노기술을 응용함으로써 수많은 기술적, 경제적, 생태적, 사회적 문제들을 해결할 수 있다는 낙관적 전망이 제시된다.

셋째, 나노기술은, 인간이 만든 살아 있는 모든 시스템들의 근본적인 속성과 기능이 정의되는 기본적 차원인 원자와 분자의 조직 단위에서의 조작을 가능하게 한다.

넷째, 나노기술은 연구와 교육에서 개념들을 통일함으로써 과학적 학문분야들의 전문화 경향을 역전시킬 기회와, 공학과 기술체계의 통합을 향상시킬 기회들을 제공한다.

다섯째, 나노기술은 모든 선진국들 및 여타의 많은 국가들로 하여금 나노기술에 투자하도록 자극하였다.

여섯째, 나노기술은 기존의 제조능력을 확장하고 변화시켜 훨씬 더 효율적인 결과들을 낳을 것이라는 전망을 제시하였다.

일곱째, 나노기술은 기술적이고 경제적인 변화를 가져오는 주요 추동인자들 중의 하나가 되었으며, 이미 산업적 경쟁을 상당히 자극하고 있다.

이상과 같은 기술적, 산업적 특성을 지니고 있는 나노기술이 현재 응용되고 있거나, 향후 응용될 것으로 전망되는 수많은 분야들 중에서 몇몇 대표적인 분야에 대해서 간략히 살펴보면 다음과 같다. 현재 나노기술의 여러 분야들 중에서 가장 빨리 산업화된 분야가 나노 소재 분야인데, 그 가운데서도 자동차의 부품들에서 가장 광범위하게 응용되고 있다고 한다. 예컨대, 일본의 도요타 자동차에서는 기존의 자동차 연료 탱크보다 충격에는 10배 이상 강하면서 무게는 1/3 이하로 훨씬 가벼운 새로운 소재로 만든 연료 탱크를 개발하였는데, 이 연료 탱크가 바로 나노 복합소재를 이용한 것이라고 한다. 의학 분야에서는 1999년에 미국과 일본의 연구진들이 여섯 개의 단백질로 만들어진 나노미터 크기의 모터가 우리 몸에 있는 에너지원에 의해 구동되어 수십 나노미터 크기의 플라스틱 공을 움직이는 것을 관찰하는 데 성공하였다. 이는 나노의학(nano-medicine)의 시작을 알리는 중요한 연구 성과로 평가된다. 왜냐하면, 나노기술을 이용하여 인간의 세포보다 더 작은 분자 단위의 나노컴퓨터, 나노기계, 나노센서 등을 만들 수 있게 되면, 이 분자 단위의 나노 기계들이 혈관에 끼어 있는 노폐물을 제거하여 심장병을 고치고, 암세포만 선택적으로 인식하여 죽이고, 작동하지 못하는 세포 내의 기관들을 대신할 수 있을 것으로 기대되기 때문이다. 정보통신 분야는 최근 나노기술이 가장 급속하게 응용되고 있는 분야이다. 인텔은 세계에서 가장 작은 20나노미터 크기의 트랜지스터를 개발하였고, IBM은 10나노미터 미만의 탄소 나노튜브로 만들어진 컴퓨터 논리회로를 만드는 데 성공하였다. 미국은 국가나노기술개발프로그램을 통해 나노전자 · 관전 · 자성 소자를 이용하여 컴퓨터 속도 및 효율을 100만 배 이상 향상시키고, 단위 면적당 기억용량을 1000배 증가(terabit급)시키며, 정보통신용 주파수 대역 역시 100배 증대시키는 것을 목표로 삼고 있다고 한다(현택환, 2002). 나노기술은 이 외에도 의학, 제약, 화장품(예컨대, 선크림), 생명공학, 가공식품, 가전제품(예컨대, 은나노 세탁기), 페인트, 연료 전지, 촉매제 등에 광범위하게 응용되고 있다.[1)]

제 3 절 나노기술의 불확실성과 위험거버넌스의 유형

1. 나노기술과 불확실성

그런데 이러한 나노기술은 현재 그 미래 잠재력과 관련하여 사회적으로 커다란 논쟁을 불러일으키고 있다. 대부분의 과학기술자들은 나노기술이 가져다 줄 미래 세계를 장밋빛으로 전망하고 있는 데 반해 일부 과학기술자들과 인문사회과학자들은 나노기술이 미칠 영향에 대해 매우 우려하는 반응을 보이고 있다.

이처럼 나노기술이 과학자사회 내에 국한된 담론이 아니라 사회적 담론으로 확산된 데에는 나노기술과 관련하여 대중매체를 통해 제기되었던 나노기술 위험 불확실성 논의가 커다란 역할을 수행하였다. 특히, 미국의 대표적인 컴퓨터 기업의 하나인 선마이크로시스템즈사의 대표 과학자이자 공동 창립자인 빌 조이(Bill Joy)가 2000년에 〈와이어드(Wired)〉라는 잡지에 실은 "왜 우리는 미래에 필요 없는 존재가 될 것인가"라는 글은 매우 커다란 반향을 불러일으켰다. 이 글에서 빌 조이는 GNR, 즉, 유전공학(Genetic engineering), 나노기술(Nanotechnology), 로봇공

1) 보다 구체적으로 나노기술의 응용으로 현재 개발된 제품과 미래에 개발될 것으로 예상되는 제품들의 리스트는 IRGC(2007) 또는 Woodrow Wilson International Center for Scholars(2007)를 참고할 것.

학(Robotics)과 같은 새로운 기술의 발전이 인간사회에 가져올 위험과 재앙에 대해 묵시록적인 목소리로 경고하고 있다(Joy, 2000). 현대 기술의 프론티어인 실리콘 밸리의 고위 엔지니어가 러다이트적인 목소리로 새로운 기술이 초래할 위험과 재앙을 경고하고 있다는 점에서, 그의 글은 전 세계적으로 커다란 파문을 일으켰다. 2002년에는 저명한 공상과학 소설가 마이클 크리튼이 쓴, 나노기술이 몰고 올 공포스러운 상황을 그린 『먹이(Prey)』가 영화로 만들어져 큰 반향을 불러일으켰다. 2003년에는 영국의 찰스 황태자가 공개적으로 나노기술의 위험성에 대해 거론함으로써 역시 사회적 논란에 불을 지폈다.

그럼, 왜 이러한 우려들이 사회적으로 확산되는가? 나노기술의 위험성 여부를 둘러싼 사회적 논란이 확산되는 가장 큰 이유는 나노기술 자체가 향후 어떤 방향으로 전개될지, 그리고 그 기술이 인간과 자연, 그리고 사회에 어떠한 영향을 미치게 될지 기본적으로 매우 불확실하기 때문이다. 신기술은 정의상 기존의 기술이 아니기 때문에 기본적으로 불확실성을 가질 수밖에 없다. 그러나 이러한 불확실성이 단지 기술적으로 어떻게 진화할지 모른다는 의미에서의 불확실성에 그친다면 사회적인 차원에서 크게 문제될 것은 없을 것이다. 반면, 특정 기술의 불확실성이 사회적, 환경적 영향 측면에서의 불확실성이라면 문제는 심각해진다. 왜냐하면 특정 기술의 개발로 인해 사회적, 환경적 악영향이 일단 나타날 경우 그것을 되돌리기는 매우 어렵기 때문이다. 나노기술을 둘러싼 사회적 논란의 이면에는 바로 이러한 나노기술의 불확실성 문제가 있는 것이다.

푼토비치와 라베츠에 따르면(Funtowicz & Ravetz, 1992), 불확실성에는 기술적 불확실성, 방법적 불확실성, 그리고 인식론적 불확실성이 있다. 기술적 불확실성(technical uncertainty)은 측정에서의 부정확성을 의미하며 응용과학을 적용해 쉽게 해결할 수 있고, 방법적 불확실성(methodological uncertainty)은 위험정보를 분석하는 데 사용되는 방법과 분석자에 대한 신뢰와 관련되는 것으로 고차원의 숙련을 쌓은 전문가의 판단을 통해 해결할 수 있는 반면에, 인식론적 불확실성(epistemological uncertainty)은 주로 가치의 개입에 따른 인식의 차이가 유발하는 지식의 불확정성과 인간 인식의 한계로 인한 무지 때문에 발생한다.

그런데 나노기술이 향후 인간과 환경, 그리고 사회에 어떠한 영향을 미칠 것인가를 둘러싸고 장밋빛 전망과 더불어 우려 섞인 견해들이 동시에 제출되고 있는 것은 단지 기술적 차원이나 방법론적 차원이 아니라, 아직 오지 않은 미래에 대한 인지적 무지 속에서 행위자집단의 문제틀, 다시 말해 인식론의 차이에 따라 나노기술의 비전을 달리 보기 때문이라고 할 수 있는데, 이는 바로 푼토비치와 라베츠가 말한 인식론적 불확실성에 해당하는 것이다.

이처럼 새로 개발되고 있는 기술의 불확실성이 다름 아니라 기술의 전개 방향에 대한 인간의 무지와, 그 기술이 환경과 인간사회에 미치게 될 영향의 불확실성을 의미하는 인식론적 불확실성에 속한다는 점에서 나노기술은 조금 앞선 시기에 역시 커다란 사회적 논란의 대상이 된 바 있던 유전자변형작물(GMO)과 유사한 점이 많다. 물론, 양자 사이의 공통점을 지나치게 강조하는 것은 문제가 있을 수 있다(Sandler & Kay, 2006). 유전자변형작물(GMO)이나 나노기술 모두 새롭게 개발되고 있는 초기 단계의 기술이면서 동시에 환경과 인간사회에 매우 큰 영향을 미칠 것으로 예견되고 있지만, 그 정확한 내용을 우리가 미리 알 수 없는 인식론적 불확실성으로 인해 사람들이 이들 기술에 느끼는 위험 인식은 커질 수밖에 없다는 점에서 공통점을 지닌 것은 분명한 것으로 보인다(Mehta, 2004; Einsiedel & Goldenberg, 2004).

2. 불확실성, 신뢰 및 참여적 위험거버넌스

앞에서 살펴본 나노기술을 둘러싼 위험 불확실성은 위험거버넌스(risk governance) 구축의 필요성을 제기한다. 위험거버넌스란 위험 정보가 수집되고, 분석되며, 의사소통되는 방식 및 위험 관리 의사결정이 내려지는 방식에 관한 제도적 틀을 의미한다(Renn & Roco, 2006). 이러한 위험거버넌스에는 모든 위험 관련 의사결정들과 행위들이 포함되며, 해당 위험의 성격이 다양한 행위자들과 이해당사자들 사이의 협동과 조정을 필요로 할 때 특히, 중요해진다. 이러한 위험거버넌스는 여러 가지 차원에서 다양하게 분류될 수 있지만, 본 연구와 관련하여 특히, 중요한 것은 거버넌스에 누가 참여하는가, 그리고 언제 참여하는가의 문제이므로 이를 기준으로 위험거버넌스를 유형화해 보자. 먼저, 의사결정과정에 누가 참여하느냐를 기준으로 분류해 보면 전문가와 관료에게 참여가 국한되는 "기술관료적" 유형과 의사결정과정이 일반 시민 및 이해당사자들에게도 개방되는 "참여적" 유형으로 나눌 수 있다. 위험거버넌스에서 특히, 일반 시민과 이해당사자들의 참여를 강조하기 위한 개념이 바로 참여적 위험거버넌스인 것이다. 최근 선진국의 나노기술 위험거버넌스를 둘러싼 논의에서는 참여적 유형을 강조하는 경향이 강하다.

참여적 위험거버넌스에 대해 구체적으로 논의하기 전에 "참여"의 세 가지 차원에 대해 살펴보자. 공적 의사결정 과정에 대한 일반 시민과 이해당사자들의 참여는 크게 보아 규범적(normative) 차원, 도구적(instrumental) 차원, 그리고 실제적(substantial) 차원을 지니고 있다(Stirling, 2005). 규범적 차원에서의 참여란 한 마디로 민주주의에서 일반시민과 이해당사자들의 참여는 당연히 요구되는 바람직한 권리의 실현이라는 주장이다. 도구적 차원에서 참여는 정책결정자들의 시각으로, 참여가 의사결정의 정당성과 수용성을 향상시켜주는 도구적 기능을 하므로 참여가 바람직하다는 입장이다. 마지막으로 실제적 차원이란 인지적 측면에서 보면 전문가나 관료도 특정 상황에 대해서는 지식이 결핍될 수 있음에 반해, 삶의 경험을 통해 체득한 "국지적 지식(local knowledge)"을 갖고 있는 일반시민과 이해당사자야말로 특정 상황에서는 실제로 문제해결적 의사결정에 상당히 기여할 수 있기 때문에 더 나은 의사결정을 하기 위해서는 이들의 참여가 필요하다는 논리이다.

신기술에 대한 참여적 위험거버넌스는 기본적으로 새로운 기술이 던져 주는 인식론적 불확실성의 문제, 그리고 기존의 전문가주의적 의사결정 시스템에 대한 시민들의 저신뢰 문제에 대응할 수 있는 새로운 위험거버넌스이다. 앞에서도 언급한 바와 같이 신기술에 대한 참여적 위험거버넌스는 일차적으로는 신기술이 던져주는 불확실성, 보다 구체적으로는 인식론적 불확실성 문제에 대한 대응으로서의 성격을 지니고 있다(Craye, Funtowicz & Sluijs, 2005; Renn, 2008). 인식론적 불확실성 문제에 대한 대응이란, 새로운 기술 중 어떤 것은 그것이 향후 어떠한 위험스러운 결과를 낳게 될 것인지, 전문가들조차 확실하게 예측하기 어려운 상황에서 위험 논의과정에 가능한한 많은 이해당사자들을 참여시킴으로써 그 불확실성을 최소화하고자 하는 전략을 말한다. 따라서, 인식론적 불확실성의 문제에 대응하기 위한 참여는 "실제적" 성격을 갖는다.

한편, 신기술에 대한 참여적 위험거버넌스가 저신뢰 문제를 해결하기 위한 하나의 대응임을 많은 위험 연구자들이 지적한 바 있다(Cvetkovich & Loefstedt, 1999; Loefstedt, 2005; Siegrist, Earle & Gutscher, 2007; Taylor-Gooby, 2008). 저신뢰 문제에 대한 대응이란, 일반 시민들의 삶에 중대한 영향을 미칠 수 있는 위험 관련 의사결정이 관료와 전문가들에 의해 독점적으로 이루어지는 상황에서, 그 의사결정의 결과가 그다지 긍정적이지 않을 경우 일반 시민들은 관료와 전문가시스템에 대해 불신을 갖게 되기 때문에 그러한 위험 관련 의사결정을 일반 시민들에게도 개방함으로써 불신의 문제를 해결하고자 하는 전략을 말한다. 따라서, 이러한 저신뢰 문제에 대응하기 위한 참여는 "도구적" 성격을 갖고 있다고 할 수 있다.

그런데 나노기술에 대한 참여적 위험거버넌스 역시 기본적으로 새로운 기술이 던져 주는 인식론적 불확실성 문제, 그리고 기존의 전문가주의적 의사결정 시스템에 대한 시민들의 저신뢰 문제에 대응하기 위한 새로운 위험거버넌스로서 구축되고 있으므로, 참여의 도구적 성격과 실제적 성격을 모두 포함하고 있다고 할 수 있다.

제 4 절 나노기술을 둘러싼 위험불확실성 논의의 확산

1. 나노기술 위험불확실성 논의의 개요

앞에서 살펴본 바와 같이 나노기술은 아직 연구개발의 초기 단계이기 때문에 인간과 사회, 그리고 환경에 어떠한 영향을 미치게 될지 불확실하다. 이러한 불확실성의 상황에서 나노기술을 둘러싼 낙관론만이 아니라, 위험론(비관론) 역시 강력하게 제기되어 왔다.

나노기술 낙관론은 기본적으로 향후 나노기술이 인간사회에 엄청난 혜택을 가져오게 될 것이라고 믿는다. 낙관론자들은 나노기술이 극소화됨으로써 지구 환경

문제 해결과 질병정복에 기여할 수 있으며, 인간의 신체능력을 향상시키고 국가경쟁력뿐만 아니라 개개인의 삶의 질도 향상시킬 수 있을 것이라고 예측한다. 이들은 심지어 물질을 분자 수준에서 다루게 되면 인간의 두뇌보다 더 성능이 좋을 뿐만 아니라 "의식도 지닌" 시스템을 만들 수 있을 것이라고 상상하기도 한다(루이 로랑 · 장클로드 프티, 2006).

반면, 나노기술 위험론(비관론)은 나노기술이 인간사회와 환경에 심각한 악영향을 미치게 될 가능성이 높다고 우려한다. 이러한 나노기술에 대한 우려는 흔히 환경(environment), 보건(health), 안전(safety)에 미치는 영향과 그에 따른 위험성에 대한 연구를 지칭하는 EHS, 그리고 나노기술이 인간사회에 윤리적(ethical), 법적(legal), 사회적(social) 차원에서 어떠한 함의(implications)를 던지는가에 대한 연구를 지칭하는 ELSI 등이 보다 강화되어야 한다는 주장으로 연결되고 있다. 위험론(비관론)자들은 나노기술은 새로운 환경오염 물질의 원천이 되며, "회색 점액질"을 양산하여 지구를 파멸로 이끌 수 있다는 점, 그리고 나노물질의 독성 창출로 인체에 매우 나쁜 영향을 미치게 되고, 기술의 극소화로 인해 프라이버시 침해 문제, 대량살상무기로의 활용과 같은 심각한 위험을 낳게 될 것이라고 경고하고 있다.

더블데이(Doubleday, 2007)에 따르면 나노기술을 둘러싼 이러한 위험 불확실성의 논의는 다음과 같은 세 단계를 거치면서 확산되어 왔다. 첫번째 단계는 나노기술이 정책의제로 등장한 2000~2003년 중반까지의 단계이다. 두 번째 단계는 나노기술에 대한 보다 상세한 영향평가가 실시되었던 2003년 중반~2005 초반까지의 단계이다. 그리고 세 번째 단계는 나노기술 위험을 둘러싼 논쟁이 점차적으로 공공기관들을 통해 제도화되고 논쟁이 전세계적으로 확산되는 2005년 이후의 시기이다.

1) 나노기술이 정책의제로 등장(2000~2003년 중반)

미국의 클린턴 대통령이 2000년 초반에 나노기술 개발프로그램인 국가나노기술계획(National Nanotechnology Initiative)을 발표함에 따라 나노기술에 대한 사회적 관심이 본격적으로 확산되기 시작하였다. 여기서 주목되는 것은, 국가나노발전계획을 구성하는 다섯 개 주요 연구 분야 중의 하나가 나노기술의 사회적 함의에 대한 분석이라는 사실이다.

이에 따라 2000년 9월에 미국과학재단(NSF)은 "나노과학과 나노기술의 사회적 함의들"이라는 대규모 워크숍을 열었다. 그 워크숍의 조직자들은 나노기술이 향후 경제와 사회를 급격하게 변화시킬 것으로 예상된다는 점을 보고서에 분명히 밝혔다. 이 워크숍에서는 주로 나노기술이 의료, 환경, 고용, 국가안보, 윤리, 법, 그리고 문화 등에 미칠 영향에 대한 논의가 이루어졌고, 특히, 대중 및 이 분야에 종사하는 연구자들에 대한 교육방안도 중요한 비중으로 다루어졌다(Roco & Bainbridge, 2001).

국립과학재단(NSF)은 이 워크숍의 후속작업으로 2002년 1월에 이탈리아에서 유럽연합과 공동으로 "나노기술: 혁명적 기회와 사회적 함의(Nanotechnology: Revolutionary Opportunities and Societal Implications)"라는 이름의 워크샵을 조직하여 나노기술의 사회 · 문화적 영향에 대해 유럽의 연구자들과 함께 다시 논의하는 기회를 가지기도 하였다. 그런데 이 자리에서도 이전의 국립과학재단 워크숍에서와 마찬가지로 주로 나노기술의 사회적, 윤리적, 환경적 함의들과 함께, 나노기술에 대한 일반 대중의 사회적 수용성을 제고할 커뮤니케이션 방법 및 교육방안 등이 논의되었다(Roco & Tomellini, 2002).

캐나다에 본부를 두고 있는 환경단체 ETC Group이 나노기술의 부정적 영향을 강조하면서 나노기술을 둘러싼 위험논쟁에 뛰어든 것도 2002년이었다. 이들은 2003년 1월에 "The Big Down"이라는 보고서를 출간하여 나노기술의 발전 동향과 그것이 산업, 기술, 그리고 사회에 미칠 영향을 분석하였는데, 이 보고서에서 ETC Group은 "예방원칙(precautionary principle)"에 입각하여, 안전성이 입증될 때까지 전 세계적으로 나노입자의 생산을 중지(moratorium)시켜야 한다고 주장하였다(The ETC Group, 2003).[2)]

또한, 생태주의를 표방하는 대표적인 잡지인 〈The Ecologist〉 2003년 5월호도

2) "예방원칙"이란 확실한 과학적 증거나 정보가 미약할지라도 만약 최악의 시나리오를 예상할 수 있다면 이를 회피하기 위한 적극적 조치를 취해야 한다는 원칙을 말한다.

나노기술을 특집으로 다루면서 나노기술의 발전 동향과 나노기술이 사회와 생태계에 가져올 수 있는 위험성을 집중적으로 소개하였다. 이들 역시 일반시민대중이 이처럼 사회적, 생태적으로 커다란 영향을 미치게 될 신기술의 개발에 대한 정책결정과정에 참여할 수 있어야 함을 주장하였다(The Ecologist, 2003).

이처럼 전반적으로 볼 때 나노기술을 둘러싼 위험논쟁이 사회적으로 등장하기는 했지만, 아직 이 단계에서는 정부측이나 NGO측의 나노기술의 영향에 대한 평가가 체계적인 조사에 기반해 있는 것은 아니었다고 할 수 있겠다.

2) 나노기술 위험논쟁의 확산 및 상세한 영향평가 실시(2003년 중반~2005 초반)

2003년 중반 이후부터는 나노기술을 둘러싼 위험논쟁이 보다 본격적으로 확산되면서 나노기술의 다양한 영향들에 대한 상세한 평가가 실시되었다. 그 결과 2002년 중반 이후 주류 언론매체들에서 나노기술 관련 이슈들을 다루는 기사 수가 현격하게 증가된 것으로 나타났다(Gaskell et al., 2005). 또한, 금융시장 역시 이 시기에 나노기술의 잠재력에 주목하기 시작하였다. 예컨대, 2004년 봄에 메릴린치사는 "나노기술 기업"이라는 지표를 발표한 바 있다(Doubleday, 2007). 이 시기 동안 나노기술을 둘러싼 위험논쟁은 영국 왕립협회와 왕립공학아카데미가 펴낸 보고서와 그린피스가 펴낸 보고서 등에 의해 주도되었다.

2003년 4월 영국의 찰스 황태자가 나노기술이 가져올 수 있는 재앙에 대한 우려를 표시한 이후, 영국 내에서도 나노기술의 긍정적 측면과 부정적 측면을 둘러싸고 사회적으로 논란이 크게 제기되어 왔다. 이러한 상황에서 2003년 6월 초 영국 정부는 왕립협회(The Royal Society)와 왕립공학아카데미(The Royal Academy of Engineering)에 나노기술의 잠재적인 혜택과 위험을 분석해 보고하라고 지시한 바 있었는데, 이 기술영향평가 작업은 캠브리지대학 기계공학과 앤 도울링(Ann Dowling) 교수가 이끄는 연구팀에 의해 이루어져, 그 결과가 2004년 7월에 발표되었다. 이 기술영향평가 과정에는 통계적 의견조사, 포커스 그룹(focus group)[3] 등의 연구방법이 포함되었고, 영향평가 과정에 관련 전문가만이 아니라, 일반시민들도 부분적으로 참여하였다.

이 보고서에서 연구팀은 전반적인 나노기술개발 현황과 개요를 소개하고 나노기술이 환경, 건강, 안전, 윤리, 사회에 미치는 영향을 진단한 다음, 영국 정부에 21개의 권고안을 제시하고 있다. 보고서는 전반적으로 볼 때 나노기술은 사회 전체에 유익함을 제공할 가능성이 있지만, 나노기술개발이 안전하고 사회적으로 수용되기 위해서는 나노기술개발에 대한 적절한 규제가 필요하다고 주장하였다. 나노기술에 환경 전과정 평가(life cycle assessment)를 도입할 것, 나노튜브의 영향을 연구할 다학제 연구센터를 설립할 것, 나노입자와 나노튜브에 대한 환경영향이 확실해질 때까지는 이들의 배출을 최대한 억제할 것, 나노기술의 사회 · 윤리적 문제에 대한 연구를 지원할 것, 나노기술에 대한 일반시민들의 의식조사를 실시하고, 나노기술에 대한 공공토론(public dialogue)을 진행시킬 것 등은 보고서가 제시한 21개 권고안 중의 몇 가지 예이다(The Royal Society & The Royal Academy of Engineering, 2004).

한편, 세계적인 환경단체인 그린피스(Greenpeace) 역시 2003년 7월에 나노기술이 인간사회와 생태계에 미칠 영향을 분석한 보고서를 "미래의 기술들, 오늘의 선택"이라는 이름으로 발간하였다. 그린피스는 이 보고서에서 나노기술이 가지고 있는 긍정적인 잠재력도 분명히 인정하지만, 부정적 잠재력이 발현될 가능성에 더 주의를 기울이고 있다. 그린피스는 ETC처럼 나노기술 개발의 중지(모라토리엄)를 주장하는 것은 아니지만, 나노기술의 환경적 편익이 극대화되고 위험이 극소화될 수 있도록 더 강력한 규제가 따라야 한다고 주장하였다(Arnall, 2003).

3) 나노기술 위험 논쟁의 제도화 및 범세계화(2005년 이후)

앞에서 살펴본, 나노기술의 사회적 영향을 둘러싼 공공적 논쟁 확산의 시기를 거치면서 논쟁 과정에서 제시되었던 몇몇 주장들은 연구 프로그램의 형태로, 새로

3) 포커스 그룹이란 피상적인 여론조사와는 달리 사람들이 가지고 있는 정보나 인식을 심층적으로 파악할 목적으로 10명 안팎으로 소그룹을 구성한 다음, 특정 이슈에 대해 참여자들 사이의 상호작용을 극대화한 상태에서 참여자들의 인식이나 선호를 도출하고자 한다. 자세한 내용은 윤미은 · 김두환(2002) 참고.

운 규제 틀의 발전이라는 형태로, 그리고 공공적 대화 프로그램 형태로 제도화되기 시작하였다. 예컨대, 영국 정부는 2005년 초에 왕립협회와 왕립공학아카데미의 보고서에 대한 대응으로 기존 규제체제에 대한 재검토, 위험에 대한 연구 확대, 그리고 공공적 대화 프로그램에 대한 지원 등을 천명하였다. 프랑스에서도 2006년에 중앙부처인 보건, 환경 및 고용부가 나노입자의 위험성에 대한 보다 많은 연구가 수행되어야 하며, 이러한 연구들은 유럽연합의 화학제품 규제 하의 특별 케이스로 고려되어야 한다고 제안하였다.

2005년 4월에 미국 워싱턴 DC에 있는 윌슨센터는 퓨(Pew) 자선재단의 지원을 받아 새로운 나노기술 프로젝트(Projects on Emerging Nanotechnologies)에 착수하였다. 이 프로젝트의 결과로 윌슨센터는 영향력 있는 보고서들을 발표하고 나노입자 제조와 관련된 환경, 보건, 안전 차원의 위험들에 대한 연구에 보다 체계적인 자금지원을 할 것과, 이러한 위험들에 대응하기 위해 새로운 법률을 제정할 것을 요구하였다(Davies, 2006).

아울러, 공공적 대화 증진을 위한 프로그램들도 몇몇 정부에 의해 채택되었다. 예컨대, 영국 정부는 나노입자의 위험성에 대해 이해당사자들을 광범위하게 참여시키는 대화프로그램을 운영하였다. 미국 의회도 이와 유사한 주제에 대해 청문회를 개최하고 나노입자의 환경 및 안전의 위험성에 대한 연구를 행정부에 촉구하였다.

국제적 차원에서도 나노기술의 위험성과 그에 대한 규제 문제에 대한 논의가 확산되고 있다. 2004년 10월에 나노기술의 환경, 보건, 안전 문제에 대한 국제적 정보교류 활성화를 위하여 국제나노기술협회(International Council on Nanotechnology, ICON)가 만들어졌고, 2005년에는 국제위험거버넌스위원회(International Risk Governance Council, IRGC)가 설립되어 국제적 수준에서 나노기술의 위험 문제에 대한 대응방안을 모색하고 있다. 또한, 국제표준화기구(ISO)는 나노기술의 명명법과 도량형의 표준화에 대한 논의에 착수했다.

2. 나노기술이 미칠 영향의 불확실성

현재 나노기술이 인간과 사회, 그리고 환경에 어떠한 영향을 미치게 될 것인가에 대해서는 크게 보아 낙관론과 비관론의 두 개의 서로 다른 입장이 대립하고 있다. 이러한 대립적인 입장들의 존재는 나노기술이 미치게 될 영향이 얼마나 불확실한가를 말해주는 것이라고 할 수 있다. 이하에서는 나노기술이 미칠 영향을 둘러싼 불확실성을 인체 영향의 측면, 환경 영향의 측면, 그리고 사회 영향의 측면에서 각각 살펴보기로 하자.[4)]

1) 인체 영향

현재 나노기술의 영향을 평가함에 있어 가장 쟁점이 되는 부분은 과연 나노기술이 우리 인간의 몸에 어떠한 영향을 끼치게 될 것인가의 문제이다. 나노기술이 인체에 긍정적인 영향을 미치게 될 것이라고 전망하는 사람들은 대체로 나노기술개발과 관련된 과학자들인데, 이들은 주로 나노 로봇의 의료적 이용에 큰 기대를 걸고 있다. 대표적으로 드렉슬러는 의료용 나노 로봇이 인체 내부에서 이동하면서 바이러스와 암세포를 파괴하고 손상된 인체구조를 치료하며, 두뇌에 쌓인 노폐물을 제거하고 신체를 젊고 건강한 상태로 되돌릴 수 있을 것이라고 주장한다(Drexler, 2002). 어떤 이들은 한 걸음 더 나아가 나노기술이 질병 치료와 노화 방지뿐만 아니라 인간의 신체적 능력을 높이는 데도 활용될 수 있을 것이라고 예측한다. 즉, 나노기술로 인해 인간의 신체는 믿을 수 없을 정도로 향상되어 인간은 부러지지 않는 뼈, 독수리와 같은 시력, 경찰견과 같은 예민한 후각을 갖게 된다는 것이다(Wood, Jones, & Geldart, 2003).

반면, 인체에 대한 나노기술의 부정적 영향에 대해서는 특히, 환경단체들이 많

4) 현재 나노기술이 인체, 환경, 사회, 윤리 등에 미치는 다양한 영향들에 대해서는 수많은 연구가 이루어지고 있다. 대표적인 연구성과들로는 Allhoff, Lin, Moor & Weckert(2007), Hunt & Mehta(2008), Fisher, Selin & Wetmore(2008), Shatkin(2008), Bennett-Woods(2008), Allhoff & Lin(2009) 등을 들 수 있다. 나노기술의 영향과 관련하여 여기에서 제시된 내용은 주로 이영희(2004)에 의거하고 있다.

이 문제제기를 하고 있는 상황이다. 환경단체들은 주로 나노입자로 구성된 물질이 인체 내에 삽입되거나 이식 혹은 무의식중에 흡입되는 경우 나타날 수 있는 부작용들을 우려하고 있다. 예컨대, 나노물질이 환경에 널리 퍼질 경우, 유해한 성분들(농약이나 PCB 등)과 결합하여 인간에게 투과될 가능성이 있다는 것이다. 나노입자들이 살아있는 세포를 관통하여 동물기관(organs)에 축적될 수 있기 때문이다(The ETC Group, 2003).

한편, 나노기술의 인체 유해성을 이야기할 때 가장 많이 거론되는 것이 바로 나노물질의 독성 문제이다. 어떠한 물질이 나노미터 수준으로 작아지면 거시세계에서는 볼 수 없는 특이한 물리 · 화학적 성질이 나타나는데, 나노물질의 경우 독성이 관찰된다는 연구결과들이 잇따라 제출된 바 있다. 2003년 3월에 미국화학회에서 일부 과학자들은 탄소나노튜브가 동물에 대해 독성을 보였다고 발표하였다. 과학자들이 탄소나노튜브를 용액 형태로 쥐의 폐 조직에 주입하고 90일 동안 관찰한 결과, 나노튜브는 시간이 지날수록 폐 속에서 서로 뭉쳤고, 결국 폐 조직을 손상시켰다는 것이다. 듀폰사 연구팀도 비슷한 실험을 한 결과, 폐에서 나노튜브가 응집하면서 기관지 튜브를 막아서 쥐가 질식사했다고 한다. 또한, 미국 로체스터대 권터 오베르되스터 교수는 입자가 작을수록 흡입하면 치명적일 수 있음을 보여주었다. 그에 따르면, 폴리테트라플루오로에틸렌(PTFF)이란 물질로 만든 지름 20nm의 나노입자를 쥐에게 15분 동안 호흡하게 한 결과 대부분 4시간 이내에 죽었다. 반면, 130nm 크기로 입자를 만들어 흡입시켰을 때에는 쥐가 죽지 않았다(신동호, 2003). 이러한 사례들은 모두가 마이크로미터 이상의 크기에서는 별다른 독성을 보이지 않던 물질이 나노미터 크기로 작아짐에 따라 전에 없던 독성이 새롭게 발현함을 보여주었다는 점에서 나노물질의 독성 문제에 사람들의 관심을 불러일으켰다.

그러나 이상과 같은 동물실험 결과들에도 불구하고, 아직은 나노물질이 인체 내에 삽입되거나 이식될 경우 어떤 일이 발생할 것인가에 대해서는 불확실성이 많이 존재한다. 즉, 아직은 이 문제에 대해 정확히 알려진 객관적인 정보가 없다는 이야기이다. 따라서, 실제적으로는 나노기술을 이용한 화장품이나 선크림 등이 시장에서 널리 유통되고 있지만, 이러한 제품들이 과연 인체에 유해한지의 여부를 판단할 능력이 없는 현실이 더욱 문제인 것이다. 이처럼 나노기술이 갖고 있는 불확실성 문제는 당연히 나노기술에 대한 규제 논란으로 이어지고 있다(Wood, Jones, & Geldart, 2003). 나노기술개발에 종사하는 대부분의 과학기술자들은 아직 나노기술이 인체에 해로운 영향을 미친다는 직접적인 증거는 존재하지 않으므로, 나노기술개발에 대한 규제는 불필요하거나 아니면 최소한으로 그쳐야 한다는 입장인 반면에 일부 환경단체는 나노기술의 유해성 여부가 알려질 때까지 나노기술개발을 일시 중지(모라토리엄)하자고 제안하고 있다.

2) 환경 영향

나노기술이 자연환경에 어떠한 영향을 미치게 될 것인가에 대해서도 현재 상반되는 주장이 대립하고 있다. 긍정적인 영향을 강조하는 쪽과 부정적인 영향을 우려하는 쪽이 팽팽하게 맞서고 있는 것이다. 보다 구체적으로 살펴보면 다음과 같다.

나노기술이 자연환경에 긍정적인 영향을 미칠 것으로 보는 입장에서는 나노 수준의 물질 제조는 자원효율을 증가시키고, 폐기물과 오염 물질의 배출을 줄여줌으로써 환경적 편익을 증대시킨다고 주장한다(Drexler & Peterson, 1995; Mulhall, 2004). 다시 말해, 나노기술은 기존에 존재하지 않던 신물질을 만들어내는 것뿐만 아니라 기존에 존재하던 물질을 나노 수준에서 통제하고 재형성할 수 있기 때문에 자동차나 항공기를 비롯하여 가전제품에 이르기까지 활용되는 각종 소모성 부품에 열과 마모 등에 대한 내구성 향상과 자기수복성 부여를 통해 일상적으로 소모되는 자원을 절약할 수 있다는 것이다. 또한, 부품소모로 인한 제품의 성능저하를 방지함으로써 상품주기를 향상시키는 효과도 가져올 수 있다고 한다. 아울러, 나노기술을 폐기물 처리에 활용할 경우 폐기물 배출공정에 청정기술을 도입함으로써 기존의 기술로는 분해 혹은 정화하기 어려웠던 환경오염원을 제거할 수 있다고 한다. 즉, 나노 수준의 필터나 분자막 등을 이용하여 미세오염물질의 환경유입을 원천적으로 차단할 수 있다는 것이다.

그러나 이에 대해 나노기술과 같이 검증되지 않은 새로운 기술의 탄생은 환경위해성을 잠재적으로 내포하며, 인간의 오감으로 식별할 수 없는 초미세 인공물질 등의 출현으로 인해 통제불능의 상황이 발생할 수도 있다는 반론도 강력하게 제기되고 있다. 즉, 나노입자, 나노물질, 혹은 나노소자 등의 나노기술은 잔류성 유기오염물질(POPs: Persistent Organic Pollutants)처럼 생물학적으로 분해되지 않거나 분해되기 어려운 새로운 오염물질이 될 수 있다는 것이다. 나노기술의 환경 위해성에 대한 가장 극단적인 전망은 아마도 에릭 드렉슬러(Eric Drexler)가 제시한 바 있는 "회색 점액질(gray goo)" 시나리오일 것이다. 드렉슬러는 1980년대 중반에 이미 스스로 자기복제를 거듭하는 "나노봇(nanobot)"이 인간의 통제를 벗어나 마치 꽃가루처럼 바람을 타고 이동하면서 주위 환경에 있는 것들을 모조리 먹어치워 지구 생태계를 불과 며칠 만에 회색 먼지 내지 "회색 점액질"로 바꿔버릴지도 모른다는 최악의 디스토피아 시나리오를 제시한 바 있다(김명진, 2004). 이러한 "회색 점액질" 시나리오에 대해 대체로 과학계에서는 냉소적이다. 특히, 1980년대 중반에 풀러렌(fullerene)을 발견하여 1996년도에 노벨 화학상을 수상한 바 있는 리처드 스몰리(Richard Smalley) 교수는 자기복제하는 나노기계는 미래학자들의 백일몽에 지나지 않는다고 하면서 드렉슬러의 주장을 정면으로 반박하고 나선 바 있다(Smalley, 2002).[5]

3) 사회 영향

나노기술은 현재 사회 영향과 관련해서도 많은 쟁점들을 낳고 있다. 사회적 차원과 관련된 다양한 쟁점들 중에서 여기에서는 나노불평등 문제, 인권 문제, 군사적 이용의 문제에 집중하고자 한다. 이러한 사회 관련 쟁점들은 주로 환경단체, 시민사회단체들에 의해 제기되어 왔다.

먼저, 나노불평등(nano-divide) 문제를 살펴보자.[6] 나노불평등은 나라들 사이에서, 그리고 한 나라 내부에서 나노기술로 인해 불평등이 심화되는 현상을 가리키는 말이다. 각 나라들 사이에서의 나노불평등은, 향후 국가의 기술경쟁력과 직결될 나노기술 개발능력이 뛰어난 선진국과 그렇지 못한 후진국 사이의 빈부 격차

5) 드렉슬러-스몰리 논쟁에 대한 보다 자세한 분석은 Bueno(2006)를 참고할 것.
6) "nano-divide"라는 표현은 원래 정보의 불평등을 나타내기 위해 미 상무성이 개발한 "디지털 디바이드(digital divide)"라는 용어에서 따온 것이다.

가 지금보다 더욱 커지게 되는 것을 의미한다. 특히, 향후 제품과 서비스의 경쟁력이 나노기술의 성과들을 얼마나 잘 활용했느냐에 의해 결정될 경우, 선진국과 후진국 사이의 격차는 지금보다 훨씬 더 커질 수밖에 없을 것이다(Meridian Institute, 2005). 한 나라 내부에서의 나노불평등은 나노기술을 활용한 제품과 서비스를 구매할 능력이 있는 부자와 그렇지 못한 가난한 자들 사이의 불평등이 더욱 확대되는 현상을 의미한다. 예컨대, 의료 분야에서 나노기술을 이용한 새로운 치료법이 등장하였지만 그것에 대한 구매비용이 매우 높을 경우, 지불능력이 있는 자들은 그러한 신기술과 신치료법을 적극적으로 향유할 수 있지만, 지불능력이 없는 자들은 여기에서 소외될 수밖에 없어 이들 간의 격차는 더욱 커지게 된다는 것이다. 생명공학의 경우에서처럼, 대기업에 의해 개발된 나노 관련 신기술과 신치료법 등이 특허나 지적 재산권 등에 의해 배타적으로 전유될 경우, 부자와 빈자 사이의 이러한 나노불평등은 더욱 커질 수밖에 없을 것이다(The ETC Group, 2003; Arnall, 2003).

나노불평등 문제 못지 않게 관심을 불러일으키고 있는 쟁점은 나노기술이 시민적 권리, 인권에 어떠한 영향을 미치게 될 것인가의 문제이다(The Royal Society & The Royal Academy of Engineering, 2004). 나노기술은 기본적으로 작고 값싸고 오래 지속되는 센서와 같은 감지기구들이 등장할 수 있는 기술적 기반이 된다. 특히, 나노기술과 정보기술이 융합됨에 따라 원거리 감지기구의 복잡한 네트웍이 컴퓨터와 연동될 수 있다. 이처럼 아주 작아진 감지기구들은 개인이나 집단에 대한 은밀한 감시도구로 활용됨으로써 이들의 프라이버시를 침해할 수 있다. 나노기술을 이용한 바이오센서와 칩들이 일상적 삶의 전 영역에서 경제와 사회의 모든 측면들을 감시할 수 있게 되는 것이다(The ETC Group, 2003). 이처럼 거의 눈에 보이지도 않는 초소형 전화기, 카메라, 그리고 위치추적 도구가 널리 활용된다면 과연 개인의 프라이버시는 어떻게 보호될 수 있겠는가?(Mnyusiwalla, Daar & Singer, 2003).

한편, 나노기술의 군사적 이용 문제에 대해서도 많은 우려들이 제기되고 있다. 현재 나노기술개발을 선도하고 있는 미국의 정부 기관들 중 국방성은 국립과학재단 다음으로 나노기술개발에 많은 예산을 투입하고 있다. 이는 나노기술개발이 군사적 목적과 매우 밀접하게 연결되어 있음을 말해주는 것이다. 예컨대, 미 육군으로부터 5000만 달러의 연구비를 받고 신소재를 연구하고 있는 미국 MIT의 군사 나노기술연구소(US Institute for Soldier Nanotechnologies)에서는, 현재 군인들을 적과 거친 환경으로부터 보호하고 전투 수행능력을 증대시킬 수 있도록 나노기술에 기반한 21세기형 첨단 고기능 군복을 개발하고 있다고 한다. 현재 이곳에서는 나노기술을 응용하여 20피트 높이의 벽을 뛰어넘을 수 있고, 초인적인 인공 손발로 싸울 수 있는 미래의 군인상을 개발하고 있으며, 또한, 자신을 안 보이게 만들 수 있음과 동시에 자동으로 응급처치를 가능케 하는 군복도 개발하고 있다고 한다(The Ecologist, 2003). 아울러, 나노기술에 기반한 첨단 감지도구의 개발 역시 군대의 작전능력을 향상시킬 수 있다.

비록, 일부에서 주장하는 자기복제하는 나노 로봇 병사의 출현 시나리오는 아직 지나치게 공상적이라고 하더라도, 나노기술의 군사적 활용은 많은 사회적 논란을 불러일으키고 있다. 군사적 목적으로 나노기술을 이용하여 생물학적, 화학적 성분들을 조작하게 된다면 감지하거나 제압하기 거의 불가능한 완전히 새로운 위험 상황이 발생할 수 있고, 이는 군인뿐만 아니라 민간인에게도 치명적인 영향을 미칠 수 있기 때문이다. 다시 말해, 나노기술은 대량 살상과 파괴를 위한 새로운 무기를 만들어내는 데 이용될 수 있는 것이다(Altmann & Gubrud, 2002). 나노기술의 이러한 군사적 이용 가능성은 결국 나라들 사이에 새로운 형태의 군비경쟁을 야기할 가능성을 높여주고 있음도 지적되고 있다(Arnall, 2003). 또한, 나노기술의 군사적 이용 가능성의 증대는 나노기술개발에 관련된 과학기술자 공동체에 개방적인 동료심사의 관행을 질식시키고 비밀주의를 만연케 할 것이라는 우려를 자아내고 있기도 하다(The Royal Society & The Royal Academy of Engineering, 2004).

우리는 지금까지 나노기술이 미치게 될 영향을 둘러싸고 다양하게 제기되는 쟁점들을 인체 영향, 환경 영향, 그리고 사회 영향 관련 쟁점들로 나누어 살펴보았다.[7] 지금까지의 논의를 요약하면 다음의 〈표 4-1〉과 같다.

---

7) 영국의 민간 싱크탱크인 DEMOS에 속해 있는 윌스던(Wilsdon, 2004)에 따르면 나노기술 논쟁 참여자 집단은 크게 보면 나노급진주의자, 나노현실주의자, 그리고 나노회의주의자로 나눌 수 있다고 한다. 나

〈표 4-1〉 나노기술의 영향을 둘러싼 사회적 쟁점 요약

쟁 점	낙관론	비관론
인체 영향	– 나노로봇에 의한 질병 정복 – 인간의 신체능력 향상	– 나노물질의 독성 창출 가능성 강조
환경 영향	– 나노기술은 지구환경문제 해결에 기여	– 나노기술은 새로운 오염물질의 원천 – "회색 점액질"의 문제
사회 영향	– 국가경쟁력, 삶의 질 향상	– 나노불평등 심화 – 프라이버시 침해 등 인권유린 – 나노기술의 대량살상무기화
규제 관련	– 과학기술자들의 자율 규제	– 기술개발 일시 중지(모라토리엄), 또는 항구적인 폐기

지금까지 살펴본, 나노기술이 미칠 영향을 둘러싸고 제기되는 상반된 입장들은 나노기술이 향후 밟게 될 발전방향의 불확실성이 그만큼 크다는 것을 말해준다. 그리고 이 불확실성은 아직 오지 않은 미래에 대한 인지적 무지 속에서 행위자집단의 인식론의 차이에 따라 나노기술의 미래 비전이 달라질 수밖에 없기 때문에 나타난다는 점을 감안해 볼 때, 푼토비치와 라베츠가 유형화한 세 가지 불확실성, 즉, 기술적 불확실성, 방법론적 불확실성, 그리고 인식론적 불확실성 중에서 인식론적 불확실성에 해당된다고 할 수 있다.

노급진주의자(nano-radicals)는 에릭 드렉슬러처럼 나노기술이 경제와 사회를 근본적으로 변화시킬 것이라고 믿는 사람들이다. 자기복제하는 나노봇에 의한 "회색 점액질(grey goo)" 시나리오가 그 대표적인 예이다. 또 다른 과학자 출신 빌 조이 역시 이 집단에 속한다고 할 수 있을 것이다. 나노현실주의자(nano-realists)는 나노기술개발에 투자하고 있는 대부분의 정부와 기업, 그리고 과학기술자들로 대표되는데, 이들은 나노기술이 가까운 장래에 열어줄 사업의 기회, 실용적 응용의 가능성 등에 관심을 가지고 있으며, 나노기술은 기본적으로 인간과 사회에 부정적인 영향보다는 편익을 더 많이 가져다 줄 것이라고 믿는다. 마지막으로, 나노회의주의자(nano-sceptics)는 나노기술이 인간사회와 환경에 미칠 부정적 영향에 관심을 기울이는 일부 인문사회학자들, 환경단체 등으로 대표된다고 한다.

제 5 절 나노기술 위험거버넌스의 구축

앞에서 살펴본 것처럼 현재 많은 나라들에서 전개되고 있는 나노기술을 둘러싼 위험불확실성의 논의는 나노기술의 불확실성에 대한 위험거버넌스의 구축이 필요함을 함의하는 것이다. 이에 따라 현재 많은 나라들에서 나노기술 위험거버넌스가 구축되어 가고 있다. 앞에서 살펴본 바와 같이 위험거버넌스의 유형은 의사결정과정에 누가 참여하느냐를 기준으로 분류해 보면, 전문가와 관료에게 참여가 국한되는 "기술관료적" 유형과 의사결정과정이 일반 시민 및 이해당사자들에게도 개방되는 "참여적" 유형으로 나눌 수 있다. 참여적 유형은 다시 언제 참여하는가를 기준으로 "사후적" 참여 유형과 "사전적" 참여 유형으로 나눌 수 있다. 여기에서는 먼저 선진국의 나노기술 위험거버넌스 동향을 살펴보고, 이어서 한국의 나노기술 위험거버넌스의 현황을 살펴본 다음, 이들이 각각 어떠한 유형에 속하는가를 분석해 보고자 한다.

1. 선진국의 나노기술 위험거버넌스 동향

1) 나노기술 위험규제를 위한 연구와 제도(정부 주도)

(1) 미국

미국은 나노기술개발에 대한 국가적 정책의 수립 단계에서부터 나노기술의 사회적 영향 파악과 그에 대한 대비를 중요한 정책목표로 설정하였다. 이것이 잘 드러난 것이 2000년에 수립된 "국가나노기술개발계획(National Nanotechnology Initiative, NNI)"이었다. NNI의 내용은 기초연구 지원, "원대한 도전" 프로그램, 우수센터 네트워크 구축, 연구인프라 구축, ELSI 및 교육훈련으로 구성되었다. 이 중 위험거버넌스와 관련하여 우리의 관심을 끄는 것은 ELSI를 통해 나노기술이 미치는 다양한 사회 · 문화적 영향을 장기적으로 고려하도록 한 점이다.

이러한 위험 인식은 2003년 12월에 통과된 "21세기 나노기술연구개발법(21st Century Nanotechnology Research and Development Act)"에도 잘 드러나 있다. 이 법은 미국 연구개발 역사상 최초로 기술개발과 사회적 우려에 대한 고려를 통합적으로 추구해야 함을 천명하였다. 이 법 2조(b) 10항에는 다음과 같은 내용이 들어 있다.

> 윤리적, 법률적, 환경적 그리고 여타의 적절한 사회적 우려들(인간 지능의 향상 및 인간 능력을 벗어나는 인공지능의 개발을 위한 나노기술의 잠재적 활용 포함)이 다음과 같은 방법들을 통해 나노기술의 개발과정에 충분히 고려되도록 한다.
>
> (a) 나노기술과 관련된 윤리적, 법률적, 환경적 그리고 여타의 적절한 사회적 우려들을 밝히는 연구프로그램 설립 및 그러한 연구결과의 광범위한 확산 보장;
>
> (b) 동법 4항에 따라 설립되는 학문적 나노기술 연구센터들이 사회적, 윤리적 그리고 환경적 우려들을 다루는 활동들을 수행할 것을 요구;
>
> (c) 가능한한 사회적, 윤리적, 환경적 우려에 관한 연구들을 나노기술 연구개발과 연계시키고, 나노기술의 발전이 모든 미국인들의 삶의 질 향상을 가져오도록 할 것;
>
> (d) 동법 2조에 따라 설립되는 국가나노기술조정국(National Nanotechnology Coordination Office)을 통해, 시민패널, 합의회의 및 적절한 교육적 행사들과 같은 매커니즘을 활용한 정기적이고 지속적인 대중 토의를 개최함으로써 대중의 참여와 대중을 향한 활동들이 국가나노기술개발프로그램 안으로 통합되도록 함.

이러한 법 조항에 따라 미국은 현재 나노기술에 대한 사회적 논의의 활성화를 위해 다양한 형태의 포럼을 개최하고, 나노기술에 대한 일반시민의 태도 및 인식에 대한 주기적인 조사를 실시하고 있으며, 나노기술이 경제성장, 생활수준, 경쟁력에 끼치는 영향력을 분석하고 있다. 특히, 4개의 대학(아리조나주립대학, UC 산타바바라대학, 사우스캐롤라이나대학, 하버드대학)에 나노기술사회센터(Center for

Nanotechnology in Society)를 설립하고, 나노기술의 사회, 윤리, 환경, 교육문제 등을 연구하고 그에 대한 정보 확산 등의 활동들을 수행하도록 하고 있다. 이에 따라 상기의 4개 대학들은 현재 나노기술의 사회적 측면과 관련된 연구와 활동들을 다양하게 진행하고 있다.[8] 예컨대, 아리조나주립대학의 나노기술사회센터에서는 2008년 3월에 나노기술과 인간능력 향상이라는 주제로 노쓰캐롤리나주립대학과 함께 미국 최초로 "전국시민기술포럼(National Citizens Technology Forum)"을 개최한 바 있다. 이 포럼은 미국 내의 6개 지역에서 동시에 개최되었는데, 여기에는 미국 전역의 인구 구성을 반영하여 뽑은 74명의 일반 시민들이 패널로 참여하였다. 이들 일반시민들은 주최측으로부터 사전 학습 자료를 제공받고, 각 지역의 포럼에 3월 첫주말에 참여하여 서로 얼굴을 맞대고 토의를 한 다음, 각자 집으로 돌아가 9번에 걸쳐 온라인상에서 2시간씩 전문가들과 질의응답 및 패널들 내부의 숙의를 계속하였다. 그리고 3월 마지막 주에 시민패널들은 다시 오프라인 포럼에 모여 자체 숙의를 거친 다음에 보고서를 작성하는 것으로 포럼 활동이 종료되었다(Philbrick & Barandiaran, 2009).

그러나 이처럼 이 법은 한 쪽에서는 유래가 없을 정도로 사회적 우려들에 대한 고려를 기울여야 함을 분명히 못 박고 있지만, 다른 쪽에서는 역시 나노기술개발에 있어서 미국의 범세계적 주도권 확보와 생산성 및 산업경쟁력 향상을 주된 목표로 제시하고 있어, 이 두 가지 가치 사이에 존재할 수 있는 긴장을 어떻게 조화롭게 해결해 나갈 수 있을까가 사람들의 관심을 모으고 있다(Fisher & Mahajan, 2006).

(2) 유럽연합

유럽연합은 나노기술의 중요성이 증대함에 따라 2004년에 유럽에서의 나노기술개발을 지원하는 내용의 나노기술개발전략을 수립하였다. 특히, 그 해 11월에 개최된 유럽경제사회위원회에서도 나노기술개발전략을 전적으로 지지한다는 의견

8) 미국 국립과학재단(NSF)은 2008년부터 나노기술사회센터와는 별도로 나노기술의 환경적 영향만을 집중적으로 연구하는 CEIN(Center for Environmental Implication for Nanotechnology)을 지원하고 있는데, 현재 캘리포니아대학 LA분교(UCLA)와 캘리포니아대학 산타바바라분교(UCSB)가 CEIN을 공동으로 운영하고 있다.

서를 채택함과 아울러, 유럽 경제의 경쟁력 강화뿐만 아니라 인체건강, 환경, 안전, 삶의 질에 기여하는 전략이 수립되어야 한다고 강조하고, 기술개발 초기 단계부터 국제적 수준에서 윤리, 환경, 보건, 안전문제에 대처할 것을 제안한 바 있다.

2005년 6월에 유럽연합집행위원회는 나노기술개발시행계획(2005-2009)을 발표하였는데, 발표된 집행위원회의 핵심 전략안은 대폭적인 예산확보, 연구개발 기반시설의 확대, 다학제 연구인력의 양성, 상업화 지원 강화, 보건 · 안전 · 환경문제에 대한 적극적 대응, 그리고 국제협력 증진 등의 내용을 담았다.

2006년 3월에는 유럽연합 산하 유럽신규보건위험과학위원회(Scientific Committee on Emerging and Newly Identified Health Risks, SCENIHR)는 나노기술 제품의 잠재적 위험성을 진단하는 기존의 기법들에 대한 평가 작업을 진행하여 기존의 방법으로 나노입자의 위험성을 평가하는 것이 한계가 있다며, 새로운 위험평가방법을 모색해야 한다는 권고안을 제출하였다.

유럽연합에서 나노기술의 사회적 영향부분에 관한 정책은 주로 나노기술개발시행계획(2005-2009) 내의 "사회적 차원의 통합"과 "공중보건, 안전, 환경, 소비자 보호" 부문을 통하여 추진되고 있다. "사회적 차원의 통합" 부분에서는 유럽연합 차원의 윤리적 검토를 통해 나노기술 연구개발의 지속적인 책임성을 보장한다는 방침을 수립하였다. 아울러, 나노기술 이해당사자개발의 진정한 대화를 나눌 수 있는 환경 조성, 유럽연합 차원의 나노기술 인식현황 조사 추진, 나노기술 제품분야에 대한 소비자 교육 강화 등을 정책 과제로 제시하였다.

"공중보건, 안전, 환경, 소비자 보호" 부문에서는 나노기술의 이용과 응용에 관계된 안전성 문제를 구체적으로 시행할 것이라고 밝혔다. 또한, 인공적으로 제조된 나노수준의 물질이 노동자, 소비자, 환경에 노출되는 것을 최소화하는 방안을 마련하고, 나노기술 제품의 전 라이프사이클을 포괄하는 위험성 평가를 위하여 용어, 가이드라인 등의 표준을 개발해 나갈 예정이다(조황희 외, 2006).

한편, 유럽연합집행위원회(European Commission)는 2007년에 관련 산업과 시민사회와의 협력 작업을 거쳐 "책임성 있는 나노과학 및 나노기술 연구를 위한 행동강령(Code of Conduct for Responsible Nanosciences and Nanotechnologies Research)"이라는 자발적 규제방안을 마련하였다. 이 강령은 이해당사자들과의 공개적인 협의를 통해 개발된 것으로서, 회원 국가들과 연구공동체에 나노기술에 대한 좋은 거버넌스를 수립하는 데 가시적인 기여를 해줄 것을 요청하고 있다. 이 강령은 자발적 성격을 지니고 있기 때문에 유럽연합 내의 회원 국가들이나 나노기술 연구를 수행하는 집단들에게 구속력을 갖고 있지는 않지만, 상당한 영향력을 행사할 것으로 예측되고 있다(Bowman & Hodge, 2008).

(3) 일본

일본은 나노기술의 위험 문제와 관련하여 산업기술총합연구소 주관으로 2004년부터 "나노기술과 사회"라는 명칭의 토론회를 여러 차례 개최하였다. 아울러, 2006년에 작성된 제3기 과학기술기본계획(2006-2010)에는 "나노기술의 사회수용" 부문이 나노기술 10대 연구과제의 하나로 선정되어 있다.

문부과학성의 나노기술종합지원프로젝트센터는 2005년 3월에 나노재료가 인체와 환경에 끼치는 영향을 연구한 전 세계 주요 국가의 연구논문, 보고서 등에 관한 문헌조사를 실시하였다. 문부과학성의 과학기술진흥조정비 사업인 "나노기술의 사회적 수용 촉진에 관한 조사연구"는 나노소재의 위험 관리, 인체 영향, 환경 영향, 사회윤리 영향, 기술평가 및 경제 영향 진단 등 5개 주제에 관한 정책연구를 포괄하고 있다.

나노기술의 보건 및 환경 영향 문제와 관련하여, 산업기술총합연구소는 나노재료가 건강에 미치는 영향을 조사하기 위해 대규모의 자금을 지원하는 안전성평가 프로젝트에 착수하였고, 후생노동성은 나노소재의 독성에 관한 연구를 추진하고 있으며, 신에너지 산업기술종합개발기구(NEDO)는 공업 나노입자의 특성을 연구하는 방법과 인간과 환경에 미치는 잠재적 위험성을 진단하는 "나노입자 특성평가 방법의 연구개발" 프로젝트를 추진하고 있다(조황희 외, 2006).

(4) 국제적 차원의 위험규제 모색

아울러, 국제적 차원에서도 나노기술의 위험 불확실성 문제에 대처하고자 하는 움직임들이 전개되고 있다. 2004년에는 나노기술이 환경, 보건, 안전 문제에 미치는 영향에 대한 국제적 정보교류 활성화를 위해 국제나노기술협회(International

Council on Nanotechnology, ICON)가 설립되었고, 국제표준화기구(ISO) 역시 나노기술 분야의 국제표준화 작업에 착수하였다. 2006년도에는 OECD와 UNESCO와 같은 국제기구들도 나노기술의 위험 불확실성 규제를 위한 국제공조의 필요성, 나노기술의 윤리적 문제점 등을 지적하는 책자를 출간하였다(Hodge, Bowman & Ludlow, 2007). 한편, 2003년도에 날로 증가하고 있는 복합적 위험 문제를 이해하고 다루기 위해 설립된 독립 비영리 민간 성격의 국제위험거버넌스협회(International Risk Governance Council, IRGC) 역시 2006년도부터는 나노기술 위험거버넌스에 초점을 맞추고, 나노기술에 대한 규제방안들을 연구하고 그것을 각국 정부에 제안하고 있다(IRGC, 2007).

2) 참여적 위험거버넌스의 모색

현재 미국과 유럽에서는 나노기술 위험과 관련하여 일반 시민들이 참여하는 참여적 위험거버넌스 기법들이 꽤 다양하게 활용되고 있다. 합의회의(Consensus Conference), 시민배심원제(Citizens' Jury), 라운드테이블(Round Table), 시민패널(Citizen Panels), 나노포럼(Nano Forum), 나노대화(Nano Dialogue) 등이 그것이다. 영국에서는 2005년도에 뉴캐슬대학의 주관으로 "나노배심원(NanoJury UK)"이 열렸고, 2006년도에는 민간싱크탱크인 DEMOS의 주관으로 "나노기술과 환경에 대한 시민청문회(People's Inquiry on Nanotechnology and the Environment)"가 개최되었으며, 같은 해에 유사한 시민참여 프로그램인 "스몰 토크(Small Talk)"와 "나노기술, 위험 그리고 지속가능성(Nanotechnologies, Risk and Sustainability)" 등이 개최된 바 있다(Gavelin & Wilson, 2007). 미국에서도 2005년에 윌슨센터 주관으로 "나노기술에 대한 고지된 대중인식과 정부에 대한 신뢰(Informed Public Perceptions of Nanotechnology and Trust in Government)"라는 행사를 열어 일반 시민들이 관련 주제에 대해 정보를 제공받고 논의하여 의견을 도출하도록 하였고, 같은 해 위스콘신 대학의 주관으로 "매디슨 지역 나노기술 시민회의(Madison Area Citizens Conference on Nanotechnology)"가 열리기도 하였다. 그럼, 이러한 나노기술의 위험에 대해 시민참여를 바탕으로 사회적 공론화를 추구했던 대표적인 사례로서, 영국에서 열렸던 나노배심원제를 살펴보기로 하자.

(1) 참여적 위험거버넌스 구축을 위한 실천 사례: 영국의 나노배심원(Nanojury)

영국에서는 2005년 5월부터 시민배심원제(Citizens' Jury)를 나노기술에 적용한 나노배심원 행사를 개최하였다. 그렇다면 시민배심원제란 무엇인가? 시민배심원제는 네드 크로스비(Ned Crosby)가 설립한 미국의 제퍼슨 센터(Jefferson Center)에 의해 1970년대 중반경에 개발되고 확산된 시민참여 프로그램이다. 독일에서도 피터 디에넬(Peter Dienel) 교수가 "플래닝 셀(plannungzelle, planning cell)"이라는 명칭으로 1969년부터 시민배심원제와 유사한 모델을 적용해 왔다. 현재 시민배심원제는 미국, 독일, 호주, 영국 등에서 널리 활용되고 있는 대표적인 시민참여 모델이라고 할 수 있다.

시민배심원 모델은 공공적으로 중요한 문제에 대해 무작위로 선별된 시민들이 3~5일간 만나서 주의 깊게 숙의하는 절차로 구성된다. 하나의 시민배심원단(즉, 시민패널)은 일반적으로 15명에서 20명 사이로 구성되고, 보통 시민들을 대표해서 일하게 된다. 그들은 자신들이 배심원에 참여하는 대가로 일정한 보수를 받으며 부여된 과제에 대해 해당 전문가들과 증인들의 증언을 듣고 해결책을 토론하고 숙의하는 과정을 거치게 된다. 전국 각지에서 다양한 집단들을 대표할 수 있도록 선발된 15명 정도로 구성되는 시민배심원들은 사전에 관련 주제에 대한 지식과 정보를 제공받고 토론 주제를 학습한 다음, 3~5일에 걸쳐 계속되는 배심회의 단계에서 다양한 전문가의 의견들을 듣고 배심원단 내부의 심사숙고(숙의) 과정을 거쳐 최종적으로 정부가 취해야 할 행동들을 권고안 형태로 제출하게 된다. 이 권고는 특정 주제에 대한 일반 시민들의 태도와 기대, 그리고 우려 등을 정치인들과 의사결정자들에게 전달해주는 역할을 하는 것이다.

제퍼슨 센터는 1974년 국가의료보건계획에 관한 시민배심원제를 실시한 이래 지역 쓰레기처리장의 설치, 농업문제에 있어서의 수질문제, 생명윤리의 문제, 조세와 예산안 개혁 등에 관한 시민배심원 프로그램을 2001년 6월까지 모두 30회 정도 개최하였다. 영국의 경우에는 노동당이 정권을 장악한 1990년대 중반 이후에 시민배심원제에 대한 연구와 실험이 활발하게 이루어지고 있다. 시민배심원제는 다루는 주제의 다양성만큼이나 다양한 지역에서 진행되고 있으며, 특히, 연방정부와 주정부 차원의 문제에서부터 지역의 문제에 이르기까지 공간적 스펙트럼도 매우 다양하게 진행되고 있다.

영국에서 2005년 5월부터 시작된 나노배심원제(Nanojury) 역시 앞에서 살펴본 시민배심원제 모델을 활용하여 과학과 사회의 거리를 좁혀보고자 한 시도였다. 특히, 2000년에 발표되었던 하원 보고서 〈과학과 사회〉에서 논쟁적인 과학정책 이슈들에 대해서는 시민참여와 대화를 확대하라고 권고한 것이 나노배심원제 탄생의 기본적인 배경으로 작용하였다. 아울러, 2004년에 영국 왕립협회가 펴낸 〈나노과학 및 나노기술: 기회와 불확실성〉이라는 보고서에서 새롭게 등장하고 있는 나노 과학기술의 긍정적인 측면과 함께 위험가능성을 제시하며, 나노기술의 결정과정에 아래로부터의 시민사회의 참여 필요성을 역설하였던 것도 나노배심원제 탄생의 한 배경요인으로 작용하였을 것으로 판단된다.

나노배심원제는 나노기술을 대상으로 해서 영국에서 처음으로 열린 시민배심원제인데, 캠브리지 나노과학센터(Cambridge Nanoscience Centre), 영국 그린피스(Greenpeace U.K.) 및 뉴캐슬 대학의 정책, 윤리와 생명과학연구소(Policy, Ethics and Life Sciences Research Centre)가 주관하였고, 가디언(Guardian) 지가 후원하였다. 이들 주관기관과 정부, 과학계, 학계, 시민사회 쪽 인사들이 나노배심원제를 전반적으로 운영할 운영위원회를 구성하고, 차후 나노배심원제를 실제로 운영하는 책임을 맡게 되었다. 이와 아울러, 필요할 때 운영위원과 시민배심원들에게 나노 과학기술에 대한 구체적인 자료와 정보를 제공할 과학패널도 구성되었고, 과학패널의 대표가 운영위원회의 멤버로 참가하였다. 나노배심원제에 참여할 시민배심원들은 영국 요크셔 지방에서 총 16명의 시민이 무작위 추출을 통해 선발되었다.

배심원들은 6월부터 5주 동안 주당 5시간(2시간 30분씩 2회)씩 회합을 가지고 나노기술을 둘러싼 다양한 쟁점들을 학습 받고 토론하였다. 나노기술과 연관된 주제의 범위가 넓기 때문에 운영위원회는 주제를 나노기술과 건강, 나노기술의 산업화 관련 이슈들, 나노기술과 정보통신기술, 그리고 나노기술과 에너지 문제 등으로 좁혔다. 배심원들 앞에서 증언하는 전문가들에게는 10분에서 15분 정도의 발표시간이 주어졌으며, 전문가들의 발표가 다 끝난 다음에 배심원들이 따로 모여 추가 질문을 작성하여 다음 회의 때 전문가들의 발표에 대한 구체적인 질문 제기와 그에 대한 응답이 이루어질 수 있도록 하였다. 마지막 주에는 배심원들이 운영위원들과 과학패널의 도움을 받아 정책권고안을 작성, 발표하였다. 대부분의 내용은 배심원들의 만장일치로 도출되었으나 몇몇 내용들은 다수 의견과 소수 의견으로 나뉘기도 하였다. 나노배심원들이 영국 정부에 나노기술과 관련하여 제시한 주요 정책 권고사항들은 다음과 같다.

[나노기술 안전]

- 인위적으로 제조된 나노입자에 대해서는 신물질로서 테스트하고 분류할 것.
- 인위적으로 제조된 나노입자는 통제된 환경에서 방출 전 테스트를 거칠 것.

[연구개발]

- 건강과 환경 문제와 같이 장기적인 이슈들에 대한 연구개발을 우선할 것.
- 건강을 위한 기술을 개발하기 위해 다른 나라들과의 협력을 강화할 것.
- 정부는 영국 내 일자리를 창출할 수 있는 나노기술들을 지원할 것.

[개방성과 투명성]

- 인위적으로 제조된 나노입자를 함유하고 있는 제품들은 표시할 것.
- 나노기술 연구에 대한 공적 자금 지출에 대해서는 그 내용을 공개할 것.

[과학과 사회의 관계]

- 시민배심원제, 이해당사자위원회 등을 통해 대중들의 참여를 확대할 것.
- 과학자들의 의사소통기술 및 대중과의 상호작용 능력 개선할 것.

이상에서 살펴본 것처럼 참여적 위험거버넌스를 구축하기 위한 시도로 현재 많은 나라들에서 다양한 형태의 시민참여 행사들을 개최하고 있다. 이러한 시민참여 행사들과 더불어 주목할 만한 것은 학계에서도 참여적 위험거버넌스 구축의 구체적인 방법론에 대해 연구한 결과들을 적극적으로 제안하고 있다는 점이다. 대표적으로는 아리조나 대학의 나노기술사회센터에 있는 거스톤과 새러위치(Guston &

Sarewitz, 2002)가 주장한 "실시간 기술영향평가(Real-time Technology Assessment, RTTA)"와 영국의 민간 싱크탱크인 DEMOS에서 주장하는 "상류단계에서의 참여적 기술영향평가(Upstream Participatory TA)"를 들 수 있다. 기존의 기술영향평가가 대체로 기술개발이 이루어진 후에 그것의 사회적 영향을 분석하고 이에 대한 대응방안을 모색한 반면, "실시간 기술영향평가"는 이러한 사후적 대응으로는 특정 기술이 가져올 수 있는 부정적 영향을 막는 데 원천적으로 한계가 있다는 자성 위에서 출발하여 기술개발의 매 단계에서 기술개발과 동시에 영향평가를 실시간으로 수행함으로써, 현재 개발 중인 기술에 대해 보다 적극적인 관리와 통제를 가할 수 있다고 본다. 이들은 이러한 실시간 기술영향평가가 보다 효과를 거두기 위해서는 기술개발과 관련된 이해당사자들이 평가과정에 폭넓게 참여해야 한다고 보는 점에서 참여적 위험거버넌스 구축과 궤를 같이 한다. 이처럼 예측(foresight), 참여(engagement), 그리고 영향평가와 기술개발의 통합(integration)을 지향하는 실시간 기술영향평가는 "선견적 거버넌스(anticipatory governance)"로 불리기도 한다(Barden, Fisher, Selin & Guston, 2008).

영국의 민간 싱크탱크인 DEMOS 역시 사전적인 시민참여를 강조하는데, 이들의 주장에서 주목할 만한 것은 기술개발의 단계를 상류단계(upstream)와 하류단계(downstream)로 나눈 후, 기존의 시민참여가 주로 하류에서 이루어졌음을 지적하고, 시민참여의 보다 바람직한 형태는 상류단계에서의 참여임을 역설하고 있다. 나노기술이 다 개발된 후에 그 영향을 평가하는 것이 아니라 나노기술 개발을 위한 기회 단계에서부터 이해당사자들과 일반 시민의 참여가 이루어지는 것이 바람직하다는 것이다(DEMOS, 2006).

이 두 사례의 공통점은 단순히 시민참여의 중요성을 지적하는 데 그치지 않고 기술개발의 사이클 상에서 보다 이른 단계에서의 참여를 강조하고 있다는 점이다. 이는 나노기술보다 앞에서 진행되었던, 나노기술만큼이나 논쟁적이었던, 인간게놈프로젝트에 대한 ELSI 연구가 대체로 사후적이어서, 연구결과들이 실제 연구개발과정에 다시 환류되지 못함으로써 ELSI 연구 및 참여가 기술개발과는 동떨어져 전개되었다는 자성에서 비롯되었다고 할 수 있다.

(2) 참여적 위험거버넌스 구축을 위한 기업과 시민사회의 파트너십: BASF와 DuPont

기업들도 현재 나노기술의 위험 문제에 대응하기 위한 노력을 기울이고 있다. 대표적으로 세계 최대 화학기업들인 BASF와 DuPont를 들 수 있다. BASF는 독일 태생의, 세계에서 가장 큰 화학회사로 포춘 세계 100대 기업에 들어가 있으며, 종업원은 전 세계적으로 94,000명에 이르고 있다. 현재 BASF는 나노기술 관련 연구개발에 많은 투자를 하고 있으며, 화장품 부문에 쓰이는 zinc oxide와 titanium dioxide와 같은 나노입자의 생산에 초점을 맞추고 있다. BASF는 2004년에 나노기술에 대한 자발적인 "행동지침(code of conduct)"을 개발하고 실행하기 시작하였는데, 그 배경에는 자신의 종업원들, 고객, 이해당사자들 및 환경을 나노기술과 관련된 부정적 영향들로부터 보호하겠다는 의지가 있었다. 이러한 BASF의 정책은 네 개의 원칙에 기반해 있다. 첫째, 나노기술의 개발과 연관된 직업보건 및 안전위험들을 적극적으로 밝혀내고 관리한다. 둘째, "인간과 환경의 보호"를 위해 잠재적 위험으로부터 벗어날 수 있는 기회들을 평가한다. 셋째, 공급 사슬에 위치해 있는 다른 이해당사자들에게도 자신의 안전을 챙길 수 있도록 정보를 제공한다. 넷째, 정부, NGO 및 대중들과 나노기술의 혜택과 위험 양자에 대해 공개적이고 투명한 대화를 실시한다.

DuPont은 세계 4위의 거대 화학회사로서 종업원이 6만 명이 넘고 2005년 순매출액만 270억 달러에 달한다. DuPont은 미국의 주도적인 NGO인 환경방어(Environmental Defence)와 파트너십 하에서 책임 있는 나노기술 개발의 틀을 만들어내기로 합의하고, 2007년에 그 틀의 초안을 발표하였다. 이 파트너십의 목적은 나노기술 개발의 전 단계에서 위험을 판별하고, 관리하고, 저감하도록 나노 수준의 물질들을 책임감 있게 개발하고, 생산 · 사용 · 처리하는 거버넌스의 틀을 마련하는 데 있다. 요컨대, 나노기술에 의해 부과될 수도 있는 그 어떤 의도치 않은 위험들로부터 이해당사자들과 환경을 보호하겠다는 의지를 표명한 것이다. 현재 이와 관련된 DuPont의 정책들은 다음과 같다.

- 나노 독성학과 직업적 노출에 대한 과학적 연구 증진에 초점을 둔 연구 컨소시움 조정 및 참여

- 나노입자의 독성에 관한 과학적 데이터베이스 제작과정에의 적극적인 참여
- 미국 환경보호청(EPA)과 화학산업을 위해 나노기술 관련 직업 보건과 안전 프로토콜에 대한 정책 제안 및 지도 자료 개발 지원
- Center for Biological and Environmental Nanotechnology와 International Council on Nanotechnology를 통한 연구 지원
- 하원 상임위원회 청문회와 같은 미국 정부의 활동에 적극적인 참여
- OECD 산하에 있는 나노물질 제조의 보건 및 환경 안전에의 함의 작업반(Working Party on Health and Environmental Safety Implications of Manufactured Nanomaterials)에 참여

아울러, 파트너십의 궁극적인 목적은 개발된 거버넌스 틀의 원칙과 절차를 다른 기업들, 산업 협회들, 주요 조직과 정치기관들에 확산시킴으로써, 그것을 다른 기업들과 정부에 의해 채택되는 모델이 되도록 하는 데 있다고 한다. 이 파트너십에 대해 시민사회 일각에서 비판이 제기되기도 했지만, 이 파트너십을 계기로 DuPont이 국내적으로나 국제적으로 책임 있는 나노기술 개발에 지도적인 역할을 떠맡게 되었다. 2007년에 많은 기업들과 NGO들 사이에 체결된 "책임 있는 나노코드(Responsible NanoCode)" 역시 이러한 파트너십이 보다 확산된 결과라고 할 수 있다(Responsible NanoCode, 2007).

3) 위험거버넌스를 둘러싼 쟁점들

지금까지 나노기술 위험거버넌스 구축과 관련된 실천과 논의들을 살펴보았다. 그러나 아직은 나노기술 개발의 초반기이기 때문에 위험거버넌스에 대한 논의는 몇 가지 쟁점들을 내포하고 있다.

첫째, "규제의 갭(regulatory gap)"과 관련된 쟁점이다. 나노기술에 대해 한쪽에서는 특별히 질적으로 새로운 기술이라기보다는 단지 더 작아진 화학물질에 불과하므로, 기존의 화학물질에 대한 규제체제로 커버할 수 있다고 주장하는 데 반해(The Royal Society & The Royal Academy of Engineering, 2004), 다른 쪽에서는 나노기술은 완전히 "새로운" 기술이어서 기존의 규제로는 "규제의 갭"을 야기하기

때문에 그에 따른 새로운 위험규제체제를 수립해야 한다고 주장하기도 한다(Davies, 2006).[9]

둘째, 규제의 내용과 관련된 쟁점이다. 나노기술의 위험불확실성에 대한 인식에 근거하여 규제를 가한다고 할 때 규제자가 과연 추구해야 할 것이 "예방원칙(precautionary principle)"인가, 아니면 "중지(moratorium)"인가의 문제이다. 현재 대부분의 정부가 취하고 있는 가장 적극적인 규제 형태는 "예방원칙"에 입각한 연구와 감시이다. 나노기술이 어떤 위험을 가져올지 불확실하므로, 미리 위험성 여부와 정도를 연구하여 그에 대안 대응방안을 마련한다는 것이다. 이 입장에서는 나노기술에 대한 개발 중지를 염두에 두고 있지 않다. 환경단체인 그린피스 역시 이러한 입장 위에 서 있다(Arnall, 2003). 반면, 나노기술 개발을 "중지"해야 한다는 입장은 현재 ETC Group이라는 환경단체에 의해 주장되고 있는 것으로, 나노기술의 안전성이 입증될 때까지는 기술개발을 잠정적으로 중단해야 한다는 입장이다(The ETC Group, 2003). 물론, 나노기술의 연구개발에 관계하고 있는 대부분의 기업과 과학기술자들은 정부에 의한 외적 규제 자체에 대해 거부감을 보이며 "자율규제"를 주장하고 있다.

셋째, 이해당사자 및 시민참여와 관련된 쟁점이다. 앞에서 살펴본 것처럼 현재 나노기술과 관련하여 다양한 형태의 이해당사자 및 시민들의 참여가 이루어지고 있는데, 과연 이러한 참여가 나노기술 개발에 대한 정책에 일정 부분 영향력을 행사하는지, 아니면 단순히 "말의 정치(politics of talk)"(Irwin, 2006)에 불과한 것인지를 둘러싼 해석의 차이가 존재한다. 이러한 해석의 차이는 과연 이해당사자 및 시민참여 확대가 참여적 위험거버넌스 구축에 실제로 기여하기 위한 수단인지, 아니면 시민들을 교육하여 나노기술에 대한 사회적 수용성을 높이기 위한 위험 PR에 불과한 것인지에 대한 논쟁과도 맞닿아 있다.

넷째, 시민참여의 대표성을 둘러싼 쟁점이다. 현재 나노기술과 관련하여 이루어지고 있는 일반시민의 참여형태는 대체로 합의회의나 시민배심원에서 볼 수 있듯

9) 이러한 논쟁은 신기술이 등장할 때 신기술의 성격을 둘러싸고 종종 일어나는데, 대표적인 것으로 GMO의 성격에 대한 "실질적 동등성(substantial equivalence)" 논쟁, 유전정보(genetic information)의 성격이 과연 기존의 의료정보(medical information)와 같은가를 둘러싼 논쟁을 들 수 있다.

이 소수의 선발된 시민들이 주제에 대해 비교적 심도 있게 숙고하는 숙의민주주의적 방식을 채택하고 있다. 그러나 이 경우 대체로 참여하는 시민들의 수가 20명을 넘지 않기 때문에 과연 20명 정도의 시민들이 일반 시민들을 대표한다고 볼 수 있느냐의 문제가 제기될 수 있다. 따라서, 이러한 소규모의 심도 있는 숙의의 장 말고도 보다 많은 시민들이 참여할 수 있는 참여방식을 개발하고 실행할 필요성이 제기되고 있다.

다섯째, 기업과 시민사회 사이의 파트너십의 진정성에 관한 쟁점이다. 앞에서 살펴봤듯이 현재 나노기술 개발을 이끌어가고 있는 세계적인 기업들이 "나노기술과 관련된 책임 있는 연구개발"을 위해 시민사회와의 파트너십 구축에 힘쓰고 있다. 그런데 DuPont과 "환경방어" 사이에 체결된 파트너십에 대해 일부 NGO가 이는 대기업에게 면죄부를 씌워주는 꼴이라고 하면서 비판했던 것에서 알 수 있듯이 (Bowman & Hodge, 2008), 기업이 스스로 나서서 시민사회와의 파트너십을 통해 나노기술 개발에 대한 자율적인 규제를 하겠다고 선언하는 것에 대해 시민사회 일각에서는 그 진정성을 의심의 눈초리로 쳐다보는 시각도 존재하는 것이 현실이다.

4) 선진국의 나노기술 위험거버넌스의 유형적 특징

지금까지 살펴본 선진국의 나노기술 위험거버넌스는 어떻게 유형화할 수 있을까? 우리는 선진국의 나노기술 위험거버넌스는 여타의 신기술 위험거버넌스, 특히, 생명공학 위험거버넌스에 비해서는 상대적으로 "기술관료적" 유형으로서의 성격보다는 "참여적" 유형으로서의 성격이 더 강하게 나타나고 있다고 본다. 왜냐하면 비록 최종적인 위험관리정책은 전문가와 관료에 의해 결정된다고 해도 앞에서 살펴본 바와 같이 현재 미국, 유럽연합, 일본 모두 유래가 없을 정도로 나노기술의 위험 불확실성과 정책에 대한 신뢰 제고를 위해 나노기술의 위험 관리에 대한 공적 논의과정에 일반 시민 및 이해당사자들의 광범위한 참여를 허용하고 있기 때문이다.

그럼, 선진국의 참여적 위험거버넌스 유형을 다시 참여 시점의 측면에서 보면 어떻게 유형화할 수 있을까? 우리는 현재 선진국의 참여적 위험거버넌스는 "사후적” 참여 유형과 “사전적” 참여 유형이 혼재된 양상을 보여주고 있다고 판단한다. “사후적” 참여는 주로 나노기술의 연구개발 및 위험관리 정책이 이미 만들어진 상태에서(즉, 하류 단계에서) 일반 시민과 이해당사자들을 대상으로 이에 대해 홍보하고 교육할 목적으로 이루어지는 참여 활동들을 말하는데, 앞에서 살펴본 선진국의 경험들은 참여 활동의 상당 부분이 이러한 “사후적” 성격을 지니고 있음을 보여준다. 반면, “사전적” 참여는 아직 관련 정책이 확정되지 않은 상태에서(즉, 상류 단계에서) 일반 시민 및 이해당사자들의 참여를 허용하고 이러한 참여 결과를 일부 혹은 상당 부분 정책결정에 반영하는 것을 지향하는데, 영국에서 실시되었던 나노배심원제, 미국에서 열렸던 합의회의 혹은 시민포럼 등이 여기에 해당한다고 볼 수 있다. 이러한 “사전적” 참여는 나노기술 위험거버넌스에 특히, 두드러지게 나타난다고 할 수 있는데, 이는 ELSI로 상징되는 생명공학 위험거버넌스의 교훈을 나노기술이 받아들인 결과로 보인다. 앞에서도 언급한 바 있듯이 인간게놈프로젝트에 대한 ELSI 관련 연구 및 참여는 대체로 사후적이어서 연구 및 참여 결과들이 실제 연구개발과정에 피드백되지 못함으로써, ELSI 연구 및 참여가 기술개발에는 전혀 영향을 미치지 못했다는 비판의 목소리들이 일정하게 나노기술 위험거버넌스 구축과정에서 받아들여진 것이라고 할 수 있다.[10]

2. 한국의 나노기술 위험거버넌스 현황

1) 나노기술 위험규제를 위한 연구와 제도

한국은 발빠르게 나노기술에 대한 적극적인 연구개발 대열에 뛰어든 나라들 중의 하나이다. 한국은 이미 2001년에 “나노기술종합발전계획”을 수립하였고, 2002년에는 나노기술 연구개발의 법적 근거로서 나노기술개발촉진법을 제정한

10) 미국 RPI의 유명한 STS 학자인 랭던 위너(Langdon Winner)가 2003년에 열렸던 나노기술 관련 미국 의회 청문회에서 바로 이러한 생명공학 ELSI의 문제점을 지적하고 나노기술의 경우에는 보다 사전적인 연구와 참여가 필요함을 대표적으로 역설한 바 있다. Fisher & Mahajan(2006) 참고.

바 있다(이은경, 2007). 나노기술종합발전계획의 수립과 함께 나노기술이 국가의 중점적인 지원 영역으로 확정됨에 따라 나노기술에 대한 연구개발비가 빠른 속도로 증가했고, 그에 따라 연구 성과도 많이 산출되었다. 예컨대, 정부의 자료에 따르면, 나노 관련 SCI 논문 수는 2001년 408건(세계 8위)에서 2008년 2,639건으로 6.5배 증가하여 세계 4위를 차지하였고, 논문 발표 및 특허 출원에서 차지하는 비중을 통해 분석한 한국의 기술수준 역시 미국을 100으로 할 때 일본이 36.7, 중국이 40.3, 그리고 한국이 30으로 세계 4위를 차지하고 있다(교육과학기술부 · 한국과학기술정보연구원, 2009).

그런데 2002년에 제정된 나노기술개발촉진법은 나노기술 연구개발의 진흥을 위한 지원체제 구축에 역점을 둔 것임에는 분명하지만, 나노기술 위험불확실성 논의의 제도화와 관련하여 동 법 제19조와 나노기술개발촉진법시행령 제17조에 나노기술이 환경, 사회, 경제 등에 미치는 영향을 평가하도록 하는 나노기술영향평가의 실시가 명문화되어 있다는 점이 나노기술 위험 불확실성에 대한 거버넌스와 관련하여 눈에 띈다.

이 나노기술개발촉진법의 나노기술영향평가 실시 조항에 따라 2005년에 한국과학기술기획평가원(KISTEP)의 주관 하에 처음으로 나노기술에 대한 사회적 영향평가가 실시되었다. 기술영향평가위원회 내의 사회문화전문분과는 건강과 환경, 사회문화, 교육과 커뮤니케이션으로 세부 주제를 나누어 영향평가를 실시하였는데, 이들은 나노기술의 안전성 연구, 사회문화적 연구, 나노기술에 대한 대중이해 연구를 지원할 것과, 대국민 교육 및 커뮤니케이션 채널 확보 및 나노기술의 오용 방지를 위한 제도적 장치 마련을 제안하였다(이상엽 외, 2005). 2006년에도 한국과학기술기획평가원은 나노소재를 대상으로 산업에 미치는 영향, 개인 생활에 미치는 영향, 사회에 미치는 영향, 그리고 에너지 및 환경에 미치는 영향 평가를 실시한 바 있다(박병원 외, 2007).

아울러, 2006년에 들어와 만들어진 제2기 나노기술종합발전계획(2006-2015)에도 나노기술과 관련된 위험 연구의 필요성이 본격적으로 제기되었다. 제2기 나노기술종합발전계획은 나노기술의 사회적 영향에 대한 연구 강화를 통한 "나노기술개발의 사회적 책임 완수"를 4대 중점 추진과제의 하나로 선정하였다. 이를 위해 동 계획에서는 나노기술영향평가센터의 지정(나노기술의 사회 · 경제적 영향평가 실시, 나노기술의 건강, 안전, 환경, 생태 등에 대한 연구, DB 구축 및 정보제공), 나노기술 독성/환경 검사 평가 및 기준 마련(식품의약품안전청, 기술표준원, 표준연구원 등과 협력연계체제 구축), 관련 법규 및 제도의 정비(건강, 안정, 환경, 생태 등의 영향에 관련된 기존 법적용에 대한 조사 및 향후 필요한 규제 등에 대한 법률적 검토, 나노물질의 환경계로의 유출을 감시하기 위한 계측 관련분야 지원, 나노제품 및 물질에 의한 오염물질 발생 방지를 위한 연구 및 처리절차 마련) 등을 제시하였다.

2) 한국의 나노기술 위험거버넌스의 유형적 특징

한국에서 과학기술정책이 등장한 이래 지금까지 한국의 과학기술정책을 틀지워 왔던 정책레짐은 성장주의와 권위주의를 그 핵심적 구성 요소로 하고 있다.

우리나라의 과학기술정책은 처음부터 "발전국가"의 경제발전계획에 종속되어 추진되어 왔기 때문에 과학기술의 개발과 공급을 통한 산업의 경쟁력 확보와 생산성 향상이 언제나 기술관료들의 가장 중심적인 전략적 목표가 되어 왔다. 다시 말해, 과학기술을 발전시키고 개발함에 있어 오로지 경제성장에의 기여라는 경제적인 가치만을 우선시했던 것이다. 이러한 성장주의 패러다임에서는 과학기술 연구개발의 과정이나 절차, 혹은 목표 자체의 가치에 대한 성찰보다는 오로지 결과, 그것도 사회적이거나 환경적인 영향은 도외시한 채 산업화, 시장화 잠재력만을 중시하게 된다.

이러한 성장주의는 권위주의와 한 짝을 이루어 전개되었다. 성장주의가 기술관료들이 추구하는 목표 혹은 지향점을 지칭하는 개념이라면, 권위주의는 그러한 목표나 지향점이 실행되는 방식 혹은 스타일을 가리킨다. 권위주의란 기술관료, 즉, 과학기술 파워엘리트들만이 과학기술정책의 형성과정을 독점할 수 있다고 보는 사고방식이다. 이러한 권위주의 하에서는, 비록 자신들의 삶에 막중한 영향을 미치는 과학기술정책이라고 해도 시민사회의 주요 구성원들인 일반 시민은 정책결정과정으로부터 배제된다. 일반 시민은 오로지 과학기술이 중요하다는 점을 계몽을 통해 배워야 하는 피동적인 존재로 여겨질 따름이다.

이처럼 성장주의와 권위주의에 기반한 과학기술 정책레짐에서는 신기술에 대한 위험거버넌스 자체가 잘 구축되지 않거나 구축되어도 매우 형식적으로 될 가능성이 높다. 왜냐하면 이 정책레짐 하에서는 과학기술이 위험을 증폭시킬 수도 있다는 인식 자체가 성장의 걸림돌로서 억제되어 위험거버넌스가 제대로 자리를 잡기 어렵기 때문이다.

이상에서 살펴본 한국의 과학기술 정책레짐의 기조는 나노기술에 대해서도 많은 부분 적용된다고 할 수 있다. 하지만 앞에서 살펴본 것처럼 나노기술개발촉진법에서는 현재 나노기술개발의 사회적, 환경적, 경제적 영향들을 평가하도록 한다거나, 제2기 나노기술종합발전계획이 나노기술의 사회적 영향에 대한 연구 강화를 통한 "나노기술개발의 사회적 책임 완수"를 4대 중점 추진과제의 하나로 선정하는 등 나노기술의 위험 불확실성에 대해서도 나름대로 주의를 촉구하고 있다는 점에서, 나노기술의 정책레짐은 기존의 적나라한 성장주의 패러다임과는 일정한 차별성을 보여주고 있다고 할 수 있다. 기존의 관행과는 달리 무조건적 성장주의에서 어느 정도 벗어나 나노기술에 대한 위험거버넌스 구축의 필요성을 인정하고 있다고 할 수 있다.

물론, 이러한 말의 성찬에도 불구하고 과연 한국 정부가 얼마나 진정성을 가지고 나노기술의 위험 불확실성 문제를 해결하기 위해 노력할 것인가는 아직 불확실하다. 이미 몇 차례 이루어진 나노기술 기술영향평가 과정을 보면 나노기술의 위험 불확실성에 대한 논의를 적극적으로 사회에 개방하기보다는 상당히 폐쇄된 형태로 관리하고 있다는 느낌마저 받게 되기 때문이다. 그러다 보니 한국은 위험거버넌스의 구축과정에서 선진국에서 보이는 것과 같은 시민사회의 참여가 거의 이루어지지 않고 있다. 이러한 점에서 볼 때 한국의 나노기술 위험거버넌스는 기술관료적 유형에 더 가깝다고 할 수 있을 것이다.

제 6 절 결 론

현재 전 세계적으로 나노기술 연구개발의 열기가 뜨겁게 달아오르고 있다. 그러나 나노기술은 인간과 환경에 가져올 혜택 못지 않게 위험 불확실성에 대한 우려도 많이 제기되고 있다. 나노기술은 아직 연구개발의 초기 단계이기 때문에 인간과 사회, 그리고 환경에 어떠한 영향을 미치게 될지 불확실하다. 이러한 불확실성의 상황에서 나노기술을 둘러싼 낙관론만이 아니라 위험론(비관론) 역시 강력하게 제기되어 왔다.

나노기술 낙관론은 기본적으로 향후 나노기술이 인간사회에 엄청난 혜택을 가져오게 될 것이라고 믿는다. 낙관론자들은 나노기술이 극소화됨으로써 지구 환경문제 해결과 질병정복에 기여할 수 있으며, 인간의 신체능력을 향상시키고 국가경쟁력만이 아니라 개개인의 삶의 질도 향상시킬 것이라고 예측한다. 이들은 심지어 물질을 분자 수준에서 다루게 되면 인간의 두뇌보다 더 성능이 좋을 뿐만 아니라 "의식도 지닌" 시스템을 만들 수 있을 것이라고 상상하기도 한다. 반면, 나노기술 위험론(비관론)은 나노기술이 인간사회와 환경에 심각한 악영향을 미치게 될 가능성이 높다고 우려한다. 위험론(비관론)자들은 나노기술은 새로운 환경오염 물질의 원천이 되며, "회색 점액질"을 양산하여 지구를 파멸로 이끌 수 있다는 점, 그리고 나노물질의 독성 창출로 인체에 매우 나쁜 영향을 미치게 되고, 기술의 극소화로 인해 프라이버시 침해 문제, 대량살상무기로의 활용과 같은 심각한 위험을 낳게 될 것이라고 경고하고 있다.

이처럼 나노기술이 미칠 영향을 둘러싸고 제기되는 상반된 입장들은 나노기술이 향후 밟게 될 발전 방향의 불확실성이 그만큼 크다는 것을 말해준다. 그리고 이 불확실성은 아직 오지 않은 미래에 대한 인지적 무지 속에서 행위자집단의 인식론의 차이에 따라 나노기술의 미래 비전이 달라질 수밖에 없기 때문에 나타난다는 점을 감안해 볼 때, 푼토비치와 라베츠가 유형화한 세 가지 불확실성, 즉, 기술적 불확실성, 방법론적 불확실성, 그리고 인식론적 불확실성 중에서 인식론적 불확실성에 해당된다고 할 수 있다.

나노기술에 대한 위험거버넌스는 나노기술이 안고 있는 이러한 인식론적 불확실성과 더불어 저신뢰 문제에 대한 대응으로서 구축된다. 저신뢰 문제에 대한 대응이란, 일반 시민들의 삶에 중대한 영향을 미칠 수 있는 위험 관련 의사결정이 관료와 전문가들에 의해 독점적으로 이루어지는 상황에서, 그 의사결정의 결과가 그다지 긍정적이지 않을 경우 일반 시민들은 관료와 전문가시스템에 대해 불신을 갖게 되기 때문에 그러한 위험 관련 의사결정을 일반 시민들에게도 개방함으로써 의사결정에 대한 신뢰를 제고하고, 결국에는 그에 대한 사회적 수용성을 높이고자 하는 전략을 말한다.

나노기술이 갖는 인식론적 불확실성과 저신뢰 문제를 해결하기 위해 현재 많은 나라들에서는 나노기술에 대한 위험거버넌스 구축에 노력을 기울이고 있다. 미국, 유럽 및 일본 등의 선진국에서는 나노기술의 위험규제를 위한 EHS, ELSI 등의 연구를 장려하고 법적 제도를 정비함과 더불어 정부만이 아니라 위험거버넌스에 기업과 시민사회도 광범위하게 참여시키고 있다는 점에서 참여적 유형의 위험거버넌스를 구축하고 있다고 평가할 수 있다. 한국 역시 나노기술에 대한 기술영향평가를 제도화하는 등 기존의 적나라한 성장주의 패러다임으로부터 어느 정도 탈피하여 나노기술 위험거버넌스의 구축에 나서고 있다고 할 수 있지만, 과연 한국 정부가 얼마나 진정성을 가지고 나노기술의 위험 불확실성 문제를 해결하기 위해 노력할 것인가는 아직 불확실하다. 아울러, 선진국과는 달리 한국은 위험거버넌스의 구축과정에서 시민사회의 참여가 거의 이루어지고 있지 않다는 점에서 기술관료적 유형에 더 가깝다고 할 수 있겠다.

이상과 같은 나노기술 위험거버넌스 분석이 한국의 위험거버넌스 구축 방향과 관련하여 던져주는 정책적 함의를 간략히 정리하면 다음과 같다.

첫째, 나노기술은 높은 수준의 위험불확실성을 가지고 있으므로, 나노기술이 인간과 환경 및 사회에 미치는 위험 영향을 체계적으로 평가하는 위험거버넌스의 구축이 절대적으로 필요하다. 미국의 예에서 알 수 있듯이 이를 위해서는 먼저 나노기술 관련 EHS 및 ELSI 연구역량이 향상될 수 있도록 지원해야 한다. 한국의 경우에는 나노기술에 대한 기술영향평가가 법적으로는 제도화되어 있지만, 아직 내실 있게 이루어지고 있지 못하다는 점에서 볼 때 위험평가 관련 연구역량 강화를 위한 지원과 더불어 나노기술의 위험을 체계적으로 평가할 수 있는 기술영향평가의 내실화가 요청된다.

둘째, 선진국의 경험은 일반 시민 및 이해당사자들을 나노기술의 위험 관련 논의에 참여시키는 참여적 위험거버넌스의 구축이 필요함을 말해주고 있다. 일반 시민 및 이해당사자들의 참여는 나노기술의 인식론적 불확실성 때문만이 아니라 위험관리정책에 대한 신뢰 제고를 통한 수용성 증대를 위해서도 필요하다. 따라서, 한국의 경우에도 향후 나노기술에 대한 영향평가를 실시할 때 합의회의나 시민배심원과 같이 전문가만이 아니라 일반 시민 및 이해당사자들도 광범위하게 참여할 수 있는 참여적 기술영향평가를 도입해야 할 것이다.

셋째, 나노기술의 위험 불확실성에 대한 이러한 연구와 평가가 기술개발과정과 유리되어 진행되는 것이 아니라, 기술개발과정에 다시 피드백될 수 있도록 해야 할 것이다. 우리가 앞에서 살펴본 것처럼 미국을 비롯한 선진국에서는 위험거버넌스와 기술개발이 따로 진행되었던 생명공학의 경험을 거울삼아 아직 기술발전의 초기단계에 있는 나노기술에 대해서는 개발연구와 위험 관련 연구들이 상호작용하면서 영향을 미칠 수 있도록 노력하고 있다. 한국도 실시간 기술영향평가와 같이 위험평가와 기술개발을 유기적으로 연계할 수 있는 방법을 보다 적극적으로 모색해야 할 것이다.

제 5 장 신종전염병
- 광우병 위험거버넌스를 중심으로 -

성지은

제 1 절 서 론

최근 몇 년 동안 SARS, AI, BSE, SI 등 인간을 위협하는 새로운 변종 전염병의 출현으로 국민의 불안이 커지고 있다. 세계보건기구(WHO)의 보고서에 따르면, 1970년 이래 에이즈나 에볼라, 사스 등 39개에 달하는 신종전염병이 등장했으며, 지난 5년 동안 세계 여러 나라에서 전염병이 발생한 횟수도 1100건이 넘는다. 세계적으로 인구 이동이 잦아지고, 기후 온난화 현상 등 환경문제가 심각해지면서 동물과 인간 간은 물론 인간 대 인간 간에 전염이 가능한 새로운 변종 바이러스가 끊임없이 출현하고 있기 때문이다. 이 뿐만 아니라 그동안 감소했던 말라리아, 결핵과 같은 전염병이 다시 증가하거나 항생제에 내성을 가진 세균이 나타나기도 한다. 이처럼 사람들이 신종전염병의 위험에 노출될 가능성은 더욱 커지고 있으며, SI 등 몇몇 신종 바이러스의 경우 세계적인 대유행의 가능성까지 제기되고 있다.

우리나라도 최근 광우병, 조류 인플루엔자 등 새로운 신종전염병에 대한 공포에 시달리고 있다. 2003년, 2006년 AI 발생과 2008년 미국산쇠고기 수입재개에 따른 광우병 논쟁에서 보듯이 광우병과 조류 인플루엔자에 대한 공포가 사람들을 사로잡고 있으며, 장티푸스, 이질 등과 같이 고전적인 전염병도 여전히 발병되고 있다.

이처럼 위험에 대한 공포는 수많은 정치적 · 사회적 · 과학적 불확실성과 연계되어 다양한 문제를 유발한다. 이에 따라 사회적 · 행정적 · 정책적 차원에서 이를 어떻게 관리해 나갈 것인가가 중요한 이슈로 등장하고 있다. 광우병처럼 전문가의 예측이 실패하는 경우 또는 체르노빌 사고나 신종 플루처럼 "의도하지 않은", "예측하지 못한" 위험 상황이 더욱 빈번해지고 있는 것이다. 이에 대응하여 다양한 관리전략과 수단이 도입되고 있으며, 이는 정책결정구조나 행정체제 등 하드웨어적인 측면뿐만 아니라 위험의 수용, 평가, 실패에 대한 용인 등과 같은 전반적인 사회 시스템의 재설계를 필요로 한다.

본 연구는 신종전염병에 관한 위험거버넌스를 분석하고자 하며, 그 구체적인 정책 사례로서 광우병을 대상으로 한다. 유럽, 미국, 일본, 우리나라 순으로 광우병에 대응하는 위험 정책과 거버넌스를 비교, 분석하여, 우리나라 위험거버넌스의 특징과 문제점을 살펴보고 향후 정책 방안을 도출하기로 한다.

제 2 절 광우병 사례의 개요

소해면상 뇌증(Bovine Spongiform Encephalopathy, BSE, 일명 광우병)은 1985년 영국의 수의사들이 소의 새로운 질병 증세를 발견하면서 세상에 처음 알려졌다. 수의사들이 알 수 없는 증상으로 죽은 소를 부검하면서 신경세포가 모두 죽어있는 스펀지 형태의 구멍을 발견한 것이다. 곧, 언론에서는 평소 온순하던 동물들을 신경질적이고 공격적으로 만들어 버리는 질병의 특성을 선정적으로 강조하여 해당 질병을 일명 광우병(mad cow disease)이라고 불렀다(리처드 로즈, 2006; 김기흥, 2009).

광우병의 주요 원인은 초식동물에게 먹인 동물성 농축 사료, 즉 육골분(Meat-bone Meal, MBM) 때문인 것으로 알려져 있다. 본격적으로 육골분이 사용된 것은 목축업이 집약적으로 전환된 1960-1970년대로, 소량의 육골분 사용은 젖소에게 필요한 단백질을 효과적으로 제공하는 방법으로 보편화되었다. 그동안 육골분 생산업체들과 정제공장은 재료를 높은 온도에서 가열하는 방식을 이용했으나 1970년대 오일쇼크로 인해 원심분리기를 이용한 육골분 재료 추출, 압착을 통한 지방

추출 방식으로 정제법을 바꾸게 된다. 이러한 방식은 기존 정제방식보다 적은 시간 가열해도 수지와 육골분 재료를 추출할 수 있는 이점이 있었으나, 낮은 온도와 부가적 가열처리 과정이 생략되어, 이전에는 제거되었던 병원체들이 잔존하게 되는 결과를 가져왔다. 이러한 사회 · 경제적 역학관계, 즉 1970년대 오일쇼크에 의한 오일 가격의 상승과 1980년대의 대처리즘에 의한 탈규제 정책이 결합되면서 1980년대 후반 광우병이 발생하게 되었다[1)](김기흥, 2009: 192-202).

1986년 광우병이 처음 보고된 후 1987년과 1988년 상반기까지 영국 정부와 당국자들은 이와 관련해 아무런 대응조치를 취하지 못했다. 영국 정부는 1988년 6월에서야 이를 신고대상 질병으로 지정했으며, 그 해 7월 광우병에 감염된 소를 모두 도살하겠다고 발표했다. 1년 뒤인 1989년 6월 뇌 · 척수 · 비장 · 편도선 등을 포함한 소의 모든 내장을 식용금지 처분했고, 1990년 4월 유럽공동시장(EC) 전 지역에서 광우병을 신고대상 질병으로 지정했다.

영국 밖에서는 1990년 1월 오만에서 광우병 감염사례가 처음 발견된 것을 시작으로, 11월 스위스, 1991년 2월 프랑스, 1992년 8월 덴마크 등에서 감염사례가 보고되는 등 광우병이 국제적으로 확산되기 시작했다. 이에 따라 호주가 1988년 7월 영국산 소의 수입을 금지한데 이어 1990년에는 사우디, 러시아, 오스트리아, 프랑스, 서독, 이탈리아, 카타르, 스위스 등이 잇따라 영국산 소와 쇠고기 등의 수입을 금지했다.

이후 전 세계적으로 영국을 비롯한 광우병 감염 지역의 소와 쇠고기의 수입금지 조치가 이뤄졌다. EU는 30개월 이상 된 광우병 증상 소 검사, 두개골 · 편도선 · 척수 · 내장 등의 식용금지, 소 등록 및 표시(라벨) 제도 강화, 소에 대한 동물사료(육골분) 사용 금지 등의 조치를 취했다. 이와 함께 EU는 도축장이나 슈퍼마켓 등에서 문제 쇠고기가 발견되면, 이 쇠고기의 출생, 사육, 도축, 수입, 판매지를 철저히 파악하여 검역, 수거 등의 필요조치를 즉각 시행할 수 있는 축산업 유통 추적

1) 전염병학자들은 가공온도의 저하와 용매추출 방식의 포기가 결합하여 안 그래도 저항성이 강한 소 해면상 뇌증인자를 보호하게 되었고, 그 결과 질병이 퍼지게 되었다고 보고 있다. 특히, 1980년대 파운드의 가치하락으로 콩과 어류 구입 비용이 증가하는 등 세계 금융 시장이 변화하면서, 소에게 먹이는 육골분 사료의 비율이 급격하게 증가하는 원인이 되었다(리처드 로즈, 2006).

시스템을 갖추어 왔다. 1989년 2만 91마리, 1990년 2만 4396마리, 1993년 3만 6682마리로 지속적으로 증가하던 광우병 발생 건수는 이러한 조치에 힘입어 점차 하락하는 추세로 들어섰으며, 1995년에는 1만 4302마리로 줄어들게 된다.

그러나 1990년대에 들어 광우병이 인간에게 전이될 수 있다는 우려와 공포가 현실로 나타나면서 새로운 전환을 가져오게 되었다. 이른바, 인간광우병으로 불리는 변종 크로이츠펠트-야콥병의 발생으로 영국 정부에 대한 국민의 신뢰가 붕괴된 것이다. 영국 국민들은 정부가 기본적인 먹거리조차 안심할 수 없는 상황을 야기했다는 것에 극도의 불신을 표출하였으며, 그 결과 18년간 정권을 유지해 온 보수당은 1997년 총선거에서 완패했고, 토니 블레어가 이끄는 노동당이 정권을 넘겨받았다. 이후 영국의 노동당 정부는 국민의 신뢰회복을 위해 광우병 청문회를 추진했으며, 육골분의 사료 전면금지, 30개월령 전수조사 등의 강력한 보건 정책을 실시했다(김기흥, 2009).

2009년 10월 현재 전 세계 인간광우병 환자는 모두 215명이며, 이 중에서 208명이 사망했다. 국내에서는 아직 vCJD의 보고가 없었으며, BSE를 비롯한 동물의 TSE(Transmissible Spongiform Encephalopathy; 전염성 해면상뇌증)도 보고된 바 없다. 국적별로 보면 대부분의 환자가 영국인이거나 영국에서 6개월 이상 거주한 사람들이었다. 영국의 인간광우병 환자는 모두 167명이며, 이 중에서 163명이 사망했다. 또한 수혈로 인해 인간광우병에 감염되어 사망한 환자는 공식적으로 3명으로 집계되고 있다. 영국의 뒤를 이어 프랑스 25명, 아일랜드와 스페인이 각각 4명과 5명, 미국과 네덜란드가 각각 3명, 이탈리아와 포르투갈 각각 2명, 캐나다 · 일본 · 사우디아라비아에서 각각 1명의 환자가 발생했다. 인간광우병은 지속적인 감소 추세에 있지만, 프리온을 전문적으로 연구하는 과학자들은 인간광우병의 잠복기가 30년-50년 이상이 될 수도 있다는 점에서 광우병과 인간광우병을 낙관적으로 과소평가하는 것은 위험하다고 지적하고 있다.[2)]

2) 매우 비슷한 종류의 병인 쿠루(kuru)의 경우 50년에 이르는 긴 잠복기를 가질 수 있다고 한다.

〈표 5-1〉 인간광우병(vCJD) 환자 통계(2009. 10)

국 가	발병자 수 (생존자 수)	수혈에 의한 사망자 수(생존자 수)	1980-1996 영국에 6개월 이상 거주한 인간광우병 환자
영국	167(4)	3(0)	170
프랑스	25(1)	-	1
아일랜드	4(0)	-	2
이탈리아	2(1)	-	0
미국	3(0)	-	2
캐나다	1(0)	-	1
사우디아라비아	1(1)	-	0
일본	1(0)	-	0
네덜란드	3(0)	-	0
포르투갈	2(0)	-	0
스페인	5(0)	-	0

출처[3]: http://www.cjd.ed.ac.uk/vcjdworld.htm

제 3 절 광우병 위험의 불확실성 및 위험거버넌스의 유형

1. 광우병관련 불확실성의 유형

신종전염병의 가장 큰 특징은 정확한 발생 원인과 전파경로, 인간에게로의 감염 가능성(확률), 치료 및 예방법 중 뚜렷하게 규명된 것이 없다는 점이다. 이로 인해

3) 미국에서 발생한 세 번째 환자는 사우디아라비아에서 태어나 성장하였으며, 2005년 후반기부터 미국에 영구거주하기 시작했다. 미국의 사례보고에 따르면 사우디아라비아에 거주하던 어린 시절에 감염되었을 가능성이 가장 높은 것으로 보인다. 일본의 경우 1980-1996년 기간 중 24일간 영국에 머물렀던 경험이 있는 환자이다.

사회적 맥락과 위험에 대한 가치관에 따라 상당한 인식론적 불확실성이 드러나는데, 이는 대부분의 인수공통전염병에서 공통적으로 나타난다.

그 대표적인 예가 광우병이다. 광우병이 인수공통전염병이라는 사실이 밝혀진지 얼마 되지 않았기 때문에 관련 지식의 축적이 거의 이루어지지 않아 불확실성이 매우 높다. 현재까지도 발생 원인과 감염경로 등이 정확하게 규명되지 않고 있으며, 소의 광우병과 vCJD(new variant Creutzfeldt–Jakob disease: 변종 크로이펠트–야콥병)가 같은 감염원에 의해 유발된다는 연구 결과가 여러 차례 나왔지만, 아직 입증된 것은 아니다. 지금까지는 광우병에 걸린 소에서 나온 프리온이 든 고기를 섭취하면 vCJD에 걸린다는 것이 가장 유력한 설이지만, 헌혈 등 혈액을 통해 병이 전염될 수 있다는 가설도 널리 퍼져 있다. 이처럼 광우병의 원인과 해결책이 과학적으로 완벽히 밝혀지지 않았기 때문에 광우병에는 상당한 지식의 불확실성이 존재한다.

그뿐만 아니라 각국이 처한 사회적 맥락이나 위험에 대한 가치관에 따라 광우병과 관련된 지식 불확실성의 위험 인식에 있어 다양한 차이가 나타난다. 광우병은 생존의 기본적인 조건이라고 할 수 있는 음식의 문제라는 점에서 아주 기본적인 가치와 관련되어 있으며, 그 나라의 식습관 양식이나 생활 문화와 밀접한 관계를 맺고 있다는 점에서 사회 · 문화적 질병이라고 할 수 있다. 우리나라는 지난 수백 년간 소의 모든 부위를 빠짐없이 음식으로 활용해 왔다. 우리 국민이 즐겨먹는 소의 각종 부위를 활용한 음식인 소머리곰탕, 소머릿고기, 꼬리곰탕, 도가니탕, 곱창 등은 소의 뇌, 척추, 두개골, 신경절, 소장 부위 등 광우병을 유발하는 위험 부위를 활용하고 있다[4](정병걸 · 성지은, 2008).

이러한 지식적 · 인식론적 불확실성은 필연적으로 위험에 대한 정의, 평가, 해결책 선택에 첨예한 이해갈등을 야기한다. 각 국가별, 관련 이해집단별로 위험하다고 확인되기 전까지는 안전하다는 입장과 안전하다고 확인될 때까지는 위험하다는 입장이 대립하고 있는 것이다. 이로 인해 그 위험을 평가하는 기준과 대응 수위

4) 이러한 음식을 활용할 때 오랫동안 한 솥에 넣어 대량으로 고아 제공하는 경우가 많다. 프리온은 장기간 끓여도 거의 손상되지 않으므로 이러한 대량 조리체계가 일단 프리온으로 오염될 경우 다수의 사람이 장기간에 걸쳐 반복적으로 프리온에 노출될 수 있다. 노출이 반복될 경우 종간장벽에도 불구하고 질병 발생 위험이 높아질 수밖에 없다.

가 나라마다 다르다. 각 나라별 국민의 요구가 다르고, 식습관이 다르기에 동일한 기준을 적용할 수 없기 때문이다. 한 예로 각국의 사료금지 정책이 다르며, 광우병 특정위험물질(Specified Risk Material, SRM)의 정의 및 처리방법에 대한 국제수역사무국(Office international des épizooties, OIE)[5] 규정이 있으나 국가마다 상황에 따른 규정이 다르다. 인식론적 불확실성과 함께 실제 이를 어떻게 판별할 것이

〈그림 5-1〉 광우병 위험의 다차원적인 불확실성

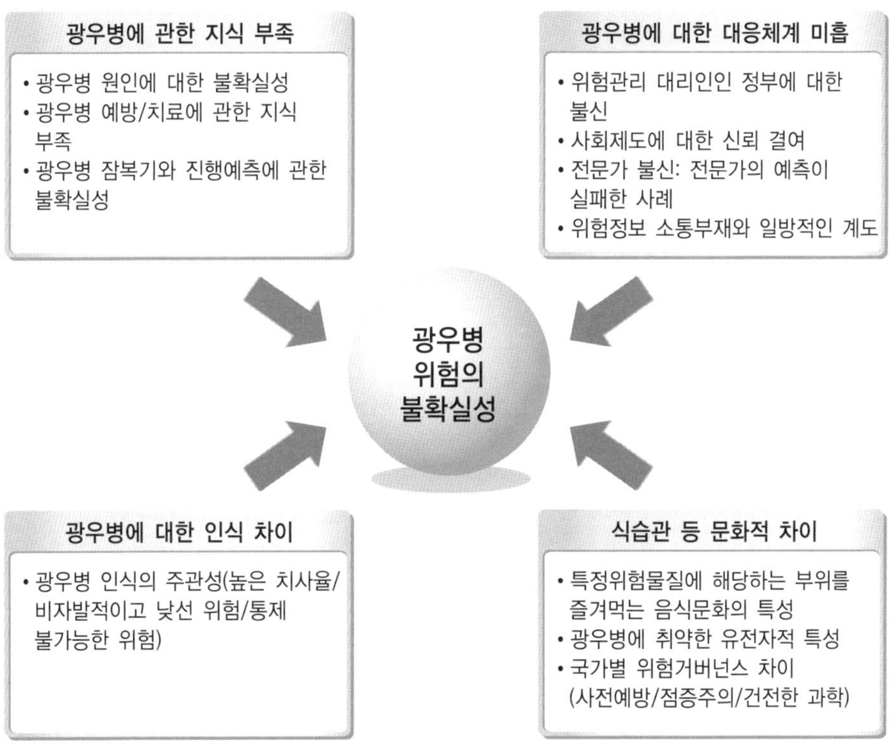

---

5) 국제수역사무국(OIE) 또는 세계동물보건기구(World Organization for Animal Health)는 전염병을 방지하기 위해 설립된 국제기구이다. 1924년 프랑스 파리 시에 설립되었으며, 1995년 동물검역에 관한 국제기준을 수립하는 국제기관으로 공인되었다. 2008년 1월 현재, 172개국이 회원국으로 가입해 있다. 가축의 질병과 그 예방에 대해 연구하고, 회원국의 국제적인 위생규칙에 대한 정보를 제공한다. 2003년 OIE는 세계동물보건기구로 이름을 바꾸었지만, 그 역사를 감안해 OIE란 약칭은 그대로 쓰고 있다. 인간의 보건은 WHO로, 동물의 보건은 OIE로 대칭시킨 것이다(위키 백과).

며, 그 평가 방법이 확실한 것인가에 대한 방법론적 불확실성 또한 존재하고 있다. 대표적인 예가 30개월 연령 소를 치아로 감별이 가능한가의 문제이다.

2. 광우병관련 위험거버넌스 유형

1) 기술관료주의 입장

위험이 확인되지 않은 상황에서는 경제성 등의 편익을 우선시하여 기술을 수용하는 것이 기술관료주의의 입장이다. 그 당시 상황에서 과학적 접근을 통해 문제가 발견되지 않으면 기술은 위험하지 않다는 접근방법이다. 주로 영미계 국가에서 나타나며, 기술 위험에 대한 과학적 평가와 전문가에 의한 의사결정의 이점(benefit)에 초점을 맞춘다. 사전적 위험관리나 규제보다는 사후적 위험관리와 규제가 선호되는데, 이는 새로운 기술의 성분, 형태, 생태학적 특징이 기존의 기술과 유사하다고 보고 위해성이 증명되었을 경우 사후적으로 처방해야 한다는 사후원칙 또는 실질적 동등성의 원칙을 취하고 있는 것이다(성지은, 2008).

구체적인 광우병 대응과 관련하여 미국과 우리나라는 위험 확률에 대한 과학적 평가를 강조하거나 최소한의 규정에 머무르고 있다. 대표적으로 미국은 영국이 차례로 취한 3단계 사료 조치 중 1단계만을 시행하고 있으며, 등뼈에 대한 AMR[6]은 여전히 허용하고 있다. 목장에서는 죽은 동물의 도축을 막지 않으며, 도축소의 0.05%-0.1%만 검사하는 데 불과하고, 그나마도 이력추적시스템은 도입되지 않고 있다. "과학적 근거" 없이 비합리적인 소비자의 요구에 따라 불필요하고 값비싼 검사나 지나친 금지 규제를 하는 것은 결국 축산업의 몰락을 초래한다는 것이다(정태인, 2008). 이처럼 미국의 광우병 관리 체계는 국제적인 기준은 충족하였으

6) AMR(Advanced Meat Recovery, 선진회수육)는 육회수공정의 하나로서 기계적인 공정과 수작업을 모두 포함하는데, 일반적으로는 기계적 공정을 의미한다. 미국 농무부의 규정에 따라 용어가 의미하는 범위가 결정되기 때문에, 규정이 바뀌면 그 범위도 바뀐다. 미국 농무부는, AMR 기계가 살코기를 분리하기 위해 뼈를 갈거나, 부러뜨리거나, 분쇄하는 기능을 하지 못하도록 규제하고 있다. AMR은 본래 공정을 가리키는 말이지만, 이 공정을 통해 얻은 고기(선진회수육)를 AMR이라 부르기도 한다(위키 백과).

나 미온적인 금지와 규제 조치에 머물고 있는 실정이다.

2) 사전예방적 입장

사전예방적 접근(precautionary approach)은 안전이 확인되지 않은 상황이므로 기술 도입을 유보하는 입장이다. 예방 원칙의 핵심은 어떤 활동이 환경, 생태, 인간 등에 대한 위해의 위협을 초래할 경우 인과관계에 대한 명확한 결론이 내려지지 않았더라도 예방적 수단을 취해야 한다는 것이다. 따라서, 예방적 원칙/접근은 치료보다 예방이 낫다는 상식을 논리적으로 확대한 것이다. 이는 유럽 등 대륙계 국가에서 적용되며 사전적인 위험 관리와 규제들이 이루어지는 경우가 많다.

사전예방의 방법 중에서 가장 강력한 것은 "금지와 단계적 철폐"이며, 잠재적인 위해성 활동의 유발자가 입증 책임을 지도록 하는 것, 금지를 포함한 잠재적으로 위해한 활동에 대한 대안의 검토, 영향을 받는 모든 사람들의 참여를 보장하는 민주적 의사결정 등이 포함된다. 사전예방적 입장은 어느 정도의 위험이 수용가능한가에 대해서 묻기보다는 위험을 제거하거나 줄일 수 있는 방안을 모색한다는 데에 또다른 특징이 있다. 이런 점에서 "대안의 모색과 평가"가 중요하게 다루어지고 있으며, 대안이 지향해야 할 목표의 설정 또한 그러하다(한재각, 2002).

유럽과 일본은 철저하게 사전예방의 조치를 취하기 위해 조사비용을 고려하지 않고, 모든 소를 전수 조사하거나 MBM[7] 판매 금지 및 SRM이 들어있는 모든 부위를 제거하고 소각하고 있다. 이러한 조치는 축산업자의 이윤 등 경제적 논리보다는 소비자의 안전을 최우선에 두는 것으로, 위험평가기구의 독립성을 확보하거나 이력추적제, 원산제 표시제를 실시하는 것도 이러한 노력의 일환으로 볼 수 있다.

---

7) 기계적 분리육(mechanically separated meat, MSM)은 기계적 회수육과 대체로 같은 의미로 쓰이지만, 법적인 의미로서의 MSM은 미국 농무부의 규정에 따라, 성분을 기준으로 하여 구분한 고기의 범위를 가리킨다. 이 경우에는 MRM과 의미가 일치하지 않으며, 한국어로는 분쇄육(粉碎肉)이라 부르는 경우가 많다. 즉, 기계적 회수육(MRM)이라 하더라도 법적인 의미로는 성분 기준에 따라 MSM이 아닌 것으로 판정될 수 있다. MSM 중 쇠고기는 따로 MSB(mechanically separated beef)라 부르는 경우가 많다(위키 백과).

3) 참여/숙의민주주의 입장

광우병처럼 위험의 성격이 복잡하고 불확실성이 큰 경우, 이에 대한 위험 평가 및 관리는 중요한 사회적 이슈가 된다. 위험 평가와 해결책을 둘러싼 논란이 증폭하게 되면, 기술관료주의나 사전예방적 문제해결 방식만으로는 더 이상 해결되거나 통용되지 않는 상황이 전개될 가능성이 커진다. 격렬한 사회적 논쟁 상황에서는 전문가가 가장 잘 안다고 가정할 수 없으며, 전문적 지식을 갖춘 전문가들 간에

〈표 5-2〉 위험관리대응의 3가지 전략

	기술관료주의 접근	사전예방적 접근	참여/숙의민주주의 접근
주요 적용 국가	영미계 국가	유럽 등 대륙계 국가	유럽, 일본 등 위험과 관련하여 격렬한 사회적 논쟁을 경험한 국가
주요 입장	위험이 확인되지 않은 상황이므로, 경제성 등의 편익을 위해 기술과 위험 수용	치료보다 예방이 낫다는 원칙을 논리적으로 확대	대중 참여 및 숙의민주주의가 복합적 성격의 위험 문제 해결에 중요한 수단이라는 입장
기술 도입	그 당시 상황에서 과학적 접근을 통해 문제가 발견되지 않으면 기술은 위험하지 않다는 입장	안전이 확인되지 않은 상황이므로, 새로운 기술 도입을 유보	이해관계자들과 일반대중과의 커뮤니케이션을 통해 기술도입 여부를 결정
위험 관리와 규제원칙	위해성이 증명되었을 경우 사후적으로 처방해야 한다는 사후원칙 또는 실질적 동등성의 원칙	사전적인 위험 관리와 규제	사회 구성적 입장에서 위험 관리 및 규제 형성 강조
광우병 관련 정책	- 샘플조사(조사비용 고려) - 과학적 확률과 국제 기준 강조 - 소극적인 사료금지 조치 - 미온적인 SRM 정책	- 전수 조사(철저한 안전 고려) - 육골분 사료 전면 금지 - SRM 전량 제거 및 소각 - 이력추적제, 원산제 표시제	- 협의회, 합의회의 구성 - 시민배심원제 - 이해관계자 대화 - 위험정보 공개 - 합의형성 절차 강조 - 민관 공동 감시평가단 구성 등 대중 참여 제도화

도 위험에 대한 평가와 해결책이 불일치할 가능성이 커진다.

이런 경우 참여와 위험커뮤니케이션의 중요성이 높아지게 되는데, 이해관계자들과 일반 대중들의 참여 유도, 정보 제공을 통한 위험 지각 강화 및 신뢰 구축이 복합적 성격의 위험문제 해결에 중요한 수단이 될 수 있기 때문이다.

대표적으로 유럽과 일본에서는 광우병 파동을 겪으면서 참여 및 숙의민주주의 입장이 강화되어 왔다. 민-관 협의회, 민-관 공동 광우병감시평가단 구성, 합의회의, 시민배심원제, 이해관계자 대화 등 대중의 의사결정 참여가 제도화되었으며, 이 과정에서 합의 형성의 절차가 강조되어 왔다. 이외에 정책결정의 투명성 확보, 소비자 중심의 식품안전행정 일원화, 위험평가와 관리기구의 분리, 위험평가기구의 독립성 확보도 참여 및 숙의 민주주의를 구현하기 위한 일차적인 노력의 일환으로 볼 수 있다.

제 4 절 광우병 위험의 불확실성

1. 광우병에 대한 불확실성

광우병은 그 원인과 치료 방법에 대한 지식이 여전히 불확실하다. 지식의 불확실성은 위험에 대한 인식론적 불확실성을 가져오게 되는데, 이에 대한 논란의 내용을 살펴보면 다음과 같다.

1) 광우병 원인의 불확실성

AI, 광우병 등 신종전염병은 20세기 말에 새롭게 발생한 질병으로 현재까지도 완전히 규명되지 않았으며, 그 예방이나 치료의 방법 또한 알려져 있지 않은 상태이다. 과학자들 사이에서 광우병의 발생 원인조차 엇갈리고 있으며, 이를 어떻게 정확하게 진단하고 치료할 것인가에 대해 아직 신빙성 있는 과학적 해답을 얻지 못한 상태이다.

그동안 광우병 발병 원인에 관한 과학적 논란은 비정상 단백질 결정화 이론(칼레턴 가이듀섹), 프리온설(스텐리 프루지너), 스크래피연관섬유(SAF)설(메르즈), 유사바이러스 입자설(하이노 디린거, 로라 마누엘리디스), 스피로플라스마설(프랭크 O. 배스티언), 바이리노설(앨런 디킨슨) 등 다양한 학설에 의해 진행되었다(박상표, 2006).

이 중에서 광우병 원인의 가장 유력한 가설은 "변형 프리온 단백질"이다. 미국 캘리포니아대 스탠리 프루지너 교수는 대량 정제한 프리온에 변형 프리온을 가하면, 정상 프리온이 변형 프리온으로 바뀐다는 것을 알아내 1997년 노벨상을 받았다. 하지만 이것은 10년이 지난 지금도 여전히 가설로 남아 있어, 이론으로 승격되지 못한 상태이다.[8)]

프리온설이 유력한 학설로 자리잡고 있으나 여전히 많은 과학자들은 세균이나 바이러스, 진균(곰팡이) 등과 같은 생명체로서의 광우병 바이러스 원인 가능설을 꾸준히 제기하고 있다. 프루시너 박사의 광우병 프리온 원인설은 현대의학의 기본체계를 뒤집어 놓은 것으로, 여전히 많은 과학자들은 어떻게 생명체의 가장 기본적인 요소인 핵산조차도 함유하지 않은 단백질 입자인 프리온이 광우병을 일으키며, 또 전염력까지 가질 수 있는가에 대해 의문을 제기하고 있다.

1950년대 이후 오랫동안 많은 과학자들은 광우병 바이러스 원인설에 기반을 두고 스크래피의 원인을 "지발성 바이러스(slow virus)"라고 생각해 왔다. 최근에는 미국 예일대 로라 마누엘리디스 박사가 2007년 1월 미국국립과학원회보(PNAS)에 "광우병과 인간광우병의 원인은 변형 프리온 단백질이 아니라 바이러스"라고 주장했다. 이 연구팀은 "스크래피와 크로이츠펠트-야콥병에 감염되지 않은 정상 프리온 단백질을 함유한 신경세포에서는 이러한 분자가 없었다."며, "이 입자는 프리온 단백질의 항체와도 관련이 없었고, 프리온 단백질도 함유하고 있지 않기 때문

8) 1990년대 초, 프루지너는 분자생물학과 단백질 연구 분야의 최신기술을 이용하여 프리온의 특이한 성격을 보여줌으로써 많은 과학자들에게 지지를 받았다. 특히, 이식 유전자 실험과 결손 유전자 실험의 성공은 프리온 이론이 과학자 사회에 널리 퍼지는 큰 전환점이 되었다. 그러나 유전자 조작을 통해 만들어낸 프리온 단백질의 감염성과 병원체의 계통적 다양성에 대해 명확한 과학적 근거를 제시하지 못했다. 프리온을 둘러싼 학계의 논쟁은 1997년 프루지너의 노벨의학상 수상으로 일단락되었다(김기홍, 2009).

에, 오직 바이러스만이 감염 원인체가 될 수 있다."고 주장했다(http://www.newscham.net/news/view.php?board=news&nid=38800).

하지만 광우병 바이러스 원인설이 당장 프리시너 박사의 프리온 가설을 뒤엎기에는 설득력이 부족한 상태이다. 바이러스설이 과학적으로 입증되기 위해서는 일단 특정 바이러스를 반복해서 분리해야 하며, 동물 실험과 시험관 실험 등을 통해서 바이러스의 전염력이 확인되어야만 한다. 또한, 광우병 바이러스의 다양한 변종도 밝혀내야 한다. 영국의 과학자들은 20가지 이상의 스크래피 변종을 판별해낸 것을 바탕으로 스크래피와 광우병(BSE)은 서로 다른 원인에 의해 발생한 것이라고 주장하고 있다. 이탈리아, 일본, 미국 등에서 발생한 비정형 광우병이 어떠한 변종인지를 파악하는 것도 과학자들이 풀어야 할 숙제라고 할 수 있다(박상표, 2007).

2) 광우병 잠복기와 진행 예측에 대한 불확실성

현재 과학자들은 AI, BSE 등 신종전염병의 잠복기와 진행예측에 대해서도 여전히 논쟁 중이다. 일부 과학자들은 2000년 이후 vCJD 발병 건수가 지속적으로 감소하고 있다는 점을 들어, 이 질병이 몇 년 안에 사라질 것이라고 예상하고 있다. 반면, 또 다른 전문가들은 인간광우병이 지속적인 감소 추세에 있기는 하지만, 인간광우병의 잠복기가 30년-50년 이상이 될 수도 있다는 점에서 광우병과 인간광우병을 낙관적으로 과소평가하는 것은 위험하다고 지적한다. 그 논쟁 내용을 보다 구체적으로 살펴보면, 다음과 같다.

영국 에든버러대학의 DNA 분석 연구자들은 2006년 5월 〈영국 의학저널(British Medical Journal)〉(vol 332)에 "사람 프리온 단백질(PrP) 유전자형인 VV형을 지닌 사람이 오랜 잠복기로 인해 무증상 보균자로 수혈이나 수술을 통해 인간광우병(vCJD)을 전염시킬 수 있다."는 연구 결과를 발표함으로써 광우병 재앙을 경고했다. 에든버러대학 연구팀의 결과는 현재 발병하지 않은 잠복기 상태의 인간광우병 환자가 앞으로 더 많이 확인될 것이라는 예측을 하고 있는 셈이다. 2006년 6월 24일에 발간된 의학 전문지〈랜싯(The Lancet)〉에서도 인간광우병(vCJD)은 잠복기가 길고, 치료약이 없기 때문에 결국 세계적인 대재앙을 초래할 전염병이 될 가능성이 높다는 연구논문을 싣기도 했다(http://www.vetnews.or.kr/). 더 나아가 〈얼굴 없는 공포, 광우병 그리고 숨겨진 치매〉를 쓴 콤 켈러허 박사도 광우병에 대해 계속 관심을 가져야 한다고 주장하고 있다. 새로운 프라이온 질병(CJD)이 발병하고, 자연 발생하는 것으로 알려진 산발성 크로이츠펠트-야콥병(sCJD)이 "광우병 쇠고기로 인해 발병할 수도 있다."는 가능성을 제기하고 있는 것이다. 그는 또 많은 사람들이 믿는 것처럼 쇠고기의 살코기도 안전하지 않으며, 광우병의 위험이 여전히 잔존하고 있다고 말한다.

이에 대한 반론으로 〈과학이 광우병을 말하다〉의 저자 유수민(필명)은 제2의 광우병의 유행이 와도 그 수가 200명이 넘지 않을 것으로 전망한다. 2008년 5월 27일 영국이 국제수역사무국(OIE)으로부터 "광우병 통제 국가"의 지위를 획득했으며, 그만큼 광우병 위험이 줄어들었다는 주장이다. 이와 함께 "광우병 소의 부산물을 섭취해서 sCJD에 걸릴 수 있다는 주장은 아직 검증되지 않았고, 생쥐와 햄스터를 대상으로 한 실험에서는 그럴 가능성이 확인되었지만, 영장류를 대상으로 한 실험은 49개월째 진행 중임에도 아직 아무런 이상이 나타나지 않고 있다."며 1-2년은 더 기다려야 사실 여부를 확인할 수 있다고 말한다.

3) 광우병에 걸릴 확률에 대한 불확실성

현재 광우병의 확산정도 및 경로, 잠복기간에 대한 정확한 정보가 없기 때문에 광우병 발생 확률에 대해 예측이 불가능한 실정이다. 일부 전문가들은 상당한 수의 광우병 소가 오랫동안 유통된 영국에서 광우병에 걸려 사망한 사람 수와, 소-인간 사이에 있는 종간(種間) 장벽 등을 고려해서 그 확률을 수 천만분의 1로 잡기도 한다. 로또 1등에 당첨될 확률인 800만분의 1, 벼락에 맞아 죽을 확률인 100만분의 1보다 훨씬 더 낮은 확률이라는 것이다.

그러나 이와 의견을 달리하는 전문가들은 이러한 "확률"의 문제점과 무의미함을 주장하고 있다.[9] 광우병의 발병 매커니즘뿐만 아니라 원인물질이 무엇인지조차 명확하게 밝혀지지 않은 상태에서 광우병의 "확률적" 위험에 대해 어떤 단언도 내리기 어렵다는 것이다. 지금까지 우리가 광우병에 대해 축적한 데이터와 지식은 그

것을 가지고 광우병에 대해 어떤 확언을 하기에는 굉장히 적고 협소하기 때문이다.

이에 따라 영국에서는 “2차 광우병 파도가 올지 모른다.”는 추측과 “육골분 사료가 아니더라도 광우병이 발생할지 모른다(인간의 치매나 알츠하이머처럼 소에게서도 광우병이 자연 발생할 수 있다는 말이다).”는 주장이 나오고 있다. 물론, 이 같은 문제 제기와 이론은 아직 과학적으로 검증되지 않았으며, 사례도 부족하다. 그렇지만 “인간도 광우병에 감염될 수 있다.”, “수혈로 인간광우병이 전염될 수 있다.”는 추측이 모두 사실로 드러났다는 점에서 여전히 결론은 열려 있다고 할 수 있다.

4) 광우병과 CJD · vCJD와의 연계 가능성

현재 광우병과 사람에게서 발생되는 크로이츠펠트-야콥병(Creutzfeldt-Jakob Disease; CJD)의 관련 가능성이 초미의 관심사가 되고 있다. 광우병을 일으키는 프리온은 사람에게 발생한 기존 크로이츠펠트-야콥병의 프리온과는 다른 것으로 알려져 있으며, 따라서 소에서 유래한 병은 변종크로이츠펠트-야콥병(variant Creutzfeldt-Jakob Disease; vCJD)으로 구별하여 명명하고 있다. 우선, vCJD는 CJD와는 확연히 다른 질병이다. 최근 14개월 간의 vCJD발병환자들의 증상을 CJD 증상과 비교할 때, vCJD에 감염된 환자는 우울증과 같은 초기 정신질환증세와 근육기능저하를 보이고 후기에 치매증상을 보이는 것으로 나타났으며, 현재까지 vCJD는 55세 미만의 연령에서 발생하였지만, CJD는 일반적으로 55세 이상의 연령층에서 발병한다. 그러나 최근의 연구에 따르면 사람이 광우병에 감염된 소의 중추신경계조직이 포함된 제품을 먹은 후 vCJD에 걸린 사례를 통해 소의 BSE와 인간의 vCJD가 관련되어 있다는 사실이 확인되었다. 현재는 감염된 소의 뇌, 척수 및 안구조직에서만 질병전파의 원인이 되는 BSE 감염물질이 발견된다고 보고되었

9) 광우병이 발병할 확률에 대한 해석을 둘러싸고 국내 전문가도 큰 의견 차이를 보이고 있다. 연세대 신동천(예방의학) 교수는 “현대사회에서 ‘절대적인 위험률 제로’는 없으나 현 상황에서만 보자면 미국 쇠고기로 우리나라 사람이 광우병에 걸릴 확률이 거의 없다.”며 “위험률이 ‘제로’는 아니지만 ‘무시해도 좋을 수준’으로 볼 수 있다.”고 주장한다. 반면, 서울대 우희종(수의대) 교수는 “확률이 아무리 낮아도 질병에 관한한 ‘사전 예방의 원칙’이 중요하다.”며 “막연한 공포도 문제지만, 위험성이 조금이라도 있다면 정부가 그것을 인정하고 대책을 마련해야 한다.”고 주장한다(중앙 SUNDAY, 2008/5/4일자).

다. 또한, vCJD환자에 대해 유전자조사를 한 결과 모두가 프리온 단백질 구성 물질 유전자의 아미노산 중 하나인 메티오닌이 코돈(codon)129에서 상동인 것으로 판명되었다. 따라서, 이러한 유전적 공통점이 질병에 감염될 수 있는 유전적 소인이 되는가를 조사 중에 있다(http://www.gmo.re.kr/?document_srl=754).

〈표 5-3〉 CJD와 vCJD의 특징 비교

	CJD	vCJD
발견	- 1920년대 독일 정신과의사 Hans Gerhard Creutzfeldt와 Alphons Maria Jakob이 발견	- 1996년 3월 영국에서 최초 보고됨.
발생	- 매년 전 세계적으로 백만명당 1명꼴로 발병하며 연령이 높아짐에 따라 발병률이 높음. - 일반적으로 55세 이상에서 발병	- 2001년 1월 3일 현재 영국 88명, 프랑스 3명, 아일랜드 1명으로 총 92명의 진성 및 의사환자 발생 - 일부 10대를 포함하여 대부분 55세 미만의 연령에서 발생 - 현재 국내에서는 발생보고가 없었음.
감염	- Sporadic form의 발생원은 알 수 없으나 이것이 전체 CJD 발생 가운데 85%의 원인임.	- 영국의 최근 연구에 따르면 사람이 BSE 감염우의 신경조직이 포함된 제품 섭취 후 vCJD가 발병하는 점에 미뤄 BSE와 vCJD가 관련 있음을 시사하고 있음.
증상	- 집중력 상실, 무기력감, 불안증상이 있은 후 흥분, 치매증상 및 근육경련 등 - 평균적으로 약 4개월간 질병 증상이 지속	- 우울증과 같은 초기 정신질환증세와 근육기능저하를 보이고 후기에 치매증상을 보임. - 평균적으로 약 14개월 정도 질병 증상이 지속

출처: http://www.gmo.re.kr/?document_srl=754

5) 광우병에 취약한 유전자

또한, 한국인을 포함한 동아시아인이 유럽인에 비해 유전적으로 광우병에 걸리기 쉽다는 주장도 제기되고 있다. 영국에서 발생한 인간 광우병인 변형 크로이츠펠트-야콥병의 경우 현재까지 보고된 환자 98%가 모두 MM형이었고, 한림대 의료팀이 한국인 500명을 대상으로 검사한 결과 MM 유전자가 94.5%로 밝혀졌다는 것이다.[10] 이 연구팀은 2003년 5월 29일자에 기고한 논문을 통해 “국립보건원과의 공동연구로 국내 정상인 500명을 대상으로 프리온 유전자의 코돈 129번 다형성을 분석한 결과 95%에서 메티오닌 동질접합체가 나타나 우리나라가 전 세계에서 제일 높은 메티오닌 동질접합체를 가지고 있는 민족으로 보고될 전망이다.”고

〈표 5-4〉 광우병을 둘러싼 논란

	프리온 설	바이러스 설
광우병 원인	미국캘리포니아대 스탠리 프루시너 교수 가설: 변형 프리온	미국 예일대 로라 마누엘라디스 교수 가설: 바이러스
광우병 잠복기와 진행 예측	몇 년 안에 사라질 질병	잠복기가 30-50년 이상이므로 낙관적인 예측이 어렵다.
광우병 확률	정부, 과학자(예: 연세대학교 신동천 교수): 광우병 감염확률 낮다.	일부 과학자(예: 서울대 우희종 교수), 일반 국민: 확률논쟁 무의미
광우병에 취약한 한국인 유전자	미국이나 영국에 사는 아시아인들의 발병률이 높다는 근거는 없다.	잠복기를 고려하면 지금은 많지 않지만, 앞으로 나타날 가능성이 있다(광우병 환자의 98%가 MM 프리온 형질, 한림대 김용선 교수팀)
광우병과 sCJD와의 연계 가능성	〈과학이 광우병을 말하다〉의 저자인 유수민(필명): 광우병 소의 부산물을 섭취해서 sCJD에 걸릴 수 있다는 주장은 아직 검증되지 않음.	〈얼굴 없는 공포, 광우병 그리고 숨겨진 치매〉의 저자인 콤 켈러허 박사: 광우병 쇠고기와 새로운 프라이온 질병(CJD)과 자연 발생하는 것으로 알려진 산발성 크로이츠펠트-야콥병(sCJD)과의 연계 가능성 제시

10) 일반 인구의 PRNP 유전형 분포를 볼 때 유럽 백인의 경우 MM 41%, MV 47%, VV 12% 수준이며, 서아시아의 경우 MM형이 60% 수준으로 올라가고, 우리나라를 비롯해 일본, 타이완 등에서 보고된 PRNP 유전형은 MM형이 92-97%로 압도적으로 많다.

밝혔다. 아울러, 김 교수는 "이와 같은 사실은 최근 학계에 보고된 변종 CJD의 경우 코돈 129번 다형성은 100% 메티오닌 동질접합체에만 나타나기 때문에 국내 정상인이 광우병에 걸린 쇠고기를 섭취할 경우 변종 CJD에 걸릴 확률이 전 세계적으로 제일 높다는 것을 암시"한다고 주장했다(메디컬 업저버, 2003.1.16; 김용선, 2004).

2. 광우병위험 쇠고기 수입 논란과 식품안전 기준

광우병 위험에 대한 인식의 차이는 광우병 검사의 범위를 어디까지로 정할 것인가, 그리고 광우병으로부터 안전한 소의 연령과 부위는 어디이며, 어디까지 안전부위로 허용할 것인가 등에 대한 상당한 사회적 · 경제적 · 정치적 논란을 유발하게 된다. 이와 함께 이를 방법론적으로 어떻게 규명할 것이며, 그 방법은 정확한 것인가에 대한 논란이 계속 이어지고 있다. 이와 관련된 논란의 내용을 구체적으로 살펴보면, 다음과 같다.

1) 광우병 검사의 범위

광우병 위험 쇠고기 수입문제와 관련하여 광우병 원인 물질인 변형 프리온을 일본처럼 전수검사를 통해 "0"에 가깝게 차단할 것인지, 99%의 광우병이 30개월령 이상에서 발생하므로 30월령 이상까지만 차단하면 되는 것인지 등에 대한 개념과 기준이 명확하게 설정되어 있지 않다. 이렇게 위험물질에 대한 기준이 설정되지 않으면 원산지표시제를 강화하거나 이력추적제를 정비해도 근본적으로 위험물질이 차단되지 않으므로, 위험요소는 그대로 존재한다. 무엇보다도 현재 가축이 살아있는 상태에서 광우병을 진단할 수 있는 혈청학적 진단방법이 개발되어 있지 않기 때문에 죽은 가축의 뇌 및 척수 신경조직의 정밀검사에 의해서만 진단이 가능한 상황이다(박상표, 2007).

그 예로 영국은 동물사료를 금지한 후 전수조사과정에서 30개월령 이상 100마리 중 1마리 꼴로 광우병 소가 발견되었다. 반면, 지금까지 육골분을 허용해 왔던 미국 소에서 광우병이 발견되지 않았다는 점에는 의문이 제기될 수밖에 없다. 이를 통해 광우병 소를 은폐하거나 도축되기 전에 폐기 처분했다는 가능성과 함께 검사 범위를 확대한다면 미국의 소에서도 광우병 소가 지금보다 훨씬 더 많이 발견될 수 있다는 의문이 제기될 수 있다.

2) 30개월령 미만 소의 안전성

미국산 쇠고기 수입을 둘러싸고 문제가 되었던 것은 개정된 수입위생조건으로 들어오는 미국산 쇠고기가 광우병으로부터 안전한가라는 점이었다. 이명박 정부와 미국 정부는 국제수역사무국(OIE)의 기준을 근거로 30개월 미만의 소는 광우병(BSE)의 위험으로부터 안전하다고 주장하고 있다. 그러나 30개월 미만의 소에서 영국의 경우 최소한 19건의 광우병 사례가 확인되었으며, 일본에서도 2건의 광우병 사례가 발생했다. 또한 유럽연합에서는 표본추출 프로그램을 통해 생후 30개월 미만의 소에서 독일 2건, 폴란드 1건 등 모두 3건의 광우병 양성을 확인하였다. 영국 환경식품농촌지역부(DEFRA)의 공식 홈페이지와 유럽연합 과학위원회(EC/SSC)에서도 "30개월 미만 소의 광우병 임상증상 발생률은 약 0.05%"라고 밝히고 있다(http://savenature.tistory.com/1755; http://www.newscham.net/news/view.php?board=news&nid=36197).

이처럼 30개월령 이하에서도 광우병이 발생하고 있으며, 근육에도 프리온이 존재한다는 결과가 지속적으로 나오고 있다. 이러한 과학적 결과나 실제 사례로 인해 30개월령 미만의 쇠고기가 광우병으로부터 안전하다는 OIE 기준과 미국산 쇠고기의 안전성은 여전히 논란이 되고 있다. 이에 따라 일본은 미국산 쇠고기에 대해 "20개월 미만"만 수입하도록 하고 있으며, 중국 · 대만 · 홍콩 등 아시아 주요 국가들도 미국산 쇠고기에 대한 연령 제한을 풀지 않고 있다(경향신문, 2008.4.18).

3) SRM의 범위와 살코기의 안전성

광우병 특정위험물질(Specified Risk Materials, 이하 SRM)은 뇌, 내장, 척수, 안구, 배근신경절, 편도, 삼차신경절 등 광우병을 일으키는 변형 프리온 단백질이 많이 들어 있는 부위를 뜻한다. 쇠고기의 경우 통상 뇌, 눈, 척수, 창자 등 몇몇 기관들이 여기에 해당되는데, 그 기준은 국가별로 다르다. 이에 따라 EU에서는 십이장부터 직장을 포함하는 곱창 전체 및 장간막(mesentery)을 SRM으로 규정하여 30개월 미만에서도 제거하고 있으나, 미국은 소장(small intestine)의 끝에 달린 회장원위부(distal ileum)만을 규정하고 있다(데일리NK, 2008.6.4).

광우병 발병인자가 들어 있는 부위 규정도 시간에 따라 점차 변화하고 있는데, 최근에는 SRM을 포함하여, 근육, 혈액, 젤라틴, 우유 등 동물의 거의 모든 부위로 확대되고 있다. 더 나아가 돼지가죽지갑, 닭의 분변으로 만든 비료, 수술용 봉합실, 크로이츠펠트-야콥병 환자의 조직 이식, 인체 성장 호르몬, 치료수술기구, 도축장의 작업용 전기톱과 칼, 음식물 쓰레기 등에도 발병인자가 들어 있을 수 있다는 것이 세계 과학자들의 주장이다(박상표, 2006).

특히, 논란이 되는 것은 쇠고기 부위 중 살코기로 당초 광우병 위험으로부터 안전하다고 알려져 있었지만, 최근 이 역시 안전하지 않다는 증거가 계속 나오고 있다. 스위스의 과학자 Adriano Aguzzi는 지난 2003년 《The New England Journal of Medicine》에 “산발성 크로이츠펠트-야콥병(sCJD)에 걸린 사람 32명 중 8명의 근육에서 위험한 프리온 단백질을 발견했다.”고 발표했다. 일본 정부도 살코기에 프리온이 있다는 과학적 증거를 제시했다. 일본에서는 살아 있는 상태에서 광우병의 임상증상이 전혀 확인되지 않았는데도 불구하고, 변형프리온 단백질이 몇몇 말초신경조직으로부터 검출된 사례가 2개나 있다고 보고했다. 게다가 광우병 감염소의 근육을 접종한 10마리의 쥐 중 1마리에서 광우병 병원체의 축적이 확인되었다(Buschmann, A & Groschup, 2005). 프리온 연구로 노벨 생리의학상을 수상한 프루시너 박사도 살코기를 통해 프리온이 전파될 수 있으며, 저농도의 프리온이 상당량 축적됨으로써 광우병을 불러일으킬 수 있음을 쥐 실험을 통해 증명했다. 이처럼 당초 알려진 SRM의 범위를 뛰어넘어 살코기까지도 안전하지 않다는 결과가 지속적으로 나오고 있다(박상표, 2006; http://cafe.naver.com/madcowlmo.cafe).

4) 치아판별법의 효용성

광우병 소의 나이가 논란이 되면서 나이를 치아로 판별할 수 있느냐의 여부 또한 논란이 되고 있다. 치아감별법은 소 이빨의 탈락, 마모 정도 등을 기준으로 나이를 감별하는 방법으로, 우리나라 정부당국(예: 농림수산식품부)과 미국은 이것이 객관적으로 신뢰할 수 있는 기준임을 주장하고 있다.

그러나 캐나다 식품검사국(CFIA)은 "소의 나이를 확정할 때 품종 등록 문서와 같은 추가적인 문서가 제공되지 않는다면, 치아 조사만으로 소의 나이를 30개월령 미만인지, 그 이상인지 증명할 수 없다."고 밝히고 있다. 이때 품종 등록 문서에는 출생기록, 부모, 소유자, 사육농장 등의 정보가 기록되어 있다. 또한, 치아판별법의 어려움을 주장하는 전문가들(예: 박상표 "국민건강을 위한 수의사연대" 편집국장)에 의

〈표 5-5〉 광우병 위험 쇠고기를 둘러싼 인식론적 · 방법론적 논란의 차이

	인식론적 논란	방법론적 논란
광우병 검사	99%의 광우병이 30개월령 이상에서 발생하므로 30개월 이상만 검사	전수조사 필요
쇠고기 연령제한	30개월 미만이면 안전(OIE, 한국 정부)	20개월 미만이어야 안전(일본)
광우병 특정위험물질(SRM)	30개월령 이상에서만 SRM 제거 필요(OIE)	99%가 SRM에 몰려 있으며, 이 부위는 1g 미만의 소량으로도 광우병 발생
살코기의 안전성	살코기는 안전	살코기도 안전하지 않음.
치아감별법	치아조사로 소의 연령 구분(농림부 등 정부 당국)	치아감별법의 어려움 제기
OIE 기준	99%의 안전 보장	최소한의 안전만 보장

하면, 소의 치열(dentition)은 품종, 지역적 위치, 유전적 특성, 먹이 등에 따라 개체 차이가 심하기 때문에 이것만으로는 소의 나이를 확정할 수 없다고 지적하고 있다. 광우병 비상이 걸린 일본에서 모든 소를 대상으로 광우병 검사를 한 것도 치열 감별만으로 나이 확인이 어려웠기 때문이다(프레시안, 2006.5.4). 이로 인해 치아감별법은 국제적으로 SRM의 수입여부를 결정하는 정확한 나이 판정법으로 사용되고 있지 않으며, 미국 렌더링 협회에서도 치아감별법으로는 정확한 연령 판별이 불가능하다는 점을 인정하고 있다(우희종, 2008.10). 이에 따라 미국산 쇠고기가 안전하지 않다는 쪽에서는 0.1%에 불과한 미국 소의 검사비율과 치아로 월령을 판별하는 방법 등에 비추어 볼 때 우리나라의 미국산 쇠고기 수입조건은 위험하다고 주장한다. 특히, 한국은 소의 창자를 소비하는 국가라서 더욱 정확한 월령 판별이 중요하기 때문에 치아판별법으로는 한계가 있다는 주장이 계속 제기되고 있다.

제 5 절 광우병 관련 위험거버넌스

1. 유럽의 위험거버넌스: 기술관료주의에서 참여민주주의적/사전예방적 접근으로 전환

1) 유럽의 광우병 정책 개요

(1) 기술관료주의의 실패와 국민 불신

광우병의 진원지인 영국정부의 광우병 대책은 소비자 안전보다는 축산업자들의 이윤을 보호하는 데 주로 초점이 맞춰져 있었으며[11] 정부 당국과 일부 전문가가 비

11) 광우병이 스크래피에서 파생되었다는 가정으로 인해 영국 관료들은 광우병 쇠고기의 섭취로 인간에게 전염될 가능성은 거의 없다고 생각했다. 인간은 수백년 동안 스크래피에 감염된 양고기를 먹어 왔지만 스크래피에 감염되지 않았기 때문이다. 영국 관료들은 비록 광우병 발병이 축산업에 막대한 손실을 가

밀리에 관리했기 때문에 언론이나 대중은 이에 대해 전혀 몰랐다.[12] EU 정부들도 축산 농가를 우선 보호하려고 했으며, 광우병에 대한 정보가 제한적인 상황에서 무조건 소비자들을 안심시키려고 애썼다.

1990년대 후반 소에게만 전염되는 것으로 알려졌던 광우병이 인간에게 전염될 수 있다는 사실이 알려지면서 광우병에 대한 공포는 차원을 달리하기 시작했다. 영국 정부는 지난 1996년 3월 소에서 발병하는 광우병이 인간에게 전염될 수 있다는 사실을 처음으로 시인했다. 영국을 비롯한 EU 회원국들은 광우병이 인간에게 전이되지 않는다고 했다가 그것이 인간에게 치명적인 것으로 드러나자, 소의 특정 부위, 특정 연령 이하의 소는 안전하다는 식으로 입장을 바꾸었다.

그러나 광우병 우려가 있는 이른바 "특정위험" 쇠고기 부위는 계속 늘어 왔으며, 광우병 안전 소의 연령도 거듭 하향 조정되었다. 정부의 지나친 홍보와 달리 미국산 쇠고기의 광우병 위험성이 점점 드러나면서, 소비자들의 쇠고기에 대한 불안, 정부 당국의 광우병 조치에 대한 불신은 더욱 커져 왔다. 소비자 안전보다는 축산농가 보호를 우선시한 이 같은 정책은 결국 더 큰 소비자 불신을 불러와 다시 축산업계에 대한 더 큰 타격으로 이어졌다(성지은 · 정병걸 · 송위진, 2007; 성지은, 2008).

이를 계기로 유럽은 광우병 위험 대책으로 전문가와 일반시민의 커뮤니케이션 방법, 소비자 단체나 NGO, 산업계 등 다양한 이해관계자들의 의사소통 방법을 연구하게 되었다. 이러한 연구와 검토를 통해 행정기관과 전문가는 시민에 대해 "투명성", "독립성", "성실"의 태도를 유지해야 한다는 것을 공통적으로 인식하게 되었다(박희주, 2008).

져오긴 하겠지만, 사람이 감염될 위험은 없다고 결론 내렸다. 따라서, 정부에서 내린 첫번째 금지조치, 즉 반추동물 파생 단백질 사료 금지 조치는 가축업자를 보호하기 위한 목적이었다(리차드 로즈, 2006).

12) 영국 정부도 처음부터 광우병의 심각성을 정확히 인식했던 것은 아니었다. 중앙수의학연구소(CVL)도 1986년 말 영국 내 몇 군데 가축 사료장에서 확인된 광우병 사실을 알지 못했으며, 보고조차 하지 않았다. 이후 1988년부터 1990년까지 학계에서는 광우병이 전염성이 있다는 사실을 각종 동물실험을 통해 증명했으나, 영국 정부는 도산 위기에 놓인 수만 농가의 생계를 우려한 나머지 쇠고기를 먹어도 안전하다는 캠페인을 벌였다.

(2) 대중의 참여 및 커뮤니케이션 강조

유럽에서는 광우병 사건 발생 후 식품업계와 정부의 규정을 불신하게 되면서 예방적 차원의 대응이 주를 이루기 시작했다. 초기에는 일부 전문가와 정부 당국이 중심이 되었으나, 점차 일반 대중의 위험 인식이 중요한 요소로 강조되었다. 위험 논의가 과학적인 사실 여부를 뛰어넘어 정치적 · 윤리적 쟁점을 다루게 되면서, 그 중심에 대중의 참여 및 커뮤니케이션이 강조되었던 것이다. 유럽에서는 대표적으로 광우병 파동, 유전자조작식품에 대한 대중의 거부감과 반대 운동 등이 전개되면서 합의회의, 시민배심원제, 이해관계자의 대화 등과 같은 대중이 참여하는 의사결정과정이 활발히 이루어지고 있다.

이와 함께 여러 시행착오를 거치면서 정보를 투명하게 공개하거나 일반대중의 정책 참여를 제도화하는 등 정책의 투명성과 일반대중과의 커뮤니케이션을 강조하는 방향으로 제도 설계가 이루어지고 있다. 현재 광우병의 진원지였던 영국에서는 광우병 문제를 농림부에만 한정시키지 않고, 독립된 과학전문가들의 자문을 활용, 최종 결정은 정부 내에서 취하고 있다. 영국 정부는 광우병 쇠고기뿐만 아니라 의약품과 화장품 등을 포함한 전반적인 오염물질의 잠재적 위험성을 지닌 제품들을 일반 대중에게 적극 알리고 업계 종사자들에 대한 적절한 안전 대책 마련에 나서고 있다(문화일보, 2001.2.20).

(3) 소비자 중심으로 식품안전행정 일원화

광우병 파동 등 전 세계적으로 식품 안전에 대한 소비자의 우려가 증폭된 1990년대 후반 들어 캐나다, 덴마크, 독일, 아일랜드, 네덜란드, 뉴질랜드, 영국 등 7개국이 식품안전 행정을 일원화했다. 식품안전관리 또는 식품안전법령 집행을 위해 단일 기관을 설립했으며, 식품안전행정 업무를 생산자보다는 소비자 중심으로 일원화한 것이다. EU 차원에서는 국가 간 다원화된 식품 관리 규정으로는 일관성 있는 효율적 식품 안전 관리가 불가능하다는 결론을 내리고, 2000년 4월 식품 안전에 관한 백서를 발표해 유럽과 각국 차원의 다양한 식품 규정이 조화를 이룰 수 있도록 일반식품 규정을 제정하였으며 유럽식품청 설립을 추진하였다.

캐나다와 덴마크가 1997년 식품감시청(CFIA)과 수의식품청(DVFA)으로 식품안전행정을 일원화한 데 이어 아일랜드는 1998년 아일랜드식품안전청(FSAI)을 설립했다. 또 2000년에는 영국이 식품기준청(FSA)으로 식품행정 일원화를 이루었으며, 2002년에는 독일이 연방소비자보호 · 식품안전국으로, 네덜란드는 식품소비자제품안전청으로, 뉴질랜드는 식품규격청(NZFSA)으로 식품안전행정을 통합하는 성과를 거두었다. 이를 통해 식품안전 위해에 근거한 중점적인 감시 업무와 일관되고 시의적절한 규정의 집행이 가능해졌고, 책임소재가 명확해지게 되었다.

(4) 위험평가와 관리기구의 분리와 위험평가기구의 독립성 확보

광우병 사태 이전까지 유럽에서는 정치적 입김으로부터 벗어나 과학적이고 객관적으로 이루어져야 할 위험평가(risk assessment)와 당국의 집행력이 뒷받침되어야 하는 위험관리(risk management) 업무가 독립기구가 아닌 정부 산하 기관에 집중되어 있었으며, 그 개념조차 명확하게 정립되지 않았다.

광우병을 계기로 영국은 정부로부터 독립적인 비내각 부처인 식품기준청(FSA)을 설립하였다. 이 기구는 보건부에 딸린 기관이지만 독립성이 엄격히 확보되어 독자적으로 조사한 결과를 장관에게 보고하지 않고 자유롭게 공표한다. 식품기준청 안에는 위험평가를 전담하는 과학위원회가 설치되어 있다. 프랑스의 경우 식품위생안전청은 사전에 행정당국과 협의하지 않고 식품위험에 관한 평가결과를 시민들에게 권고형태로 공포한다.

독일은 2002년 연방소비자보호식품농업부로 식품안전 행정을 단일화했으며, 이 부서 산하에 연방소비자보호식품안전사무국을 두어 식품안전 위기관리 업무를 맡겼고, 리스크평가원을 설립, 식품 위해도에 대한 평가를 담당하도록 했다. 특히, 정책결정 과정에서 분리해 평가 업무를 전담하도록 한 리스크평가원은 정치적 간섭에서 벗어나 평가결과를 국민들에게 전달함으로써 소비자 신뢰를 높였다는 평가를 받고 있다(최지현 외, 2004; 연합뉴스, 2005.11.21).

2) 불확실성에 대응하는 유럽의 광우병관리 체계

국제적으로 광우병 통제에 가장 필요한 세 가지 조건은 전수검사, 특정위험부위 제거, 사료정책이다. 광우병 원인으로 알려진 변형 프리온을 찾아내거나 광우병의 발병 가능성을 줄여 나가는 것이 이러한 관리 정책을 통해 일정부분 걸러지기 때문이다.

(1) 광우병 검사

영국에 이어 독일, 프랑스 등의 광우병 발생이 유럽 전역으로 확산되자, 유럽연합(EU) 차원에서 30개월령 이상 전체 도축소와 광우병 의심소를 검사하기 시작했다. EU는 이어 생후 30개월이 넘은 소는 도살 후 뇌 조직을 채취하여 조직검사를 실시하고, 검사를 받지 않는 30개월 이상의 소는 폐기토록 했다. 이러한 유럽의 30개월령 이상 소에 대한 전수조사는 30개월 미만 소는 대체로 안전하다는 원칙하에 그 이상 소를 철저하게 조사함으로써 최대한의 예방원칙을 고수하고 있는 것이다. 유럽에서는 이러한 철저한 조사를 통해 30만 마리에서 50만 마리당 한 마리꼴로 광우병 소를 발견하고 있다.

〈표 5-6〉 유럽의 식품안전 위험관리 대책

• 1997: "식품법 녹서(Green Paper on Food Raw)"와 "소비자건강 및 식품안전" 보고서에서 식품안전정책 방향 제시
• 농장-도축 단계까지 이력추적제 의무화(1998년)
• 유통 단계까지 의무 시행 확대(2000년 7월부터)
• 2000: 식품안전백서(White Paper on Food Safety) 발표
• Farm to Table의 종합적이고 통합적 접근방식
• Food Chain에서의 이해당사자의 역할과 책임명시
• 이력추적제 도입(2005. 1 이후 유럽의 전체 농식품과 사료에 대해 의무적으로 도입)
• 위험분석체제 도입
• 예방주의 원칙 적용
• Codex 등 국제규격과 조화

출처: 최지현, 월간식품세계, 2005. 6.

이와 함께 1998년부터 이력추적제(Traceability)를 실시하고 있으며, 2002년부터 모든 식품과 사료, 식품과 사료의 원료에 대해서도 이력 추적제를 의무화하고 있다. EU에서는 쇠고기 라벨링을 강제하는 규칙[Regulation(EC)1760/2000, Beef Labeling regulation]을 채택하고, 2001년 1월부터 모든 회원국에 적용하도록 했다(EU 식품기본법(Regulation No 178/2002) 제18조).

(2) SRM 금지 정책

광우병 파동 이후 영국은 소의 뇌와 척수, 비장, 편도선 등 이른바 광우병 특정 위험물질(SRM)에 대해 소의 월령과 관계없이 식용을 금지하는 조치를 이미 1989년에 시행했다. 또, 인간광우병이 수혈이나 외과 수술 장비를 통해 쉽게 감염될 수 있다는 과학자들의 의견에 따라 영국은 1999년 이래 수혈용 혈액에서 감염경로가 될 가능성이 큰 백혈구를 제거했으며, 외과 수술 장비를 통한 감염을 막기 위해 이 장비들을 소독하는 데 수천억 원을 투자했다.

EU에서도 소의 두개골(뇌, 안구 포함)을 비롯해 척수, 척추, 내장 등 광우병 특정 위험물질로 알려진 부위의 식용사용을 금지시키는 등 광우병 확산을 조기 차단하기 위한 강도 높은 조치들을 잇달아 내놓았다. 이 결과 모든 소의 장 전체, 편도 및 장간막과 12개월령 이상 소의 두개(하악 제외, 뇌 · 안구 포함), 척수, 척추, 배근신경절의 모든 부위를 제거 및 폐기하고 있다. 이러한 조치는 광우병에 걸린 소의 특정 부위에 농축된 변형 프리온을 피하기 위해 이른바 특정위험물질(SRM)을 식용 대상에서 제거하는 것이다.

EU 회원국들은 이 같은 예방조치 외에도 광우병이 발병된 이웃 국가들로부터 쇠고기 수입을 즉각 금지하는 등 광우병을 차단하기 위해 신속히 움직였다. 서유럽 전체로 확산되는 양상을 보이던 광우병 사태는, 이처럼 EU의 강력한 대책 등에 힘입어 2003년 이후 광우병 소 발생률이 급감하는 등 어느 정도 진화되었다는 평가를 받고 있다(프레시안, 2008.5.5).

(3) 사료정책

광우병이 발생하자 영국정부는 1988년부터 반추동물 사료 금지 정책(ruminant feed ban)을 추진하였으나, 광우병은 사라지지 않았고 2만 7000마리의 소에서 광우병이 발생했다. 교차오염이 문제가 되자 영국 정부는 1990년부터 1996년까지 소의 "광우병 특정위험물질(SRM)"을 사료에서 금지하는 정책(SRM feed ban)을 취했다. 그러나 이 기간에도 소 1만 6000마리에서 광우병이 발생했고, 결국 영국 정부는 모든 교차오염 경로를 차단하는 "모든 농장 동물에 대한 동물성 사료 금지 조치(animal feed ban)"라는 결단을 내렸다.

유럽연합(EU)도 2000년 프랑스 등 서유럽에서 광우병이 급속히 확산됨에 따라 동물성 사료의 전면 금지조치를 내리는 등 광우병과의 전쟁을 선포했다. EU는 2000년 말 프랑스에서 광우병에 걸린 소가 급증하고 독일과 스페인에서도 최초로 인간 광우병에 걸린 환자가 나타나자, 즉각 농업장관회의를 열어 모든 동물에서 생산된 육골분과 육분을 동물사료로 사용하지 못하도록 조치를 취했다. EU는 광우병 예방 정책으로 수십 년 전통의 동물성 사료 산업의 이익을 포기했고, 동물의 비식용부위 대부분을 소각하고 있다(프레시안, 2008.5.28).

이처럼 유럽에서는 2000년부터 광우병 예방을 위해 모든 농장동물에 대한 동물성 사료 전면금지정책을 취하고 있다. 광우병의 발생 원인으로 알려진 변형프리온을 포함할 수 있는 동물성 사료를 금지함으로써 사전예방적으로 위험 발생의 원인을 제거하려는 것이다.

〈표 5-7〉 영국과 미국의 BSE 규제 조치 상황

동물성 사료금지조치 내용	영 국	경 과
1단계: 되새김 동물(소)에게만 동물성 사료금지(돼지, 닭에게는 허용)	1988년부터 1990년까지 시행	영국에서 시행 후 광우병 소 27,000마리 신규발생으로 폐기(교차 오염)
2단계: 모든 농장동물에게 광우병 특정위험물질(SRM) 동물성 사료금지	1990년부터 1996년까지 시행	영국에서 시행 후 13,000마리 광우병소 신규발생으로 폐기(교차오염)
3단계: 모든 농장동물에게 동물성 사료금지	1996년부터 시행	현재 유럽에서 시행

출처: http://www.vetnews.or.kr

2. 미국의 위험거버넌스: 과학적인 확률 강조와 미온적인 금지 규제

1) 미국의 광우병 정책 개요

(1) 광우병 감염지역 소에 대한 강력한 수입 규제

광우병에 대한 WTO의 명확한 규제 조항이 없는 상황에서 지난 10여년 간 광우병 감염 지역의 소에 대한 강력한 수입 규제 조치를 주도해 온 국가는 다름 아닌 미국이다. 미국은 살아 있는 소, 가축조직, 가축부산물 및 가축용 사료 등과 같은 주요 BSE의 국내 유입경로를 파악하고 예방적 관리조치를 이행했다. 1989년 이후 미국농업부(USDA)의 동식물검역소(Animal and Plant Health Inspection Service, APHIS)는 BSE 발생 국가를 대상으로 살아 있는 반추가축(소, 양, 염소 등)에 대한 금수조치를 단행했으며, USDA의 허가를 받은 과학연구 목적 이외에 육골분사료, 골분사료, 혈분사료와 같은 동물성 부산물의 수입을 금지시켰다. 이러한 제한조치는 1989년에 최초로 영국을 대상으로 취해진 바 있으며, BSE가 감지된 인접국가에 대해서도 즉각적으로 대응됐다. 1997년 12월 APHIS는 BSE의 부적절한 관리나 확산에 대한 우려 때문에 유럽지역의 모든 국가를 대상으로 이런 금수조치를 강화했다. 또한 2001년 9월 APHIS는 일본에서 광우병 환자가 확인됨에 따라 이 지역의 반추가축이나 이의 부산물에 대한 금수조치를 단행했다(김상현, 2003).

이처럼 미국은 광우병에 걸린 동물의 미국 내 유입을 차단하기 위해서 엄격한 기준에 따라 1989년부터 현재까지 검역을 실시해 오고 있다. 뿐만 아니라 적절한 검역 프로그램을 갖추지 못하고 있거나 잠재적인 광우병 노출 국가, 평가를 내리기에 충분한 정보를 공개하고 있지 않은 국가들은 광우병 관련 "잠재적 위험국가"로 분류하고 있다(프레시안, 2003.12.30).

(2) 광우병(BSE) 위해성 평가와 수학적 확률 강조

미국 정부는 소비자나 농업을 보호하기 위한 주요 안전장치를 제공하는 노력의 일환으로써 예방프로그램을 강화하는 데 주력해 왔다. 1998년 4월 미국 농업부(USDA)는 광우병(일명 소해면상뇌증(Bovine Spongiform Encephalopathy, BSE))에 대한 농업부의 예방조치를 평가하고 분석하고자 하버드 대학교의 위해성분석센터(Center of Risk Analysis)와 공중보건대학(School of Public Health)과의 협력 사업을 체결하였다. 위해성 분석은 현행 과학정보를 검토하고 BSE가 미국으로 유입될 수 있는 잠재적인 경로를 파악했으며, BSE가 발생할 경우 국내 확산을 예방하는 기존 USDA 규정이나 정책을 평가하였다. 연구 사업이 진행되는 동안에 USDA와 식품의약청(FDA)은 BSE 감시조치와 예방적 규제조치를 동시에 시행해 왔다(김상현, 2003).

〈표 5-8〉 미국의 식품안전 관리 대책

- 1997. 1: 식품안전구상(Food Safety Initiative)
- 1998. 8: 식품안전성 확보방안 보고서 작성– National Academy of Science
- 2000. 1: 식품안전 전략계획 초안 작성– President's Council on Food Safety
- 과학적 위해평가에 근거한 위해평가제도 구축
- 생산에서 식탁까지의 효율적 위해관리제도 구축
- 위해공개 및 통제에 대한 위해정보시스템 구축

2003년 말, 미국에서 광우병이 발생하자 미국은 다음과 같은 조치를 취했다. 첫째, 2003년 말 유럽, 뉴질랜드, 미국의 광우병 전문가들로 구성된 국제광우병전문가위원회(International Expert BSE Panel)를 개최하여 자문하였다. 둘째, 2004년 초 주로 유럽의 경험에 바탕을 둔 "특정위험물질 잠정 최종규정(SRM interim final rule)"을 공포하여 실행에 옮기면서 공중의 의견을 청취하여 2007년 7월 "특정위험물질 최종규정"을 확정하였다. 셋째, 2004년 6월 1일부터 2006년 3월 17일까지 강화된 예측 검사를 통하여 미국 내의 광우병 발생 빈도를 확인하였다. 미국 농무부는 2001년 하버드 공중보건학교(Harvard school of public health)에 위임하여 광우병과 인간광우병의 확산 가능성 및 통제 조치의 효과를 컴퓨터 모델을 통해 예측한 하버드 광우병위험평가(Harvard Risk Assessment of BSE)를 2005년 재실시하고 공중의 의견을 청취하여 수정된 모델을 2006년 공개하였다. 그 결과는 적절한 통제 조치 하에서는 설사 500마리의 광우병 소가 미국에 유입된다는 비현실적 가정하에서도 2003년 이후 20년 내에 미국에서 광우병 및 인간광우병의 발생 가능성은 거의 무시할 만한 수준으로 감소한다는 것이었다.

이처럼 미국은 “특정위험물질(잠정) 최종규정”을 통해 사전예방의 원칙을 실시하였고, 현재까지의 미국 내 광우병 및 인간광우병 발생 현황뿐 아니라 미래에 대한 예측도 수학적 모델을 통하여 제시했다(홍성기, 2008). 이후 “하버드 위해성 평가 모델”은 광우병 발생이 번개 맞을 확률보다도 낮다고 주장하는 사람들이 그 이론적 근거로 삼기 시작했으며, 유럽연합(EU)의 엄격한 기준에 비하여 매우 허술한 미국의 기준을 정당화하기 위하여 미국 농무부에서도 종종 인용하는 모델이다. 미국 농무부가 캐나다 유래의 소에서 광우병이 발생한 후 자국 소에서 발병할 확률이 16억분의 1이라고 주장한 근거이기도 하다(우희종, 2008.8.11).

(3) 초국적 독점기업의 이익 대변과 다원적 식품안전행정체제

미국은 광우병 발생 국가들이 지키고 있는 최소한의 이중의 안전장치, 즉 동물성 사료의 포기와 도축 소 전수검사 중 어느 것도 지키지 않고 있다. 반면, 미국 농무부는 광우병 발생 국가로 지정한 국가들로부터는 살코기 등의 수입을 전면 금지하고 있다. 이는 미국육류수출협회(USMEF)나 미국축산육우협회(NCBA) 등 미국의 거대 농식품 기업들의 이익 때문이다. 미국은 타이슨푸드, 카길, 스위프드 등 거대기업이 쇠고기 시장의 80% 이상을 장악하고 있으며, 정부에 다양한 압력을 행사하고 있다. 이러한 관계는 양자 간의 회전문 방식의 인사이동에 의해 관철되고 있다. 이렇게 기용된 고위관료들은 행정부 내에서 초국적 독점기업의 이익을 그대로 대변하고 관철하며, 그들의 입김이 행정부를 좌지우지한다[13](http://cafe.naver.com/eseoul2007/507).

또한, 미국의 식품안전관리체계는 보건복지부 산하의 식품의약청(FDA), 농림부

---

13) 2003년 12월 광우병 파동으로 쇠고기 수입이 중단되었을 때 미국산 쇠고기에 대해 다시 시장을 개방하라고 압력을 행사해 온 농무부 차관보 척 램버트의 경우가 회전문 인사의 대표격이다. 척 램퍼트는 15년간 미국육우협회(초국적 식육 독점기업들이 이사회를 구성하고 있는 단체)에서 일한 경력이 있다. 미국육우협회 회장을 역임했던 위스 윌리는 부시에 의해 대통령 직속 통상정책 · 협상자문위원회 위원으로 임명되었다. 이 위원회는 미국 국익의 관점에서 산업 간의 이해관계를 조정하고 미국이 추진하는 모든 FTA에 대해 미국 전체의 관점에서 평가한다.

(USDA) 산하 식품안전검역청 등 6개 연방부처의 12개 기관이 식품안전관리 업무에 관여하는 다원적 모델을 유지하고 있다. 육류 · 가금육 · 달걀 등 축산식품의 위생관리는 식품안전검사국(FSIS), 동식물의 질병 관리는 APHIS가 맡고 나머지 대부분은 FDA가 취급한다(사이언스타임즈, 2007.9.21).

그동안 미국에서는 식품의약품청(FDA)과 농무부 등 15개 기관으로 분산된 식품안전 행정을 일원화시키기 위한 법률이 2001년 이후 두 차례에 걸쳐 상 · 하원에 제출되었다. 그러나 관련 부처와 관련 업계의 이해관계를 조정하지 못해 식품안전 행정을 일원화하기 위한 법률이 통과되지는 못했다(http://www.vetnews.or.kr/news/read.php?idxno=53).

2) 불확실성에 대응하는 미국의 광우병 관리체계

(1) 광우병 검사: 전체소의 1% 미만 검사, 과학적 증거와 국제적 기준 강조

미국의 광우병 대책은 주로 "과학적 증거"와 "국제적 기준"을 기반으로 이루어지고 있다. 미국 정부는 "보이지 않는 것은 확인할 수 없다(don't look, don't find)."는 접근법을 채택하여 광우병 위험을 과소평가하고 있다. 이에 따라 텍사스와 앨라배마에서 발생한 광우병은 오염된 사료와 무관하며, 크로이츠펠트-야콥병처럼 수백만 마리에 한 마리 정도 걸릴 수 있는 자연발생의 변종 돌연변이에 불과하다고 보고 있다(박상표, 2007).

이러한 접근 결과 미국이 현재 채택하고 있는 광우병 감시체계 및 검사 방법은 국제적인 기준을 충족함에도 불구하고 영국이나 일본을 비롯한 다른 광우병 국가에 비해 안전 관리 측면에서 뒤떨어진다는 평가를 받고 있다. 현재 미국은 모든 소에 대한 광우병 검사를 실시하지 않고 있으며, 전체 소의 1% 이하에만 검사를 실시하고 있다. 2006년 2월 미 농무부 감사관(USDA OIG)의 보고서에 따르면, 광우병 검사가 육안으로만 이루어지고 있으며, 육안 검사도 5-10%의 추출검사에 불과하다고 한다. 특히, 소의 나이에 따라 광우병 증상 발견 확률이 증가함에도 불구하고 검사한 소의 나이가 공개되지 않고 있어, 농무부 검열 프로그램 결과의 타당성을 신뢰하기 어렵다(박상표, 2006; 정해관, 2006; 박은수, 2007; 박현철, 2007).

또한 미국은 이력추적제가 시행되지 않고 있어 2005년과 2006년 광우병 소가 발생했을 때에도 이력추적에 실패한 바 있다. 미 의회 회계감사원(GAO) 보고서나 식품안전청(FDA) 보고서, 미 농무부 감사관(USDA OIG)의 보고서들은 작업장의 규정 미준수, 광우병 예찰 미흡, 중추신경계에 이상을 보이는 소들의 부분적인 검사, 도축장의 SRM 제거관리 부적절, 전체 소의 5-10%에만 이루어지고 있는 육안검사 문제 등 도축과정과 검사과정의 문제점을 지속적으로 지적하고 있다(http://pds9. egloos.com/pds/200805/05/70/aaa.hwp).

미국에서 광우병 검사가 지극히 낮은 비율로 시행되는 것은 미국의 거대 농식품 기업의 이윤 때문이다. 미국 정부가 광우병 검사를 확대하면 광우병 발생 건수가 늘어나고, 이는 미국산 쇠고기 소비에 부정적 영향을 주게 된다. 미국 정부가 일부 기업에서 자발적으로 시행하고 있는 광우병 검사마저 막고, 극히 낮은 비율의 광우병 검사비율을 유지하고 있는 것은 바로 이 때문이다(프레시안, 2008.5.28).

(2) SRM 금지 정책

국제수역사무국(OIE)에서는 모든 소의 편도 및 회장원위부와 BSE 위험관리국의 30개월령 이상 소에서 두개, 뇌, 눈, 척수, 척주 부위만을 식품, 사료, 비료, 화장품, 약품 및 의료기구에 사용하는 것을 금지시켰다. 미국은 더 후퇴하여 모든 소의 소장 및 편도와 30개월령 이상 소에서 두개, 뇌, 눈, 삼차 신경절, 척수, 척주, 배근신경절을 오로지 식품에서만 배제시켰을 뿐이다(박상표, 2006).

2004년 7월 미국 식약청(FDA)은 소뿐만 아니라 돼지나 가금류에도 광우병 특정위험물질(SRM)을 전면 금지하는 새로운 동물성 사료정책을 입법 예고했으나, 대규모 축산기업의 반발로 시행되지 못했다. 미국은 자국 내로 수입되는 세계 각국의 쇠고기 관련 생산품에 엄격한 기준을 마련, 통제하고 있으나, 자국 내에서 광우병이 발생했음에도 자국의 쇠고기는 안전하다며 타국에게 미국산 쇠고기의 수입 금지를 풀 것을 요구하고 있다.

(3) 사료정책: 반추동물에만 동물성 사료 금지

현재 미국은 1997년부터 되새김동물에 대한 동물사료금지 조치(ruminant to

ruminant feed ban)를 채택하고 있다. 그러나 이 정책은 이미 1988~1990년 영국에서 실시됐으나 무려 2만 7천 마리의 광우병 소가 발생해 실패한 정책으로 확인된 것이다. 그 이유는 교차오염의 가능성 때문이다. 미국에서는 광우병 특정위험물질을 폐기하지 않고 렌더링 과정을 거쳐 사료의 원료로 사용할 수 있다. 무엇보다도 농장에서 실수나 고의로 사료가 뒤바뀌거나 섞이는 일이 종종 발생한다(참세상, 2006.3.9; 박상표, 2006; 우석균, 2006).

2009년 미국의 "강화된 사료 조치"는 30개월령 이상 소의 SRM 중 뇌와 척수만

〈표 5-9〉 미국 동물성사료 금지 조치 강화의 역사

시 기	내 용	동물사료로 금지되는 물질
1997년 8월	되새김동물로 만든 사료를 소 등 되새김동물에게 먹이지 못하도록 한 사료금지 조치 시행	
2004년 7월 14일	미 정부, 연방관보에 모든 광우병 특정위험물질(SRM) 일체를 동물사료로 사용하는 것을 금지하는 안 사전 입법제안예고, 축산업계의 강한 반발로 관철되지 못함.	
2005년 10월 6일	미 정부, 2004년 보다 후퇴한 안을 입법예고, 축산업계의 강한 반발로 2년 6개월 동안 공포 못함.	- 30개월 이상 소의 뇌와 척수 - 식용으로 공급하기 위한 검사에 합격하지 못한 모든 연령 소의 뇌와 척수 - 식용으로 공급하기 위한 검사에 합격하지 못한 소의 뇌와 척수가 제거되지 않았다면 도체 전체
2006년 4월 25일	미 정부, 2006년 입법예고안보다 후퇴한 안을 연방관보에 공포	- 광우병 감염소 전체 30개월 이상 소의 뇌와 척수 - 식용으로 공급하기 위한 검사에 합격하지 못한 30개월 이상 소에서 뇌와 척수가 제거되지 않았다면 도체 전체(식용으로 공급하기 위한 검사에 합격하지 못해도, 30개월 미만이면 뇌와 척수를 제거하지 않아도 동물 사료로 사용 가능)

을 사료에서 배제하는 조치이다. 30개월 미만은 주저앉는 소 이른바 "다우너"라도 전체 부위가 사료의 원료로 사용되며, 30개월 이상의 소에서도 뇌와 척수를 제외한 SRM의 나머지 10%는 사료가 된다. 미국이 이렇게 미온적인 조치를 취하는 이유는 바로 미국 축산자본의 힘과 로비 때문이다. 2004년에 수립된 미국 정부의 추가대책은 7개 대기업으로 이뤄진 강력한 축산업자들의 로비로 인해 제대로 시행되지 못했다. 미국의 축산업자들은 "과학적 근거" 없이 비합리적인 소비자의 요구에 따라 불필요하고 값비싼 검사를 하는 선례를 남기는 것은 지속적인 비용 상승으로 이어져 결국 축산업의 몰락을 초래한다고 주장한다(프레시안, 2008.5.21).

3. 일본의 위험거버넌스

1) 일본의 광우병 정책 개요

(1) 위험 평가기구로 식품안전위원회 신설

2001년 광우병 발생과 함께 수입쇠고기를 일본산 쇠고기라고 속여 파는 위장표시 사기사건이 연이어 발생하면서 일본 정부는 2002년 4월 〈식(食)과 농(農)의 재생플랜〉 책정을 통해 소비자 최우선의 식생활 안전과 신뢰를 확보하는 강력한 조치를 마련했다. 이 조치를 계기로 일본 정부는 2003년 7월 내각부에 식품안전담당 장관직을 신설하고, 동시에 대학교수 및 언론인 등 7명의 민간 전문가로 구성된 "식품안전위원회"를 설치했다. 이어 농림수산성(소비안전국 신설)과 후생노동성(식품보건부를 식품안전부로 변경)의 조직 개편이 이어졌다. 일본 농림수산성은 2003년 소비안전국 신설로 생산단계에서부터 최종 소비에 이르기까지 일관적이고 체계적인 식품의 리스크관리를 추진하게 되었다. 그리고 소비안전국 산하에 소비자단체 및 사업자단체를 중심으로 "리스크관리검토회"를 신설하여 식품안전에 관한 의견을 수렴하고 있다. 그 뿐만 아니라 일본 농림수산성은 광우병 발생 및 대책에 관한 모든 정보를 홈페이지에 공개하고 있다.

특히, 일본의 식품안전위원회는 광우병에 관한 정보를 투명하게 공개할 뿐만 아니라 위원 명단과 회의록을 모두 위원회 홈페이지에 게재함으로써 국민으로 하여금 위원들이 업계와 소비자 중 어느 쪽을 지지하는지 파악하게 했다(http://www.maff.go.jp/work/press0109919; 중앙일보, 2007.8.28). 식품안전위원회의 위험정보교환(risk communication) 담당관과 같은 실무자뿐만 아니라 후생노동부의 의약식품국 식품안전부 감시안전과장, 농림수산부의 소비안전국 소비자정보관, 소비안전국 동물위생과 국제위생대책실장 등 관련 부처의 핵심 공무원들이 참석해 소비자와 대화하려고 노력했다(프레시안, 2006.9.6).

(2) 위험정보 공개

일본 정부는 자국 국민들이 미국산 쇠고기에 대해 불안해하자, 각종 공청회, 토론회, 설명회를 통해 안전성과 관련된 위험정보를 공개했다. 농림수산성 홈페이지에는, 위험정보교환(risk communication)란이 따로 마련되어 있다. 이곳에는 식품안전에 관한 의견교환, 소비자 간담회 내용이 자세하게 기록돼 있다. 미국산 쇠고기 수입과 관련한 의견교환 내용을 살펴보면, 2006년에만 30차례의 정부 주최 간담회가 있었다. 특히, 4월 11일부터 24일 사이에만 "미국산 쇠고기 수입 문제에 관한 간담회"가 센다이(仙台), 오사카(大阪), 히로시마(廣島) 등 10개 도시에서 열렸다. 6월 1일부터 14일 사이에도 도쿄(東京), 삿포로(札幌) 등 10개 도시에서 같은 간담회가 열렸다. 또, 7월 28일부터 8월 24일 사이에는 미국 쇠고기 수출작업장에 대한 현지조사 결과를 설명하는 행사가 후쿠오카(福岡), 히로시마(廣島), 센다이(仙台) 등 10개 도시에서 열렸다.

이 간담회에서는 상황파악에 도움이 되는 모든 자료가 공개되었다. 4월 24일 타카마츠(高松)에서 개최된 간담회에서 배포된 자료가 그 예이다. "일본 대상 쇠고기 수출 증명 프로그램에 관한 조사 결과 · 대책 보고서"와 관련된 조회 사항에 대한 미국의 답변, "미국산 쇠고기 수입 문제에 관한 일미 전문가 회의 개요" 등이 간담회 참석자에게 공개되었다. 한국에서는 국회의원이 공개를 요청해도 볼 수 없는 자료들이다(프레시안, 2006.9.6).

(3) 위험평가와 위험커뮤니케이션 활성화

식품안전위원회는 정치권과 정부로부터 간섭을 받지 않고 철저하게 객관적이며 중립적인 입장에서 일본 국민의 모든 식생활에 관한 위험평가(식품건강 영향평가), 위험커뮤니케이션(후생성은 식품위생에 관한 위험관리, 농림수산성은 농림수산물에 관한 위험관리를 하는 역할분담 및 업무협력), 긴급사태(광우병, AI 발생 등)에 대한 기본 정책을 결정하여 일본 총리에게 권고하는 역할을 담당한다. 그리고 식품안전위원회 밑에 약 240명 정도의 전문 인력을 갖춘 전문조사회를 설치하여 화학물질계, 생물계, 신식품 등의 3개 분야 평가그룹을 운영하고 있다(http://igreenish.egloos.com/366163).

식품안전위원회의 위원은 일본국 총리대신이 중의원과 참의원 양원의 동의를 얻어 임명한다. 위원은 3년 임기와 신분이 보장되며, 양원의 동의 없이는 해임할 수 없다. 일본의 농무성, 후생노동성 등 관계 부처가 식품첨가물, 농약, 비료, 동물약품 등 식품안전과 관련된 기준을 변경할 때에는 반드시 식품안전위원회의 건강영향평가 의견을 받아야 한다.

소비자의 신뢰를 높이기 위해 식품안전위원회의 회의 날자와 안건은 미리 인터넷(www.fsc.go.jp)을 통해 공지된다. 방청을 원하는 소비자는 누구라도 선착순으로 40명까지 식품안전위원회의 회의를 직접 방청할 수 있다. 그리고 7명의 위원이 식품안전위원회에서 한 발언은 모두 인터넷을 통하여 공개된다. 식품안전위원회가 권력과 업계로부터 독립된 과학적 영향평가 조직을 유지하고 관련 정보를 철저히 신속하게 공개하도록 한 것은 소비자의 신뢰를 얻기 위해서이다(쿨머니, 2008.10.13; Food News, 2009.8.21).

2) 불확실성에 대응하는 일본의 광우병 관리체계

(1) 광우병 검사: 21개월 이상 전수검사(2005. 8~)

일본 정부는 2001년 광우병 발생 이후 국민들을 안심시키기 위해 그 해 10월부터 식용으로 처리되는 모든 소를 대상으로 한 광우병 검사를 의무화했다. 매년 13만 마리의 건강한 소를 포함, 도축되는 소를 모두 BSE 검사하고, 그 결과(지금까지

34마리 감염)를 투명하게 공개했다. 이러한 전수조사를 통해 광우병 감염우려가 없는 소는 20개월 이하라는 것을 밝혀냈으며, 확보한 데이터를 근거로 2005년 8월 1일부터는 도축장에서 21개월령 이상인 소를 대상으로 BSE 검사를 하고 있다(프레시안, 2006.6.28).

2003년 6월에는 식용우 이력관리법으로 불리는 〈소의 개체식별을 위한 정보관리 및 전달에 관한 특별조치법〉을 제정 · 공표하여, 그 해 12월부터 모든 소에 대해 실시했다. 이 법은 모든 소에 대해 개체식별 번호를 부여하도록 의무화하여 누구든지 식별번호를 인터넷에서 검색하면 생년월일, 암수구별, 어미소의 개체식별 번호, 사육시설 소재지, 소의 종류 등 소에 관한 모든 정보를 파악할 수 있도록 했

〈표 5-10〉 일본의 광우병 위험 대책

	일 본
BSE 감염방지책	▶ SRM 제거, BSE 검사, BSE 발생국으로부터의 쇠고기, 내장 등의 수입금지 · 제품으로의 사용 금지
BSE 발생방지 대책	▶ 사료생산 관리, 사료사용 · 수입 규제, 추적가능시스템 제도 도입 ▶ 예찰을 위해(BSE 발생상황 등 감시) → 신경증상을 보이는 소, 사망우 및 의사환축(소위 「위험소」)의 검사
OIE 기준	거부(×)
수입조건	20개월 미만
검사 건수	21개월 이상 전수검사(2005. 8~)
사료금지 정책	모든 동물에게 동물성사료 금지
부위	뼈 없는 살코기 및 갈비 등 수출 증명(EV)
	모든 연령에서 머리(혀, 볼살 제외), 가공육, 다진 쇠고기(ground beef), 선진회수육(AMR) 수입 금지
SRM 제거	모든 연령의 편도, 회장 원위부, 뇌, 눈, 머리뼈, 척수, 척주, 등배 신경절 전략제거 및 소각
일본의 이력추적제 및 원산지 표시제	· 2001년 광우병 발생, 이표 체계 정비와 전산화 사업을 조기 추진 · 2002년 6월 모든 소에 이표 장착 · 2003년 12월부터 생산단계 이력추적제 실시 · 2004년 12월부터 유통 단계 확대 실시(원산지 표시제)

출처: http://gmo.re.kr/?document_srl=784 참고.

다(조선일보, 2008.6.10).

이어 2003년 10월부터 1년간에 걸친 연구 끝에 2005년 6월에 〈농림물자 규격화 및 품질표시 적정화에 관한 법률〉(JAS법)을 대폭 강화하는 내용으로 개정했다. JAS법은 제조공산품의 KS 규격과 같은 것으로 농림산품에 대한 일종의 안전규격이라고 할 수 있다. 이와 함께 2003년부터 업종 · 업태나 사업 규모의 대소에 관계없이 모든 음식점을 대상으로 원산지 표시제를 실시했다. 일본은 미국에서 생리적 성숙도가 12~17개월 미만인 쇠고기(A40 등급)를 수입하고, 이력추적제와 음식점 원산지표시제를 통해 소비자 선택권을 보장하고 있다.

(2) SRM 금지 정책: 모든 소의 SRM 부위 제거 · 소각

현재 일본에서는 모든 소의 광우병 특정위험물질이 들어 있는 모든 부위를 제거 및 소각하고 있다. 일본 정부는 광우병사태가 발생하자, 소 도축시 각 부위별로 별도 처리 방안을 시행했다. 즉, 이상 프리온이 다량 검출되는 소의 뇌, 등골 척수, 눈, 회장은 소각폐기하고, 건강식품, 화장품 원료로 사용되고 있던 뼈, 골분, 심장, 간, 췌장, 가죽의 콜라겐, 혈청 등은 원료로써의 사용을 중지시켰다. 또한 육골분 제조 역시 중단하고 기존의 육골분은 소각 처분하기로 하였다(http://gmo.re.kr/?document_srl=771).

이와 함께 일본정부는 2001년 9월 치바현에서 광우병 감염소가 발생한 이후에 모든 소를 대상으로 광우병 전수검사를 실시하면서 21개월령, 23개월령의 소에서도 변형 프리온이 검출되었다는 사실을 증명하였다. 이를 근거로 미국산 쇠고기에 대해서 20개월령 이하 쇠고기라는 수입조건을 관철시켰다. 이처럼 일본은 미국이 국제수역사무국의 "광우병통제국가"의 지위를 획득했음에도 불구하고, 20월령 미만 미국 쇠고기만을 수입함으로써 국제수역사무국의 결정은 단지 권고사항일 뿐임을 보여주었다(민중의 소리, 2008.7.24).

(3) 사료정책: 모든 동물에게 동물성 사료금지

광우병 발생 전 일본은 이를 사전예방하기 위해 세계 28개국산 동물을 의약이나 화장품 원료로 사용하는 것을 금지했다. 이와 함께 일본은 광우병에 노출된 국가로부터 동물내장을 수입하는 것도 금지했다. 일본은 지난 1996년 영국에서 처음 광우병이 보고되자 의약품 제조에 영국산 가축을 사용하지 못하도록 했으며, 광우병이 유럽 여러 나라로 확산되자 사용금지 대상을 확대했다. 이 조치에 따라 일본의 의약품 제조 및 공급업자, 화장품 제조업체는 영국 외에 프랑스, 독일, 스위스, 아일랜드, 벨기에, 스페인, 유고슬라비아 등의 가축도 수입할 수 없게 되었다. 일본 정부는 또 동물성 제품 제조업체들에게 재고 제품의 원산지, 제조지, 처리과정 등을 점검할 것을 지시했다.

2001년 광우병 발생 이후 일본은 그에 대한 대책으로 사료규제와 전수검사, SRM 제거 및 도축장에서의 예방대책을 추진했다. 2001년 10월부터 반추동물을 비롯한 가금류, 돼지 등 모든 동물에게 동물성 사료(MBM)의 투여를 금지했으며, 도축장에서 소의 특정 부위(Specified Risk Material)의 제거 · 소각을 법령상 의무화했다.

4. 우리나라의 위험관리 거버넌스

1) 우리나라의 광우병 정책 개요

(1) 광우병 발생국가와 인접국가로부터 소와 축산물 수입금지

우리나라는 1990년대 후반부터 영국을 비롯한 유럽 전역에서 발생한 광우병 사태를 지켜보면서 광우병에 대한 위험인식을 키워 왔다. 우리나라의 정부와 언론은 미국산 쇠고기 수입 금지와 재개를 거치면서 광우병의 위험과 허술한 관리로 인한 미국산 쇠고기의 위험에 대해 지속적으로 경고해 왔다.

우리나라는 1996년부터 영국 등 광우병 발생국가와 인접국가로부터 소 및 축산물의 수입을 금지했다.[14] 2003년 12월에는 미국 내 광우병 발생으로 미국산 쇠고기의 수입을 금지하였으며, 그 후 2006년 3월 6일 30개월령 이하 뼈를 제거한 살

14) 1997년 가축전염병예방법 시행규칙을 개정하여 소 해면상뇌증과 스크래피를 제2종 가축전염병으로 지정 관리하고 있다. 이어 2000년 12월부터 단계적으로 육골분 사료 및 남은 음식물 사료의 반추가축 사료 사용 및 급여금지 조치, 소 배합사료 중 육골분 사료의 교차오염방지 조치를 취했다(김상현, 2003).

코기에 한해서 수입을 재개해 왔다. 그러나 미국산 쇠고기 수입재개 이후 2006년 10월 30일까지 검역과정에서 등뼈 2건, 갈비통뼈 9건, 뼛조각 검출 등 지속적인 수입위생조건 위반이 발견되었고, 2007년 10월 5일 광우병 원인체가 다량 포함됐을 가능성이 있는 특정위험물질(등뼈)이 추가 발견됨에 따라 수입검역 및 수출선적을 중단하기에 이르렀다.

이후 2007년 5월 25일 미국이 국제수역사무국(OIE)으로부터 "광우병위험통제국가" 등급판정을 받으면서 한국에게 수입위생조건 개정을 요구해 왔다. 미국의 강력한 요구에도 불구하고 한국정부는 한국의 식습관 등을 고려할 때 30월령 이하 뼈 없는 살코기라는 수입 조건을 지켜야 한다는 입장이었다. 특히, 주무부처인 농림부는 우리나라의 축산농가에 대한 보호와 한미 FTA 등에서의 유리한 협상을 위해 미국산 쇠고기의 위험성을 강하게 제기했다. 이러한 일련의 과정을 거쳐 우리 국민들에게는 광우병과 미국산 쇠고기에 대한 위험 프레임이 형성되어 왔다.

(2) 국제기준 강조와 계몽적인 홍보

광우병이 초미의 사회적 관심사로 등장하게 된 계기는 2008년 이명박 정부가 출범한 직후 4월 한미 정상회담을 하루 앞두고 전격 타결된 미국산 쇠고기 수입재개 결정이었다. 한미 간 쇠고기 협상이 타결됨에 따라 그동안 광우병 감염을 이유로 수입이 중단되었던 "30개월 이상 쇠고기"를 전면 수입하기로 결정한 것이다. 또 30개월 미만의 쇠고기에 대해서는 "광우병 위험 물질(SRM)"로 분류되어 수입이 제한되었던 뇌, 머리뼈, 척수, 눈 등도 수입하게 되었다. 이러한 결정은 미국산 쇠고기에 의한 광우병 감염을 우려하는 국민들의 반대를 초래했고, 정부에 대한 불신의 표시로 촛불집회가 시작되었다.

이러한 국민들의 반발에 대해 정부는 과학적 근거에 따른 결정임을 내세우고 수입재개의 정당성을 주장했다. 이후 졸속 협상이라며 재협상을 요구하는 국민들의 요구에 정부는 미국산 쇠고기가 국제수역사무국(OIE)의 안전 기준에 부합한다는 점을 들어 안전성을 강조하면서 재협상을 거부했다. 또한, 정부의 대응책도 홍보 필요성 제기, 끝장 토론, 대통령의 대국민 담화 발표 등 일방적 홍보나 계도의 시도에 한정되었다. 그러나 사회적 합의를 이끌어내기 위한 적절한 절차가 사전적으로는 물론이고 사후적으로도 준수되지 않음으로써 문제가 확산되었다. 게다가 과학적인 불확실성과 정부의 절차적 정당성 무시라는 부정적 행동이 결합되면서 문제 확산에 더욱 상승작용을 일으켰다고 할 수 있다. 이처럼 정부가 국민들의 요구를 주의 깊게 청취하기보다는 일방적인 홍보를 강화하여 국민을 계몽하려는 입장을 취하면서 국민들의 분노는 더욱 커졌다.

(3) 정보 미공개와 위험커뮤니케이션 미흡

광우병과 관련된 우리나라의 정책결정구조와 과정을 살펴보면 일부 전문가를 포함한 비공개적인 정책결정 구조가 유지되고 있으며, 정보공개와 일반 소비자의 참여가 미흡하다. 한미 FTA 협상과 미국산 쇠고기의 수입 과정에서 정부는 미국측의 광우병 감염 소 관련 기초자료도 제대로 공개하지 않았고, 이해관계자와 전문가가 참석하는 공청회나 토론회도 개최하지 않았으며, 심지어 미국 현지의 역학조사 결과(USDA APHIS, "Alabama BSE Investigation Final Epidemiology Report")가 발표되지 않은 상태에서 미국산 쇠고기 수입재개를 발표했다. 농림부는 국민들이 충분히 납득할 만한 과학적인 조사를 진행하지 못했으며, 관련 정보를 투명하게 공개하지 않았다.[15] 미국산 쇠고기의 수입 재개를 결정하면서 농림부 가축방역협의회, 전문가 협의회의 회의록을 공개하지도 않았다. 또 국민을 대상으로 공청회나 설명회 역시 개최하지 않았다.

불확실성이 높은 위험을 채택할 경우 사회적 합의가 우선되어야 하기 때문에 정부와 전문가 집단, 국민 간의 충분한 소통을 통한 투명한 여론형성이 이뤄졌어야 함에도 상황은 그렇지 못했다. 특히, 미국산 쇠고기의 위험성을 줄곧 강조해 왔던 농림부 등 정부 관료의 논리가 1년도 채 안 돼 180도 바뀜으로써 총체적인 신뢰 위기를 초래했다[16](정병걸 · 성지은, 2008).

15) 우리나라 정부는 2006년 9월 미국산 쇠고기 수입 재개를 발표하기 전, 이후 지금까지도 회의록 등 협상 과정 내용을 일절 공개하지 않고 있다. 미국산 쇠고기 수입 재개와 관련된 모든 정보가 차단된 것이다. 2007년 9월 4일 국회에서 개최된 "미국산 쇠고기 수입과 한 · 미 FTA' 토론회에서 김창섭 농림부 가축방역과장은 "홈페이지에 관련 정보를 공개할 경우 (사람들이 몰려와) 다운되는 것을 우려했다."면서, 미국의 부적합 작업장 명단을 공개하지 않은 것도 "(공개하면) 피해를 보는 업체들이 생길 수 있었기 때문"이라고 답해 논란이 일었다(여성신문, 2007.11.10).

(4) 지식과 전문 인력 부족

현재 우리나라는 광우병에 대한 불안감이 확산되고 있지만, 광우병은 발생하지 않아 BSE 위험 미결정 국가로 분류되고 있다. 광우병과 "변형 크로이츠펠트-야콥병(vCJD)"으로 의심되는 경우들이 간혹 발견은 되었으나, 아직까지 확진된 경우는 없었다(프레시안, 2006.6.28). 사전 예방적 차원에서 BSE에 대한 독성 · 위험성 평가의 필요성이 높아지면서 우리나라는 2006년 4월 한림대 평촌 성심병원을 국내 유일의 "인간광우병 부검센터"로 설치하여 CJD(vCJD 포함) 환자 발생 감염을 조사하고 있다.

그러나 광우병에 대한 정보가 계속 갱신되는 상황에서도 우리나라는 거의 외국에 정보를 의존하고 있으며, 전문 인력 또한 부족한 실정이다. 현재 서울대학교 수의과대학의 인수공통질병연구소에 광우병 연구실이 있으나 시설이 미흡하고 광우병을 진단할 수 있는 책임 있는 연구기관으로 인정받지 못하고 있다. 또한, 국내에 세계적으로 권위있는 광우병 학자가 없으며, 이와 함께 광우병을 감별할 수 있는 위험평가 시스템이 미흡하고 이를 전담할 부서가 설치되어 있지 않다. 게다가 광우병 평가기능과 관리기능이 동일 조직 내(농림수산부)에서 수행되고 있어 객관적인 평가기능 수행이 어렵다(성지은 · 정병걸 · 송위진, 2007).

2) 불확실성에 대응하는 우리나라의 광우병 관리체계

(1) 광우병 검사: 정상 도축소 위주 표본검사

우리나라의 광우병 검사는 1996년부터 정상 도축 소 위주로 표본검사를, 2008년 5월부터는 도축하려는 기립불능 소를 검사했으며, 2008년 8월 이후에는 광우병

16) 2007년 농림부는 미국이 검사를 제대로 하지 않고 있으며, 한국인의 유전적 특성이 vCJD에 취약하다는 등의 내용을 정부에 보고한 바 있다. 이러한 사실은 민주노동당의 강기갑 의원이 2007년 9월 11일-12일에 열렸던 전문가 회의 자료를 입수하여 공개하면서 알려졌다. 따라서, 동일한 사안에 대한 정부의 입장이 정권교체 이후 정반대로 변화하였다는 점을 알 수 있다. 이 뿐만 아니라 2007년 당시 야당이었던 한나라당과 조선, 동아일보 등 일부 언론 매체에서는 논평과 사설 등을 통해 수입금지 조치를 강력히 요구하였으나 정권 교체 이후 입장을 바꾸어 찬성으로 돌아섰다. 이 같은 입장 변화는 국민들의 의혹을 가중시키는 원인 중의 하나가 되었다(정병걸 · 성지은, 2008).

검출 가능성이 높은 농장의 유사증상 소 위주로 검사하는 방안을 마련하고 있다.

이 결과 우리나라 광우병 검사의 양적 실적은 OIE 기준보다 훨씬 많다. 그러나 질적으로는 광우병 의심소 및 광우병 위험군에 대한 검사두수가 절대적으로 부족하다. 광우병에 감염되었을 위험이 높은 절박도축된 소, 운송 도중 혹은 원인불명으로 죽은 소 등을 거의 검사하지 않기 때문이다. 농림부 자료에 의하면, 1996년부터 2003년까지 광우병 검사를 한 전체 6,354두 중 무려 92.4%에 달하는 5,875두가 도축장에서 정상 출하된 소였다. 무엇보다 이미 2001년에 지적된 사실이지만 우리나라 광우병 검사는 농장의 자발적 신고에 기반을 둔 것으로, 실제 신고가 잘 이뤄지지 않아 실효성이 낮다는 평가를 받고 있다. 또한, 광우병 증상을 보이지 않던 소가 광우병으로 진단된 경우가 많기 때문에 유사증상 소 위주의 검사는 광우병 위험에 대한 안심정책이 될 수 없다.

우리나라는 광우병 유사증상을 나타내는 소를 신고하여 광우병으로 확진될 경우에 포상금 1,000만원을 지급하는 정책을 시행하고 있다. 이렇게 폐사한 소에 대한 신고를 법적 의무가 아니라 민간의 자율에 맡기다 보니, 신고 건수가 거의 없다[17] (박상표, 2006).

(2) SRM 금지 정책

우리나라는 1996년부터 광우병 예찰프로그램을 시작하였고, 1997년 가축전염병예방법에 BSE를 신고대상으로 등재하였다. 2001년부터 사료금지법이 발효되고 2002년부터 신속진단키트를 이용한 BSE 급속검사를 실시하였다. 2002년부터 프리온 질병에 대한 표준작업지침(SOP)을 만들었으며, 최근에는 전국에 10개의 특정위험물질(SRM) 제거 시설 설치를 계획하고 있다.

우리나라의 광우병 관련 검역체계는 미국이나 유럽 등의 모델에 기초하여 광우병 발생 국가의 쇠고기 수입을 금지해 왔다. 한국은 1996년부터 영국 등 광우병 발생국가 및 인접국가로부터 소 및 축산물의 수입을 금지했다. 2003년 12월에는

17) 1997년부터 농협중앙회에서 가축공제 사업을 실시하고 있는데, 폐사축 발생 시 신고 후 폐사진단서를 첨부하여 보험금을 수령하고 있다. 2001년부터 2003년까지 폐사진단서를 첨부하여 수령한 폐사두수는 2001년 2,755두, 2002년 7,620두, 2003년 10,354두 등 총 20,727두였다.

미국내 광우병 발생으로 미국산 쇠고기의 수입을 금지하였으며, 그 후 2006년 3월 6일 30개월령 이하 뼈를 제거한 살코기에 한해서 수입을 재개해 왔다. 그러나 미국산 쇠고기 수입재개 이후 2006년 10월 30일까지 검역과정에서 등뼈 2건, 갈비통뼈 9건, 뼛조각 검출 등 지속적인 수입위생조건 위반이 발견되었고, 2007년 10월 5일 광우병 원인체가 다량 포함됐을 가능성이 있는 특정위험물질(등뼈)이 추가 발견됨에 따라 수입검역 및 수출선적을 중단하기에 이르렀다.

광우병이 초미의 사회적 관심사로 등장하게 된 계기는 2008년 이명박 정부가 출범한 직후 4월 한미 정상회담을 하루 앞두고 전격 타결된 미국산 쇠고기 수입재개 결정이었다. 한미 간 쇠고기 협상 타결에 따라 그동안 광우병 감염을 이유로 수입이 중단되었던 "30개월 이상 쇠고기"를 전면 수입하기로 결정했다. 또 30개월 미만의 쇠고기에 대해서는 "광우병 위험 물질(SRM)"로 분류되어 수입이 제한되었던 뇌, 머리뼈, 척수, 눈 등도 수입하게 되었다. 이러한 결정은 미국산 쇠고기에 의한 광우병 감염을 우려하는 국민들의 반대를 초래했고, 정부에 대한 불신의 표시로 촛불집회가 시작되었다(정병걸 · 성지은, 2008).

〈표 5-11〉 인간광우병(vCJD) 환자 통계(2009. 10)

항 목	농식품부 협상 대응방안 (2007. 9 - 2008. 1)	협상 타결 내용 (2008. 4. 18)
쇠고기 연령 제한	30개월 미만 연령제한 유지	연령제한 폐지
광우병 위험물질 수입	모든 연령에서 SRM 7개 모두 제외	30개월 미만은 SRM 2개만 제외
내장 수입	내장 전체 수입 금지	수입 허용
뼈 수입	살코기 제거한 상태의 뼈 수입 금지	수입 허용
광우병 위험물질이 들어있는 가공식품 수입	햄, 소시지 등 가공품 수입 금지	수입 허용

출처: 한겨레신문(2008.5.6).

(3) 사료정책: 반추동물에만 동물성 사료 금지

우리나라는 1996년부터 영국 등 소 해면상뇌증 발생국가와 인접국가로부터 소 및 축산물의 수입을 금지하고 있으며, 1997년 가축전염병예방법 시행규칙을 개정하여 소 해면상뇌증과 스크래피를 제2종 가축전염병으로 지정하여 관리하고 있다. 이어 2000년 12월부터 단계적으로 육골분 사료 및 남은 음식물 사료의 반추가축 사료 사용 및 급여금지 조치, 소 배합사료 중 육골분 사료의 교차오염방지 조치를 취해 왔다. 그러나 육골분 사료 등의 반추가축 사료 사용 및 급여 금지조치가 영국이나 미국에 비해서도 상당히 늦게 취해졌으며, 이 사료 금지조치는 미국과 똑같은 1단계 조치에 불과하였다.

실제로 농림부에서 2002년 12월-2003년 1월 전국 배합사료공장 제조공정의 실태를 조사한 결과, 91개 배합사료공장 중 76개 공장에서 반추가축사료를 생산하고 있는 것으로 보고되었다. 이 중에서 14개 공장만이 소 사료와 기타 가축사료 생산라인을 분리, 운영하고 있었으며, 생산라인이 1개인 업소는 59개소(65%), 2개 이상은 32개소(35%)였다. 이를 통해 볼 때 동물성단백질 사료를 돼지, 닭 등 기타 배합사료에만 사용한다 하더라도 생산라인이 분리되지 않은 배합사료공장에서는 소 사료에 섞여서 교차오염이 일어날 가능성이 높다(박상표, 2006; 프레시안, 2006.6.28).

제 6 절 결론과 정책적 시사점

1. 위험의 불확실성에 대응하는 국가 간 거버넌스 차이

위험의 불확실성에 어떻게 대응할 것인가는 국가마다 다른 양상을 보인다. 사전예방원칙에 따라 엄격하게 규제하는 유럽형, 실질적 동등성의 원칙에 따라 특정기술에 대한 규제를 거부하는 미국형, 모방학습을 통해 유럽이나 미국 등 선진국의

〈표 5-12〉 국가 간 위험거버넌스 차이

구 분		미 국	EU	일 본	우리나라
광우병 검사		전체소의 1% 미만 검사	30개월령 이상 전체 도축소와 광우병 의심소 검사	21개월 이상 전수 검사	도축한 한우의 일정 비율만 견본 추출해 광우병 검사
동물성 사료금지정책		되새김 동물(소)에게만 동물성 사료 금지(돼지, 닭에게는 허용)-1단계	농장동물 모두 동물성 사료금지(3단계)		미국과 같은 1단계 사료금지 정책
SRM	정의	- 30개월령 이상 소: 두개, 뇌, 눈, 삼차 신경절, 척수, 척주, 배근신경절 - 모든 소의 소장 및 편도	- 12개월령 이상 소: 두개(하악 제외, 뇌, 안구 포함), 척수, 척추, 배근신경절 - 모든 소의 장 전체, 편도 및 장간막	모든 소의 두부(혀, 볼살제외), 척수, 척추, 회장원위부, 배근신경절	모든 연령에서 SRM 7개 모두 제외 → 30개월 미만은 SRM 2개만 제외
	제거 방법	상기 부위를 식품에서만 배제	상기 전 부위를 제거 · 폐기	상기 전 부위를 제거 · 소각	상기 전 부위를 제거 · 소각
위험 커뮤니케이션		소극적 규제전략(부분적 사료 규제), 국제기준에 따른 감시프로그램 가동, 철저한 수입규제	소비자 중심의 조직 편성, 정보 제공, 모니터링 강화, 식별 및 추적 시스템 도입, 전면적인 사료 및 관련 제품규제	철저한 조사와 수입 규제, 추적시스템 구축, 정보공개, 식별 및 추적시스템 도입, 전면적인 사료 및 관련 제품규제	- 소극적 사료 규제, 국외로부터 BSE 유입방지, 원산지표시제, 이력추적제 실시 - 식품정보공개와 소비자 참여장치가 미흡
위험관리체계		다원적 분산체계	- 협의회 구성, 민관공동 광우병감시평가단 구성 등 대중의 의사결정참여 제도화 - 정책결정의 투명성과 합의절차 강조	정부의 정책적 노력의 일환으로 정보 공개 등 투명성 강화	- 정부의 문제 회피적 대응 - 시민단체들의 투쟁채널 강화 - 전문가 중심의 위험 관리 - 식품안전근거 법령과 부처기능의 다원화

기술위험 관리 정책과 제도를 도입하고 새롭게 수정해 나가는 일본형으로 크게 구분할 수 있다. 우리나라의 경우 일반적으로 미국형에 가까운 유형을 보이고 있다. 이러한 차이는 각 국가의 고유한 역사적 경험과 제도적 특성을 반영하고 있으며, 이로 인해 해당 기술의 규제방식과 절차가 다르게 나타나고 있다(성지은 · 정병걸 · 송위진, 2007).

그러나 이러한 차이는 모든 기술위험에 대해 동일하게 적용된 것은 아니며, 각 국가가 처한 상황적 맥락과 기술 유형별로 다르게 나타나고 있다. 당초 유럽은 전문가 중심의 폐쇄적 위험거버넌스 형태를 취했으나, 광우병 사건 발생 후 식품업계와 정부의 규정을 불신하게 되면서 사전예방 관점의 대응이 이루어지고 있다. 이 결과 모든 농장동물에 대한 육골분 금지 조치를 시행하거나 30개월 이상의 모든 도축소 및 광우병 의심소 전체에 대한 광우병 검사를 시행하고 있다. 반면, 미국은 광우병 사태 초기에는 광우병 발생국의 쇠고기 수입을 금지하는 등 적극적으로 대응해 왔으나 대기업으로 이뤄진 강력한 축산업자들의 로비로 인해 육골분 사료 금지와 광우병 조사가 소극적인 입장에 머물러 있다. 이에 반해 일본은 비교적 늦게 2000년대 들어 광우병이 발생했지만, 이에 대한 규제나 대응은 매우 적극적으로 나타나고 있다. 일본은 광우병 발생 이후 도축소 전체에 대해 광우병 검사를 시행하고 있으며, 똑같은 광우병 발생국가인 미국보다도 훨씬 엄격한 "모든 농장동물에 대한 동물성 사료금지"정책을 취하고 있다. 또한, 내각부에 독립적으로 안전성 평가를 담당하는 식품안전위원회를 신설하는 등 사전예방 차원에서 강력한 광우병 대책을 실시하고 있다(성지은, 2008).

2. 불확실성에 대응하는 우리나라 위험거버넌스의 특징

우리나라는 광우병을 "받아들일만한 위험(acceptable risk)"으로 받아들이고 소극적 대응 방식을 취하고 있으며, 발생했을시 적극적으로 조치를 취한다는 입장이다. 미국산 쇠고기 수입 재개에서 볼 수 있듯이 "과학적 근거와 국제적 기준"을 강조하면서 미국 수준의 소극적 조치만 취하고 있는 것이다. 국내의 사료 금지조치는 미국과 똑같은 1단계에 머물러 있으며, 양적으로는 국제수역사무국(OIE) 기준보다 훨씬 많은 광우병 검사를 하고 있으나 광우병 의심소 및 광우병 위험군에 대한 검사두수가 절대적으로 부족하다. 또한, 아직도 광우병 특정위험물질(SRM)의 제거 및 제거된 특정위험물질의 소각이 이뤄지지 않고 있으며, 정부당국은 광우병 감염 발생 시 소각조치를 취하겠다는 소극적인 대응을 하고 있다.

〈표 5-13〉 우리나라 위험관리의 특징과 문제점

특 징	문제점
위험평가	· 안전보다 국가발전과 경쟁력 관점에서 접근 · 위험을 경제발전의 부산물로 인식 · 소극적 위험 대응과 과소 규제 · 규제 권고나 규제 가이드라인 미확립 · 과학적 근거에 따른 위험 평가 및 관리 미흡
위험커뮤니케이션	· 비밀주의와 폐쇄성 · 정보 미공개와 낮은 투명성 · 일반 대중과의 커뮤니케이션 미흡 · 관료와 일부 소수 전문가 중심의 위험 관리 · 정부의 일방적인 강행과 사후 정당화 · 분산된 위험 관리 구조로 관련 행정부처 간 연계 미비
위험관리	· 제도 수입과 모방: 지식과 전문가 부족 · 제도의 형식화와 사후 대응적 위험 관리 · 위험 평가의 독립성, 투명성이 낮음. · 정부의 문제 회피적 대응과 갈등 관리의 미비 · 시민 단체의 취약성과 전문성의 부족 · 정부와 시민 단체 간 대결 구조로 협력 미비

출처: 성지은 · 정병걸 · 송위진(2007). 내용 수정.

주요 선진국들과 비교했을 때 우리나라의 위험 관리방식은 위험 대응기술에 대한 지식과 전문가가 부족할 뿐만 아니라 사회적 합의를 도출해 나가는 과정도 민주적 · 공개적으로 이루어지지 못하고 있다. 그동안 우리나라는 추격국의 독특한 상황, 즉 위험과 실패에 대한 인식부족 및 경제발전과 국가경쟁력의 강조에 따른 절차적 정당성의 무시 등 위험 규제나 관리 측면에서 미흡한 부분이 있었다. 미국산 쇠고기 수입 재개 과정에서 보듯이 위험 여부에 대한 의사결정을 독점하고, 시민들에게 투명하게 공개하지 않으며, 국민의 건강보다는 국익과 경제발전 위주로 위험관리가 이루어지고 있다. 이 바탕에는 정부 관리와 소수의 전문가들이 중심이 되어 위험 여부를 결정하는 기술관료적 입장이 주를 이루고 있다(성지은 · 정병걸 · 송위진, 2007).

3. 위험의 불확실성과 위험커뮤니케이션의 중요성

광우병은 20세기 말에 새롭게 발생한 질병으로 현재까지 완전히 규명된 병이 아니며, 그 예방이나 치료 방법 또한 제대로 밝혀지지 않은 상태이다. 당초에 쇠고기 부위 중 살코기는 안전하다고 알려져 있었지만, 최근에는 이 역시 광우병 위험으로부터 안전하지 않다는 증거가 계속 나오고 있다. 국제수역사무국(OIE)의 기준으로는 30개월 미만의 쇠고기가 안전하다고 하지만, 30개월 미만의 소에서 광우병이 발견된 사례가 100건이 넘었다. 가까운 예로 일본에서 일어난 20건의 광우병 사례 중 2건이 30개월 미만의 동물이었다. 이에 따라 광우병을 어떻게 정확히 진단해낼 것인가, 쇠고기의 급식 한계는 어디까지인가에 대해 아직도 신빙성 있는 과학적 해답이 나오지 않은 상황이다. 이에 따라 일반대중과의 위험커뮤니케이션이 강조되고 있으나 광우병에 대한 지식창출과 확산은 여전히 전문가에게만 의존하고 있는 실정이다(성지은 · 정병걸 · 송위진, 2007; 성지은, 2008).

2008년 우리나라는 미국산 쇠고기 수입을 둘러싸고 광우병에 관한 극명한 이해 대립을 보여주었다. 2008년 한국사회를 강타한 광우병 논란은 불확실성에 대한 대중들의 불안과 이에 대한 다양한 논쟁을 낳았다. 광우병 사태는 본질적으로 "확률은 낮지만 엄연히 존재하는 위험에 대해서 우리가 어떻게 대처할 것인가"하는 문제에 관한 것이다. 즉, 과학적으로는 완벽히 해결할 수 없는 문제를 정치적으로 어떻게 풀어갈 것인가, 국민들에게 어떻게 설명하고 설득할 것인가 하는 판단의 문제이면서 커뮤니케이션의 문제이다. 일반 국민들은 위험을 확률로 평가하는 것이 아니라 불확실성, 재앙의 정도, 통제 가능성, 형평성, 후속 세대에의 영향을 고려해서 총체적으로 인식하고 있으며, 그렇기에 정부의 위험커뮤니케이션을 위한 대화 의지, 투명한 정보 공개, 신뢰 구축이 무엇보다 중요하다(정병걸 · 성지은, 2008).

우리나라를 비롯해 전 세계가 본격적인 위험사회로 나아가면서 위험에 대한 정책결정을 누가, 어떻게 할 것인가는 모든 국가가 안고 있는 문제이다. 그동안 위험에 관한 논의는 정부 관료와 일부 과학자, 전문가 집단이 독점해 왔으나, 점점 직접 정책결정과정에 참여하려는 국민의 요구가 커지고 있는 상황이다. 정부와 공적 기관에 대한 불신이 높고, 과학자와 전문가 집단에 대한 신뢰가 급격히 저하된 상태에서는 정책결정과정이 개방될 필요가 있다. 이와 함께 시민 참여가 제도화되어 국민의 소리가 제도적 틀 속에 반영될 수 있어야 한다. 즉, 일회적이지 않고 제도화된 공론의 장을 통해 국민의 다양한 견해가 사회적 합의에 도달할 수 있어야 한다. 선진국은 여러 시행착오를 거치면서 합의회의, 민관 협의회 구성, 기술영향평가단 구성 등을 통해 대중 참여를 제도화하고 있다. 우리나라도 위험 관리 체계를 민관의 협력 게임으로 인식하고 상생전략을 추구할 필요가 있다(성지은 · 정병걸 · 송위진, 2007; 성지은, 2008; 정병걸 · 성지은, 2008).

4. 위험의 불확실성에 대응한 지식축적의 중요성

광우병 논란은 무엇보다도 광우병에 대한 정보가 불확실하다는 데에서 출발하고 있다. 증가하는 기술위험의 가능성을 억제하고 적절하게 그를 관리하기 위해서는 위험에 대한 지식 축적을 통해 불확실성을 낮추는 것이 우선적으로 필요하다. 위험에 대한 지식이 많아질수록 불확실성은 낮아지고 위험을 보다 잘 이해할 수 있게 된다. 위험에 대한 과소평가나 과대평가는 위험을 제대로 알지 못하기 때문에 발생한다. 광우병은 20세기 말에 새롭게 발생한 질병으로 현재까지 완전히 규명된 병이 아니기 때문에, 이를 어떻게 다루어야 할지에 대해서는 불투명한 상태이다. 광우병을 어떻게 정확히 진단해내며, 어떻게 위험을 예방할 수 있고, 안전하게 먹을 수 있는 월령이나 부위의 한계는 어디까지인가에 대해서는 아직도 신빙성 있는 과학적 해답을 얻지 못하고 있는 실정이다. 지식의 부족은 막연한 공포나 무모한 수용을 허용할 수도 있다. 따라서, 불확실성을 해결하기 위한 체계적인 연구와 지식 축적의 노력이 기술위험에 대한 논란 해결의 출발이 될 수 있다(성지은 · 정병걸 · 송위진, 2007).

위험이 새롭게 등장하여 그 원인뿐만 아니라 작용기제 및 해결책에 대해 명확하게 알 수 없는 경우 가장 중요한 위험 관리 전략은 예방이며, 사건의 확률과 피해의 범위를 밝히는 조사 및 연구, 즉 지식 축적이 위험 관리의 한 축이 된다. 위험에 대한 지식 축적은 위험의 발생가능성과 영향을 최소화함으로써, 위험 완화나 제거를 가능하게 한다. 일본은 체계적인 조사 활동을 통해서 30개월 미만의 소에서도 광우병이 발생할 수 있다는 사실을 밝혀냈고, 이를 근거로 미국에 20개월 미만의 쇠고기만 수입하겠다는 조건을 관철시킬 수 있었다.

우리나라의 광우병 대책과 미국산 쇠고기 수입 재개에서 살펴볼 수 있듯이, 한국은 광우병에 관한 조사 · 연구가 미흡하고, 대부분의 지식을 외국에 의존하고 있다. 광우병을 감별할 수 있는 위험평가 시스템뿐만 아니라 이를 연구하는 기술과 시설, 인력 또한 여전히 미흡한 수준이다. 이러한 상황에서 우리나라는 광우병이 발병하지 않도록 사전 예방 차원에서 안전 시스템을 마련하고 과학적이고 체계적인 조사 활동을 꾸준히 벌여나가야 한다(성지은 · 정병걸 · 송위진, 2007).

제 6 장 기후변화

윤순진

제 1 절 서 론

1970년대와 80년대를 지나면서 가능성의 차원에서 제기되었던 기후변화문제는 이제 한 국가의 외교와 경제, 에너지, 환경정책 등 거의 대부분의 정책에서 핵심적인 정책의제로 다루어질 뿐 아니라 생활 현장에서 인구에 회자되는 일상용어가 되었다. 2007년 유엔 기후변화정부간협의체(Inter-governmental Panel on Climate Change, IPCC)는 제4차 평가보고서(the Forth Assessment Report, AR4)를 발표하였다. IPCC의 4차 보고서에서는 지구온난화는 논란의 여지가 없을 정도로 "명백하다(virtually certain)"고 단언하고 전 지구 기온 상승이 인위적인 온실가스 증가에 의한 것일 "가능성이 매우 높다(very likely)"라고 진단하면서 그 어느 때보다 강도 높게 기후변화의 파국적 귀결에 대해 경고하였다. 이제 기후변화문제는 인류는 물론 지구상의 다른 생물종의 생존 자체를 위협하는 21세기 최대 환경문제로 자리매김하였다.

IPCC에 따르면 지난 20세기 100년간 지구표면온도가 평균 0.6[0.4~0.8]℃ 상승하였고, 시점을 조금 뒤로 잡은 1906~2005년 사이 100년 동안은 좀 더 높게 평균 0.74[0.56~0.92]℃가 상승했다. 이는 지표면의 온도가 갈수록 높아져 가고 있음을 보여주는 것이다. 사실, 지난 12년(1995~2006년) 중 11번이 1850년 이래 가장 더웠던 해들에 해당한다(IPCC, 2007). 20세기의 후반세기 동안 북반구의 평균 기온은 지난 500년 동안 어느 반세기보다도 높았을 가능성이 매우 높으며, 적어도 과거 1300년 동안 가장 높았을 가능성이 있다. 이렇게 평균기온이 상승해서 2020년대에 지구 평균기온이 1℃ 이상으로 오르게 되면 4억~17억 명이 물부족에 시달리고, 바이러스나 병원균, 병충해가 확산되며 숱한 생물종이 사라지는 등 생태계에 대혼란이 일어날 것으로 IPCC는 보고 있다.

IPCC의 주장에 따르면 기후변화로 인한 전 지구적 재앙을 막기 위해서는 산업혁명 이전보다 기온 상승을 2~2.4℃ 이내로 안정화시켜야 한다. 이를 위해서는 온실가스 배출이 2015년을 정점으로 최대치에 이른 후 대폭 감소해서 2050년에는 2000년 수준의 50~85% 이하로 낮아져야만 한다. 온도 상승을 2~2.4℃로 묶기 위해서는 대가 중 온실가스 농도를 450~495ppm 수준으로 유지해야 한다는 의미이다. 대기 중 온실가스 농도가 일정하게 유지되었던 산업혁명기 이전 대기 중 이산화탄소 농도는 280ppm이었는데, 2007년 현재 383.3ppm까지 증가한 상태이다.

이러한 IPCC의 논의가 기초가 되어 그동안 국제 사회는 기후변화의 진행을 늦추기 위해 협상을 진행해 왔다. 1992년에 기후변화협약(UN Framework Convention on Climate Change, UNFCCC)이, 1997년에 교토의정서(Kyoto Protocol)가 채택된 후 각각 1994년과 2005년에 발효되었으며, 이제 교토 이후(Post-Kyoto) 어떻게 이 문제를 풀어갈지에 대해 국제협상이 진행되고 있다. 국제협상의 결과에 따라 국가별로 감축목표나 감축방식이 정해질 수 있으며, 이러한 변화는 각국의 사회 · 경제적 변화를 수반할 것으로 예상된다.

그런데 기후변화문제에는 여전히 해소되지 않은 불확실성이 내재해 있다. 기후변화의 원인과 영향에 대한 과학적 발견이 기후변화문제를 국제사회에서는 물론 국내에서 주요한 의제로 부상시키는 데 기초가 되고 있음에도 불구하고 여전히 상당한 불확실성의 문제가 내재해 있다. 현재, 기후변화가 진행되고 있다는 데 대해서는 더 이상 논쟁의 여지가 없을 정도로, 확실한 것으로 받아들여지고 있다. 하지만, 기후변화를 유발하는 지구온난화가 정말 온실기체 배출에 의한 것인지, 인간에 의한 배출(anthropogenic emission) 때문인 것인지, 기후변화가 어떤 방식과 속도 및 강도로 일어날 것인지, 기후변화를 억제하거나 완화하기 위해서 무엇을 어떻게 해야 할지, 기후변화의 진행에 대해 어떻게 적응해나가야 할지 등 다양한 쟁점들에 대해서는 여전히 불확실성이 상존해 있다. 결국, 바로 이러한 기후변화의 불확실성 문제를 어떤 식으로 다루어 나갈지가 21세기 거버넌스가 반드시 풀어야 할 주요 과제가 된 것이다.

따라서, 이 장에서는 기후변화문제에 내재되어 있는 위험의 불확실성이 무엇인지를 살펴보고, 이러한 불확실성 하에서 기후변화문제에 대응해 나가는 데 있어 적절한 거버넌스 유형을 살펴보도록 한다. 기후변화의 위험이라고 할 때 어느 정도가 위험한 수준인지를 명확히 하는 것이 어려울 뿐만 아니라, 위험 수준에 따라 대응 수준 또한, 변화될 수밖에 없기 때문에 불확실성의 문제를 어떻게 다룰지 혹은 불확실성이 어떠한 방식으로 어느 정도까지 받아들여져야 하는지는 상당한 문제가 된다.

기후변화의 위험거버넌스에 있어서 발생할 수 있는 오류의 유형은 크게 제1유형 오류(Type I error)와 제2유형 오류(Type II error) 두 가지로 나누어 볼 수 있다(Schneider and Lane, 2006). 제1유형은 궁극적으로는 근거 없는 걱정에 기초해서 사전예방의 원칙을 과장하는 것이며, 제2유형은 압도적인 증거들이 나타나기를 기다리면서 필요한 조치들을 미루고 손해를 막는 행위를 불충분하게 하는 것이다. 두 가지 유형의 오류를 피할 수 있도록 불확실성을 줄이는 것이 필요하지만 완전히 파악할 수 없는 불확실성이 존재함을 받아들인다면, 이러한 상황에서 기후변화 위험을 줄이면서 사회적 피해를 최소화할 수 있는 거버넌스는 어떠해야 하는지에 대한 논의와 실질적인 거버넌스 시스템의 구축이 무엇보다 필요하다.

제 2 절 기후변화 개요

1. 기후변화에 대한 인식의 역사와 과학적 발견[1)]

현재 진행되고 있는 기후변화는 대기 중 온실가스 농도가, 산업혁명 이래 수만 년간 유지되어 왔던 일정 수준(약 280ppm)을 넘어섬으로써, 과거보다 훨씬 더 많은 양의 태양 복사열을 흡수, 지구온난화가 일어나기 때문에 발생하는 것으로 알려져 있다. 자연변동성을 넘어선 현재의 기후변화는 산업혁명 이후 화석연료를 대량으로 연소하고, 산림을 벌채하며, 보다 많은 폐기물을 배출하는 등 산업화과정에서 인간의 사회경제활동을 통해 태양의 복사열을 흡수하는 온실기체가 점점 더 많이 배출되어 온실효과가 지나치게 일어났기 때문이다. 지표면의 온도가 상승하면 수증기의 양이 변화되고 대기와 해류의 흐름이 변화되면서 오랜 기간 유지되어 왔던 기후평형시스템이 깨지게 되어 기후변화로 연결되는 것으로 이해되고 있다.

기후변화에 대한 과학적 연구는 지구온난화이론을 핵심으로 한다. 온실기체가 지구에서 방출되는 복사열을 가두어 온실효과를 이룸으로써 지표면의 온도가 상승하여 기후변화를 유발한다는 것이다. 기후변화의 위협에 대한 관심은 1930년대로 거슬러 올라가지만, 기후변화를 주제로 본격적인 연구가 이루어지기 시작한 것은 1970년대 초반부터이다. 1972년에 로마클럽(the Club of Rome)의 후원으로 MIT 팀이 연구한 결과로 성장의 한계(the limits to growth)가 발표되면서 성장의 한계 논쟁이 시작되었는데, 이 논쟁의 과정에서 기후변화 관련 논의가 부각되기 시작하였다(박희제, 2008). 당시, 대기먼지(aerosols)와 초음속 비행기가 지구의 기온을 저하시킬 수 있다는 우려가 제기되면서, 미국에서는 에너지부 지원으로 대기 중 이산화탄소가 어떤 과정을 거쳐 생성되고 소멸되는지에 대한 연구가 집중적으로 수행되었다. 게다가 당시 대규모 연산 작업을 빠르고 간편하게 처리할 수 있는

1) 이 부분은 박희제(2008)의 논의를 상당부분 참조하였다. 하지만 박희제(2008)의 진술에서 필요한 정보를 취하되, 박희제(2008)의 논의를 기초로 하여 다른 연구결과들을 보완적으로 추가하였다.

컴퓨터가 각 대학에 보급되기 시작하면서 대기과학자들이 대기-해양 순환모델을 탐구할 수 있게 되었다.

1970년대까지 기후변화는 다분히 학문적 관심 영역으로 과학계에 한정되어 있었을 뿐 정치적인 관심의 대상은 아니었다. 1974년에는 기상학과 지구물리학 분야에서 국제적인 협력 연구를 주관해오던 UN 산하 세계기상기구(World Meteorological Organization, WMO)의 실행위원회가 전문가위원회를 구성하여 지구기후변화 연구계획을 수립하였다. 1975년에 열렸던 WMO 세계대회에서는 지구온난화의 가능성을 논의하였지만, 과학적 지식이 미흡하므로 더 많은 연구가 필요하다는 방향으로 논의가 모아졌다.

이러한 흐름과 함께 다른 한편에서는 일찍부터 지구온난화문제에 관심을 가지고 있었던 학자들이 있었는데, 비정부 기구인 국제 과학자조합협의회(International Council of Scientific Union, ICSU)의 환경과학자들이었다. 1976년에 열렸던 ICSU 총회에서 ICSU 산하 환경문제에 관한 과학위원회(Scientific Committee on Problems of the Environment)는 초기 단계의 수학적 대기-해양 순환모델을 통해 향후 200년 동안 대기 중 CO_2 양이 급격히 증가하고, 이러한 CO_2 양의 증가로 지구 온도가 약 2~3℃ 가량 상승할 것으로 예측함으로써, 과학자 사회 내에서 지구온난화에 대한 관심을 고무시키고 논쟁을 유발하였다. 그 후 세계가 기후변화에 주목하게 된 중요한 계기는 1970년대 중반경 미 우주항공국(NASA) 내 고다드 우주연구소(Goddard Institute for Space Studies, GISS)의 과학자 제임스 한센(James Hansen) 박사가 기후변화문제를 제기하기 시작하면서부터였다.

1979년에는 세계기상기구가 제1차 세계 기후회의(World Climate Conference)를 조직하였다. 이 회의에서 과학자사회는 "인간의 활동이 지역적 및 전 지구적 차원에서 심각한 기후변화를 초래할 수 있다."는 우려를 표명하면서 "미래 지구의 기후변화를 탐구하여 그 결과를 인간 사회의 개발계획에 포함시키는 데 전 지구적인 협력이 필요하다."고 주장하였다(IPCC, 2004: 2; 박희제, 2008: 188 재인용). 회의를 통해 WMO는 기후변화에 대한 과학적 연구와 기후변화 대응방안을 연구하기 위해 유엔환경계획(United Nations Environmental Plan, UNEP), ICSU와 공동으로 세계기후계획(World Climate Programme)이라는 연구조직을 설립하기로 결정하였다. 아직은 기후변화에 대한 과학적 확실성이 충분하지 않으므로 연구를 확대하는 것이 무엇보다 중요하다는 판단에서였다. WMO와 UNEP, ICSU는 기후변화 관련 활동의 핵심주체로, 이들 기구를 통해 기후변화와 관련된 우려와 기후변화에 대한 과학적 연구의 필요성이 전 세계로 확산되었다.

1985년에는 WMO와 UNEP, ICSU의 지원으로 오스트리아의 필락(Villach)에서 필락회의(Villach Conference)가 열려 29개국에서 온 80명의 환경과학자들과 에너지문제 전문가들, 저명한 연구소 연구책임자들이 지구의 기후변화에 대한 논문을 발표하고 정책적 대응방안을 논의하였다. 이 회의의 참가자들은 세계적으로 저명한 학자들로서, 과학적 발견들을 기초로 함으로써 기후변화의 우려에 대한 논의가 신뢰를 확보할 수 있었다. 뿐만 아니라 과학적 연구결과를 토대로 각국 정부에 온실기체 배출 감축을 위한 구체적인 정책을 제안함으로써 기후변화에 대한 우려가 과학적 연구대상이라는 범위를 넘어 정치적인 쟁점으로 제기되는 계기를 마련하였다. 이 회의를 통해 WMO와 UNEP에 기후변화와 관련하여 과학적 자문을 해줄 목적으로 소수의 독립 과학자들로 구성된 온실기체자문단(Advisory Group on Greenhouse Gas, AGGG)이 1986년에 발족하였다. AGGG는 출범 이후 기후변화 위협을 전 세계로 확산시키는 핵심적인 조직이 되었는데, 이는 이후에 구체적으로 기술할 IPCC의 전신으로 볼 수 있다. 1980년대 초반까지만 해도 기후변화문제에 대한 대중적 관심은 낮은 편이었으나, AGGG를 비롯한 과학자 조직체들이 유엔과 연계해서 이 쟁점을 정치 · 사회적 쟁점으로 부상시켰다.

1988년에 이르러서는 유엔 총회의 결정에 따라 UNEP와 WMO가 주된 후원자가 되어 IPCC를 설립하였는데, IPCC는 세 개의 작업반으로 구성되어 있다. 제1실무단(Working Group I)은 기후변화에 관한 과학적 기초(Scientific Basis)를, 제2실무단(Working Group II)은 기후변화의 영향과 취약성 및 적응방안(Impact, Vulnerability and Adaptation)을, 제3실무단(Working Group III)은 기후변화를 유발하는 온실가스 배출을 저감하는 완화방안(Mitigation) 등에 대해 광범위하게 검토하고 평가보고서(Assessment Report)를 제출하는 것을 주요 임무로 한다. 이제까지 IPCC는 1990년에 1차보고서를 펴낸 것을 시작으로 1995년, 2001년, 2007년에 이르기까지 4차례에 걸쳐 보고서를 발표하였다. IPCC가 펴낸 보고서들은 이후 기후변화 협상을 촉진하는 데 필요한 과학적 근거가 되었다. IPCC는 세계 각국에서 발간되는 학술지 논문과 각종 보고서들에 게재된 기후변화 과학정보를 수집하고 평가하며, 이러한 자료를 바탕으로 보고서를 작성한 후 전문가와 각국 정부의 검토를 거쳐 총회에서 최종 승인을 받는다. IPCC의 설립으로 기후변화에 관심을 갖고 연구하던 과학자들이 공식적인 제도 아래로 모여 유엔과 각국 정부에 기후변화대응정책을 자문하는 역할을 하게 된 것이다. 이제 IPCC는 기후변화와 관련된 협상과 정책 마련에 있어 기초가 되는 과학적 성과들을 생산해서 제공함으로써 기후변화 과학에서 중심 역할을 하게 되었다.

IPCC가 이제까지 발간한 4차례의 보고서는 기후변화의 진행은 물론 기후변화 유발에 대한 인위적 요인에 대해 점점 더 강한 표현을 사용해오고 있다. 제1차 평가보고서(the First Assessment Report, FAR)에서는 1990년 당시 전 지구 평균기온이 19세기 중반 이래 0.3~0.6℃ 증가하였고, 전 지구 평균 기온이 가장 높았던 5년이 1980년대에 나타났다고 기술하였다. 2차 보고서(the Second Assessment Report, SAR)에서도 지구 평균 기온 상승에 대해서는 FAR와 동일하게 기술하면서 SAR 발간 시점까지의 몇 년이 기상관측이 이루어진 1860년대 이래 가장 더운 해들이라고 기술하였다. 3차 보고서(the Third Assessment Report, TAR)부터는 전 지구 평균기온 상승에 대해 정량화된 대표값을 쓰기 시작하였다. TAR에서는 20세기 100년(1901~2000) 동안 0.6℃ 상승하였고, 1990년대는 관측기록상 가장 더웠던 10년이었으며, 그 중에서도 1998년이 가장 더웠던 해라고 기술하였다(권원태 외, 2007). 마지막으로 발표된 AR4에서는 1906~2005년 사이 100년 동안 전 지구 평균기온이 0.74℃ 상승하였고, 최근 50년간의 지구온난화 추세가 100년간 추세에 비해 2배 정도 빠르게 진행된다고 밝히고 있다. 그리고 1950년 이후 관측기록사상 가장 더운 12년 중 11년이 1995~2006년 안에 들어있다고 기술하고 있다.

기후변화가 인간활동에 의해 유발된 것인지의 여부에 대해서는 조금씩 긍정하는 강도가 높아지고 있다. FAR에서는 당시 기후변화 패턴 예측을 확신할 정도의 연구가 축적되지 않아 인위적 요인에 의한 기후변화 진행 여부에 대해서는 정확히 알기 어렵다고 기술하였다. SAR에서는 "인간이 전 지구 기후변화에 영향을 끼친 증거가 있다."고 기술하면서 "인위적 기후변화에 대한 초기 증거가 있는 만큼 모델 결과가 맞다면 인위적 요인으로 기후변화가 지속된다는 주장은 설득력을 지닌다."라고 기술하고 있다. TAR에서는 "지난 50년간 관측된 온난화의 대부분은 온실가스 농도 증가 때문일 가능성이 높다."면서 "인간의 활동이 과거 50년간의 기온상승을 유발했다는 새롭고 강력한 증거가 있다."고 하였다. AR4에서는 "20세기 중반 이후 지구 평균 기온 상승은 대부분 인위적 온실가스 농도의 증가에서 기인했을 가능성이 매우 높다."라고 기술하였다. 이때 "매우 높다"는 확률적 의미에서는 90% 가량의 확실성을 의미한다. IPCC의 4차례 보고서들의 주요 특성을 〈표 6-1〉에 정리해 보았다.

〈표 6-1〉 IPCC 보고서들의 특성 비교

보고서명	영문 약어	발간 년도	기온상승	인위적 요인
1차 평가보고서	FAR	1990	1990년 19C 중반 이래 3~6℃ 상승	인간 활동으로 보이지만 더 많은 연구 필요
2차 평가보고서	SAR	1995	1990년 19C 중반 이래 3~6℃ 상승	인간 영향의 증거 존재
3차 평가보고서	TAR	2001	20C 동안 0.6℃ 상승	인간 활동에 의한 기온상승의 강력한 증거 존재
4차 평가보고서	AR4	2007	100년(1906~2005) 동안 0.74℃ 상승	인간 영향일 가능성 매우 높음.

출처: IPCC 보고서들과 권원태 외, 2007 재구성.

기후변화 문제에 대한 과학적 접근은 증거평가주의적 접근을 취하면서 국제사회에서 기후변화가 중요한 환경의제로 부상할 수 있도록 사회적으로 구성하는 과정을 밟아왔다. IPCC의 연구결과가 기후변화에 관한 과학적 지식의 제공원이 되고 있는데, IPCC에서는 강한 과학주의는 거부하면서도 과학적 연구를 통해 신뢰할만한 자료들을 확보할 수 있다는 시각을 취하기 때문이다. 그리고 이러한 접근을 통해 4차례에 걸쳐 평가보고서를 발간하면서 기후변화에 관한 과학적 지식의 양과 정밀성을 높여 왔으며 정책 대안에 대해 조언해 왔다.

하지만, 기후변화의 과학적 논의가 곧바로 혹은 전적으로 정책에 반영되고 정치에 영향을 미친 것은 아니다. 기후변화의 원인과 영향에 대한 과학적 논의가 등장 초기부터 사회적 힘을 가지게 된 것은 아니며, 다양한 증거를 수집하고 연구의 성과들을 공개하여 이에 대한 과학자 공동체의 동의와 합의를 구하는 과정을 취해왔다. 이러한 과정을 통해 기후변화가 진행되고 있으며, 기후변화가 받아들이기 힘든 피해를 가져온다는 데 대해서는 이제 과학자 공동체에서 큰 이견이 없는 상태이다. 다만, 기후변화가 인간에 의해 유발되고 있는가에 대해서는 여전히 이견을 가지고 있는 소수의 과학자들이 있으며, 이들에 대해 IPCC는 증거평가주의적 입장을 견지하고 있다. 기후변화 과학은 기후변화에 대한 내러티브를 구성해오면서 기후변화 정치에 영향을 미쳐왔고, 협상을 매개로 한 국제 기후변화 정치는 뒤에서 살펴볼 것처럼 기후변화 과학에 다시 영향을 미쳐왔다. 하지만, 기후변화가 인간 역사에서 경험하고 관측한 자료들을 통해 기후변화의 규모와 속도를 예측한다거나, 구체적인 지역들에 대해 어떤 강도와 규모로 기후변화가 진행될지를 예측하는 것은 여전히 상당한 불확실성을 내포하고 있다. 기존의 분석적이고 예측적인 과학적 접근으로는 기후변화 문제를 적절히 다룰 수 없다는 점에서 탈정상과학의 필요를 보여준다.

이러한 맥락에서 주목해야 할 점 중의 하나는 기후변화가 무엇에 의해 야기되든 기후변화가 일어나고 있다는 사실은 거의 반론이 제기되지 않는 명확한 사실로 받아들여지고 있으며, 기후변화가 부정적 영향을 야기함으로써 원인과 무관하게 기후변화에 대한 적응의 필요성이 더욱 더 높아지고 있다는 사실이다. 이로 인해 기후변화 과학의 인식론적 불확실성을 보완할 수 있는 사회적 지능과 일반인의 시민적 전문성이 발휘될 필요가 더욱 높아지고 있다.

2. 국제적인 기후변화 대응의 역사

국제적인 기후변화 대응은 앞서 기술한 과학적 발견들을 기초로 한다. 1970년대 중반에 한센 박사가 기후변화문제를 제기한 이래 기후변화에 대한 사회적 관심이 조금씩 생겨나면서 1979년에는 기후변화에 관한 최초의 세계 회의인 제1차 세계기후회의가 열렸다(조용성, 2008: 104). 1988년 6월 캐나다 토론토에서는 '대기변화에 대한 세계회의'가 열려서 기후변화 방지를 위한 대책 마련을 촉구하였다. 같은 해 12월에는 유엔 결정에 따라 앞서 기술한 IPCC가 설립되었고, 1990년 8월에는 IPCC가 제1차 보고서를 펴냈다. 이 보고서에서 IPCC는 앞선 100년 동안 지구 표면의 대기 평균 온도는 0.3~0.6℃, 해수면 높이는 10~25㎝ 상승했으며, 산업 활동 및 에너지 이용 시스템이 현 상태로 계속될 경우 이산화탄소 배출량이 해마다 1.7배 늘어날 것으로 전망했다.

1990년 11월에는 스위스의 제네바에서 제2차 세계기후회의가 열려 IPCC의 제1차 보고서를 기초로 기후변화방지협약을 제정하기로 합의하였고, 같은 해 12월 제45차 유엔총회 결의로 1992년 6월을 기한으로 기후변화협약을 제정하는 것을 목표로 정부 간 협상위원회(International Negotiation Committee, INC)를 구성하였다. INC는 1991년 2월부터 1992년 5월까지 6차례에 걸쳐 협상을 진행하였는데, 제6차 최종회의에서 기후변화협약 최종안을 결정하였다.[2)]

이러한 일련의 과정을 통해 1992년 브라질 리우데 자네이로에서 열린 유엔환경개발회의에서는 166개국이 서명하여 기후변화협약(UN Framework Convention on Climate Change, UNFCCC)이 채택되었다. 기후변화협약에서는 "공통적이지만 차별화된 책임원칙(common but differentiated responsibility principle)"을 기초로 온실가스 배출감축에 모든 국가가 노력해야 할 필요성을 언급하면서도, 산업화를 먼저 이루어오면서 역사적인 배출책임이 훨씬 큰 선진국들에게 우선적인 감축노력을 촉구하였다. 기후변화협약의 모든 당사국들은 온실가스배출 통계를 보고하고 온실가스저감을 위한 정책과 조치를 시행하며, 온실가스 흡수원을 보호하고, 확대하는 등의 활동을 하면서 국가 보고서를 제출하는 일반적인 의무를 지도록 하였다. 아울러, 특별히 24개의 OECD 국가들과 11개 경제이행국(Economies in Transition, EIT)들을 부속서 I 국가들(Annex I Countries)로 분류하여, 이들 국가들은 2000년까지 1990년 수준으로 온실가스를 안정화하는 특별의무를 부여하였다. 기후변화협약은 1994년에 비준국이 50개 국가를 넘어서야 한다는 조건을 충

2) INC는 기후변화협약체결 이후에도 1995년 제1차 당사국총회(COP-1)가 개최되기까지 6차례 더 열렸다.

족함으로써 발효되기에 이르렀다.

기후변화협약 발효 후 다음 해인 1995년부터는 당사국 총회(Conference of Parties, COP)가 매해 한 번씩 개최되고 있다. 독일의 베를린에서 열린 제1차 당사국 총회에서는 기후변화협약이 구속력 없는 국제 협약(non-binding agreement)으로서, 기후변화를 억제하기에는 한계가 있다는 공감을 바탕으로 제3차 당사국 총회(COP-3) 때까지 구속력 있는 의정서를 채택하기로 합의한 베를린 위임사항(Berlin Mandate)을 채택하였다. 1997년 12월, 일본 교토에서 열린 COP-3에서는 구속력을 가지면서 기후변화협약의 보다 구체적인 이행계획을 담은 교토의정서(Kyoto Protocol)를 채택하였다.

교토의정서에서는 부속서 I 국가들은 2008년에서 2012년에 이르는 기간 동안 온실가스 배출을 1990년에 비해 평균 5.2% 감축하기로 하였으며, 감축해야 할 온실가스로 이산화탄소(CO_2)와 메탄(CH_4), 아산화질소(N_2O), 수소불화탄소(HFCs), 과불화탄소(PFCs), 육불화황(SF_6) 등 6개 기체를 선정하였다. 아울러, 의무감축을 약속한 부속서 I 국가들이 감축에 따른 경제적 부담을 덜도록 시장기제인 교토체제(Kyoto mechanism)를 활용하고, 산림이나 토지를 온실가스의 흡수원(sinks)으로 인정하는 데 합의했다. 교토매커니즘에는 국제 배출권 거래제(International Emissions Trading: IET)와 공동이행(Joint Implementation: JI), 청정개발체제(Clean Development Mechanism: CDM)의 세 가지 기제가 포함된다. IET는 온실가스 감축의무가 있는 국가에 배출권을 할당하여 국가 간 배출권을 거래할 수 있도록 한 것이다(교토의정서 제 17조). JI란 부속서 국가들끼리 국가 A가 국가 B에 배출감축이 발생하는 사업에 투자하여 발생된 감축분의 일정분을, 투자국 A의 배출저감 실적으로 인정해주는 제도이다(교토의정서 제6조). 마지막으로, CDM이란 부속서 I 국가인 선진국 A가 비부속서 I 국가인 개도국 B의 지속가능한 발전을 실현할 수 있는 사업에 투자하여 온실가스 감축분이 발생할 경우, 이 감축분을 자국의 감축실적에 반영할 수 있도록 한 제도이다(교토의정서 제12조).[3)]

교토의정서는 우여곡절 끝에 채택된 지 8년 만인 2005년 2월 16일 발효되었다.

3) 원래 CDM은 본문에 기술된대로 양자간(bilateral) 계약에 의해 이루어지는 것이었으나, 2005년부터는 개도국 혼자서 CDM 사업을 추진하는 것이 가능해졌다. 이를 일국(unilateral) CDM이라 한다.

부속서 I 국가들은 2008년부터 오는 2012년까지 5년 동안 교토의정서에서 합의한 감축목표를 달성해야 한다. 교토의정서가 발효된 2005년부터는 교토 이후(Post-Kyoto)에 대한 논의가 진행되어 오고 있다. 특히, 2007년에 인도네시아 발리에서 열린 제13차 당사국총회(COP-13)에서는 교토 이후에 대한 포괄적 협상 프로세스로, 발리로드맵(Bali Road Map)을 채택하였다. 발리로드맵으로 미국을 포함한 모든 선진국은 물론 개도국까지 국제기후변화협상에 광범위하게 참여시키는 계기가 마련되었다.

발리로드맵의 특징은 교토 이후 협상을 교토의정서와 기후변화협약의 두 갈래(two-tracks)로 진행시킨다는 점이다. 한편으로는, 교토의정서 하에서 선진국들의 후속 공약기간에 대한 협상을 진행시키면서, 다른 한편으로는 발리행동계획(Bali Action Plan)이라는 결정문을 통해 기후변화협약 하에 새로운 협상을 진행한다. 교토의정서 트랙(Ad hoc Working Group on further commitments for Annex I Parties under the Kyoto Protocol, AWG-KP)은 협상의 위임사항에 따라 교토의정서 의무부담 선진국의 온실가스 감축문제만을 다룬다. 반면, 기후변화 트랙(the Ad Hoc Working Group on Long-term Cooperative Action, AWG-LCA)은 온실가스 감축문제만이 아니라 장기비전, 기후변화 적응, 기술개발 및 이전, 재정지원 문제 등을 포괄적으로 다룬다. 미국 등 선진국의 경우 각국의 상황을 고려하여 교토의정서에 상응(Comparable)하는 "측정, 보고, 검증 가능한(Measurable, Reportable and Verifiable: MRV) 국내 감축 공약 또는 행동(정량적인 감축목표 포함)"을 추진하기로 하였고, 개도국들 또한, "측정, 보고, 검증 가능한 방법으로 기술, 재정 및 능력형성 지원에 의한 지속가능한 발전 맥락에서 국내 감축 행동"을 추진하기로 합의하였다. 그리고 2009년 덴마크의 코펜하겐에서 COP-15가 열리기까지 2년 동안 장기협력행동 작업반을 설치하여 감축, 적응, 기술, 재원에 대하여 논의하여 2009년 COP-15에 보고하기로 하였다.

2009년 12월 7일에서 18일까지, 덴마크 코펜하겐에서 기후변화협약 제15차 당사국총회가 열렸다. 이 회의에서는 교토의정서 의무감축목표 이행기간이 끝나는 2012년 이후의 전 세계 온실기체 감축량에 대한 논의를 마무리짓기로 되어 있었다. 하지만, 코펜하겐 합의문(Copenhagen Accord)의 내용에 "유의한다(take note)"는 수준의 정치적 합의가 이루어졌을 뿐이었다. 코펜하겐 합의문의 주요 내용은 지구의 기온상승을 산업화 이전대비 2도 이내로 제한하기 위해 온실기체 배출을 감축한다는 것과 선진국이 개발도상국에 2010~2012년까지 매해 100억 달러씩 300억 달러를 조성하고, 2020년까지 매해 1000억 달러를 조성한다는 것이었다. 하지만, 지구의 기온상승을 2도 이내로 제한하기 위해 필요한 2050년까지의 전 지구적 장기감축목표가 채택되지 않았고, 2010년 1월 31일까지 선진국은 중기감축목표를, 개발도상국은 자발적 감축행동 계획을 제시하기로 했지만, 이러한 목표들이 '구속력'을 갖는다고 못박지 못했으며, 개도국 자금 지원 방식과 지원 대상국 선정 기준 등이 구체적으로 명시되지 않았다. 남아 있는 쟁점들에 대한 협상시한이 2010년 12월 멕시코에서 열리는 제16차 당사국총회로 1년 연장된 상태이다.

제 3 절 기후변화 위험의 불확실성 및 위험거버넌스의 유형

1. 기후변화가 야기할 위험의 범위

기후변화가 제어되지 않는다면 기상과 생태, 인체의 보건에 영향을 미칠 뿐 아니라 경제와 정치, 문화 등 사회 전반에 파국적 영향을 미칠 것으로 예상되고 있다. 기후변화에 대한 논의가 제시된 초기에는, 지표면의 온도가 상승하는 지구온난화로 인해 농작물의 북방한계선이 높아지면서 더 많은 수확이 가능할 것이라는 의견도 존재했지만, 이제 기후변화가 그러한 긍정적 효과를 생산하기보다는 파국적 재난을 가져올 것이라는 데 국제적 합의가 이루어진 상태이다. Heinzerling(2008)은 기후변화에 대해 사전예방의 원칙 단계를 넘어서 "사후주의(post-cautionary) 단계"로 진입했다고 볼 정도로 기후변화의 영향은 이미 가시화되고 있다고 지적한다.

기후변화의 영향을 살펴보자면, 무엇보다 기온과 강수량의 패턴에 변화가 나타나 홍수와 가뭄, 열파의 발생빈도가 증가하고 있으며, 지역에 따라서는 태풍이나 허리케인의 세기나 빈도가 강화되는 추세가 나타나기도 한다(권원태, 2008). 앞으로도 기후변화가 진행된다면, 이러한 양상은 보다 강화되어 자연재난의 빈도가 높아지고 피해의 규모가 증가할 것으로 예상되고 있다. 공기의 온도가 1℃ 상승하면 공기 중 수증기 함유량은 7%씩 증가하기 때문에 호우와 가뭄의 발생빈도가 늘어나게 되기 때문이다(권원태, 2008). 기온의 상승과 기후패턴의 변화는 생태계에 직접적 영향을 미친다. 각종 동식물의 서식 환경이 변화됨에 따라 식물의 서식지가 북상하거나, 동물들이 변화된 서식환경에 적응하지 못하여 개체수가 줄거나 새로운 서식지를 찾아 이동하는 경향을 보인다. 이러한 기상과 생태 변화는 식량생산에도 당연히 영향을 미친다.

기후변화는 또한, 인체의 보건과 안전에도 영향을 미친다. 홍수와 가뭄 등의 자연재해로 사망하거나 질병에 걸릴 가능성이 높아질 뿐 아니라, 혹서와 열파에 의한 사망이 늘어나거나 감염성 질환이 발생할 가능성도 높아진다(Patz et al., 2005; Heinzerling, 2008). 말라리아와 뎅기열 등의 매개체 전염 질환은 기온과 강수 변화에 보다 민감하게 영향을 받을 것으로 예상된다. 나아가, 기후 변화가 유발하는 공중보건학적인 영향은 단순히 온도 변화에 의한 영향으로 한정되지 않고, 더 넓은 환경적인 문제, 즉 깨끗한 식수와 위생, 기아와 영양실조, 에이즈 등과 같은 감염성 질환 등과 관련되어 영향이 증폭될 수 있다는 점이 우려된다. 기후 변화는 이미 인류의 건강에 위협을 주고 있으며, 앞으로 그 영향이 더욱 커질 것이라는 예상이 지배적이다. 기후변화의 진행과 더불어 작물생산 변화로 기근이 발생하여 빈곤과 더불어 영양결핍 현상이 야기될 가능성도 높아질 것으로 예상된다. 이렇게 기후 변화는 인간의 건강과 안녕에 영향을 미치는 중요한 요인 중 하나이자 향후 가장 지배적인 영향요인이 될 것으로 예측되고 있다.

다른 한편으로, 기후변화는 사회의 정치 · 경제 · 사회 · 문화에도 상당한 영향을 미칠 것으로 전망된다. 최근 들어 『진보의 역설』을 쓴 브루킹스 연구소의 연구원인 그레그 이스터브룩(Gregg Easterbrook)은 20세기가 냉전(Cold War)의 시대였다면, 21세기는 "온전(warm war)의 시대"라고 주장하였다. 기후변화로 인해 땅과 바다가 물리적 변화를 겪게 될 뿐 아니라, 인간 사회 내에서도 경제적 격차가 늘어나 불평등이 확대되며, 영토 분쟁이 심화되는 등 권력관계에도 영향을 미칠 것이란 전망 때문이었다. 이렇듯 기후변화는 재난의 가능성을 높이는 위험요인으로 삶의 안정성을 교란시키게 되는데, 가장 심각한 경우에는 기후변화의 여파로 전쟁까지 일어날 가능성 또한, 배제할 수 없다. 바로 이런 이유 때문에 2007년 IPCC와 엘 고어가 기후변화에 대한 세계인의 인식을 높이는 데 기여했다는 점이 높은 평가를 받아 노벨평화상을 타게 되었던 것이다. 이와 같이 기후변화는 안전 및 평화 등 안보문제와 연계되어 기후안보란 개념이 새롭게 부상하고 있다.

2. 기후변화 관련 위험의 불확실성

기후변화문제에 대한 사회적 반응은 크게 세 가지로 구성된다. 기후변화의 원인에 대한 과학적 이해, 기후변화가 유발할 영향과 취약성 및 그에 따른 적응 방안의 모색과 실천, 기후변화를 제어하거나 적어도 속도와 강도를 줄이기 위한 완화 활동이다. 특히, 이러한 모든 활동의 기초가 되는 것은 바로 기후변화의 원인과 진행 속도, 영향과 결과에 대한 과학적 이해이다. 그런데 기후변화와 관련된 과학적 연구는 직접적인 관찰과 실험에 주로 의존하는 경성과학(hard science)과는 거리가 있다. 따라서, 그만큼 불확실성의 가능성이 높을 수 있다. IPCC는 2001년에 발표한 3차 보고서에서부터 불확실성의 정도를 표현하기 위해 용어의 표준화를 시도하기 시작했으며, 4차 보고서에서는 확률적 주장과 질적인 표현을 연결시켜 표준화하였다.

기후변화문제에 대해서는 확실하게 밝혀진 부분들이 없지 않지만, 여전히 상당 수준의 불확실성이 내재해 있는 것이 사실이다. IPCC(2007)의 제4차 종합보고서는 6개의 주제로 구성되어 있는데, "확실한 발견과 주요 불확실성"을 6번째 주제로 다루고 있다.[4] IPCC 내에서도 기후변화와 관련된 불확실성, 혹은 기후변화 위험의 불

4) AR4에서 다루고 있는 나머지 주제들은 다음과 같다. 제1주제는 관측된 기후변화와 그 영향, 제2주제는 변화의 원인, 제3주제는 기후변화와 시나리오별 장 · 단기 영향, 제4주제는 지구 및 지역 규모에서 적응과 완화 선택지와 대응, 지속가능한 발전과의 상호관계, 제5주제는 장기전망: 지속가능한 발전 측면에서의 협약의 목적 및 조항과 일치하는 적응 및 완화의 과학 · 사회경제적 특징 등이다.

확실성에 대해 인지하고 있기 때문에 이러한 장을 별도로 두고 있는 것이다. IPCC는 기후변화의 영향과 원인, 미래 기후변화의 동인과 전망, 기후변화에 대한 반응 등에서 확실히 밝혀진 부분도 있지만, 불확실성의 영역이 여전히 존재한다고 보고 있다. 아래에서 이러한 기후변화 관련 불확실성에 대해 살펴보도록 한다.

1) 기후변화 발생 원인을 둘러싼 불확실성

현재 기후변화가 진행되고 있는가? 이에 대해서는 거의 논란이 없다. 과학적인 관측을 통해 지표면의 온도가 상승하고 있다는 것이 분명하게 입증되고 있기 때문이다. 전 지구적으로 발생하고 있는 지구 평균 지표면과 해수온도의 상승, 눈과 얼음의 융해, 지구 평균 해수면의 상승 등으로 보아 기후계의 온난화는 확실한 것으로 받아들여지고 있다. 앞서 언급했듯이, IPCC가 발간한 2007년 제4차 보고서에서는 지구온난화가 진행되고 있다는 것은 논란의 여지가 없을 정도로 “명백한” 사실이라고 단언하고 있다.

그런데 현재 일어나고 있는 기후변화의 원인인 지구온난화의 진행이 무엇에 의한 것인지에 대한 논란이 존재한다. IPCC(2007)에서는 전 지구 기온 상승은 무엇보다 인위적인 온실가스의 증가에 의한 것일 “가능성이 매우 높다.”라고 천명하고 있다. 하지만, 소수의 학자들은 이에 대해 이의를 제기한다. 인간의 사회 · 경제활동의 결과 기후변화가 일어난다는 데 대해 IPCC는 약 90% 확실하다는 입장을 보임으로써 기후변화가 진행되고 있다는 데 대해 99%의 확신을 보인 것과 비교할 때 확실성의 수준이 다소 떨어진다. 그리고 IPCC가 사용하는 이러한 확률은 양화된 엄밀성에 근거한다기보다 전문지식을 가진 과학자들이 증거의 양과 확률적 분포 등에 근거해서 합의한 정도를 보여주는 질적인 지표이다.

기후변화가 진행된다는 사실에 대한 인정과 기후변화가 인간의 사회 · 경제적 활동에 의해 발생한다는 것을 인정하는 것은 다른 차원의 문제이다. IPCC는 화석연료의 연소와 토지이용 변화, 농업 등 인간의 사회 · 경제적 활동으로 온실기체가 대기 중에 배출되어 축적됨으로써 온실효과가 과도하게 일어나기 때문에 물의 증발량이 많아지고 수증기가 많아지며, 이에 따라 대기 흐름에 변화가 발생하여 기후변화가 일어난다고 지적한다. 또한, 해수 온도의 상승으로 해수의 CO_2 흡수율이 감소하여 대기 중 배출이 증가할 뿐 아니라 해수의 온도변화로 해류의 움직임 또한 변화되고, 이로 인해 기후변화가 유발된다고 보고 있다. 하지만, 일부에서는 현재의 기후변화가 자연변동성에 따른 것이라고 주장하기도 한다. 1990년대 후반부터 일부 우주물리학자들은 지구의 온도변화가 온실효과가 아니라 태양의 흑점 주기 지속기간에 의해 결정되어 왔다고 주장하며, 기상학에 기초한 연구들에 비판적인 입장을 취한다(Calder, 1997; 박희제, 2008 재인용). IPCC 보고서가 빙하기와 간빙기가 주기적으로 반복되는 순환적인 기후변화 요인을 과소평가하고, 지구온난화가 인위적 요인에 의해 초래되고 있음을 지나치게 강조한다고 비판한다(Lomborg, 2003).

하지만, 기후변화가 인간에 의해 유발되고 있다고 보는 IPCC 위원들을 비롯한 다수의 학자들은 이러한 비판들이 엄밀한 과학적 증거들에 의해 지지되고 있지 못하고 있음을 지적한다.[5] 이러한 소수의 비판론자들은 자신들의 주장을 다른 학자들의 검토와 논증을 거친 논문형태로 제시하지 못하고 있으며, 자신들의 주장을 지지할 만한 과학적 근거들을 명확하게 제시하지 못하고 있다. IPCC의 보고서 작성과 발표과정에는 세계 2500명 이상의 학자들이 간여하게 되므로, 수년에 걸쳐 까다로운 전문가의 검증과정이 있어 소수의 학자가 논의를 주도하기는 힘든 구조이다. 따라서, 여전히 한계가 있음에도 불구하고 현재까지 과학적으로 검증된 다수의 의견은 기후변화의 주요 원인이 인간의 사회 · 경제적 활동때문이라는 것이다.

무엇보다 이러한 과정에서 중요하게 다루어지고 있는 원칙은 "사전예방의 원칙(precautionary principle)"이다. 사전예방의 원칙은 대표적으로 성층권의 오존층을 파괴한 염화플루오르화탄소(CFCs)를 둘러싸고, 국제사회가 비엔나협약(1985)과 몬트리얼의정서(1987)에서 취했던 원칙으로, "사람이나 환경에 심각한 피해를 줄 가능성이 있다면 인과관계가 과학적으로 확실치 않더라도 필요한 조처를 취해야 한다."는 것이다. 기후변화가 야기할 수 있는 심각한 영향을 고려할 때, 과학적 불확실성을 이유로 인간에 의한 온실 기체 유발을 완화할 수 있는 행위를 취하는 것

5) 이러한 지적은 기상청 기후변화연구실의 권원태 박사와의 인터뷰(2009년 9월 8일)에 따른 것이다. 권원태 박사는 IPCC 위원으로 활동하고 있다.

을 미루어서는 안 됨을 의미한다. "비후회의 원칙(no-regret principle)" 또한, 사전대응(proactive response)에 대한 정당화 논거가 된다. 혹시, 기후변화가 인간의 사회경제적 활동에 의한 것이 아닌 것으로 밝혀진다 하더라도, 에너지 소비를 줄이고 산림벌채활동을 줄이는 것은 그것 자체로도 의미 있는 활동이기 때문이다. 따라서, 기후변화의 발생 원인에 대한 논란과 불확실성을 이유로 기후변화 대응행동을 삼가해야 한다는 주장은 기후변화 대응 논의에 있어서 별로 설득력이 없다. 아울러, 기후변화가 인간에 의한 것이 아니라는 입장을 따른다 하더라도 기후변화 자체를 부인하지 않는 한 기후변화를 인간의 개입을 통해 억제하지는 못하지만, 기후변화의 영향이나 결과에 대한 인간사회의 적응 문제는 여전히 과제로 남는다.

2) 기후변화의 진행 속도와 강도

기후변화의 원인에 대해서보다는 기후변화가 얼마나 빠른 속도와 어느 정도의 강도로 진행되는 지가 보다 많은 불확실성을 내포하고 있다. IPCC(2007)는 인위적 활동에 의해 발생할 기후변화의 크기, 즉 기온 상승의 정도나 해수면 상승 정도에 대해 경제성장과 인구증가, 에너지 사용, 기술변화, 사용연료의 혼합 상태 등에 대한 가정을 달리하여 6개의 시나리오를 제시하였다. 하지만, 이러한 시나리오의 접근에도 불구하고 미래의 기후변화 예측은 온실기체와 에어러솔 전구물질의 미래 배출량과 대기 중에 남아 있는 배출량의 비율에 관한 가정에 따라 여전히 달라질 수 있는 가능성을 내포하고 있다(권원태 외, 2007).

또한, 설혹 지구온난화가 온도변화와 해수면의 상승변화를 야기할 것으로 예측된다 하더라도, 그러한 변화가 구체적으로 어떻게 기후변화를 야기할지 제대로 알 수 없다는 점에서도 상당한 불확실성이 내재해 있다. 장기간에 걸친 기후변화에 대한 연구들은 대기-해양 대순환모델에 기초를 두고 있다(박희제, 2008). 이 모델은 기상예측을 위한 기상학 모델을 확대한 것인데, 기후변화를 유발하는 것으로 추론되는 다양한 변인들을 이용해서 수학적인 기후변화예측모델을 만들고, 이 모델로 미래 기후변화를 예측하는 방식을 취한다. 대기, 해양, 지표면, 극지방의 빙원, 지구 생물권 등의 다섯 가지 구성 요인들 간 상호작용으로 지구의 기후가 결정되는 것으로 알려져 있지만, 이들 요소 간 상호작용 매커니즘이 충분히 파악되지 않았다. 따라서, 현재의 미래 예측은 모의실험을 통해 다양한 시나리오를 제시하는 데 그치는 것이다. 결국, 미래예측 모델의 정확성은 그 모델이 실재했던 과거에 적용해서 판단할 수 있는데, 모델을 검증할 수 있는 신뢰할 만한 기록이 없기 때문에 현재 활용하고 있는 모델의 정확성을 확신하기 어렵다.

3) 불가역적인 문턱의 존재 유무와 지점

기후변화의 진행에서 불가역적인 문턱(irreversible threshold) 혹은 결정적 지점(tipping point)이 존재하는지, 존재한다면 그 지점이 어디인지에 대해서도 불확실성이 존재한다. 현재 IPCC(2007)는 산업화 이전 시기에 대비해서 2℃ 상승, 다르게는 온실기체 농도가 450ppm 정도에서 안정화되어야 치명적인 영향을 회피할 수 있을 것으로 내다보고 있다. 또한, 이를 위해서는 반드시 2015년부터 전 세계 온실기체 배출량이 감소하기 시작해서, 2050년에는 1990년 대비 50% 이하가 되어야 한다고 권고한다.

온도 상승이나 대기 중 온실기체 농도의 불가역적인 지점이 어디냐에 따라 기후변화 대응정책이 달라지기 때문에 불가역적인 지점을 명확히 하는 것은 상당히 중요하다. 하지만, 앞서 2)에서 제시한 것처럼 대기-해양 순환모델의 불확실성으로 인해 정확한 지점을 찾아내는 것은 쉽지 않다. 또한, 그런 지점을 설혹 확실하게 알 수 있다 하더라도 인간행위의 정도 혹은 결과와 불가역적인 문턱 간의 연관매커니즘이 충분히 파악되지 않는다면, 이 또한, 상당한 불확실성을 내포할 수밖에 없다.

4) 기후변화 영향의 불확실성: 생태계, 물, 농업, 정주환경

기후변화가 생태계와 물, 인간의 정주환경에 어떤 영향을 미칠지의 문제도 불확실성을 내포하고 있다. 불확실성이 내포되어 있는 만큼 현재 IPCC가 내놓은 기후변화 영향에 대해서도 대립되는 입장들이 존재한다. 한편에서는 기후변화의 부정적 영향 혹은 위험이 과장되었다고 하는가 하면(Boehmer-Christian, 1994a, 1994b; 박희제, 2008 재인용), 다른 한편에서는 영향에 대한 예측이 지나치게 보수적이라고 비판한다. 지구온난화의 진행속도가 IPCC의 예측보다 훨씬 빠르게 진행되고 있으며, 영향 또한, 보다 광범위하고 치명적이라는 것이다.

가령, 지구 평균 온도가 1℃ 상승한다는 것은 어떤 의미를 지니며, 어떤 영향을 유발할까? 이러한 온도 변화에 가장 취약한 지역은 어디이며, 가장 취약한 생물종은 무엇일까? 온도변화가 강수량이나 강수빈도에는 어떤 영향을 미치며, 이러한 변화는 어느 정도의 기상이변을 가져올까? 이로 인해 향후 어느 정도의 물 부족 현상이 발생하며, 농작물의 생육에는 어떤 영향이 미칠까? 온도변화로 인해 대기오염물질을 포함해서 다양한 오염물질의 이동이나 반응은 어떻게 변화할까? 바이러스나 세균의 활동성은 온도변화에 따라 어떻게 달라지며, 이러한 변화는 인간 보건에 어떤 영향을 어느 정도나 미치게 될까? 이와 같이 다양한 문제들이 제기될 수 있으며, 나아가 이러한 변화가 대륙별로, 국가별로 또 지역별로 어떻게 다르게 나타날지도 확실치 않다.

5) 기후변화로 인한 영향의 사회 · 경제 · 정치적 파급 범위와 정책대응

기후변화 관련 연구는 비단 과학적 영역만이 아니라 기후변화가 미칠 사회 · 경제적 영향과 적응방안, 기후변화를 완화하기 위한 방안의 모색으로까지 연결되어 있다. 기후변화과학의 불확실성 못지 않게, 아니 바로 그런 불확실성과 연결되어, 기후변화 대응방안 또한, 상당한 불확실성을 안게 된다. 기후변화로 인해 누가, 어떤 산업이 가장 취약한가? 기후변화대응을 위해 어느 정도의 비용을 지불해야 할 것인가? 그 비용은 누가, 어떻게 나누어서 부담해야 하는가? 국가 간에는 물론 한 국가 내에서도 그러한 측면은 상당한 문제를 야기하게 된다.

기후변화의 완화와 적응방안 마련 및 이행의 비용과 발생 가능한 이익은 지역과 부문에 따라 다를 수 있다. 또한, 기후변화의 부정적 영향을 감소시키는 가능성을 가지고 있으나 모든 손상을 막을 수 없다면, 어느 정도까지 완화하기 위해 비용을 투입하는 것이 합리적이며, 어느 정도 수준의 적응방안을 마련하는 것이 합리적인

가도 불확실성의 차원에서 검토되어야 할 부분이다.

3. 기후변화 관련 불확실성 유형, 위험 유형, 거버넌스 유형

1) 기후변화 관련 불확실성 유형

기후변화 관련 불확실성은 제2장에서 제시했던 불확실성의 유형과 연결 지어 보면, 기술적 불확실성과 방법적 불확실성, 인식론적 불확실성의 세 차원이 모두 결합되어 있음을 알 수 있다. 어떠한 문제나 쟁점의 이해도 기술적 불확실성과 방법론적 불확실성의 문제를 안고 있다. IPCC(2007)는 바로 이러한 불확실성의 문제를 인식하여 "불확실성 처리지침"을 가지고 있다. 불확실성을 기술하기 위해 IPCC는 3가지 접근방식을 사용하고 있다. 이 3가지 중 어느 것을 선택하느냐는 이용 가능한 정보의 성격을 기초로 저자들이 전문적으로 판단하며 불확실성의 크기는 현재의 과학적 이해가 얼마나 맞는가, 얼마나 완전한가에 달려 있다고 보고 있다. 불확실성에 대해 정상적으로 평가할 때는 증거의 양과 질에 대한 상대적 정보와 의견일치 정도를 보여준다. IPCC의 WG3가 이러한 접근을 취하는데, 높은 공감도와 많은 증거, 높은 공감도와 보통 증거, 보통 공감도와 보통 증거 등과 같이 그 자체로 의미가 파악되는 용어를 사용하여 불확실성의 정도를 보여준다.

다음으로 기본 데이터와 모델, 분석의 정확성에 대한 전문가 판단을 사용해서 불확실성을 정략적으로 평가하는 경우에는 발견의 정확성에 대한 가능성을 5개 범위의 신뢰수준을 사용해 판단하고 있다. 매우 높은 신뢰성(very high confidence)은 최소 9/10의 가능성이 있을 경우를, 높은 신뢰성(high confidence)은 8/10의 가능성의 경우를, 보통(중간) 신뢰성(medium confidence)은 5/10의 가능성의 경우를, 낮은 신뢰성(low confidence)은 2/10의 가능성의 경우를, 매우 낮은 신뢰성(very low confidence)은 1/10 이하의 가능성을 의미한다.

마지막으로, 일련의 증거에 대한 전문가의 판단과 통계분석을 사용해서 관측치나 모델의 특정결과가 갖는 불확실성을 판단하는 경우에는 평가된 발생확률을 가능성(likelihood) 범위를 사용해서 표현한다. 〉 99%의 발생 확률에 대해서는 사실상 확실하다(virtually certain), 〉 96%에 대해서는 가능성이 지극히 크다/높다(extremely likely), 〉 90%는 매우 가능성이 크다/높다(very likely), 〉 66%는 가능성이 크다/높다(likely), 〉 50%는 일어나지 않을 가능성보다는 일어날 가능성이 크다/높다(more likely than not), 〈 33%는 가능성이 적다/낮다(unlikely), 〈 10%는 가능성이 매우 적다/낮다(very unlikely), 〈 5%는 가능성이 지극히 적다/낮다(extremely unlikely)로 표현한다. 이러한 IPCC의 접근은 불확실성에 대한 판단을 과학자 공동체의 합의에 따른 것으로, 강한 과학주의를 지향하기보다는 과학적 지식의 협상적 성격을 수용하는 증거 평가주의적 접근을 보여준다.

기후변화 관련 내용들에 내재해 있는 기술적 불확실성은 가령, 〈그림 6-1〉에서처럼 지구 표면 온도의 상승폭이 일정한 오차범위를 안고 있다는 사실에서 발견할 수 있다. IPCC에서는 온도 상승폭을 보여주기 위해 단일한 수치를 사용하기보다

〈그림 6-1〉 지구 평균 온도의 상승

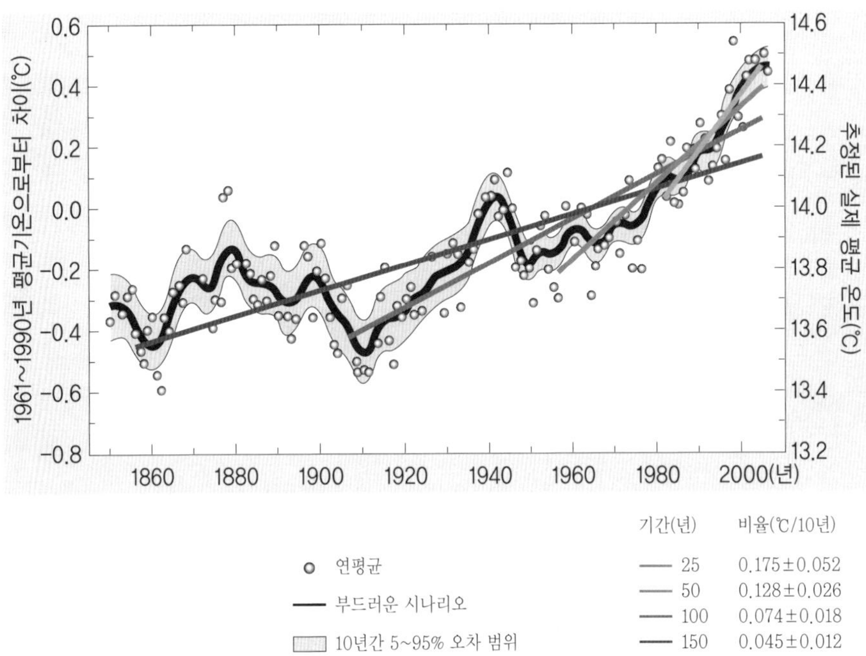

출처: IPCC, 2007.

〈그림 6-2〉 기온/해수면/적설면적 변화

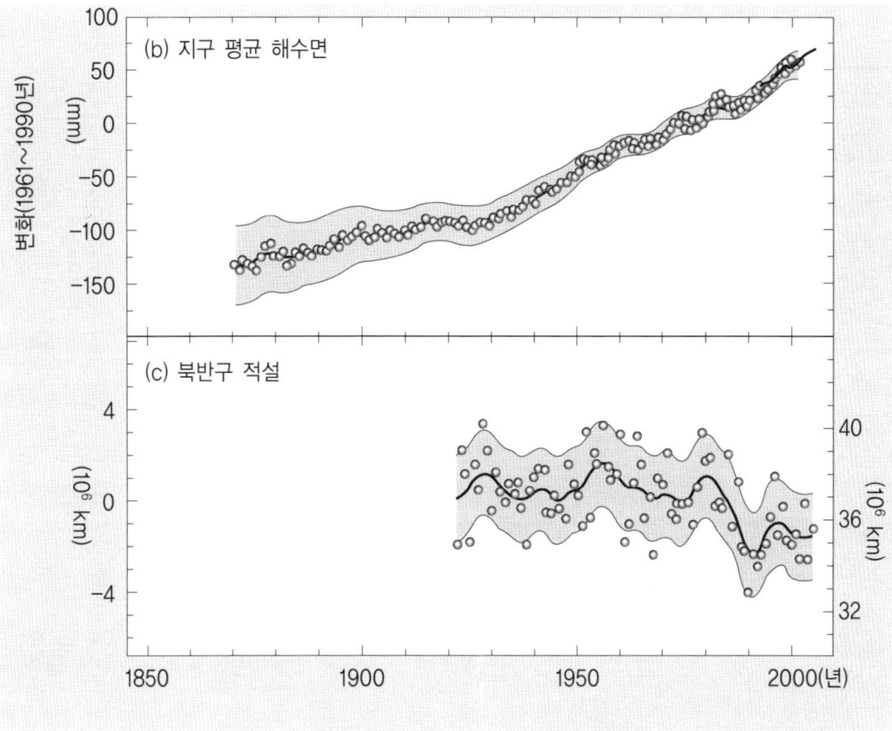

출처: IPCC, 2007.

항상 오차의 범위를 제시한다. 이는 해수면의 상승이나 북반구 적설면적의 변화에서도 마찬가지이다(〈그림 6-2〉 참조).

게다가 이러한 불확실성의 문제는 다른 각도에서 보면 방법론적 불확실성의 문제와도 연결된다. 지구 온도는 1861년부터 실제로 측정되기 시작하였다. 따라서, 그 이전 시기의 온도와 그에 기초한 온도변화는 다양한 방법론적 가정을 동원하여 추정된 것이다. 가령, 수천 년 된 남극의 빙핵을 산소동위원소법이나 꽃가루 성분법으로 분석하여 온도를 추정해내는 것이다. 어떠한 방법론을 통해 온도변화를 추정하느냐에 따라 온도변화값은 달라질 수 있다. 이러한 문제는 예측 시나리오에서도 마찬가지이다. 어떠한 가정에 기초하느냐에 따라 미래 온도와 해수면 변화는 다른 값을 가질 개연성이 충분하다. 〈그림 6-3〉에서 보듯이 IPCC는 바로 이러한

〈그림 6-3〉 21세기 온실기체 농도 · 기온 · 해수면 변화 예측

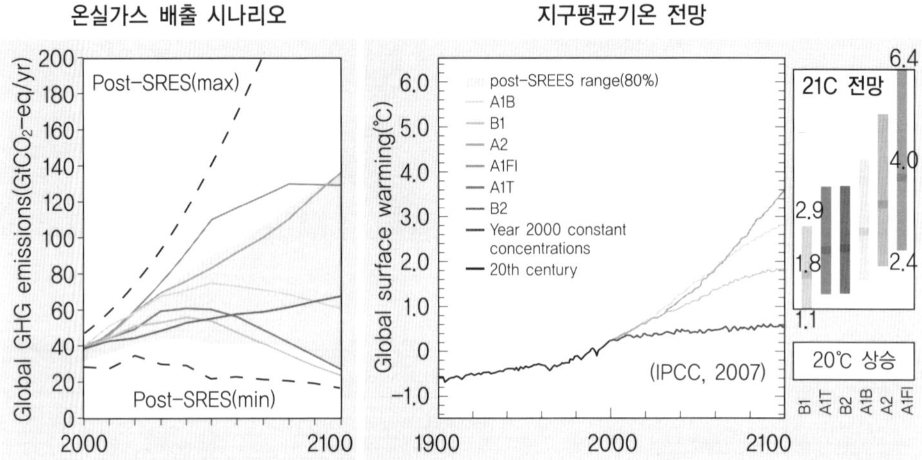

시나리오	기온 변화 (℃, 1980~1999년 대비 2090~2099년)		해수면 상승 (m, 1980~1999년 대비 2090~2099년)
	최적 추정치	가능 범위	모델에 기초한 범위 (얼음 유출의 향후 급속한 역학적 변화는 제외)
2000년 농도로 일정	0.6	0.3~0.9	유효한 자료 없음.
B1 시나리오	1.8	1.1~2.9	0.18~0.38
A1T 시나리오	2.4	1.4~3.8	0.20~0.45
B2 시나리오	2.4	1.4~3.8	0.20~0.43
A1B 시나리오	2.8	1.7~4.4	0.21~0.48
A2 시나리오	3.4	2.0~5.4	0.23~0.51
A1E1 시나리오	4.0	2.4~6.4	0.26~0.59

문제 때문에 다양한 가정을 통해 6가지 시나리오를 구성, 그에 따른 온도변화와 해수면 변화를 보여주고 있지만, 이러한 접근 또한, 상당한 불확실성을 안고 있다.[6] 아울러, 특정 방법론에 따라 2100년까지의 온실기체 농도나 기온 변화, 해수

6) IPCC가 개발한 배출시나리오는 IPCC가 1990년에 발간한 배출시나리오에 관한 특별보고서(IPCC

면 상승에 대해 추정할 경우 방법론적 불확실성만이 아니라 일정한 오차 범위를 가지고 예상할 수밖에 없는 기술적 불확실성의 문제 또한, 안고 있다.

기후를 예측하는 데 활용하는 기후모델은 그동안 기술적, 방법론적 불확실성을 줄이기 위해 점점 더 세련되어져 왔다. 〈그림 6-4〉에서 보듯이 IPCC가 이제껏 4 차례의 보고서를 펴내는 동안 점차 더 많은 변수를 고려하게 되었고, 기후예측의 정밀성과 정확성을 높이기 위해 예측 단위 지역의 격차를 점점 더 촘촘하게 줄여 왔다. 이러한 노력에도 불구하고 IPCC의 연구는 예측모델에 기초해 있기 때문에 어떠한 변수를 사용하는가, 그러한 변수 값이 제대로 측정되었는가, 어떠한 가정

〈그림 6-4〉 기후 시나리오의 발전

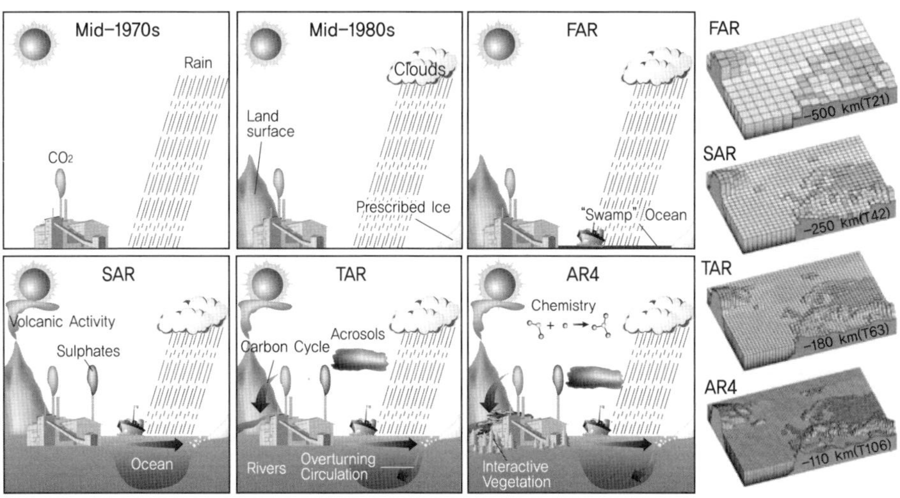

Special Report on Emissions Scenarios: SRES)에서 설명된 시나리오로, 그 이후 SRES로 불린다. SRES는 크게 4개 시나리오(A1, A2, B1, B2)로 나뉘는데, 인구 통계적, 경제적, 기술적 변화의 동인에 대해 다르게 가정하고, 그 결과에 따른 온실기체 배출의 변화나 차이를 보여준다(IPCC, 2007). A1 시나리오의 줄거리는 세계 경제의 매우 급속한 성장, 금세기 중반에 최고에 도달할 지구촌 인구, 새롭고 좀 더 효율적인 기술의 급속한 도입이라는 가정에 기초해 있다. A1 시나리오는 설명하는 기술변화의 방향에 따라 화석 집약적(A1F1), 비화석 에너지 자원(A1T), 모든 자원 간 균형(A1B)의 세 가지 시나리오로 나뉜다. B1 시나리오는 지구 인구에 대한 가정은 A1과 같지만, 경제구조가 서비스와 정보 경제 쪽으로 좀 더 급속하게 변하는 수렴적 세계(convergent world)를 가정한다. B2 시나리오는 경제성장과 인구변화를 A1과 B1의 중간 정도로 가정하고 경제적, 사회적, 환경적 지속가능성에 대한 지역적 해법을 강조한다. A2 시나리오는 인구증가율은 높지만, 경제발달은 느리며 기술변화도 느린 세계를 가정한다.

에 기초해 있는가 등에 따라 상당한 오차범위를 가질 수밖에 없다.

나아가, 기후변화 관련 내용들은 인식론적 불확실성의 문제도 안고 있다. 무엇보다 기후변화가 인간의 사회 · 경제적 활동에서 발생하는 이산화탄소를 비롯한 온실기체의 배출에 의한 것인지, 자연적인 현상에 의한 것인지에 대한 과학적, 사회적 논쟁은 바로 인식론적 불확실성의 문제로 볼 수 있다. 이는 무지의 문제라기보다는 불확정성의 문제에 보다 가깝다. 현재 일어나고 있는 기후변화에 대한 선험적 접근이 없었기에 원인과 결과의 인과성을 확실하게 알기 어려운 것이다. 다른 한편으로는, 아무리 기술적 불확실성과 방법론적 불확실성을 제거하기 위해 노력한다 하더라도 인간의 앎과 예측에는 한계가 있을 수밖에 없다. 이는 인식론적 불확실성 중에서도 무지의 문제와 관련된 것이다. 가령, 현재 과학자 사회에서는 기후체계(climate system)가 〈그림 6-5〉에 제시된 것처럼 대기권(atmosphere), 수권(hydrosphere), 설빙권(cryosphere), 생물권(biosphere), 지권(lithosphere), 인

〈그림 6-5〉 기후체계의 구성

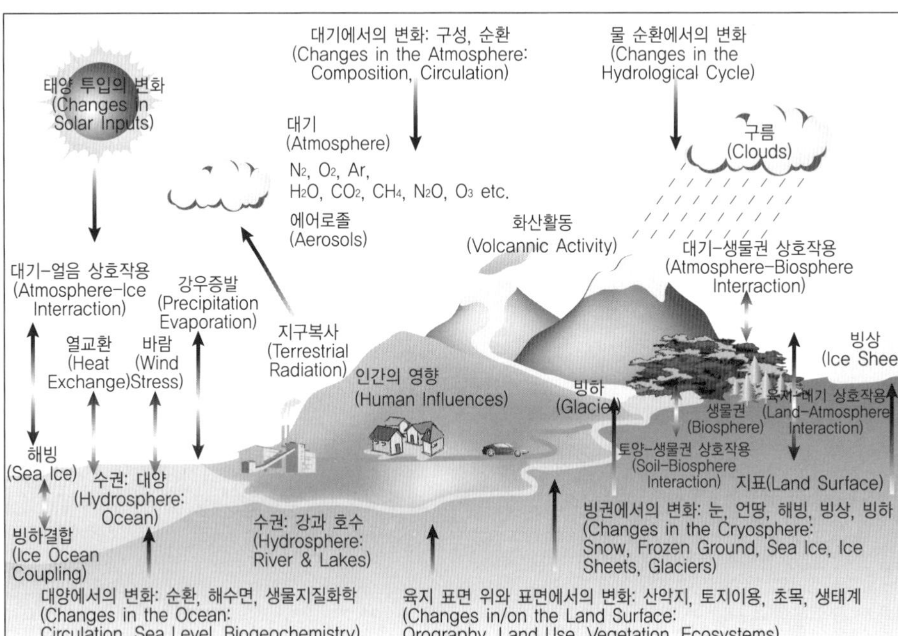

출처: IPCC, 2007.

간사회(human society)로 구성되어 있으며, 이러한 개별 구성요소 간 결합과 상호작용을 통해 기후체계가 작동한다고 보고 있다. 하지만, 이러한 구성요소가 모든 기후체계의 내용을 포함하는지, 이들 요소 간 상호작용이 어떤 방식으로 일어나는지 확실하지 않으며, 각 요소별 상호작용의 강도와 빈도, 양상 등에 대해 인간이 모두 알기란 거의 불가능하다. 바로, 이런 점에서 기후변화에 대한 인간 인식의 불확실성을 온전히 제거하는 것은 가능하지 않다.

기후변화와 관련된 지식의 인식론적 한계는 비단 물리적 기후체계의 변화에 대한 인식의 한계에 머무르지 않는다. 또한, 기후변화는 물리적인 기후체계의 변화로 그치는 문제가 아니라, 〈그림 6-6〉에서 보여주듯이 인간 삶에 직 · 간접적으로

〈그림 6-6〉 기후변화의 영향, 기후변화에 대한 대응 및 이들의 관계

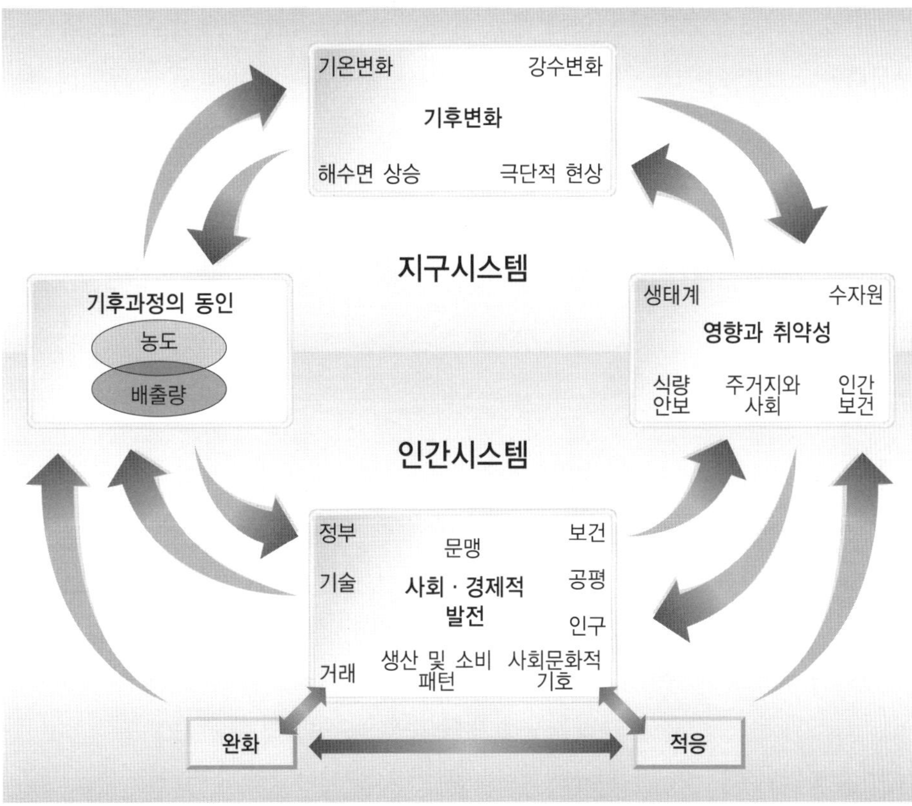

출처: IPCC, 2007.

영향을 미친다. 즉, 이러한 물리적 기후체계의 변화는 인간 사회내의 사회 · 경제 · 정치 · 문화 등 다양한 요소들에 영향을 미친다. 이러한 모든 요소들에 기후변화가 어떤 영향을 어느 정도나 미칠 것인지, 사회가 마주한 기후변화의 위험이 어느 정도인지에 대해 정확하게 안다는 것은 거의 불가능하다. 완화를 위해 어떤 수단을 선택할 것인지 그러한 완화수단이 얼마나 기후체계의 안정화에 기여할 것인지 등도 충분히 알기는 어렵다. 결국, 이러한 인식론적 불확실성을 인정하면서 이에 대해 인간사회가 어떻게 대응하는 것이 가장 합리적일지를 모색하는 것이 그나마 가장 현명한 방법일 수 있다.

그리고 기후변화에 대한 대응방안으로 크게 완화(Mitigation)와 함께 적응(Adaptation)이 제시되는데, 적응과 관련해서도 인식론적 불확실성의 문제가 발생한다. 적응은 기후변화가 야기할 위험을 미리 파악하여 사회적 복원력을 강화해나가는 것이다. 기후변화가 가져올 부정적 영향에 대한 평가와 함께, 이러한 영향으로 사회내 어느 부문과 어느 지역이 가장 취약한지, 사회내 집단 중에서 누가 가장 많은 영향을 받는 취약집단인지 평가하여 각 부문과 지역, 집단의 기후변화에 대한 복원력을 강화해 나가는 것이 바로 적응이다. 한 사회에서 완화와 적응방안 중 어느 것에 자원배분의 우선 순위를 둘 것인지, 완화와 적응방안을 실시할 경우 이 두 방안이 상호 어떤 영향을 미칠 것인지, 어느 정도의 적응전략이 적절한 것인지 확실하게 알기는 어렵다.

2) 기후변화 위험의 유형

앞서 2장에서 위험의 다양한 유형에 대해 개략적으로 살펴보았다. 2장에서 소개한 유럽위원회의 위험분류에 따르면 기후변화 관련 위험은 파티아와 카산드라의 두 위험 유형과 연결된다. 유럽위원회는 온실 기체 효과는 파티아로, 기후변화가 유발하는 위험은 카산드라로 분류하였다. 온실 기체 효과란 대기 중 온실 기체가 얼마나 증가할지, 온실 기체의 농도와 지표면의 온도 변화가 어떻게 연동되어 어느 정도의 온도 상승을 가져올지에 대한 것으로, 상당한 불확실성을 가지고 있어서 유럽위원회는 이 자체의 위험은 파티아로 분류하였다. 그럼에도 불구하고, 기후변화가 수반하는 위험은 발생 확률과 피해 정도가 어느 정도 잘 알려져 있는

데, 다만 위험이 긴 시간 후에 일어나 지체 효과(delay effect)가 매우 높은 위험, 즉 카산드라 유형의 위험이라고 보고 있다. 하지만, 기후변화가 수반하는 위험 또한, 현재 위험의 발생 확률과 피해 정도가 매우 높을 것이라고 일정하게 예측하고 있음에도 불구하고, 이러한 예측은 여전히 불확실성을 안고 있다는 점에서 파티아 유형과 유사성을 공유하고 있다고 볼 수 있다.

Edward Weber(2008)는 이러한 분류에서 한 발 더 나아가 혹독함(severity)의 정도에 기후변화 진행 속도(speed)라는 변수를 추가해서 기후변화가 가져올 위험의 특성을 분류한다. Weber(2008)는 기후변화가 파국적 재난(catastrophic disaster)의 방식이라 하더라도, 이러한 파국적 재난이 빠른 속도로 일어날 수도 있지만 느린 속도로 일어날 수도 있다고 보았다. 또한, 재난의 형태도 파국적인 경우만이 아니라 두드러진(major) 형태일 수도 있고, 사소한(minor) 형태일 수도 있으며, 각각의 진행 속도 또한, 빠르게도, 느리게도 나타날 수 있다고 보았다.

3) 기후변화의 불확실성에 대응하는 정책 전략

기후변화의 진행 시간(속도)과 영향에 있어서 불확실성의 문제가 여전히 남아 있다하더라도 현재까지 드러난 분명한 사실은 기후변화가 상당히 부정적인 결과를 초래할 위험이 있다는 사실이다. 기후변화의 경우, 제2장에서 논의한 불확실성에 대한 정책적 접근법 중 증거평가주의 접근법과 성찰적 접근법을 동시에 취해야 한다. 과학적 불확실성을 정보의 결핍에 따른 잠정적인 것으로 판단하고, 과학적 연구가 증가되면 불확실성이 반드시 제거될 수 있다고 보는 결핍모형 접근법은 인식론적 불확실성이 상당히 강한 기후변화 문제를 다루는 데는 적절하지 않다. 증거평가주의(evidence evaluation)적 접근법은 과학적 지식의 협상적 성격을 인정하여 특정한 과학적 연구가 보다 신빙성 있는 데이터를 제공해 줄 수 있다는 점을 인정한다. 결핍모형에서 보여지는 강한 과학주의는 지양하지만, IPCC가 제공하는 과학적 지식들이 주요한 정책결정의 근거가 되고 있다는 점에서 기후변화의 불확실성에 대한 접근은 증거평가주의적 접근을 취하고 있으며, 이러한 접근이 기후변화의 인식론적 불확실성에 견주어 타당해 보인다. 게다가 기후변화에 대한 대응은 상당한 예산과 제도 변화가 필요한 영역이므로, 증거평가주의적 접근이 요구되는 측면이 있다.

하지만, 기후변화에 대한 대응은 위험의 크기와 성격으로 미루어 전 사회적 대응이 필요한만큼 과학적 이해가 전문가 집단이나 관료집단을 넘어서서 전 사회적으로 공유되는 것이 중요하다. 인간의 인식론적 한계로 인해 기후변화의 불확실성이 온전히 제거될 수 없다는 사실로 미루어, 기후변화문제를 기술적인 문제로 분석하는 것은 충분하지 않으며, 서로 다른 사회적 관점과 정책적 선택지들과의 관계 속에서 불확실성을 논해야 한다. 따라서, 기후변화문제는 과학 공동체를 넘어서서 정책가들과 사회 이해당사자들과의 이해의 차이에 주목하고 이를 좁히거나 아우를 수 있는 성찰적 접근이 중요하다. 각 행위 주체에 따라 기후변화가 야기할 위험에 대해 서로 다른 틀을 가지고 있기 때문에, 기후변화의 불확실성이 사회적으로 구성되어야 하며, 적절한 사회적 구성이 시간을 놓치지 않는 대응전략 및 정책구축에 상당히 중요하다. 기후변화 정책의 수립 및 이행과정에서 기후변화 과학 공동체와 정책가, 이해당사자들 간 협상의 영역을 확대하여, 상호 신뢰를 기초로 해결방안을 마련하는 것이 필요하다.

다른 한편으로, 기후 변화가 야기할 위험의 성격을 고려할 때 기후변화에 대응하는 정책 전략은 앞서 2장에서 살펴본 사전예방적 접근이 필수적으로 요구된다. 기후변화의 위험은 파국적이 될 가능성이 크며, 지체효과를 주요 특성으로 하기 때문에 사전예방적 정책 전략을 취하지 않아 기후변화의 위험한 결과가 가시화된 뒤에는 이미 늦어버린 경우가 많다. 사전예방의 원칙은 위험의 실체가 온전히 증명되지 않는다 하더라도 안전성이 증명되지 않는 한 위험하다고 간주한다. 따라서, 기후변화가 야기할 위험의 실체가 불확실성을 내포하고 있지만, 위험 자체가 돌이킬 수 없을 정도의 파괴력을 수반할 가능성이 농후하므로, 사전예방적 접근이 정책 전략의 기초가 되어야 한다.

기후변화에 대응하는 구체적인 정책방안은 크게 완화(Mitigation)와 적응(Adaptation)으로 나눌 수 있으며, 그 매커니즘은 다음의 〈그림 6-7〉과 같다. 완화는 기후변화를 야기하는 인간의 교란을 제어하는 활동이며, 적응은 기후변화로 발생하는 영향과 취약성을 예측하고 계획을 통해 대응 능력을 키우는 것을 말한다. 이러한 완화와 적응전략은 기후변화의 불확실성 문제에도 불구하고 사전조치를 취하려 한다는 측면에서 사전예방적 접근이다. 또한, 미래예측조사를 기초로 현재시점에서 정책을 수립하고 이행하는 것이 중요하므로, 선견적 거버넌스를 취하게 된다.

〈그림 6-7〉 기후변화의 완화와 적응 매커니즘

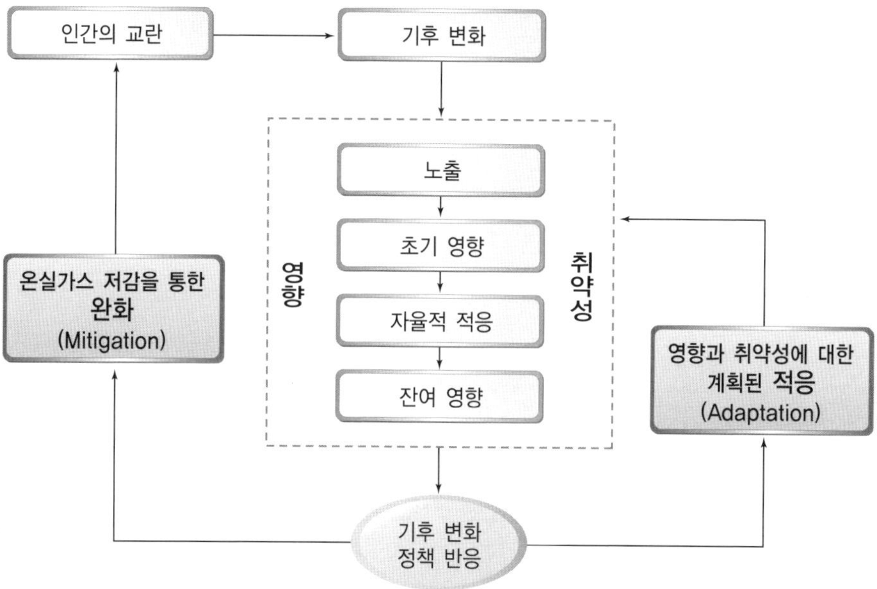

(1) 기후변화 사례에서 사전예방적 접근과 다양한 정책 접근법과의 결합

사전예방적 접근은 특정한 정치방식과는 무관하기 때문에, 기후변화에 대해 대응하는 세계국가들의 맥락에 따라, 구체적인 실행방식에서 다양하게 기술관료주의, 자유민주주의, 참여적 민주주의와 결합되어 나타난다. 즉, 실행과정에서 이 정책들은 기술관료주의적 방식으로 추진될 수도 있으며, 참여 민주주의를 통해 이루어질 수도 있다. 완화와 적응정책은 각 나라에 따라, 구체적인 실행방식에서 "전략적 역량 구축," "학습," "이행관리" 등의 정책을 통하여 이루어진다. 완화와 적응을 위한 "전략적 역량구축"이 전문가 자문위원회를 통해 이루어진다면, 사전예방적이면서 기술관료주의적 접근법이라 할 수 있다. 완화와 적응에 대한 학습과 정

책결정이 시민참여를 통해 이루어진다면, 사전예방적이면서 참여민주주의적 접근이라 할 수 있다. 완화와 적응전략을 이행하는 데, "이행관리"와 같은 단계적 접근법을 추구한다면 사전예방적이면서 점증주의적 접근이라 할 수 있다.

이러한 기후변화에 대한 대응은 불확실성이 큰 만큼 완화와 적응 중 무엇을 더 중요하게 다루면서 예산 배정을 어떤 비율로 할 것인지, 어떤 부문과 지역, 사회집단이 어느 정도의 기후변화 대응에 요구되는 비용을 부담할 것인지의 문제는 과학적 엄밀성보다는 사회적 합의가 필요한 부분이다. 따라서, 이러한 문제를 해결하기 위해서는 참여 · 숙의민주주의가 요구된다. 무엇보다 가장 심각하게 영향을 받는 당사자들이 문제에 대한 정보를 공유하고 자신들의 필요를 말할 수 있는 기회를 가질 수 있어야 한다.

(2) 완화와 적응 간의 관계

온실 기체 배출량을 줄여 현재의 기후 변화 진행을 늦추는 완화 전략은 이산화탄소 배출량을 저감하기 위해 화석 연료의 사용을 줄이거나 에너지 효율을 높이는 활동과 함께 이산화탄소를 발생시키지 않는 청정연료의 도입과 태양열, 풍력 같은 재생가능에너지의 개발, 이산화탄소 흡수원으로 작용하는 조림 활동의 확대도 포함한다(〈그림 6-8〉 참조). 적응은 기후 변화의 영향이 장기간 계속되며, 이미 배출되어 대기 중에 축적된 온실 기체가 온실 효과를 지속적으로 유발하는 한 기후 변화의 영향을 피할 수 없으므로, 현재와 미래의 기후 변화 영향과 취약성에 적절하게 대응할 수 있는 능력과 체제를 갖추는 과정과 구조의 변화를 말한다. 적응방안으로 좁게는 기후 변화를 고려한 기상 모니터링 시스템 관리와 자연 재해 대비 체제 정비를 들 수 있고, 넓게는 식량 안보 확보, 수자원 확충, 보건 의료 체제 정비 및 생태계 관리 등을 들 수 있다. 대체로 기후변화 문제를 인식하게 된 초기에는 온실기체의 배출 감축을 통한 기후변화의 완화에 대한 관심이 집중되어 있었으나, 기후변화가 진행될수록 적응에 대한 관심 또한, 높아지고 있는 실정이다.

현재 완화에 대해서는 기술 및 사업을 통해 현재 수준보다 온실가스 배출량을 낮출 수 있는 잠재력이 일정 부분 검증되었으나 적응 대책에 대해서는 유효한 효과가 있는 기술과 비용에 대한 정보가 훨씬 부족하다(IPCC, 2007). IPCC는 3차 보고서를

〈그림 6-8〉 완화와 적응

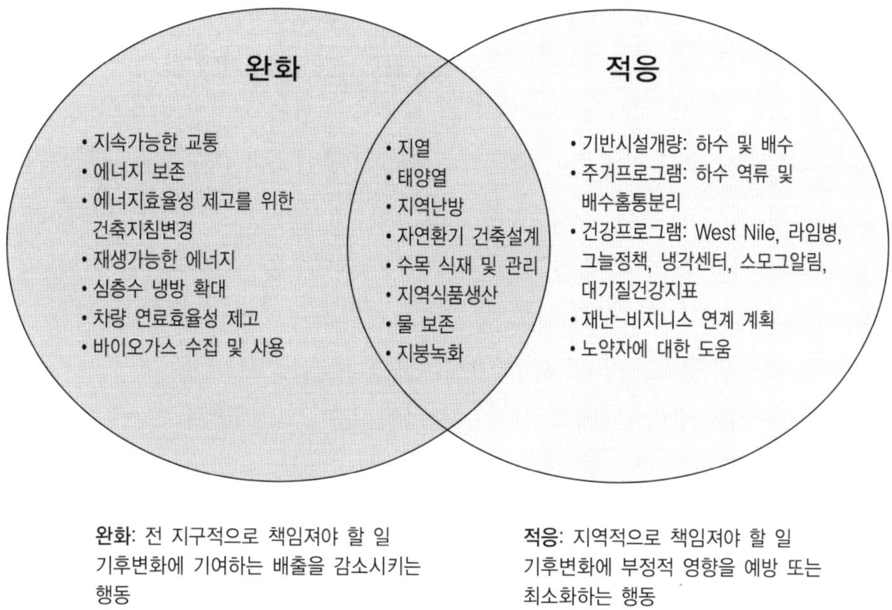

출처: City of Toronto, 2008.

통해 적응을 주요 과제로 제시하면서 적응을 "기후변화의 영향에 대응하여 생태계, 사회, 경제 시스템을 조절하는 것으로, 기후 변화와 관련된 이득을 취하거나 잠재적 손실을 상쇄, 완화시키기 위해 구조, 습관, 과정을 바꾸는 것을 지칭하며, 기후변화 변동과 변화에 대한 지역 · 공동체의 취약성 저감을 위한 모든 조절과 활동이 포함된다."고 정의하면서 총체적 접근의 필요성을 강조하였다(IPCC, 2001).

적응 능력은 기후 변화에 대응하기 위해 필요한 다양한 자원의 사용 가능성과 접근 가능성으로 해석 가능한데, 적응에 필요한 재원과 사회 기반시설, 제도적 체계 등이 "자원"이란 범주에 속하며, 자원의 사용 가능성과 접근 가능성이 국가의 적응력을 결정하는 요인이 된다(Kelly and Adger, 2000). 이러한 결정 요인은 결국 발전을 위한 필수 조건과도 연결되며, 발전전략에 기후 변화 적응을 포함시켜 보다 효율적으로 실행할 수 있도록 하는 것이 기후변화의 주류화(mainstreaming)이다.

일반적으로 기후변화 완화 및 적응 사업은 서로 간에 시너지 효과를 내기도 하고 〈그림 6-9〉에 제시된 것처럼 맞교환(trade-off)효과를 내기도 한다. 바이오매스 생산, 토지관리, 건물 에너지 효율, 산림 관리 분야에서는 완화 기제가 적응의 효과를 가져오는 시너지 효과를 발생하기도 한다. 하지만, 이와 반대로 여름철 기온 상승에 따라 열파현상이 발생하면 이를 회피하기 위해 에어컨 가동을 확대하는 등 적응과 관련한 활동의 증가로 에너지 소비량이 증가하면 온실가스 발생량의 증가로 이어져 적응과 완화 간에 잠재적 맞교환 효과가 발생하기도 한다(IPCC, 2007; 〈그림 6-10〉 참조). 분명한 것은 기후 변화의 영향을 누구도 피할 수 없으며, 완화 및 적응 행동이 장기적인 위험 관리 관점에서 모두에게 필수적이기에 완화와 적응의 관계에 대한 검토가 필요하며, 맞교환 효과를 줄이면서 시너지 효과를 높일 수 있도록 해야 한다. 그리고 이러한 조치에 있어 사전예방적 접근이 무엇보다 중요한 기초가 된다.

문제는 이러한 완화와 적응전략에 대해 정책수립 시 어느 정도로, 또한, 무엇에 우선순위를 두어야 하느냐이다. 이는 자원과 인력, 예산의 배분과 관련되는 문제이기도 하며, 의사결정 방식과 연결된 문제이기도 하다. 다양한 적응 방안에 대한 비용 편익 분석을 실시하는 것이 우선적으로 필요하지만, 비용 편익 분석 자체가

〈그림 6-9〉 완화와 적응 간의 관계에 대한 단순 개념

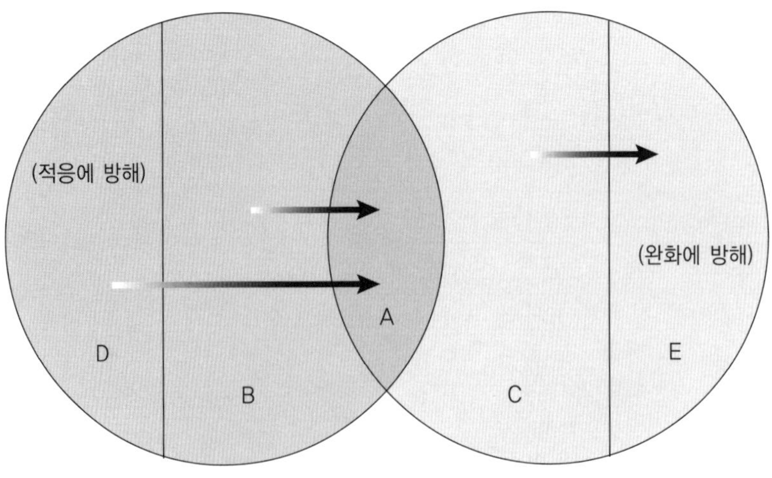

출처: Howard, 2009.

〈그림 6-10〉 기후변화 적응의 통합적 모델

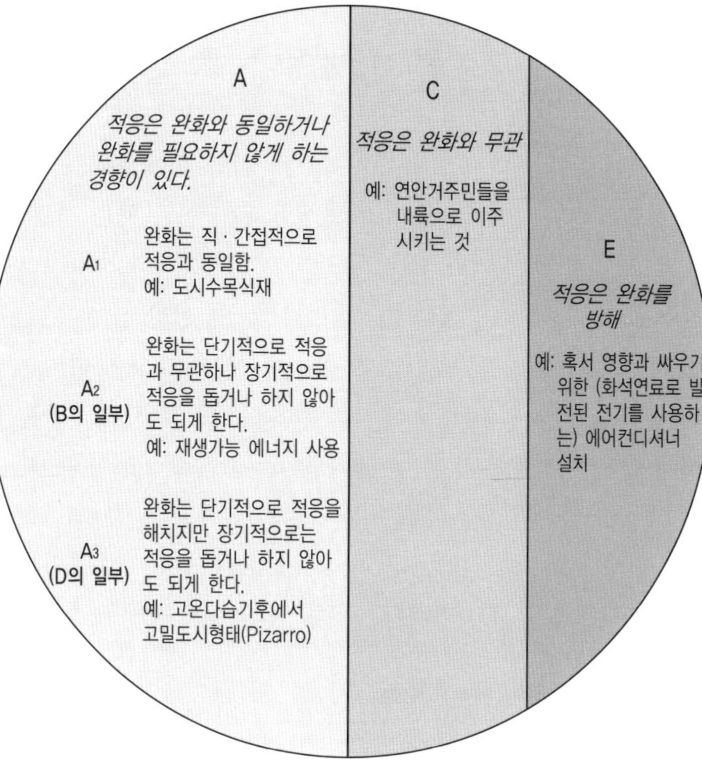

출처: Howard, 2009.

용이하지 않을 뿐 아니라, 더 본질적으로는 기후변화 영향의 불확실성 문제가 여전히 해결되지 않으므로, 최선의 적응전략 수립을 위한 우선순위 결정에는 사회적 합의(social consensus)가 필요하다(Groot 등, 2006). 다양한 적응전략이 상당히 다른 결과를 초래할 수도 있기 때문이다. 사실, 이 점은 적응전략에서만이 아니라 감축전략의 수립을 위한 정책수단 선택에 있어서도 마찬가지이다. 따라서, 앞서 언급한 것처럼 바로 이점에서 참여 · 숙의민주주의가 요청된다.

(3) 기후변화 파급효과 규모와 속도에 따른 거버넌스의 변화

앞에서 완화와 적응전략은 사전예방적 접근이지만, 그것의 작동방식은 다양한 정치체제하에서 일어날 수 있다고 설명하였다. 즉, 사전예방적 접근은 전제적 관료주의에서 일어날 수도 있으며, 자유민주주의 및 참여민주주의를 통하여 일어날 수도 있다. Weber(2008)는 기후변화 진행과 영향의 불확실성, 특히 기후변화가 가져올 재난의 혹독함의 정도와 진행 속도에 따라 거버넌스 유형이 달라질 수 있다고 보았다. 시나리오별 거버넌스 방식을 〈표 6-2〉와 같이 제시하고 있다. 만약, 기후변화의 효과가 5년 내지 20년 안에 발생한다면, 이는 빠른 진행으로 분류해 볼 수 있고, 80년에서 100년 정도에 걸쳐 변화가 발생한다면, 이는 느린 진행으로 볼 수 있다. 또한, 기후변화의 영향은 심각한 정도에 따라서, 분류될 수도 있다. Weber(2008)는 기후변화 진행 속도와 재난의 혹독함의 정도에 따라 성립 가능한 거버넌스의 종류를 네 가지 정도로 제시하였다. 재난이 무시해도 좋을 만큼 사소하다면 기후변화가 가져올 효과, 즉 진행속도와 무관하게 이러한 문제들은 거버넌스의 방식을 변화시킬만큼 충분히 중요하지 않기에 사소한 재난의 경우에는 특정한 거버넌스 방식이 요구되지 않는다. 따라서, 기후변화 진행속도와 영향의 정도가 각기 3가지임에도 불구하고 거버넌스 유형은 4가지로 제시될 수 있는 것이다.

〈표 6-2〉 기후변화 시나리오별 대응 거버넌스 유형

속도 / 혹독함	빠름	느림
파국적 재난	권위주의적 강제	제한된 환경민주주의
두드러진 재난	자유민주주의	심의적인 분산 민주주의
사소한 재난	–	–

출처: Weber, 2008: 136.

Weber(2008)가 주목한 점은 완화와 적응전략의 사전예방적 접근이 재난의 규모와 속도에 따라 다양한 정치체제와 결합하여 나타날 수 있다는 것이다. 재난이 파국적 양태로 발생하면서 빠르게 진행될 경우 권위주의적 강제 방식의 거버넌스가 나타날 수 있다. 이는 종종 지구적 차원의 중앙 집중적인 계획과 행동으로 나타나며, 국내적으로도 중앙집권적 통제 방식을 취함으로써 개인과 지역의 자치를 현저히 제한하는 명령과 강제 방식을 띠게 된다. 고도로 교육받은 권위주의적 엘리트들이 물리학자들이나 전문기술자들과 함께 거버넌스의 중심에 서게 된다. 재난이 파국적인 양태로 발생하지만 진행속도가 더딜 경우, 권위주의적 강제방식만큼 강력하지는 않다 할지라도 환경민주주의가 제한되는 형태의 거버넌스가 나타날 가능성이 있다. 이는 지구적으로 중앙집중화된 조정(coordination)의 형태를 취하게 되면서 국내적으로도 국가의 중앙집권적 통제가 증가하는 방식으로 나타난다. 변화가 서서히 진행되므로 시간적 여유가 있어 기후변화 관련 교육이 가능해지고 지속가능성 윤리가 새롭게 창출될 수 있지만, 문제가 악화되면 개인과 지방 자치에 강제와 제한을 가할 수 있다. 이 거버넌스 체제에서도 교육받은 엘리트와 물리학자, 기술전문가는 여전히 중요한 역할을 하며, 장기간에 걸친 사회적 복원력 확보를 위해 집단이나 전문영역을 넘나드는 권위주의적 지도력이 강조된다. 따라서, 전문가와 관료가 민주적 지도력을 갖지 못할 경우나 이들에 대한 신뢰가 충분히 확보되지 않을 경우, 기후변화 관련 의사결정은 상당한 사회적 갈등과 마찰을 야기할 가능성이 높아진다.

다른 한편으로, 파국적 상황에는 이르지 않는다 할지라도 두드러진 재난들이 단기간에 빠르게 발생할 경우에는 자유민주주의적 거버넌스를 취할 수 있으며, 그러한 재난이 좀 더 장기간에 걸쳐 느리게 진행될 경우에는 심의적이면서 분산적이고 민주적인 거버넌스를 취할 수 있다. 자유민주주의적 거버넌스에서는 조정과 정보제공에 초점을 맞추고 있으며, 목표가 보다 한정되고 국가의 역할이 성공을 위한 광범위한 준거틀과 기준들을 개발하는 것으로 줄어든다. 파국적 기후변화에 비해 지방과 지역사회에 보다 많은 선택권이 주어지며, 위험을 조절하고 가격화하기 위해서 경제적 유인이나 시장기제를 활용한다. 또한, 이 과정에서 광범위하게 여러 영역에 걸쳐 엘리트와 전문가들이 관련된다. 심의적이고 분산적인 민주적 거버넌스 상황에서는 국제기구나 국가가 촉진자나 유도자 역할을 하며 국가와 지방정부 간에 권위가 공유되는 것이 핵심이다. 한 국가 안에서는 지방과 지역사회, 개인들이 보다 많은 선택의 자유와 정책결정에 참여할 기회를 더 많이 누릴 수 있다. 정책수단의 결정에 있어서 심의적이고 분산적인 민주적 거버넌스 상황에서도 자유민주주의적 거버넌스에서처럼 위험을 조절하고 가격화하기 위해 경제적 유인이나 시장기제를 활용할 가능성이 높다. 이 거버넌스 유형에서는 교육과 복원력, 지속가능성이라는 새로운 윤리의 창조, 협력적 역량 구축에 대한 높은 수요 등이 주요한 특징으로 나타난다.

이러한 Weber(2008)의 논의를 다르게 해석해보면, 기후변화 대응을 위한 사회적 준비가 보다 이른 시기에 이루어진다면 기후변화가 파국적인 양태로 단기간에 진행되는 것을 막을 수 있으며, 그 결과 권위주의적 강제방식이 아니라 보다 심의적이고 분산적인 민주적 거버넌스를 구현해갈 수 있는 가능성이 높아질 수 있다는 것이다. 기후변화와 관련해서 기후변화가 야기할 영향의 혹독함의 정도나 기후변화가 진행되는 속도와 연결하여 거버넌스에 대해 논의한 연구자들이 많지 않은 상황에서, Weber(2008)의 논의는 거버넌스 논의의 시작을 제공해 줄 수 있다는 점에서 여전히 유의미하지만, Weber(2008)의 논의는 논의의 출발점이나 방향을 보여줄 뿐이며, 향후 여전히 많은 논의를 거쳐야 할 것이다. 특히, Weber(2008)는 기후변화의 양상을 독립변수로 놓고 이에 따른 거버넌스 유형을 종속변수로 해서 논의하고 있다. 이러한 유형분류가 기계적으로 현실에서 발현된다기보다 각 상황에서 등장할 수 있는 거버넌스 양태를 예상해 볼 수 있다면, 좀 더 민주적이고 참여적인 방법으로 사회갈등과 비용을 줄일 수 있는 기후변화대응은 어떠해야 하는가의 차원에서 접근하는 것이 요구된다. 또한, 역으로 사회적으로 어떠한 거버넌스 방식을 취하느냐에 따라 기후변화의 진행과 대응이 어떻게 달라질 수 있느냐의 차원은 논의되지 않는다는 점에서 Weber(2008)의 논의는 한계를 가진다는 점도 지적할 수 있다.

제 4 절 기후변화 위험의 불확실성을 염두에 둔 거버넌스

1. 거버넌스에 대한 도전으로서의 기후변화

이제까지 현 세대의 생존 기간 동안, 더 심각하게는 인류 역사상 한 번도 경험해보지 않았기에 기후변화가 초래할 위험의 크기와 강도, 빈도에 대해서는 인식론적으로 상당한 한계가 있을 수밖에 없으며, 현재 인류가 가진 기술적 예측범위를 넘어서 기후변화가 진행될 개연성이 상당히 높으므로, 기후변화의 영향에 대해 정확하게 예측할 수 없는 만큼 불확실성의 문제로부터 자유로울 수 없다. 하지만, 이러한 불확실성에도 불구하고 한 가지 분명한 것은 기후변화가 진행되면서 생존 자체가 위협받는 파국적 상황에 이를 정도로 부정적인 결과들이 초래될 수 있다는 점이다.

기후변화의 진행은 그 자체로 문제일 뿐 아니라 앞서 검토한 것처럼 기후변화를 완화하기 위한 국제협약에 따라 개별 국가들에게 감축노력이 요구된다는 점에서 대응에 나서지 않으면 안 되는 문제가 되었다. 국제사회는 UNFCCC를 통해 '사전예방적 접근'으로 기후변화의 위험을 최소화할 수 있도록 대기 중 온실기체 농도를 안정화하기 위한 감축전략이 수립되어야 한다고 강조하였다. 기후변화의 진행으로 인해 결정적 지점을 넘어서지 않기 위해서 선진국에서는 2030년에서 2050년까지 1990년 배출 수준의 80%까지 감축해야 하며, IPCC가 경고한 심각한 수준의 기후변화의 영향을 피하기 위해서는 개도국에서도 또한, 2050년 이전에 배출량이 정점에 달한 후 감소되어야 한다. EU는 개도국들이 2020년까지 2020년 BAU대비 15~30%를 줄일 것을 요구하고 있다. 또한, 기후변화 협상이 진행되어 오면서 온실기체 배출 감축노력에도 불구하고, 이제껏 배출된 온실 기체로 인해 일정범위 안에서 기후변화가 진행될 수밖에 없어 부정적 영향을 최소화하기 위한 적응방안을 마련하는 것이 필요하다는 점에 주목하고 있다.

이제까지 국제기후변화협상과정에서 공동의 협력적 노력을 지향해 왔지만, 개별 국가가 대응하는 정도가 같지는 않았다. 하지만, 향후 10~20년 안에 기후변화의 영향이 보다 명확해진다면, 이러한 양상은 곧 변화될 수밖에 없다. 모든 국가가 동일한 감축목표를 가지거나 감축노력을 진행하지는 않을지라도, 갈수록 기후변화에 대한 적절한 대응방안을 도입하고 이행하는 것이 "좋은 거버넌스"의 일상적인 요소로 간주될 가능성이 높다(Meadowcroft, 2009). 각국의 정부가 시민들에게서나 국제 사회에서 정당성을 부여 받기를 원한다면, 기후변화에 제대로 대응하는 모습을 보여야만 하는 것이다. 기후변화의 진행에 따라 향후 기후변화 대응은 몇몇 열의가 있거나 보다 많은 배출 책임이 있는 선진국들에게만 그치지 않을 전망이다. 정도의 차이가 있다 할지라도 기후변화의 유발에 대해 공동책임을 제대로 이행하지 않는 국가들에 대해 국제 사회가 더 이상 인내하지는 않을 것이기 때문이다. 즉, 기후변화 거버넌스는 더 이상 선택의 문제가 아닌 것이다. 특히, 기후변화가 세계적인 재정 흐름이나 무역 정책, 개발 원조 등 경제문제와 긴밀하게 연동되어 있기 때문에 기후변화의 거버넌스 구축은 모든 국가들이 대응해야 할 주요 과제가 될 수밖에 없다.

기후변화에 대응할 수 있는 새로운 거버넌스 구축이 필요한 이유는 기존 거버넌스체제로는 기후변화라는 쟁점을 적절하게 다루기 어렵기 때문이다. 세계은행 보고서(Meadowcroft, 2009)에서는 그러한 이유들로 다음의 다섯 가지를 들고 있다:

- 과학적 불확실성(scientific uncertainty): 기후변화가 진행되는 과정에 대해 이제 상당부분 이해한다 하더라도, 기후체계의 민감도(온실기체의 대기 중 농도 증가가 가져올 온난화와 그에 따른 기후 변화의 정도)와 지역적 기후변화 영향, 생태계에 미치는 결과 등 여전히 상당한 불확실성이 남아 있다. 또한, 앞서 기술했듯이 기후 패턴에 있어서 갑작스러운 단절을 가져오는 결정적 지점도 여전히 불확실하다.
- 사회적 범위(societal reach): 온실기체는 지난 두 세기에 걸쳐 점점 더 높아지는 삶의 표준을 지탱하기 위한 산업활동과 농업활동에 연동되어 있어서 현재의 삶의 양식을 본질적으로 바꾸지 않으면 해결하기 힘든 문제이다. 따라서, 기후변화로 요구되는 사회적 변화의 규모에 맞춰 사회의 제도와 조직 및 행동패턴을 조절해나가는 것은 이제껏 유래가 없었기에 기존의 거버넌스체제로 이러한 문제에 대응해가는 것은 상당히 어려운 문제가 될 수밖에 없다.
- 분배적 차원 및 형평성과의 연계(distributional and equity linkage): 기후변화나 기후변화에 대한 대응은 다른 집단들에 다른 영향을 미친다. 이러한 영향들은 일부 예측될 수도 있지만, 많은 부분 불확실하다. 국제적으로 어느 국가가 더 많은 위험에 노출되는가만이 아니라, 국내적으로도 어떤 산업, 어떤 지역, 어떤 사회집단, 어떤 개인이 보다 많은 위험에 노출

될 것인지 확실하게 알기는 어렵다. 형평성은 국제적으로는 물론 국내적으로도 정부가 적절히 다루기는 상당히 쉽지 않은 쟁점으로서 기존의 거버넌스체제에서 설정한 정책 우선순위에 근거해서 제대로 다루기는 곤란하다.

- 장기간의 시간 범위(long time frame): 온실기체 배출은 산업혁명 이래 상당히 오랜 기간에 걸쳐 화석연료 연소를 통해 이루어져 왔으며, 그 기간을 거치면서 기후변화를 유발하기까지 장시간이 소요된 만큼 기후변화는 21세기 전체를 통틀어 주요한 의제가 될 수밖에 없다. 장기간에 걸쳐 야기되고 향후에도 장기간에 걸쳐 기후변화 영향이 발생할 수밖에 없음에도 불구하고, 현재의 정치체제는 대개 4년에서 5년이라는 단기적인 선거 주기를 기초로 하거나, 장 · 차관이나 행정 관료들의 임기가 2~3년도 채 되지 않는 상황에서 정책결정이 이루어져야 하는 문제를 안고 있다.
- 지구적 함의(global implication): 기후변화의 원인과 영향은 국제적이며, 국가들 간에 경제적으로나, 정치 · 사회적으로 연계된 문제이기 때문에 집합적 대응이 필수적으로 요구된다. 하지만, 지구적 차원에서 개별 국가들의 노력을 조정해나가는 것은 상당히 도전적인 과제가 될 수밖에 없다.

이 모든 요인들은 불확실성의 문제를 안고 있다. 그럼에도 불구하고 20세기에는 대부분의 정부들이 개발과 성장을 국가의 운영원리로 내세웠던 반면, 21세기에는 기후변화 문제를 적절히 다루어나가는 것이 주요한 국가 운영원리를 구성하게 되었으며, 이를 위해 거버넌스에 있어서도 혁신(innovation)과 조절(adjustment)이 필요하다는 사실이 분명해지고 있다. "장기적인 이익(long-term gain)"을 위해 "단기적인 고통(short-term pain)"이 필요할 수도 있는데, 이러한 문제를 풀기 위해 혹은 이러한 문제를 풀어 나가기 위해 어떠한 사회적 공론화와 합의를 거쳐야 하는지, 또는 그 이전에 사회적 공론화와 합의라는 민주적 방식이 여전히 유효한지에 대한 논의도 필요하다. 대부분의 사회에서 이러한 논의가 아직 본격적으로 진행되지 못했기에 이제부터라도 기후변화 거버넌스가 어떠해야 하는지에 논의가 시작되어야 하는 것이다.

2. 기후변화 거버넌스에서 고려해야 할 요소들과 핵심적인 차원들

1) 기후변화 대응전략 수립시 고려해야 할 요소들

기후변화 거버넌스의 구축에 있어서 무엇보다 기초가 되는 원칙은 위험의 과학적 불확실성에도 불구하고, 그 위험이 받아들일 수 없을 만큼 심각할 것으로 예상된다면 엄격한 과학적 증거가 입증될 때까지로 연기되어서는 안 된다는 "사전예방의 원칙"이며, "비후회(no-regret)의 원칙" 또한, 보충적으로 활용된다. 이러한 원칙들을 기초로 하여 기후변화의 주요 대응전략을 개발하는 데 있어서 반드시 고려되어야 할 요소들로는 완화와 적응의 연관성과 기후변화 대응방안과 에너지 및 산림벌채와의 연관성 등이 포함된다.

먼저, 기후변화 거버넌스에서는 완화와 적응을 위한 행동의 개발과 이행이 필수적이다. 적응방안의 개발과 이행에 있어서는 지역별, 지방별로 예상되는 기후변화가 어떠한 효과를 야기할지에 대한 지식이 필요하며, 인간 행동에 미칠 영향을 예측해서 이를 제대로 다루어 갈 계획이 필수적으로 요청된다. 기후변화가 진행됨에 따라, 또 지역에 따라 필요한 적응의 규모는 달라질 것이다. 성공적인 기후변화 적응을 위해서는 기후변화가 지역의 기후체계와 생태계 및 사회에 미치는 영향에 대한 과학적 이해를 향상시키고, 인프라건설과 사회경제부문의 장기 계획에 기후변화를 주요한 요소로 고려하며, 개인적이거나 집합적인 적응행동에 대한 대중교육을 진전시키고 기후변화의 영향과 이에 대한 적절한 사회적 조절에 대한 사회적 논의를 촉발시키는 것을 주요한 내용으로 한다. 또한, 국가, 지방, 지역 차원의 토지이용계획과 같은 계획 과정에 기후변화 영향 및 적응 방안의 반영, 적응과 적응 예상 비용에 대한 보고서 발간, 영향과 대응방안 논의를 위해 핵심 이해당사자들과 함께 하는 적응포럼의 구성, 기후변화 적응계획과 보호지역 계획 및 농업 · 자연관리계획의 통합, 적응 관련 연구를 위한 연구개발비 조성 등 다양한 쟁점들이 성공적인 적응을 위해 고려되어야 한다.

완화방안의 개발과 이행을 위해서는 배출원에 대한 이해와 비용 효과적인 감축 잠재력 및 다양한 정책수단들에 대한 이해가 필요하다. 사실, 기후변화 완화를 위해서는 어떤 정책수단을 어떻게 설계하느냐, 감축수단들의 우선순위를 어떻게 선정하느냐가 사회적인 쟁점이 될 수 있다. 어떤 수단을 취하느냐에 따라 관련 이해당사자들이 달라지며, 이해관계를 둘러싸고 사회적 갈등이 야기될 수도 있기 때문이다. 나아가, 기후변화 완화를 위해 감축목표를 설정할 것인가, 설정한다면 어느 정도의 목표를 채택할 것인가가 국제사회에서 주요한 쟁점이 될 뿐 아니라 해당 사회내에서도 합의가 필요하다. 감축목표의 설정과 이를 실현하기 위한 완화수단들의 도입과 이행에는 정치적 의지가 무엇보다 중요하다. 성공적인 기후변화 완화를 통해 저탄소 사회로 나아가려는 사회적 지향이 있는 국가일수록 "사전예방의 원칙"을 근거로 의무 감축목표를 설정하는 경향을 보인다. 또한, 이런 국가들에서는 이용가능한 감축수단이 제한되어 있는 경우라 하더라도 "비후회의 원칙"을 기초로 하여 단기적으로 비용 효과적이지 않은 수단일지라도 채택하는 경향이 있다. 완화를 위해 채택하는 주요 정책수단들에는 기존의 화석연료에 대한 보조금을 철폐하고 에너지 효율향상과 재생가능에너지 확대를 위해 다양한 규제기준을 도입한다거나 지원제도를 도입하는 것이 있다. 또한, 탄소세나 배출권거래제와 같이 경제유인적인 매커니즘들을 도입하기도 한다.

기후변화에 적절히 대응하기 위해서는 완화와 적응방안의 상호연계성 또한, 검토해야 한다. 기후변화의 대응에 동원할 수 있는 자원이 제한되어 있기 때문에 적응과 완화를 어느 정도의 비중으로 고려할 것인가의 문제와 채택하고자 하는 적응방안과 완화방안이 상호 독립적인 관계인지 아니면 서로 간에 시너지 효과가 발생할 수 있는지 혹은 서로가 맞교환(trade-off) 관계인지 살펴야 한다(Hallegatte, 2009). 어떤 적응방안은 완화방안으로서의 잠재력을 동시에 가지는가 하면, 어떤 경우에는 적응방안의 이행이 완화와 무관하거나 걸림돌이 될 수도 있다. 또한, 적응방안 간에도 맞교환 효과가 발생하기도 한다. 가령, 염분이나 가뭄, 습도에 크게 구애받지 않는 에너지 작물의 경작은 기존의 화석연료를 대체할 수 있는 저탄소 에너지원의 확대를 가져올 수 있는 완화방안이자, 극단적인 기상이변에 대응할 수 있는 적응방안이 될 수 있다. 산림의 육성 또한, 이산화탄소 흡수저장소를 확대하는 효과를 지닌 완화방안이자 가뭄과 홍수에 대비하는 적응방안이기도 하다. 반면, 여름철 기온의 갑작스런 상승에 대비하기 위해 선풍기나 에어컨을 구비하는 적응방

〈표 6-3〉 적응전략의 우선순위 선정

<table>
<tr><td rowspan="4">기후변화는 다음에 대한 취약성을 야기하거나 증가시킨다.</td><td colspan="5">적응수단</td></tr>
<tr><td colspan="3">적응은 완화와 동일하거나, 완화를 필요하지 않게 한다.</td><td rowspan="2">적응은 완화와 무관하다.</td><td rowspan="2">적응은 완화를 방해한다.</td></tr>
<tr><td>완화는 직·간접적으로 적응과 동일</td><td>완화는 단기적으로 적응과 무관하나, 장기적으로 적응을 돕거나 하지 않아도 되게 한다.</td><td>완화는 단기적으로 적응을 해치지만, 장기적으로 적응을 돕거나 하지 않아도 되게 한다.</td></tr>
<tr><td>우선순위: 1</td><td>우선순위: 2</td><td>우선순위: 3</td><td>우선순위: 4</td><td>우선순위: 5</td></tr>
<tr><td>더위</td><td>LEED-친환경 건물인증</td><td rowspan="6">- 전체 소비수준 감소
- 기존건물의 LEED-EB개조
- 저에너지 건축자재 사용
- 자가용 주행거리 감소
- 항공여행 의존도 감소
- 장거리철도 및 대중교통 의존도 증대</td><td>수력(농업관개와 잠재적 상충)</td><td></td><td>에어컨디셔너 사용 증대</td></tr>
<tr><td>가뭄</td><td>물 사용의 효율성 제고</td><td></td><td>지역우수 및 홍수저장</td><td>새로운 재래식 저수지; 멀리 떨어진 지역으로부터 물 수입</td></tr>
<tr><td>해수면 상승</td><td>연안거주민들을 내륙 LEED 플래티늄 도시주거로 이주시키는 것</td><td></td><td>연안거주민들을 내륙의 전통도시주거로 이주시키는 것</td><td>연안거주민들을 내륙의 새로운전통교외주거로 이주시키는 것</td></tr>
<tr><td>홍수</td><td>습지대의 복원</td><td>바이오디젤 사용</td><td></td><td>콘크리트 제방 건설</td></tr>
<tr><td>도시 대기질 저하</td><td>도시수목식재; 오픈스페이스 및 거주지 보호</td><td></td><td>(식물을 통한) 건물내 수동적 필터링</td><td>기계적시스템을 통한 건물내 능동적 필터링</td></tr>
<tr><td>폭풍 빈도 및 강도 증가</td><td>분산된 재생에너지 생성; 연안습지대 복원</td><td></td><td>개선된 폭풍경보체계 및 대피계획</td><td>콘크리트 및 철재 벽 사용을 통한 폭풍내구구조 만들기</td></tr>
</table>

출처: Howard, 2009.

안은 에너지 소비를 높임으로써 완화에 걸림돌이 되기도 한다. 적응 방안 간에도 갈등이 있을 수 있는데, 짧아진 스키 시즌을 늘리기 위해 인공적으로 눈을 만드는 것은 물의 이용가능성이나 농업에 영향을 미쳐 기후변화에 대한 적응에 부정적 영향을 미칠 수 있다. 눈을 만들기 위해 에너지를 소비함으로써 온실기체 배출이 늘어나 기후변화 완화를 저해하는 것 또한, 문제이다. 에너지 소비를 수반하는 기후변화 적응방안은 기후변화의 완화에 부정적인 영향을 미치게 되는 것이다. 따라서, 〈표 6-3〉과 같이 완화방안과 적응방안의 상호연관효과나 적응방안 간 상호연관효과를 고려하여 우선순위를 정하여 대응방안을 설계하는 것이 필요한 것이다.

기후변화 대응전략의 수립에 있어서는 기후변화와 에너지 소비 및 산림벌채 간의 연관도 고려되어야 한다. 무엇보다 기후변화의 주된 원인이 화석연료의 연소이므로, 저탄소 에너지체제를 실현하는 것이야말로 가장 결정적인 대응이 된다. 저탄소에너지체제는 에너지 효율을 향상시키고 재생가능에너지의 이용을 확대함으로써 구현될 수 있기에 기후변화 대응전략은 에너지 전략과 긴밀히 연결되어 있다. 저탄소 에너지 기술의 개발과 보급을 촉진하기 위한 제도와 정책 및 기구가 기후변화 대응전략의 수립에 반드시 필요하다. 에너지관련 사업들은 전형적으로 리드시간(lead time)이 길고 자본투자가 크며 사업수명도 길어서 에너지 목표와 기후변화 목표를 성공적으로 달성하려면 장기적인 공공계획이 필요하다. 에너지 계획은 반드시 기후변화를 염두에 두어야 하며, 이를 위한 재정지원에 대한 논의도 필수적이다.

2) 기후변화 거버넌스의 핵심적인 구성 요소들

기후변화 거버넌스는 여전히 불확실성을 내포하고 있는 문제임에도 불구하고, 사전예방의 원칙에 따라 위험이 가시화되기 이전에 사전적으로 대응하는 것이 무엇보다 중요하다는 합의가 UNFCCC를 통해 형성되어 있다. 세계은행 보고서(Meadowcroft, 2009)에 따르면, 성공적인 사전예방적 기후변화 거버넌스를 위해서는 전략적인 역량 구축(building strategic capacity), 개발정책 결정과의 통합(Integrating climate change into development decision making), 사회적 동원

(societal mobilization), 기후변화 거버넌스 학습(learning how to do climate change governance)이라는 요소들이 충족되는 것이 중요하다.

전략적인 역량 구축이란 말 그대로 기후변화에 대응할 수 있는 역량을 보다 전략적으로 구축해야 함을 의미한다. Meadowcroft(2009)는 이를 위해서 필요한 요소들로는 지도력(leadership), 관련 전문가들의 지식과 전문적인 자문 제공, 국가적 이해의 명확화와 전략적인 정책틀의 정교화, 저탄소경제를 위한 조직 수립 등이 있다고 주장한다. 하지만, 기후변화의 불확실성을 염두에 둔다면 전략적인 역량구축은 기술관료적 전문성을 강화하는 것으로 달성할 수 없다. 기후변화 대응역량을 보다 효과적으로 구축하기 위해서는 기술관료적 접근에 머무를 수 없으며, 점증주의적 접근, 나아가 사전예방적 접근과 참여 · 숙의 민주주의 접근 방식을 취하지 않으면 안 된다. 기후변화에 대한 대응정책에 있어서 과학기술적 전문성을 활용하여 비용과 효과의 편익에 대해 비교, 검토하는 것이 기본적으로 필요하기는 하지만, 이러한 접근으로는 위험의 불확실성을 충분히 제거할 수 없을 뿐 아니라, 불확실성을 제거하기보다는 불확실성에 대항하여 이해당사자들의 사회적 지능을 활용할 필요가 있기 때문이다. 나아가, 이런 점증주의적 접근의 지능적 시행착오에만 한정하기에는 기후변화의 진행속도나 파국적 결과의 가능성이 상당히 높으며, 기후변화의 재난적 위험이 전 사회구성원에게 미치기 때문에 사전예방적 접근과 함께 참여 · 숙의 민주주의 접근이 동시에 요청된다.

역량구축을 위해 요구되는 지도력이란 최고 정치지도자가 어느 정도로 기후변화 문제를 심각하게 생각해서, 이 문제를 주요 의제로 삼고 조직적으로 대응하도록 하느냐의 문제이다. 즉, 지도력은 정치지도자 개인의 문제이면서 조직의 문제이기도 하다. 기후변화에 대한 지도력의 정도는 기후변화를 관장하거나 에너지와 기후변화를 함께 다루는 각료위원회(Cabinet committee)가 구성되어 있는지, 고위장관들이 기후변화정책에 책임 있게 참여하는지, 행정부 차원에서 기후변화 담당부서가 있는지, 정부 부처 간 조정위원회가 있는지, 정부의 기후변화 대응에 대한 보고서를 국회에 제출하는지 등으로 판단할 수 있다.

그럼에도 불구하고, 전략적인 역량 구축을 위해서는 전문가들로부터의 전문적인 지식 제공과 자문이 기본적으로 필요하다. 기후변화야말로 과학적 발견이 정책

결정에 강력한 영향을 미치는 분야로, 기본적으로 기후변화의 원인이나 현황, 기후변화의 영향에 대한 예측 및 대응방안의 모색에 있어 과학적 접근이 요구되기에 전문가들로 구성된 자문기구를 만들어, 정부에 권위 있는 조언을 할 수 있는 통로를 만들어야 한다. 전문가 자문위원회는 기후체계와 국내 기후변화의 잠재적 영향에 관한 과학적 지식을 지속적으로 발전시킬 수 있도록 지원되어야 하며, 이러한 지원을 기초로 하여 국가 전역에 걸쳐 기후와 생태계 모니터링을 확실히 하고 기후변화 정책을 지지할 수 있는 경제적, 정책적, 사회과학적 지식들을 확장해나가야 한다.

기후변화 대응 역량을 구축해 나가는 데 있어 해당 국가의 이해가 무엇인지 명확히 하고 전략적 정책틀을 정교화시켜 나가는 것 또한, 필요하다. 좋은 기후변화 거버넌스를 위해서는 기후변화가 가져올 위험에 견주어 국가적 이해가 무엇인지를 명확히 해야 한다. 개별 국가가 처한 상황이 같지 않은 만큼 지구적 차원의 공동이해를 살피면서도 해당 국가의 이해를 확인하고 잠재적인 완화와 적응방안의 비용 효과를 분석하면서 어떠한 정책들을 채택할 것인지 결정해야 할 것이다. 나아가, 이러한 작업을 수행해갈 수 있는 조직들을 구축해 나가는 것이 상당히 중요하다. 위험과 잠재적 위해의 맥락에서 과학적 불확실성은 행동하지 않을 근거가 되는 것이 아니라, 오히려 잠재적 위험과 위해에 대한 더 나은 지식을 적극적으로 추구해야 할 근거가 된다(UNESCO, 2009). 어떠한 대응이 적절한지에 대한 판단은 과학적 분석을 필요로 한다. 따라서, 과학적 전문성은 배제되어야 할 것이 아니라 기후변화 대응을 위한 기초가 되어야 한다. 하지만, 바로 이런 이유를 근거로 과학적 전문성을 가진 기술관료들이 모든 사회적 의사결정을 독점해서는 안 된다. 오히려 과학기술적 전문성은 대중에게 공개되고 검증되어야 하며, 사회적 논의를 위한 기초 자료를 제공한다는 점에서 중요하며 민주적 전문성이 활용되어야 한다.

기후변화 거버넌스를 구성하는 데 있어 고려해야 할 두 번째 요소는 개발정책과 기후변화정책의 통합적 수립이다(Meadowcroft, 2009). 기후변화정책은 지속가능한 발전 개념이 지향하는 경제적, 사회적 실재와 목표가 통합적으로 연결될 때 성공할 수 있다. 보다 구체적으로 말하자면 에너지, 산업, 수송 등과 같은 핵심 사회 · 경제부문과 중앙정부는 물론 도시나 도와 같은 지방정부 차원에서 개발계획

수립시 통합적으로 고려되어야 한다(Lafferty, 2004). 통합을 통해 서로 다른 정책 목표들 간에 시너지 효과를 얻을 수 있으며(Gibson et al, 2005), 의도하지 않은 맞교환효과가 발생하지 않도록 할 수 있기 때문이다. 예를 들면, 에너지 소비 절감을 겨냥한 보조금 철회와 같은 완화전략은 온실 기체 배출을 줄일 뿐 아니라 에너지원 구입 비용을 줄이는 등 종종 긍정적인 경제효과를 얻을 수 있다. 또한, 석탄에서 가스로 연료를 전환하는 정책을 통해 온실기체 배출을 줄일 뿐 아니라 대기오염을 줄임으로써 보건적인 차원에서도 편익을 얻을 수 있다.

통합적인 계획을 수립하기 위해 정부가 해야 할 일들은 다음과 같다:

- 각 부처나 기구에 기후변화를 책임지는 개인이나 집단을 선정할 것
- 국가수준과 부문별, 지역별 개발계획에 기후변화 완화와 적응의 함의를 언급할 것
- 부문별, 지역별 이해당사자들이 참여해서 현재의 개발경로가 기후변화에 던지는 함의를 탐색할 수 있도록 라운드테이블을 구성할 것
- 에너지 거버넌스와 산림과 토지 이용에서 중요한 역할을 하는 공공조직의 임무에 기후변화를 통합해 넣을 것
- 모든 주요 인프라 건설사업에 기후변화 영향평가를 요구할 것

아울러, 형평성에 대한 고려도 통합적인 기후변화 거버넌스에서 중요하다. 기후변화 대응에 있어서 형평성이 지켜질 때 사회 행위자들은 기꺼이 희생을 받아들이게 되지만, 형평성이 제대로 지켜지지 않으면 사회적 저항이 생겨 기후변화정책의 효과적인 이행이 어렵게 된다. 완화정책과 적응정책의 배분적 함의가 진지하고 주의 깊게 평가되어야 한다. 가령, 화석연료에 대한 보조금의 철폐나 탄소세 부과 등의 정책수단들은 기후변화에 보다 취약한 사회 · 경제적 약자들에게 부정적인 영향을 미칠 가능성이 높으므로, 이러한 감축전략으로부터 가난한 사람들을 보호할 수 있는 재분배 수단들을 마련할 필요성이 제기된다. 이러한 접근에는 사회적 합의가 중요하므로, 참여적이고 숙의적인 과정을 거침으로써, 대응전략에 대한 사회적 수용이 높아지고 그 결과 전략이행의 효과성이 높아진다.

또한, 기후변화에 효과적으로 대응할 수 있기 위해서는 사회적 동원(societal mobilization)이 원활하게 이루어져야 한다. 기후변화는 지역사회와 기업은 물론 가정과 개인의 행위변화를 필요로 하며, 온실 기체 감축이나 변화하는 기후에 대한 적응을 위해 사회적, 기술적 혁신을 필요로 한다. 그럼에도 불구하고 기후변화라는 도전적 과제를 풀어가는 과정에는 상당 정도의 불확실성이 내재해 있기 때문에 사회 내 다양한 집단과 개인들의 참여와 합의가 필요하며, 이를 위해서는 참여자들의 역동적 힘을 활성화시켜야 한다. 기후친화적인 행위는 장려하고 이에 역행하는 행위는 억제할 수 있도록 경제적인 신호를 보내야 하며, 기후변화 완화와 적응이 무엇이고, 왜 필요한지, 어떻게 실현할 수 있는지에 대한 대중교육이 확대되어야 한다. 또한, 기후변화는 지구적인 현상이면서 지역에서 구체적인 생활의 장에서 경험되는 문제이므로, 일반시민의 삶에 밀착해 있는 지방정부가 보다 적극적으로 완화와 적응 조치를 취해나가야 하며, 특히 대부분의 인구가 모여 살고 있는 도시에서 보다 적극적인 기후변화 대응 행동이 추진되어야 한다.

하지만, 이러한 활동이 계몽적 차원에서 일방향적으로 이루어져서는 곤란하다. 이해관계자들이 기후변화 관련 내용들을 인식할 수 있도록 정보를 제공하는 한편 쌍방향 소통의 과정을 통해 이들의 이해관심과 시민 전문성 또한, 정책결정과정에 수용될 수 있어야 한다. 기후변화의 완화와 적응은 부문별로 이루어져야 하기 때문에 기업과 노동조합, 시민단체, 농민조합, 소비자단체 등 핵심적인 사회 · 경제 부문의 주요 이해당사자들이 정책결정과정에 참여할 수 있는 기회를 확대해야 한다. 그리고 이러한 참여의 과정에서 정보가 제공되고 유통되어야 하며, 이해당사들 간에 감축목표의 설정이나 감축수단의 선정, 정책수단 채택의 우선 선정 등에 대해 활발한 토론이 개진되고 합의가 도출될 수 있도록 해야 한다. 이러한 과정을 통해 정책의 정당성이 확보되고 정책이행의 효과성 또한, 높아질 수 있다. 이것이 결국 좋은 거버넌스를 실현하는 길이다. 기후변화 완화행동을 통해 기후변화의 속도를 조절하고 기후체계에 사회를 맞추어가는 적응의 과정에서는 상당한 시간과 큰 폭의 사회변화가 요구되는데, 정치인들과 관료들로만 이러한 변화를 달성할 수는 없다. 저탄소 사회로의 이행이 어떤 모습을 띠게 될지 혹은 띠어야 하는지 아무도 경험해보지 않았기에 미리 알 수 없으므로, 그 자체로서 상당한 불확실성을 내포하고 있다. 그리고 완화와 적응에 소요되는 비용을 지불해야 할 행위자들은 이러한 변화에 반발하고 저항할 수 있다. 결국, 영향 받는 당사자들, 즉 일반 시민들의 참여 없이 기후변화의 대응이 이루어져서는 곤란할 뿐만 아니라 성공적인 대응을 기대하기도 힘들다.

마지막으로, 인류는 이제 막 기후변화라는 쟁점을 이해하고 이에 대응하기 위해 필요한 제도나 조직 및 접근 방법을 개발하는 과정의 초입에 들어선 상태이다. 어떤 국가도 변화의 속도가 느껴질 정도의 기후변화에 대응해 본 경험이 없기에 기후변화 거버넌스는 학습지향적(learning by doing)인 접근을 취할 수밖에 없다. 이러한 점은 점증주의적 접근에서도 강조하고 있는 것이지만, 점증주의의 틀을 넘어서 사전예방적 접근을 기초로 하면서도 사전 예방조치와 '경험으로부터의 학습의 가속화' 란 방식을 결합할 필요가 있다. 사전예방의 원칙에 따르면 관리 기관들은 사람들과 환경의 취약성에 대해 한편으로는 탄력적이고, 다른 한편으로는 민감한 구조와 절차를 마련하기 위해 노력해야 한다.

제 5 절 기후변화 거버넌스의 현황: 해외사례와 한국

기후변화 거버넌스는 현재 세계적으로 구축되어 가고 있는 중이다. 이 절에서는 다른 국가들에 비해 상대적으로 일찍 기후변화 문제에 관심을 가지고 기후변화 거버넌스를 구축해 온 국가들에 대해 어떻게 기후변화 거버넌스를 구축해가고 있는지 살핀 후 한국의 기후변화 거버넌스의 현주소를 검토하도록 한다. 검토 대상 해외 사례들은 스웨덴, 네덜란드, 영국으로, 이들 국가들은 모두 기후변화문제를 다른 국가들에 비해 먼저 인식하고 상당한 불확실성에도 불구하고 "사전예방의 원칙"과 "비후회의 원칙"에 따라 기후변화에 대한 행정리더십을 발휘할 수 있도록 조직을 구성하고 다양한 기후변화정책을 수립, 이행해오고 있다. 그런데 이 국가들은 기후변화 거버넌스에서 중심이 되는 행정시스템을 운영하는 세 가지 다른 모델의 대표 사례들이다.[7] 첫째, 기후변화 정책에 대한 책임을 환경부나 환경청 내에 두는 모델이 있을 수 있는데, 스웨덴이 대표적이다. 둘째, 수상이나 총리실과 연결되도록 하면서 독립적인 기후변화담당조직을 둘 수 있는데, 네덜란드가 이에 해당한다. 셋째, 에너지 같은 상위 부처의 업무와 연결해서 기후변화문제를 함께 다루는 조직을 만들어 운영할 수 있는데, 영국이 대표적인 사례이다. 이 절에서는 각각의 국가들에서 기후변화문제를 어떻게 이해하고 있는지를 살피면서, 불확실성의 문제로부터 자유롭지 않은 기후변화문제에 대응하기 위해 어떠한 거버넌스 구조를 취하고 있는지, 또 어떠한 정책수단들을 운영하고 있는지 살펴보도록 한다.

1. 스웨덴

스웨덴은 기후변화가 국제사회에서 의제로 거론되기 시작한 1980년대부터 기후변화정책을 선도적으로 수립하고 이행해 왔다. 이러한 스웨덴의 적극적인 대응은 1960년대 이래 환경문제에 있어서 리더십을 지속적으로 보여 오면서 1972년에 세계 최초의 국제환경회의인 유엔인간환경회의를 유치했던 데서 그 조짐이 드러난 바 있다. 석유파동이 잠잠해진 1980년대 이후 다른 국가들이 에너지 효율향상에 더 이상 관심을 보이지 않았음에도 불구하고, 스웨덴은 지속적으로 에너지 효율향상이나 비화석에너지원에 기초한 에너지체제 구축을 추진해 왔다. 스웨덴은 1991년에 탄소세를 부과하기 시작하였는데, 이는 핀란드에 이어 세계 두 번째 사례이다. 스웨덴은 1970년대 중반 이래 온실 기체 배출이 40% 이상 감소되었으며, 1990년~2006년 사이에 GDP가 44% 증가했음에도 불구하고 9%가량 온실기체 배출이 감소한 것으로 나타났다.

스웨덴에서는 과학적 엄밀성이 확보되지 않았다거나 상당수준의 불확실성이

---

7) 이러한 유형 분류는 세계은행의 2009년 보고서에 토대를 두고 있으며, 해외 사례는 세계은행의 보고서를 주로 참고하여 작성하였음을 밝힌다.

내재해 있다는 이유로 환경문제에 대한 대응을 미루기보다 “사전예방의 원칙”에 기초해서 환경문제에 보다 적극적으로 대응하는 태도를 견지해 왔다. 이러한 태도는 기후변화문제에도 동일하게 적용되고 있을 뿐 아니라, 현재 기후변화 문제는 스웨덴 정부의 환경업무에 있어서 최상위 의제로 다루어지고 있다(the Ministry of the Environment, 2009). 스웨덴은 2020년까지 1990년 배출 수준 대비 40%를 감축한다는 목표를 선언하였는데, 이는 2020년까지 1990년 대비 20% 혹은 다른 국가들이 상응하는 노력을 할 경우 30% 감축이라는 EU 감축목표보다 강력한 수준이다. 스웨덴 정부는 2009년에서 2011년 사이에 기후변화 완화와 적응에 50억 스웨덴 크로나(SEK)를 투자한다는 계획으로 기후변화정책을 추진하고 있다. 스웨덴 정부는 무엇보다 사람과 환경에 해로운 영향이 가해지지 않도록 미연에 막기 위해서는 온실 기체 배출이 안정화되어야만 한다는 사전예방의 원칙을 견지하고 있다.

스웨덴은 저감 목표 달성을 위해 다음과 같은 세부 목표들을 채택하고 있다. 첫째, 2020년까지 스웨덴 에너지 사용의 절반을 재생가능에너지로 한다. 둘째, 2030년까지 스웨덴의 수송부문은 화석연료로부터 독립적이도록 한다. 셋째, 스웨덴의 순 온실 기체 배출량을 21세기 중반까지 “0”으로 한다. 넷째, 2020년까지 에너지 효율을 20% 향상시킨다. 다섯째, 2020년까지 수송부문 재생가능에너지 이용률이 10%가 되도록 한다.

스웨덴에서는 특히 에너지문제와 연결해서 기후변화문제를 풀어가려 하며 적응보다는 완화에 보다 관심을 두어 왔다. 지난 20년 이상의 기간에 걸쳐 기후변화 완화를 위해 추진해 온 정책수단들은 다양한데, 특히 지역난방과 바이오매스 이용 확대, 에너지 효율 개선이 대표적이다. 지역난방은 스웨덴 난방시장의 40%를 차지하고 있고, 지역난방 연료의 60% 이상이 산림에서 얻은 바이오매스로 충당된다. 2003년부터는 재생가능에너지 확대를 위해 녹색증명서 체제를 운영하기 시작하였다. 그 결과, 석유가 차지하는 비중이 1970년에 총 1차 에너지 공급의 70% 수준에서 2008년 현재 30%로 감소하였고, 1970년 중반과 비교했을 경우 온실 기체 배출이 40% 이상 줄어든 것이다. 완화의 경우 2009년과 2011년 사이에 다양한 적응 조치의 이행에 6억 SEK를 투자할 계획인데, 주로 해수상승에 따른 범람의 위험을 피하는 데 쓰일 예정이다. 다음으로 적응에서 주요하게 다루어지는 쟁점은 식수원의 조정 문제이다.

기후변화와 에너지 분야에서 적극적 대응을 이끌어낸 리더십은 환경부(the Ministry of the Environment)로부터 나왔다(Meadowcroft, 2009). 스웨덴에서는 환경부가 기후변화정책의 주무부처로서 에너지관련 기후 이슈들에 대해 기업과 에너지 · 커뮤니케이션부(the Ministry of Enterprise, Energy and Communications)와 긴밀히 협력한다. 대표적인 사례는 상대적으로 확산이 느린 풍력부문을 보다 확장하기 위한 풍력국가네트워크를 구축하고, 가정과 산업체, 수송부문의 에너지 효율을 개선하기 위한 조치들을 도입한 것을 들 수 있다.

스웨덴의 기후변화 대응노력은 정부의 개입과 계획에 상당히 의존하는 기술관료적 특성을 지니고 있으면서도, 핵심 이해당사자들과 시정부들과의 협의를 중시하는 참여민주주의적 접근을 중요한 부분으로 취하고 있다. 지방의제 21 운동을 통해 일반 시민들과 지역사회들을 움직이도록 하였다. 스웨덴의 접근에서 상당히 두드러진 특징은 환경적 목적을 지향하는 통합적 체계를 개발해 왔다는 점이다. 이해당사자들과의 광범위한 협의 후에 스웨덴 의회가 채택한 환경 목표는 모든 주요 환경 쟁점들을 포함하고 양적인 목표와 지표를 가지고 운영된다. 이러한 과정은 환경목표위원회(Environmental Objectives Council)의 감독을 받는데, 스웨덴 환경청에 소속된 사무국 직원이 지원해주고 있다. 1999년에 스웨덴 의회는 한 세대 안에 기존의 모든 주요 환경문제를 해결한다는 야심찬 목표 하에 15개의 광범위한 환경 목표를 채택하였다. 이 열다섯 개 목표 중 첫째가 "기후영향 줄이기"였다. 그만큼 기후변화가 중요한 문제로 인식되고 있는 것이다.

스웨덴에서는 광범위한 협력과 협의를 거쳐 다양한 정책도구들을 채택함에도 불구하고 중앙정부가 강력한 규제자 역할을 한다. 정부는 주로 방향잡기의 역할을 하면서 유능한 관료들이 목표달성을 위한 계획을 수립하여 이행을 책임지는 방식으로 거버넌스가 구축되어 있다. Lundqvist(2004)는 이를 "목표에 의한 관리(management by objectives)"라는 말로 표현한 바 있다. 하지만, 다른 한편으로는 정부의 강력한 규제자 역할을 인정하면서도 기후변화가 갖는 불확실성의 문제를 보완하기 위해 평가를 시행하고 자문을 제공하도록 하기 위해 다양한 이해당사자들로 구성된 독립적인 조직을 설치하였다. 또한, 광범위한 협력과 협의의 과정을 거쳐 양적인 목표와 지표 및 중간 목표 등을 설정하며, 각각의 목표를 달성하고 정기적인 평가보고서를 발간하도록 해당 정부부처에 분명한 책임을 부여하고 있다. 기준과 지표 설정에서는 의회가 적극적인 역할을 하고 있다. 결국, 스웨덴에서는 기후변화에 내재한 불확실성에도 불구하고 기후변화 대응행동을 미루지 않는 사전예방의 원칙을 강력히 고수하고 있다. 또한, 행정부처의 대응활동을 기본으로 하면서도 이해당사자들과의 협의와 소통을 적절히 포함하는 참여민주주의적 접근을 중요한 거버넌스 전략으로 채택하고 있다.

2. 네덜란드

네덜란드 또한, 환경정책과 기후변화정책 분야에서 선구자적인 국가이다(Anderson and Lifferink, 1997). 네덜란드는 기후변화로 인해 변화가 우려되는 편서풍의 영향을 받는 유럽에 포함되어 있을 뿐 아니라 국토의 상당부분이 저지대란 점에서, 다른 국가들에 비해 기후변화 문제에 더 민감하게 반응해오고 있다. 네덜란드는 기후변화 문제만이 아니라 환경문제를 상대적으로 일찍 인식하여 국가환경정책계획(National Environmental Policy Plans, NEPP)의 수립을 통해 종합적이고 장기적인 관점에서 국가의 환경 부담을 관리해 왔다. 과거 10년 이상의 시간동안 에너지 효율향상이나 기후변화 분야에서 정부와 기업 사이의 자발적 협약과 같은 새로운 환경정책수단을 모색해 왔다. 또한, 탄소세 초기 도입국가로서 네덜란드에는 기후변화에 관한 연구네트워크가 활발하게 조직되어 있으며, EU 기후변화정책의 강력한 지지국이다. 과학적 확실성을 근거로 해서 대응해 오기보다는 불확실성을 민감하게 인식하는 사전예방의 원칙을 중요하게 견지해 온 것이다.

기후변화와 관련해서 네덜란드에서 발전되어 온 가장 두드러진 특징은 “이행 관리(transition management)”로 요약될 수 있다(Meadowcroft, 2009). 네덜란드는 기후변화문제가 저탄소사회로의 전환을 통해서만 해결될 수 있다고 보면서 이행관리라는 접근을 취하고 있다. 이 접근은 핵심 사회 부문이 변화되어 가야 할 가능성 있는 경로를 확인시켜주고 혁신을 가속화하기 위한 이행실험의 목록을 만들며, 변화를 위한 잠재적 방법들을 모색하는 것을 주요 내용으로 한다. 이를 위한 활동들은 정부가 지원을 하며, 핵심 사회적 이해당사자들의 협력을 통해 수행된다.

"이행관리"는 2002년에 네덜란드 정부가 제4차 국가환경정책계획을 수립할 때 채택한 것이다. 계획에서는 지속적으로 발생하는 환경문제를 해결하기 위해 핵심 사회부문들에 대규모 "이행"이 필요하다고 본다. 가령, 사회가 온실기체 배출에 따른 기후변화 위험을 피하려면 "이동체제(mobility system)"에 본질적인 변환이 필요하다는 것이다. 그러나 이러한 변화는 한두 세대가 걸리는 문제들이다. "이행관리"란 말은 이러한 장기적 변화를 의식적으로 지향하면서 이를 관리해가기 위한 기법으로 채택한 것이다. 이러한 접근은 혁신적인 정책과 지속가능한 발전에 관심을 가지고 있는 많은 수의 저명한 네덜란드 연구자들이 개발하였다.

네덜란드에서 기후변화를 해결하기 위해 이행관리를 담당하고 있는 부처는 에너지 정책을 책임지고 있는 경제부(Ministry of Economic Affairs)이다. 초기 단계에서 이해당사자들과 협의하는 과정을 통해 장기적인 에너지 시나리오를 개발하였고 "깨끗하고 감당할 만하며, 안전한(clean, affordable and secure)" 에너지 공급이라는 핵심 주제어들을 골라내게 되었다. 이행 플랫폼은 보다 구체적으로 정교하게 6개 주제로 다듬어졌는데, 이들 주제는 연쇄적 효율성(chain efficiency), 녹색 자원(green resources), 새로운 가스(new gas), 지속가능한 이동(sustainable mobility), 건조 환경(built environment) 등이다. 그리고 이들 비전을 실현하기 위해 이행 경로가 어떠해야 하는지 구체화하였다.

네덜란드에서는 기후변화문제의 해결을 위해 에너지분야가 중심이 되어야 한다는 관점에서 에너지분야의 새로운 실천을 위해 다양한 이해당사자들이 결합해서 이행실험의 방안을 마련하였고, 이 이행실험을 추진할 수 있는 기금을 정부에서 제공하고 있다. 다른 활동들로는 혁신적인 기업을 지원하기 위한 "Trendsetters' Desk"의 설립을 들 수 있다. 2005년에는 이들 전 과정에 대한 거버넌스를 위해 운영위원회(steering committee)인 에너지전환특별팀(Taskforce on the Energy Transition)과 6개 주제의 주무부처 대표자들로 구성된 부처간 조정위원회가 출범하였다. 이행관리의 핵심은 기존의 관행을 넘어서 대안적인 기술적, 사회적 경로를 지향하는 혁신가들을 격려하고 협력적 활동을 개발하며 실질적인 실험들을 지원하는 것이다.

기후변화 거버넌스와 관련한 이행관리의 특징들은 다음과 같다. 첫째, "경로의존(path dependence)"과 "제도적 관성(institutional inertia)", "체계 잠김(system lock in)" 같은 현상에 의도적으로 초점을 맞추어 기존 접근의 한계를 드러내고 보다 본질적인 대안을 추구하는 것이다. 그리고 이 과정에서 정부가 바람직한 방향, 즉 저탄소 배출을 지향하면서 이를 촉진시키는 역할을 하였다. 둘째, 네덜란드 거버넌스에서는 혁신가들의 네트워크 구축과 이들의 동원이 중시된다. 대부분의 국가들에서 정부 규제와 보조금 프로그램은 주류 기업들, 혹은 뒤처진 기업들에 개입하여 이들을 지원하는 형태를 띠지만, 네덜란드에서는 가장 혁신적인 기업과 기술이 지원대상이 된다. 셋째, 단기간에 승자가 누구인지를 가리지 않고 미래를 위해 그러한 결정을 열어둔다. 결국, 사회적 필요를 가장 잘 충족시키는 대안을 마련하고 실험하며 성장한 기업이 선택될 것이란 생각 때문이다. 이와 같이 네덜란드의 기후변화 거버넌스는 상당히 실험적이다.

아울러, 네덜란드에서는 기후변화 적응전략에 상당한 관심을 두고 있다. 네덜란드에서는 기후변화가 야기할 영향에 대한 보고서들이 상당수 제출된 상태이다. 환경적 균형과 의회의 위임으로 만들어진 기후정책 보고서, 기후보고서 등이 대표적이다(Groot, wt al., 2006). 대부분의 연구들은 기후변화가 일어나고 있으며, 기후변화 진행을 완화시키기 위한 모든 완화전략의 이행에도 불구하고 일정 정도의 기후변화는 막을 수 없다고 보고 있다. 따라서, 완화활동은 기후변화 문제의 해결에 있어서 필요조건일 뿐 충분조건이 될 수는 없다고 보면서 적응전략의 중요성을 강조하고 있다. 보다 파국적인 기후변화 영향을 사전에 예측하고, 이를 미연에 줄이기 위한 노력이 무엇보다 절실하다는 점이 정책수립의 기저에 작동하고 있는 것이다.

네덜란드 기후변화 거버넌스는 사전예방의 원칙을 기초로 하며, 국가가 이행전략을 마련하고 이를 추진하는 중심이 되면서 참여민주주의적 접근을 취한다. 국가가 먼저 기후변화문제를 해결해가기 위한 사회적 변화의 필요성을 인식하고, 이를 위한 이행전략을 수립하는 역할을 함과 동시에 기업과의 협의와 협력을 꾸준히 추구하고 있는 것이다. 기후변화가 요구하는 사회의 장기적 변화를 의식적으로 지향하면서 이를 관리하는 이행관리 전략을 채택한 것은, 높은 불확실성에 대비하기 위해 민주적 전문성을 강조하는 점증주의적 접근을 취한 것으로 이해할 수 있다. 또한, 기후변화 위험에 선견적으로 또 사전적으로 대응하는 것이 보다 합리적임을 인식하고, 이에 대응방안을 마련하고 있기에 사전예방적 접근이 강력한 토대로 작용하고 있다고 해석할 수 있다. 또한, 핵심적 이해당사자가 정책결정과정에 참여하여 기후변화 대응을 사회적으로 구성해나가는 참여적, 성찰적 접근 또한, 취하고 있다.

3. 영국

영국은 UK Climate Projections(2009)라는 보고서를 통해 기후변화문제에 내재한 불확실성의 문제에 대한 입장을 밝히고 있다. 이 보고서에서 영국은 미래의 기후를 예측하는 데는 불가피하게 불확실성의 문제가 결부되어 있을 수밖에 없다고 밝히고 있다. 이러한 불확실성은 다양한 이유들로 나타나는데, 예를 들면 우선 기온 변화를 모델링하기 위해 미래의 온실기체 배출량을 추정하는 데서 발생한다. 또한, 지구 평균 기온에 있어서 내부적인 자연 변동성 문제가 있으며, 기후모델에 따라 구름이나 수증기 같은 기후 되먹임현상에 대해 다른 추정치를 사용하기 때문이기도 하다는 의견을 개진하고 있다. 나아가, 기후모델이 엄청나게 복잡한 기후체계를 완벽히 재현할 수 없다는 데서 불확실성의 문제가 발생할 수밖에 없는 것으로 진단하고 있다.

이러한 불확실성의 문제에도 불구하고 영국 정부는 사전예방의 원칙에 기초해서 세 가지 점에서 기후변화 대응이 중요하게 다루어질 수밖에 없다는 입장이다. 우선, 우리가 현재 관찰할 수 있는, 그리고 이제까지 관찰해 온 기후변화의 결과들 때문이다. 둘째, 물리학의 기본법칙을 통해 우리가 알고 있는 것 때문이며, 셋째 과학적 이해와 관찰을 모두 가능하게 하는 기후모델 때문이라고 한다. 영국 정부의 보고서에서는 과학자들이 보다 많은 작업들을 통해 기후체계에 대한 우리의 지식을 높여간다면 이러한 불확실성은 줄어들 것으로 보고 있다. 이 점에서 점증주의적 접근을 일부 취하고 있음을 알 수 있다. 과학적 불확실성의 문제는 가능성이나 개연성이란 용어를 통해 표현할 수밖에 없다고 진단하면서 현재까지 관찰된 기후변화의 상당한 증거들은 미래 기후변화에 대한 강력한 증거들이 될 수밖에 없다고 본다. 압도적인 다수의 기후변화 과학자들이 동의하듯이 기후변화의 증거는 더 이상 애매모호하지 않다는 것이다.

영국은 리우회의 이전부터 기후변화 쟁점에 개입해 왔다(윤순진, 2007). 총리급 수준에서 확고한 감축의지를 밝혔고, 강력하고 영향력 있는 과학적 내용을 투입하였으며, 석탄을 가스로 전환하는 의도하지 않은 상황으로 인해 배출이 감소되는 등 다양한 요인들이 결합하면서 기후변화 분야에서 국제적인 리더십을 발휘해 왔다. 영국의 기후변화 대응 활동에서 발견할 수 있는 중요한 특징은 정부가 이 분야에서 책임감을 가지고 과정을 강조해 왔으며, 여론의 지지를 받는 기구를 설치해서 기후변화와 연결된 작업을 확실하게 하도록 했다는 점이다. 이러한 기구들에는 저탄소 경제를 위한 혁신을 장려하는 탄소신탁(Carbon Trust), 완화와 적응 등 기후변화에 관한 학제 간 연구를 조정하는 틴달기후연구소(Tyndall Centre for Climate Research), 영국내 기후변화 관련 과학적 연구의 공식 센터인 해들리 기후예측연구소(Hadley Centre for Climate Prediction and Research)가 있다.

영국에서는 정책결정에 앞서서 해당문제가 가지고 있는 위험에 대해 과학적 증거들이 제시될 때에만 정책결정이 이루어지는 특성을 보여 왔다(Dryzek et al, 2002; Weale, 1992). 기후변화 대응정책의 발전과정에서도 기후변화에 대한 과학적인 연구가 선행되어 그 결과가 정책에 영향을 미치고 정책방향에 조응하여 과학적 연구가 진행되는 양상을 보인다(Hulme and Turnpeny, 2004). 기후변화에 대한 과학적 연구는 처음에 대학교에서 출발하였지만, 점차 정부가 개입하는 방향으로 진행되어 왔다. 최초의 기후변화연구기관은 1971년에 이스트 앵글리아대학교(University of East Anglia)에 설립된 기후조사연구소(Climate Research Unit: CRU)였다. 이 연구소는 유럽은 물론 세계에서 가장 오래된 기후변화 연구기관으로, 기후 변동성과 변화, 기후변화의 사회성 등을 연구해 왔다. CRU의 오랜 연구를 통해 인간이 기후변화를 초래했다는 사실이 서서히 드러나기 시작했으며, 기후변화 시나리오 구축을 위한 방법론과 지구표면 온도의 복원, 기후모델의 개발 등에서 큰 진전을 이룰 수 있었다. 이후 1990년에는 옥스퍼드대학교에 환경변화연구소(Environmental Change Unit)가, 이스트 앵글리아대학교에 지구환경에 관한 사회경제조사연구소(Centre for Social and Economic Research on the Global Environment: CSERGE)가 설립되어 각각 기후변화의 영향과 적응, 기후변화의 경제적 영향에 관한 연구를 수행하였다. 1990년에 세워진 또 하나의 연구기관인 해들리센터(The Hadley Centre for Climate Prediction and Research)는 영국 기상청 내에 소재하는데, 대처 수상이 기후변화의 실재에 대해 인식함으로써 설립한 기관으로 환경부가 예산을 지원한다. 해들리센터는 영국 정부의 기후모델링과 예측 능력을 개발하는 역할을 수행해 왔는데, 이제 세계적으로 기후 모델링을 선도하는 연구소가 되었다(권원태, 2005; Hulme and Turnpeny, 2004). 이러한 과학적 발견들이 축적되면서 불확실성의 문제가 존재함에도 불구하고 영국에서는 기후변화정책이 가시화되었다.

최근 영국에서는 기후변화문제를 다루는 주무부처로 에너지기후변화부(Department of Energy and Climate Change)를 설치하는 정부기구 개편이 있었다. 에너지기후변화부는 기존의 기업규제개혁부(Business Enterprise and Regulatory Reform, BERR)의 에너지과(energy division)와 환경식품농업부(Department of the Environment, Food and Rural Affairs, DEFRA)의 기후변화과(climate change section)를 병합해서 만든 것으로, 에너지 안보와 기후변화를 책임진다. 에너지기후변화부는 국무장관(Secretary of State)이 통솔하며 두 명의 부장관과 정부차관을 포함하고 있다. 이러한 부처를 설립한 이유는 에너지와 기후변화를 보다 긴밀하게 통합적으로 다루기 위해서였다.

기후변화의 불확실성에 대한 이러한 인식을 기초로 하여 지난 10여년의 기간 동안 영국은 획기적인 접근을 취해 왔다. 영국은 기후변화 감축목표를 2008년에 채택한 기후변화법(Climate Change Act 2008)에 명시하고 있으며, 법안 내용을 기초로 하여 현재 새로운 조직을 설치하였고, 구체적인 정책들을 만들어냈다. 영국의 기후변화 거버넌스의 법률적 기초가 된 2008년 기후변화법에는 몇 가지 흥미로운 혁신들이 포함되어 있다. 첫째, 국가의 이산화탄소 배출 감축 목표를 법률에 규정하여 공식화하고 있다는 점이다. 영국 정부는 1990년 수준 대비 2020년까지 26%, 2050년까지 80% 감축하는 것을 목표로 하고 있다. 이렇게 법률을 통해 기후변화 감축목표를 정하고, 정부에 이를 실현할 의무를 부과하고 있는 국가는 현재로서는 영국이 유일하다. 둘째, 2008~2012, 2013~2017, 2018~2022년 등 5년 주기의 탄소 예산 체계(carbon budget system)를 수립하여 매해 허용되는 배출량 수준을 제시하고 있다. 셋째, 법적 지위를 갖는 독립적인 전문가 자문위원회로 기후변화위원회(Committee on Climate Change)를 수립하고 "2050년 목표까지의 경로"와 함께 보다 구체적으로 탄소 예산 수준, 배출권 거래제가 적용되는 경제부문과 그렇지 않은 경제부문에 필요한 감축 노력, 국내 감축행동과 국제 탄소 할당량 거래제 사이의 최적 균형 등에 관해 정부에 자문을 제공하도록 하였다. 기후변화위원회는 매 5년마다 장기적인 감축목표를 향해 영국이 전반적으로 얼마나 진전을 이뤘는지를 종합적으로 평가한다. 또한, 위원회는 의회에 매년 기후변화 활동을 보고해야 하며, 정부는 이러한 보고서에 대해 공식적으로 응답하도록 요구된다. 위원회는 법안에서는 영국이 2050년까지 온실기체 배출을 80% 줄이는 목표를 규정하고 있다. 이 위원회는 1차 기간(2008~2012) 동안 영국이 1990년 대비 34%를 감축하거나 다른 국가들이 적극적인 노력을 기울일 때 영국은 42%까지 줄일 것을 천명하였다.

영국은 기후변화 적응방안의 구축에도 열심이다. 기후변화법에 따라 정부는 2012년까지 법적인 지위를 갖는 제1차 기후변화적응프로그램(a first statutory climate change Adaptation Programme)을 마련해야 한다. 모든 정부 부처들은 2010년 봄까지 적응 계획을 마련할 계획이다. 각 부처들은 기후변화 완화활동을 이행하면서 동시에 기후변화로 심각하게 영향을 받는 각 부처의 활동들에 초점을 맞추어 그러한 영향을 저감하기 위해 취할 수 있는 방안들을 담아내고자 한다. 영국 환경식품농업부(Defra)는 부처별 활동을 견인하고 정부 부처 간 활동들을 조정하기 위해 "기후변화에 적응하기 프로그램(the Adopting to Climate Change Progrmme)"을 수립해서 운영하고 있다.

영국의 기후변화 거버넌스는 다른 국가들에 비해 보다 체계가 잡힌 상태이다. 감축목표를 법에 명문화한 것과 함께 보다 효과적인 기후변화대응을 위해 에너지 기후변화부를 만들었다는 점은 다른 국가들에 비해 눈에 띄는 대목이다. 아직 조직 개편이 얼마나 효과적인지에 대해서 평가하기에는 이르지만, 영국의 사례는 다음의 몇 가지 점에서 긍정적이다(Meadowcroft, 2009). 무엇보다 탄소 예산이란 개념은 모든 사회적 행위자들에게 이 세상이 탄소 한정적인 세계임을 명확히 보여준다. 경제는 생태계 기능에 의해 제한된 범위 안에서 작동해야 한다는 것이다. 둘째, 배출감축 노력이 장기간에 걸쳐 이루어져야 한다는 시각을 토대로 하면서도 단기, 중기, 장기라는 시간 범위들을 서로 연결하고 있다. 1년 회계와 5년 탄소 예산, 15년 예산 기간, 40년 뒤 목표 등을 모두 제시함으로써 현재 행동과 장기 목표가 서로 연계되어 있음을 분명히 하고 있다. 셋째, 독립적인 전문가 자문위원회의 구성은 과학적 지식이 현실적인 실천행동을 지향해야 하며, 역으로 실천 행동이 과학적 지식에 기초해야지, 일상적인 정치적 관심에 이끌려서는 안 된다는 점을 강조하고 있다. 마지막으로, 정기적인 보고체계와 의회의 직접적 개입은 쟁점의 중요성을 부각시키고 지속적으로 대응노력을 평가하여 교훈을 도출하고 정책을 조정해나간다는 사실을 투명하게 보여준다.

이러한 영국의 접근은 기후변화 관련 과학적 사실에 대해 불확실성을 인정하면서도 이러한 불확실성을 꾸준히 줄여나갈 수 있다는 점증주의적 접근을 취하고 있다. 또한, 기후변화문제에 적극 대처하기 위해 국가 부처를 개편할 정도로 적극적인 접근을 취하고 있다. 영국에서도 점증주의적 접근과 함께 항상 기후변화 대응에 원칙이 되는 것은 사전예방의 원칙이다. 적응을 보다 적극적으로 다루고 있으며, 기후변화법의 제정과 기후변화위원회의 수립을 통해 탄소예산을 수립하고 있는 것은 사전예방의 원칙을 핵심적인 기반으로 하고 있음을 보여준다. 또한, 다양한 정책과정이 항상 인터넷을 통해 투명하게 공개되고 일반 시민들이 의견을 개진할 수 있게 개방해 놓았다는 점에서 영국은 참여민주주의적 절차 또한, 중요한 요소로 포함하고 있음을 알 수 있다.

4. 한국

1) 관련조직과 법체계

한국은 1992년 리우회의에서 UNFCCC에 서명하였으며, 이듬해 1993년 12월에 이를 비준하였다. 또한, 2002년 12월에는 1997년 제3차 기후변화협약 당사국총회에서 채택되었던 교토의정서를 국회에서 비준하였다. 한국은 1998년과 2003년 두 차례에 걸쳐 국가보고서를 제출한 상태이다. 한국의 기후변화 거버넌스는 담당기구의 설립 관점에서 보자면 1999년도부터 이루어졌다고 할 수 있다. 1999년에 기후변화협약 관계장관회의 등 범정부대책기구(위원장: 국무총리)를 구성하여 기후변화협약 제1차 종합대책(99~01년)을 수립 · 추진하였다. 2002년에는 국무총리훈령(제422호)에 근거하여 관계부처 장관 등으로 구성된 기후변화협약대책위원회(위원장: 국무총리)를 구성하고, 기후변화협약 제2차 종합대책(02~04년)을 수립 · 추진하였다. 2005년에는 기후변화협약대책위원회 아래 외교통상부, 산업자원부, 환경부 등 총 19개 부처와 에너지관리공단 등 유관기관이 참여하여, 제3차 종합대책(05~07년)을 수립하였다. 2007년 10월에는 기후변화대책위원회로 대응조직의 이름을 바꿨으며, 12월에 앞서의 종합대책들이 3년 단위로 작성되었던 것과 달리 5년 단위의 제4차 종합대책(08~12년)을 발표하였다. 참여정부에서 이명박정부로 정권이 교체되어, 2007년에 발표되었던 제4차 종합대책(08~12년)을 폐기하고, 2008년 9월 "기후변화대응 종합기본계획(08~12년)"을 발표하였다. 그 후 12월에는 세부이행계획과 기후변화대응 국가연구개발 중장기 마스터플랜, 기후변화 적응 종합계획 등의 후속 계획들이 발표되었다.

이러한 종합대책들은 모두 국무총리실이 중심이 된 기후변화협약 범정부대책기구, 기후변화협약대책위원회, 기후변화대책위원회 등을 통해 마련된 것이었다. 즉, 우리나라에서는 부처들 중 기후변화를 전담하는 부처를 두기보다 국무총리실이 총괄하면서 개별 부처에서 추진 중인 사업들 중 기후변화와 관련된 사업들을 추진하였다. 이 결과 세부정책 간 시너지효과의 극대화를 위한 종합적인 정책 포트폴리오가 부재한 가운데 개별부처의 대응정책을 단순 나열, 종합하는 방식이 취해짐으로써 부처별 대응정책의 비효율성과 중복성이 상존하는 양상을 띠었다.

이명박 정부에 들어서 기후변화를 중요한 국가 의제로 채택하는 경향을 보이면서 2008년 8월 15일 광복절 기념사를 통해 이명박대통령이 "저탄소 녹색성장"을 새로운 국가발전 비전으로 선언하기에 이르렀다. 그리고 이러한 비전을 실현해가기 위한 기구로 대통령훈령(제239호)에 근거해서 2009년 2월 대통령 직속기관으로 "녹색성장위원회"를 출범시켰다. 녹색성장위원회는 참여정부의 기후변화대책위원회와 지속가능발전위원회, 국가에너지위원회를 통합한 기구로, 기획재정부장관, 교육과학기술부장관, 외교통상부장관, 농림수산식품부장관, 지식경제부장관, 환경부장관, 국토해양부장관, 국무총리실장, 방송통신위원회위원장, 대통령실 국정기획수석비서관, 「정부출연연구기관 등의 설립 · 운영 및 육성에 관한 법률」에 의해 설립된 한국개발연구원, 산업연구원, 에너지경제연구원, 한국교통연구원, 한국환경정책 · 평가연구원과 국토연구원의 원장 및 「에너지이용 합리화법」에 의해 설립된 에너지관리공단의 이사장 등의 당연직 위원(위원장인 국무총리 포함 18명), 기후변화, 에너지, 지속가능발전 분야 등 녹색성장에 관한 학식과 경험이 풍부한 자 중에서 대통령이 위촉하는 위촉직 위원(민간위원장 1인 포함 29명)으로 구성되어 있다. 현재 녹색성장위원회는 녹색성장산업분과, 기후변화에너지분과, 녹색생활지속발전분과의 세 개 전문분과로 구성되어 있다. 녹색성장위원회는 정책방향과 전략을 설정하고 평가하는 업무를 하는 반면, 그 아래 업무를 지원하는 단위로 녹색성장기획단을 두고 있다. 녹색성장기획단은 녹색성장기획팀, 에너지정책팀, 기후변화대응팀, 녹색기술산업팀, 녹색생활지속발전팀으로 구성되어 있다.

부처별 차원에서는 대부분의 부처들이 부분적으로 연결되어 있는 상황이면서, 특히 환경부와 외교통상부, 지식경제부가 주요 유관부처로 기능한다. 환경부의 경우 환경부장관이 기후변화 당사국총회에 한국대표로 참가하면서 기후변화정책의 중심 부처 역할을 수행한다. 기획조정실 산하 국제협력관의 지구환경담당관은 기후변화 국제협상전략을 개발 · 수행한다. 환경정책실의 기후대기정책관 산하 기후대기정책과와 기후변화협력과에서는 환경분야 온실기체 배출계수 산정과 인벤토리 구축 및 기후변화 적응업무 등을 비롯해서 기후변화 대응 관련 중 · 장기 대책을 수립한다. 외교부는 장관 아래 기후변화 대사를 두어 기후변화 외교 전략을 모색하는데, 통상교섭본부장 아래 국제경제국에 에너지기후변화과를 두어 UNFCCC를 총괄하고 관련된 법적문제를 다루며, 한국의 입장과 제안서를 마련하고 관계부처 협력을 조율한다. 지식경제부는 제2차관 산하 에너지자원실 내 기후변화에너지정책관을 두어 에너지 · 산업 분야의 기후변화 대응 및 온실가스의 감축에 관한 기본계획을 수립하고 있다.

현재, 녹색성장위원회는 국무총리가 공동위원장을 맡고 청와대 관련 수석비서관이 간사를 맡고 있으며, 거의 모든 국무위원들이 당연직 위원으로 참여하고 있기 때문에 기후변화를 포함해서 다양한 정책의 조정체계 역할을 하고 있다. 앞서 검토했듯이 기후변화정책과 개발정책이 상호 고려되어 통합적으로 추진되어야 하기 때문에 이러한 체제는 효과적이라 할 수 있다. 하지만, 여전히 개별부처의 대응정책을 단순 나열하고 종합하는 방식을 넘어서, 세부정책 간 시너지효과를 극대화할 수 있는 종합적인 대응방식이 개발되지 못하고 있다. 다수의 유사한 사업이 상이한 부처에 의해 추진되거나, 사업들 간의 배타성이 결여된 채 다른 여러 사업들을 포괄하는 특정 사업이 추진되고 있는 점도 여전히 관찰된다. 이는 녹색성장위원회가 기후변화를 비롯해 이를 주요 요소로 포함하고 있는 녹색성장정책의 컨트롤타워 역할을 하도록 되어 있지만, 녹색성장위원회 내부에 자체 컨트롤타워가 제대로 구축되어 있지 않다는 점에서 비롯된 측면이 있다. 녹색성장기획단을 통해 실무 차원의 조정을 하고는 있지만, 7명의 부처 장관을 비롯해서 위원들이 50명에 달하는 상황에서 각 부처의 기존 정책들을 효과적으로 조정하는 것이 어느 정도까지 가능할지도 문제이다.

또한, 녹색성장위원회는 거버넌스를 지향하여 당연직 외에 민간위원을 두고 있지만 민간위원의 구성을 살펴보면 대학교수들에게 상당히 편향되어 있어, 다양한 사회구성원들의 의견을 제대로 반영하고, 대변하는 데 한계를 보인다(윤순진, 2009a). 위원장을 제외한 28명 중 중 18명이 대학교수로 민간위원들 중 64.3%를 차지하여 가장 높은 비중을 보이고 있다. 그 외에는 기업인과 기업 관련 인사들이 5명, 국책 및 민간연구소 관련 인사들이 3명, 변호사 1명, 시민단체 대표 1명이다. 학계와 연구원 소속을 합하면 21명(75.0%)으로 압도적으로 많은 수를 차지하고 있다. 대학교수들의 경우 대개 경제학이나 경영학 전공자, 혹은 환경공학 전공자들이며, 연구원 소속인사들도 대개 경영학과 경제학 전공자들로 민간위원들의 전공이 특정 분야에 치우쳐 있다. 더욱이 참여적 거버넌스에 있어서 무엇보다 중요한 시민단체 소속 민간위원은 단 1명에 불과하다. 더군다나, 그 민간위원의 소속단체인 대경습지보전회는 전국 규모의 단체도 아니며, 한국의 시민사회영역에서 이제껏 주도적인 역할을 해왔다고 보기도 어려운 단체여서 적절한 대표성을 확보하고 있는지가 문제로 제기된다(윤순진, 2009a). 기후변화를 다루는 기후변화 · 에너지 분과의 경우에는 이러한 편향이 더욱 두드러진다. 10명의 민간위원들 중 8명이 대학 교수로 전공이 화학, 정치외교학, 경제학(2), 전기공학, 경영학, 환경공학, 금속공학으로 공학과 경제 및 경영학 관련 인사가 대부분이다. 나머지 위원 둘은 정보통신업계 대표 1인과 아시아개발은행 선임이코노미스트이다. 이러한 위원구성은 기후변화가 우리 사회 구성원 전부의 생활 전반에 걸쳐 있는 문제이며, 불확실성과 연결하여 보다 다양한 사회구성원의 참여를 통해 풀어가야 할 문제라는 점에서 상당한 한계를 드러낸다.

정부는 "저탄소 녹색성장" 비전 실현을 위한 법적 근거를 마련하기 위해 "저탄소녹색성장기본법"을 2009년 1월 15일 입법예고한 후 2차례의 공청회와 5차례의 산업계 간담회를 거쳐 2월 25일 국무회의에서 최종 확정하여 국회에 제출하여 계류 중인 상태이다. 저탄소녹색성장기본법(안) 제5장은 저탄소 사회의 구현에 대한 것으로, 기후변화에너지 기본계획 수립, 목표 관리, 배출량 보고, 배출권 거래제, 송송부문 관리, 적응대책 등을 포함하고 있다.

2009년에 "저탄소녹색성장기본법(안)"을 발의하기 전에도 정부는 "지구온난화대책법안"(1999)과 "기후변화대책기본법안"(2008)을 추진한 적이 있었다. 최초로 시도된 "지구온난화대책법안"은 1999년에 환경부 주도 하에 마련한 것으로, 국무조정실 실무대책회의에 상정하였지만, 한국에 대한 의무부담 압력을 가중시킬 수 있는 시기상조의 입법이라는 반대에 부딪혀 입법으로까지 진전되지 못했다(조홍식 외, 2008). 국회의원들도 기후변화 관련 법안을 발의하였다. 2001년에 "지구온난화 방지 대책에 관한 법률안"(이정일 의원 대표 발의)과 "지구온난화가스저감대책법안"(이호웅 의원 대표 발의), 2004년에는 "지구온난화방지대책법안"(이호웅 의원 대표 발의)이 입안되었다. 그러나 "지구온난화 방지 대책에 관한 법률안"과 "지구온난화가스저감대책법안"은 소관위원회 회의, 본회의 상정 없이 16대 국회 임기만료와 함께 폐기되었고, "지구온난화방지대책법안" 역시 환경노동위원회와 산업자원위원회의 검토 및 심사를 거쳤지만 2008년 국회 본회의 상정 없이 폐기되었다. 2008년에도 "기후변화대책 기본법안"(김성곤 의원 대표 발의), "기후변화대응 및 온실가스 감축지원에 대한 기본법안"(배은희 의원 대표 발의), "기후변화대책 기본법안"(이인기 의원 대표 발의) 등이 의원 발의되었다. 이들 법안은 "지구온난화"가 아닌 "기후변화"라는 보다 포괄적인 틀 안에서의 법제 마련을 논한다는 점에서 이전의 법안들과 구분되는데, 정부가 저탄소녹색성장기본법(안)을 발의한 상태라 4개 법안이 검토단계에 있다.

이러한 중앙정부의 대응과 함께 지방자치단체들에서도 기후변화에 대한 대응이 이루어지고 있다. 지방자치단체들은 각 지역의 특성에 맞게 자발적 감축목표를 설정하고, 온실가스 인벤토리를 구축하며, 종합대책을 마련하며, 조례를 제정하는 것을 주요 기후변화 대응 활동으로 한다. 특히, 기후변화 적응의 경우 지역별 취약성이 다른 만큼 지역조건에 맞는 적응방안의 마련이 중요하다. 16개 광역시 · 도 중 서울특별시와 강원도에서는 기후변화 대응 종합대책을 이미 수립하였으며, 그 외에 14개 광역시 · 도는 수립 중에 있다. 또한, 서울특별시를 비롯해서 부산광역시, 대구광역시, 인천광역시, 광주광역시, 울산광역시, 강원도, 충남, 전남, 제주특별자치도 등 10개 광역시 · 도에서는 온실가스 감축목표를 설정하였다. 사실, 이러한 작업들은 온실기체 배출에 대한 인벤토리를 구축하는 것을 기초로 하는데, 부산광역시와 전북, 제주특별자치도는 이미 구축을 완료하였고, 서울특별시와 대구광역시, 대전광역시, 경기도, 강원도는 구축 후 보완상태에 있으며, 인천광역시와 광주광역시, 전남, 경남은 구축 중이다. 충북과 충남, 경북은 아직 구축하지 않고 있다. 아울러, 기후변화와 관련한 조례 또한, 제정하고 있는데 서울특별시와 강원도는 조례를 이미 제정한 상태이며, 부산광역시와 대구광역시, 광주광역시, 충북은 특정분야의 조례로 제정한 상태이다. 하지만, 기초자치단체의 경우에는 환경부와 기후변화 시범도시 자발적 협약을 체결하여 사업을 수행하고 있는 창원시, 여수시, 원주시 등 일부 지역을 제외하고는 아직 대응이 미흡한 실정이다.

최근 들어 관심을 가져야 할 부분은 지속가능한 발전이란 비전을 가지고 지방자치단체들에서 기후변화 대응을 해왔던 때와 달리, 지자체 차원에서도 녹색성장위원회를 만들어 이 위원회에서 기후변화 대응을 다룸으로써 거버넌스의 양상이 변화되고 있다는 점이다. 중앙정부는 각 지자체에 녹색성장위원회를 의무적으로 구성하도록 강제하고 특히 위원구성을 30명으로 제한하였는데, 이 과정에서 새로운 녹색성장위원회가 기존의 기후변화대응 범시민추진위원회를 대신하게 되면서 지역에 따라서는 시민참여가 제한되는 결과가 초래되고 있다. 또한, 녹색성장이란 큰 비전 안에서 기후변화가 충분히 의미 있게 다루어지지 않게 되거나 새로운 부서로 기후변화 업무가 이관되어 업무의 연속성이 유지되지 않거나 시민참여를 배려했던 업무 처리방식이 달라지는 경향도 발견되고 있다.

2) 온실가스 감축목표의 설정과 거버넌스

지난 2009년 8월 4일 녹색성장위원회는 기후변화의 세 가지 감축목표 시나리오를 발표하였다. 이는 2008년 일본 도야코 G8 정상회담에서 이명박 대통령이 2009년 중 국가 중기 감축목표를 수립하기로 발표한 데 따른 후속 조치였다. 녹색성장위원회에 따르면, 2008년 7월 G8 정상회의 이후 9월부터 이후 10개월 동안 에너지경제연구원, 에너지기술연구원, 환경정책평가연구원, 한국개발연구원, 산업연구원 등 국책연구기관들이 합동으로 국제 기준(global standard)의 모형과 분석 체계를 동원하여 온실기체 배출 전망과 감축 잠재량에 대해 분석하였다(녹색성장위원회, 2009a). 이와 함께 산업계 주요 8개 업종과 업종별로 30차례의 토론회를 실시하였으며, 정부내 협의를 거치는 한편 2009년 7월에는 분석결과에 대해 에너지 · 환경 · 경제 분야의 전문가 7인으로 검토위원회를 구성-위원장은 이회성 IPCC 부의장-하여 신뢰성을 검증하고, 검증결과를 토대로 보완작업을 실시하였다고 한다. 그 결과 세 가지 시나리오를 도출하여 2009년 7월 24일 1차 관계부처 차관회의와 당정협의를 거쳐 정부안을 확정하고 8월 4일 공식 기자회견을 통해 발표하였다.

녹색성장위원회가 발표한 세 가지 시나리오 안은 2020년까지 2020년 배출전망 대비 −21%, −27%, −30% 혹은 각각 2005년 배출량 대비 +8%, 동결, −4%이다. 이후 녹색성장위원회는 3개월간 77차례의 공청회 및 토론회와 3번의 여론조사를 거쳐(녹색성장위원회, 2009b), 11월 5일 제6차 녹색성장위원회 회의에서 세 개 시나리오 중 가장 느슨한 시나리오 1(2020년 배출전망치 대비 21% 감축, 2005년 배출량 대비 8% 증가)을 배제하고, 시나리오 2(2020년 배출전망치 대비 27% 감축, 2005년 배출량으로 동결)와 시나리오 3(2020년 배출전망치 대비 30% 감축, 2005년 배출량 대비 4% 감축)을 대통령에게 권고하였고, 11월 17일 국무회의에서 시나리오 3안을 2020년 자발적 배출 감축 목표로 결정하였다.

토론회와 간담회, 공청회 및 3회에 걸친 일반 국민과 전문가 대상 설문조사로 여론을 수렴한 시도는, 정부가 일방적으로 감축 목표를 결정하여 선언하고 집행하는 DAD(Decide-Announce-Defend) 방식보다는 진일보한 것이었다(윤순진, 2009b). 즉, 기술관료적 전문성에만 기댄 채 결핍모델을 따른 것이라고 할 수는 없다. 다만, 3개의 시나리오가 나오기까지는 기술관료적 전문성을 기초로 하였지만, 그 이후 시나리오 개발에 참여하지 않은 전문가들에게 의견을 묻는 기회를 가졌고 나름대로 사회 제 이해집단이 목소리를 낼 수 있는 기회를 제공했기 때문이다. 하지만, 이러한 형식에 대한 평가를 넘어서 내용을 좀 더 분석해보면 여론조사와 공청회, 토론회, 간담회 등의 논의 과정에서 어떤 내용들이 어떻게 논의되었고, 그 결과 각 논의가 일정한 결론을 도출하는 데 어떻게 작용하거나 기여했는지 분명하지 않다. 시나리오를 만들 때는 경제성장률, 산업구조, 유가전망 등 여러 가정이 필요하며 이를 바탕으로 일정한 모델링 작업의 복잡한 계산 과정을 거치지만, 녹색성장위원회는 보도자료에서 이 과정에 대해 간략하게 소개할 뿐 결론 도출 과정이나 업종별, 부문별 감축량을 공개하지 않아 시나리오 자체의 신뢰성을 확보하는 데 부족함을 드러냈다. 또한, 제출된 세 가지 시나리오에 대해서 하나를 선택하도록 하는 데까지만 의견을 수렴함으로써 의견수렴의 범위가 어디까지여야 하는가에 대해 문제가 제기되기도 하였으며, 모든 정보를 충분히 숙지하고 있지 않은 국민을 대상으로 실시한 여론조사가 국가적인 감축목표를 설정하는 데 바람직한 의견수렴 방법인지에 대해서도 논쟁의 여지를 남겼다. 공청회나 토론회, 간담회에 참여가 허용된 참가자들이 경제인들이나 일부 에너지 다소비 업종이 많았으며, 시민단체에서 다수 참여하였으나 상대적으로 기후변화 대응에 취약한 농어민이나

노동자의 참여가 장려되지 않았다는 점도 한계로 지적할 수 있다.

3) 기후변화 거버넌스의 미래

한국에서도 기후변화가 점점 더 중요한 국가의제로 부상하고 있다. 하지만, 앞서 검토한대로 기후변화가 상당한 불확실성을 내포하고 있기 때문에 더 많은 사회구성원의 참여를 통해 민주적 전문성은 물론 시민적 전문성이 발휘되고, 이러한 다양한 견해들을 합리적으로 조율하고 통합할 거버넌스체제가 구축되어야 함에도 불구하고 아직 그러한 접근은 미흡한 상태이다. 현재까지 녹색성장위원회를 중심으로 기후변화 대응정책을 통합적으로 구축하려는 시도를 해 왔지만, 여전히 기후변화 완화와 적응정책의 상관성이나 기후변화정책과 여타 개발정책과의 연관성에 대한 논의가 부족하고 이러한 논의를 기초로 한 통합적 대응정책의 수립도 미진하다. 아울러, 기후변화 관련 사회적 논의는 온실기체 감축 목표 설정에 주로 한정되어 왔다. 기후변화 대응활동에서 감축 목표의 설정이 다른 무엇보다 중요하지만, 그것이 전부는 아니다.

현재 제시된 녹색위원회 시나리오에는 각각의 목표를 실현하는 데 기여할 수 있는 정책수단들이 예시되어 있지만, 각 수단들이 어느 정도의 저감 잠재력을 가지고 있는지, 수단별로 요구되는 비용은 얼마인지, 각 부문별로 어느 정도의 저감노력이 필요한지에 대해서는 더 많은 사회적 논의가 필요하다. 특히, 사회적으로 논쟁의 대상이 되고 있는 원자력을 1단계 시나리오부터 주요 감축수단으로 제시하고 있다거나, 2020년이 지나서야 경제성이 확보되거나 상용화가 가능할 수 있다고 여겨지는 CCS를 2020년 중기 목표 달성 수단으로 제시하고 있는 점도 충분한 사회적 논의가 필요한 부분이다.

기후변화는 그 자체로서 재난적 영향을 미칠 수 있을 뿐 아니라 기후변화를 완화하거나 저지하면서 다른 한편으로 적응해가는 과정에서도 상당한 부담을 야기할 수 있다. 특히, 국제협상은 기후변화문제 그 자체와 함께 한국에게 부담을 야기하는 부분이기도 하다. 기후변화문제는 향후 기후변화 자체의 진행과정이나 기후변화에 대응하는 국내외적 정책에 상당한 확실성의 문제가 상존할 뿐 아니라, 기후변화 영향이나 대응을 위한 부담배분과정에서 사회구성원 간에 갈등이 야기될 가능성이 크다. 따라서, 이러한 문제를 해결하기 위해 사회적 공론화와 합의를 어떻게 거쳐야 할지, 보다 구체적으로는 어떠한 의사결정 구조를 만들어가야 할지에 대한 모색이 필요하다. 행정조직체계의 조정을 통해 통합적인 기후변화 대응정책이 구축되고 시행될 수 있도록 효과적인 조정기능을 발휘할 수 있는 기구를 구축해야 하며, 녹색성장위원회의 기후변화·에너지분과를 넘어서 보다 다양한 사회구성원들의 다양한 이해가 반영될 수 있는 통로 또한, 확보할 수 있도록 해야 할 것이다.

제 6 절 결 론

기후변화는 인식론적 불확실성의 문제를 안고 있기 때문에 기후변화가 가져올 생태적 영향을 온전하게 알기는 어려우며, 이러한 생태적 영향이 사회적, 문화적, 경제적, 정치적으로 어떠한 영향을 낳게 될지도 명확히 예측하기 어렵다. 다만, 인식론적 불확실성을 인정해서 기후변화가 야기할 위험의 강도나 빈도의 불확실성을 인정한다 하더라도 기후변화가 가져올 위험의 대체적인 윤곽은 이해할 수 있으며, 기후변화에 대한 대응에 사회적 비용이 수반된다 하더라도 이러한 비용이 기후회의 원칙에 따라 결코 손해가 아니라는 사실이 인정되고 있다. 따라서, 기후변화 대응전략의 수립과 이행은 이제 좋은 거버넌스의 일부를 구성하는 요소가 되고 있으며, 앞으로 이런 경향은 점점 더 강화될 것으로 예상된다.

이와 같이 기후변화의 영향은 과학적 불확실성뿐만 아니라 사회에 영향을 미치는 범위가 예측하기 어려울 정도로 광범위하고, 기후변화의 영향이나 대응방안에는 분배적 속성이나 형평성 문제가 내재해 있다. 또한, 장기간에 걸쳐 발생할 것으로 예상되는 기후변화 영향과 단기간에 이루어져야 하는 정책결정 사이에 불균형

문제가 발생하며, 지구적 협력을 지속하거나 지구적 차원과 지역적 차원의 연계를 통해 문제를 풀어나가야 하는 어려움 등이 있다. 그러므로 본문에서 다루었듯이 기후변화에 적절히 대응하기 위해서는 이제까지와는 다른 형태의 거버넌스가 필요할 것으로 예상되고 있다.

이런 상황에서 다른 국가들에 앞서서 기후변화 거버넌스의 필요성을 인식하고 각국의 사회 · 문화적, 정치 · 경제적 맥락 속에서 거버넌스 체제를 구축해 온 스웨덴과 네덜란드, 영국의 사례를 통해 확인할 수 있는 것은, 사전예방의 원칙에 따라 이러한 문제들에 미리 대처해 왔다는 점, 광범위한 이해관계자들의 참여를 통해 문제의식을 공유하고 대응방안을 마련하여 협력적 관계 속에서 문제를 풀어가고 있다는 점, 각국에서 기후변화문제를 풀어가는 행정체제의 형태는 달랐지만 전문지식의 확보를 위해 과학적 지원을 아끼지 않으며, 이러한 과학자들의 정책자문이 체계적으로 이루어질 수 있도록 상위 정책결정자들을 대상으로 하는 정책자문위원회를 구성하고 있다는 점, 기후변화대응노력을 감독하고 평가하여 이에 대한 보고서를 정기적으로 발간하고 있다는 점 등을 공통적으로 확인할 수 있었다.

그리고 이러한 접근들에는 보고서 제2장에서 살펴보았던 다양한 정책전략과 거버넌스 형태가 한 국가 내에서도 혼재하고 있음을 발견할 수 있었다. 무엇보다 인식론적 불확실성을 인정하면서도, 과학적 발견에 대해 신뢰하고 과학적 발견의 확대, 심화를 통해 기술적, 방법론적 불확실성을 제거해나가려는 태도를 취했다. 인식론적 불확실성이 제거되기 어렵기 때문에 오히려 사전예방의 원칙을 기초로 완화와 적응이라는 기후변화 대응전략을 수립하고 있으며, 이미 국가가 기후변화를 기후안보와 연결지어 다루고 있기 때문에 기후변화가 주요 의제로 다뤄지고 있다. 하지만, 주요 부처의 구성이나 기후행동계획의 수립 과정에서 정보를 일반시민에 개방하고 공유하며, 시민참여를 배제하지 않는다는 점에서, 참여민주주의적 접근 또한, 주요 요소로 포함하고 있다.

이제 남은 문제는 기후변화 거버넌스체제를 건강하게 구축하고 운영하기 위해서 사회의 전략적 대응 역량을 어떻게 구축할지, 어떻게 사회구성원들에게 기후변화행동의 계기를 마련하고 실천적으로 대응할 수 있도록 동원할 것인지, 나아가 각국의 맥락에 맞게 기후변화 문제를 풀어갈 행정조직을 구축할 것인지 등이다.

현재에도 이미 진행되고 있고, 미래에도 확실한 예측이 어려운 규모와 강도로 진행될 기후변화는 여지껏 인류의 역사 속에서 한 번도 경험한 적이 없기 때문에 기후변화 거버넌스의 구축은 우리의 상상력을 필요로 한다. 기후변화의 불확실성에 대한 인식론적 한계를 염두에 둔다하더라도, 아니 바로 그러한 특성 때문에 보다 많은 이해당사자들이 문제의 속성을 이해하고, 실천 방안을 공유하여 실천할 때만 변화가 가능할 수 있을 것이다.

제7장 결 론

김은성

우리나라의 재난 및 안전관리 정책은 그동안 위험의 불확실성을 충분히 다루지 않았다. 이는 정부 정책이 매년 반복되는 전통적인 재해인 수해, 산불, 가뭄, 화재, 산업재해 및 전염병 등에 주로 초점을 맞추고 있었기 때문이다. 이런 재해들은 매년 되풀이되기 때문에 충분히 학습이 가능한 것이었다. 기존의 재난정책의 문제는 불확실성이 아니라, 재해의 반복에도 불구하고, 그 경험을 제대로 학습하지 않고 대처하지 않아, 유사한 재난이 반복되는 것이었다.

하지만, 최근 우리사회가 직면한 위험은 보다 더 새롭고, 폭넓고, 훨씬 더 다양해지고 있다. 위험의 복잡성과 불확실성이 날로 증가되고 있는 것이다. 기후변화로 인하여 전통적인 재해인 수해와 가뭄의 정도와 양상이 달라지고, 전통적인 전염병이 창궐하는 횟수가 증가하고 기간이 길어지며, 새로운 전염병이 나타나기도 한다. 이러한 재해 양상의 변화는 수십 년의 재난관리의 정책적 경험을 벗어난 것이었다. 그리고 과학기술과 관련하여 우리나라는 그동안 미래 성장동력으로서의 과학기술의 장밋빛 미래만을 부각시킨 나머지, 과학기술의 불확실성과 위험에 대해서는 크게 고민하지 않았다. 하지만, 광우병, 멜라민, 유전자조작식물, 줄기세포 등의 과학기술의 위험 및 윤리 관련 사회적 논란을 계기로 정부와 전문가의 의견에 대한 시민들의 불신이 점차 증가되어 왔다. 기존의 전통적 재해 관리의 경험만 가진 정부로서는 이러한 새로운 형태의 사회적 논란에 당황하지 않을 수 없었다.

우리나라의 재난 및 안전관리정책에서 불확실성 논의의 부재는 예방보다는 복구로의 재난관리정책의 편중성에도 기인한다. 이미 재난이 발생한 후의 사실(fact)은 발생 전 단계보다 불확실성이 보다 더 낮다. 그 결과 재난과 관련된 사실들이 모든 이해당사자들에게 매우 자명한 사실이라고 간주된다. 이는 재난 및 안전관리를 가치중립적(value-neutral) 또는 탈정치적(apolitical) 분야로 간주하는 경향과 일맥상통한다. 물론, 재난 발생 후에 모든 불확실성이 쉽게 제거되는 것은 아니다.

기후변화 및 광우병은 이미 발생되었고, 현재 진행 중이지만, 여전히 불확실성이 높다. 하지만, 재난관리정책을 주도하는 정부 관료나 전문가 입장에서는 이러한 신종재난의 위험에 대한 과학적 사실들이 별다른 의심 없이 너무 쉽게 자명한 것으로 받아들여지는 경향이 있다.

국민들의 지식 및 의식수준의 향상과 시민사회의 성장으로 인하여 국민들은 더 이상 재난이 발생한 후까지 정부의 대책을 기다리지 않는다. 정부가 미래에 발생할 위험에 대해 미리 대비하고 조치를 취해 주길 바란다. 하지만, 정부의 선제적 대응은 말 그대로 간단한 것이 아니다. 왜냐하면, 재난이 발생하기 전의 위험은 그 불확실성의 정도가 매우 높고, 이러한 불확실성은 사회적 이해 간 갈등을 증폭시키고, 더불어 이러한 사회적 갈등에 의해 불확실성이 재생산되기 때문이다.

따라서, 위험의 불확실성은 사회적 갈등의 원천이 되고 있다. 불확실성은 이제 전문적인 지식의 범주를 넘어서고 있으며, 사회속의 이해관계와 밀접하게 연관된다. 불확실성의 시대에서는 이해집단의 가치와 과학적 사실이 결합하여 불확실성이 끊임없이 생산된다. 그러므로 시민과 전문가 그리고 시민과 관료 간의 새로운 위험 소통 방식과 불확실성에 대응하는 새로운 위험 정책이 필요하다.

본 연구는 "탈정상시대(post-normal age)"와 "탈신뢰사회(post-trust societies)"로 지칭되는 불확실성 시대에서의 바람직한 위험거버넌스 전략을 마련하고자 하였다. 이 장에는 사례연구를 통하여 나타난 불확실성과 위험거버넌스의 유형에 대해 다시 요약하고, 불확실성의 유형별 대응인 위험거버넌스 전략을 정리한다.

제 1 절 불확실성

앞에서 논의된 신기술과 신종재난 사례를 통하여 다양한 유형의 불확실성이 분석되었다. 각 사례별로 제시된 불확실성을 Funtowicz 그룹이 제시한 세 가지 불확실성의 유형 - 기술적 불확실성, 방법적 불확실성, 인식론적 불확실성 - 에 따라 분류하면 다음의 〈표 7-1〉과 같다. 기술적 불확실성은 측정에서의 오류를 말하며, 방법적 불확실성은 서로 다른 측정방법 및 그 방법을 사용한 전문가에 대한 신뢰와 관련되며, 인식론적 불확실성은 이해집단의 가치와 사실 간의 결합에 의해 나타나는 "불확정성"과 지식의 절대적 한계와 관련된 "무지"를 의미한다.

1. 인식론적 불확실성

바이오기술사례에서 자연에 존재하는 유기체와 유전자가 동일한 유전자조작물질(GMO)의 경우 서로 동일하냐, 아니냐와 관련된 "실질적 동등성" 논의는 대표적인 인식론적 불확실성이다. 바이오기술에 대한 보다 강력한 규제를 찬성하는 이해집단은 실질적 동등성을 인정하지 않으며, 반대로 바이오기술에 적극적 지원을 옹호하는 이해집단은 이 개념을 인정한다. 이 논쟁에서, 과학적 사실과 사회적 가치가 서로 이질적인 결합을 한다. 그리하여 이 논쟁은 과학적 사실의 논쟁이면서 동시에 사회적 논쟁이다. 바이오기술의 규제에 대한 이해집단의 가치 차이가 GMO와 자연물 간의 동일성에 대한 과학적 사실에 개입되어 있다. 이것이 바로 인식론적 불확실성이며, 이러한 가치-사실의 동맹에 의해 만들어진 불확실성은 새로운 과학적 지식의 획득으로 쉽게 해결되지 않는다. 이해집단들은 상대집단이 아무리 그럴듯한 과학적 사실을 제시하더라도 인정하지 않으려 하는 경향이 있다.

나노기술의 인식론적 불확실성은 나노기술의 인체적, 환경적, 사회적 영향에 대한 사회적 논쟁으로부터 생산되었다. 첫째, 나노기술이 질병극복의 기술인지, 유

〈표 7-1〉 각 사례별 불확실성

	기술적 불확실성	방법적 불확실성	인식론적 불확실성
바이오 기술 (GMO)			① 실질적 동등성 ② 바이오기술의 영향(인체, 환경) ③ 사회 · 경제적 불확실성
나노 기술			나노기술 영향의 불확실성 ① 인체적 영향: 질병극복 vs. 유해 & 독성 ② 환경적 영향: 환경문제해결 vs. 환경오염("회색점액질 논쟁") ③ 사회적 영향: 국가경쟁력 및 삶의 질 vs. 나노불평등, 프라이버시침해, 군사기술화
신종 전염병 (광우병)		치아판별법	① 광우병의 원인: 바이러스 vs. 프리온 ② SRM의 범위 등 ③ 잠복기와 진행상황
기후 변화	기후변화 통계분석의 오차 – 기후변화 온도 상승 오차	기후변화의 측정방법 및 모델 ① 산소동위원소법, 꽃가루성분법 ② 기상학 모델*	① 기후변화 발생원인: 인간 vs. 자연 ② 기후변화의 진행속도와 강도* ③ 불가역적 문턱의 존재유무와 지점 ④ 기후변화영향의 불확실성(생태계, 물, 농업, 환경)

※ *의 경우는 방법적 불확실성과 인식론적 불확실성의 혼합된 형태라 볼 수 있다.

해 및 독성의 물질을 양산하는 기술인지, 둘째 나노기술이 환경문제를 해결할 수 있는지, 아니면 환경오염을 촉발할 것인지, 셋째 나노기술이 국가경쟁력을 향상시키고, 삶의 질을 개선할 것인지, 아니면 나노기술에 의해 불평등이 심화되고, 프라이버시가 침해되며, 군사기술로 활용될 것인지 등 나노기술의 영향에 대한 인식론적 논쟁이 발생하였다.

한 가지 흥미로운 사실은 나노기술에서 "회색점액질(grey goo)" 논쟁도 바이오기술의 실질적 동등성과 매우 유사한 인식론적 불확실성을 양산하는 논쟁이라 할 수 있다. 즉, 바이오기술에서는 자연에 존재하는 물질과 유전자 변형식물(GMO) 간의 동등성에 관련한 인식론적 논쟁이 있었다면, 나노기술의 경우 바이오기술과 나노기술 간의 유사성논쟁이 초창기부터 존재하였다. 나노기술의 아버지인 에릭 드렉슬러(Eric Drexler)가 제시한 나노기술의 모습은 바로 바이오기술의 확장이었다. 드렉슬러는 바이오기술을 최초의 나노기술이라 불렀다. 빌 조이(Bill Joy)에 의해 만들어진 나노기술의 디스토피아적 미래상인 회색점액질(grey goo) 시나리오는 바로 드렉슬러가 제시한 나노기술과 바이오기술 간의 유사성에 기초한 것이었다. 회색점액질이란 나노입자가 여기저기로 돌아다녀 통제 불가능한 것을 말한다. 이것은 GMO의 유전자가 다른 식물로 전이되는 현상과 유사한 시나리오이다. 이처럼 회색점액질 논쟁은 바이오기술의 유전자 전이 논쟁의 나노기술로의 확장이라고 할 수 있다.

나노기술과 바이오기술의 유사성과 관련한 인식론적 불확실성은 나노기술 관련 사회적 논쟁과 밀접한 연관관계를 갖는다. 나노기술 정책에 있어 바이오기술정책은 하나의 거울상이었다. 나노정책과 바이오정책 간의 비교는 나노기술에 대한 규제정책 논쟁 속에 재생산된다. 나노기술에 대한 많은 정책담론들이 GMO의 틀 속에서 만들어졌다. 예를 들어, 나노기술에 대한 규제를 보다 옹호하는 사람들은 바이오기술의 규제에 활용되었던 ELSI의 효과에 대해 의문을 제기하고, 보다 참여적인 위험거버넌스를 주장하였다. 이처럼, 나노기술과 바이오기술 간의 유사성 관련 과학적 사실 논쟁이 나노기술 규제와 관련한 사회적 논쟁과 결합하여 인식론적 불확실성을 생산한다.

광우병사례에도 인식론적 불확실성이 존재한다. 광우병이 프리온(Prion) 단백질로부터 발생하느냐, 바이러스로부터 발생하느냐의 논쟁은 대표적인 인식론적 불확성의 사례이다. 프리온 단백질론을 주장한 스탠리 프루지너가 노벨상을 수상하면서, 프리온 이론이 정통이론으로 인정되고 있으나, 바이러스 이론에서 주장했던 병원체의 "계통적 다양성"을 프리온 단백질 단일이론은 충분히 설명하지 못하고 있다. 계통적 다양성이란 광우병이 종 간의 장벽을 쉽게 넘어서 발병한다는 것을 말하며, 종 간의 장벽을 넘어서 병원체가 유사한 형태로 발병한다면, 병원체는 동일한 유전적 정보를 가지고 있음을 의미하나, 프리온 이론은 이점에 대해 충분히 설명을 하지 못하고 있다는 것이다(김기흥 2009). 이처럼 수십 년간의 광우병의 원인에 대한 과학적 연구에도 불구하고, 광우병의 정체는 여전히 불확실하며, 우리가 모르는 부분들이 많다.

광우병 병원체와 관련된 인식론적 불확실성은 "불확정성"과 "무지"의 특성을 동시에 가지고 있다. 이것은 바이러스론과 프리온이론을 주장하는 대립된 과학자 집단 간 인식론적 논쟁으로 "불확정성"과 관련한다. 더불어, 그러한 원인들 간의 논쟁에도 불구하고 여전히 인간 지식의 한계가 있다는 측면에서 "무지"에 해당한다. 단, 프리온과 바이러스 간의 광우병 병원체의 인식론적 논쟁은 유전자 조작 물질(GMO)에서의 인식론적 논쟁과 차이가 있다. 유전자조작 식품논쟁에서 유전자 조작 농산물과 자연적 농산물 간의 "실질적 동등성"과 관련된 인식론적 논쟁은 생명공학에 대한 찬성 · 반대와 관련된 정치적 논쟁과 직접적인 연관이 있다. 하지만, 광우병 병원체에 대한 인식론적 논쟁에서 프리온 이론이 우세하게 된 것은 광우병 관련 이해집단 간의 정치보다는, 과학자 집단 내부의 논쟁과 관련한다.

기후변화 사례에서도 이러한 인식론적 불확실성이 나타난다. 기후의 온도가 상승하고 있다는 데 있어서는 대부분의 사람들이 동의를 하지만, 이러한 기후변화가 자연적인 현상인지 아니면 인간활동에 의한 이산화탄소 배출에 의해 초래되었는지에 대해서는 여전히 논란이 되고 있다. 현재, 세계 주요 국가들은 IPCC의 견해에 동의를 하고 있지만, 소수의 과학자들은 - 이와 같은 주장을 하는 과학자들 중 석유기업의 이해를 대변하는 사람도 있음. - IPCC의 입장이 과장되었다고 주장하기도 한다. 이러한 기후변화의 원인에 관련된 논쟁은 사회적 맥락의 차이에 의해 불확실성이 생산되는 인식론적 불확실성(즉, "불확정성")에 해당한다. 이외에도 기후변화의 파급효과 및 문턱의 존재에 대해서는 여전히 인간의 인지의 한계가 존재한다. 이것은 바로 인식론적 불확실성 중의 하나인 "무지"에 해당한다.

2. 방법적 불확실성

기후변화와 광우병사례에서 방법적 불확실성이 발견되었다. 기후변화의 경우 기후변화에 대한 측정방법 및 모델에 대한 불확실성이 존재한다. 예를 들어, 산소동위분석법과 꽃가루 성분법 등의 측정방법 및 기상학 모델에 대한 불확실성이 발생한다. 광우병의 경우 광우병 검사 방법인 치아판별법에 대한 불확실성이 존재한다. 이와 같이 전문가들이 사용하는 측정방법 및 모델에 대한 불확실성을 방법적 불확실성이라 정의할 수 있다.

하지만, 이러한 방법적 불확실성은 사실상 인식론적 불확실성과 중첩되어 나타나곤 한다. 서로 다른 이해 집단이 서로 다른 과학적 방법에 대해 더 신뢰를 보낼 경우 방법론적 불확실성이 인식론적 불확실성과 결합되어 나타난다고 할 수 있다. 예를 들어, 기후변화의 진행속도와 강도를 설명하는 데 있어서 이해집단의 인식의 차이가 동원된 모델과 분석기법들 간의 차이와 결합될 때는 방법론적 불확실성이면서, 인식론적 불확실성이 될 수 있다.

제 2 절 위험거버넌스

본 연구에서 진행된 사례 연구에 나타난 위험 정책을 1) 기술관료주의적 접근법, 2) 점증주의적 접근법, 3) 사전예방적 접근법, 4) 참여/숙의민주주의적 접근법에 따라 분류하면 다음의 〈표 7-2〉와 같다. 앞의 이론적 고찰에서 제시한 바와 같이 이러한 접근법들은 기술관료주의적 접근법과 참여/숙의민주주의적 접근법을 제외하고 항상 분명하게 구별되는 것은 아니며, 사례에 따라 융합되어 나타난다. 예컨대, 점증주의적 접근법과 사전예방적 접근법은 사례에 따라 기술관료주의적 접근법 및 참여/숙의적 접근법과 중첩되어 존재할 수 있다. 따라서, 〈표 7-2〉에서는 이러한 중첩 가능성을 고려하여 점선으로 표시하였다.

바이오기술의 경우 미국은 기술관료주의적 접근법에 기초한 정책을 추진하고 있으며, 유럽은 사전예방적, 참여주의적 접근법을 채택하고 있다. 우리나라의 경우는 기술관료주의적 접근법과 참여주의적 접근법 등이 혼재되어 존재한다. 미국에서 채택하고 있는 실질적 동등성에 기반한 기술관료주의적 접근법은 인식론적 불확실성에 대응하는 데 충분하지 못하다. 인식론적 불확실성은 사회적 맥락과 밀접하다는 것을 이해할 필요가 있다. 말하자면, 국가별 사회적 맥락에 따라 인식론적 불확실성은 상이하게 구성된다. 미국의 경우 GMO에 대한 긍정적인 사회적 인식이 높기 때문에 인식론적 불확실성이 사회적인 논쟁의 중요 요소가 되지 못한다. 그러므로 과학주의에 기반한 기술관료주의적 정책에 대한 사회적 수용성이 매우 높다. 하지만, 유럽이나 우리나라의 경우는 다르며, 인식론적 불확실성이 사회적 논쟁의 주요한 부분을 차지한다. 이러한 경우 기술관료주의적 정책은 사회적 반발을 낳는다. 그러므로 위험 정책을 추진할 때 국가적, 사회적 맥락을 고려하면서 추진하는 것이 매우 중요하다. 사회적 환경이 다름에도 불구하고, 선진국이라는 이유로 외국정책을 무비판적으로 추종할 경우 기대하는 정책효과를 창출하기 힘들다.

나노기술 사례에서는 자율규제, 모라토리엄, 참여 민주주의적 거버넌스 등이 위험정책으로 제시되고 있으나, 현재 미국을 비롯한 주요 선진국에서 참여민주주의적 거버넌스는 거의 대세라고 할 수 있다. 유럽 및 미국 등을 통하여 "합의회의(Consensus conference)"와 "실시간기술영향평가(real-time technology assessment)"가 광범위하게 이루어지고 있다. 이러한 정책은 사전예방적 접근과 참여민주주의적 접근의 중첩된 형태라고 볼 수 있다. 즉, 나노기술의 연구개발이 현재 진행 중인 상황에서 미래사회에 미칠 수 있는 위험 및 윤리를 미리 고려하는 "선견적 거버넌스(anticipatory governance)"를 추진한다는 측면에서 사전예방적이며, 합의회의나 시민여론조사를 통하여 시민의 가치가 연구개발에 반영될 수 있다는 측면에서 참여민주주의적 접근이라 할 수 있다. 이러한 접근법들은 불확실성에 대응하는 데도 매우 효과적일 수 있다. 첫째, 나노기술의 미래에 대한 다양한 시나리오를 개발함으로써 나노기술의 수많은 경로에 대해 예측하고, 특정한 방향으로 유도함으로써 인식론적 불확실성(즉, 무지)에 대응한다. 둘째, 시민의 가치가 연구개발과 결합함으로써, 나노기술의 인식론적 불확실성(즉, 불확정성)에 의해 야기될 수 있는 전문가 및 관료에 대한 불신 및 사회적 갈등을 해소하고, 기술개발에 대한 공동의 책임의식을 증진시킬 수 있다.

광우병사례에서는 소검사방법, SRM과 사료의 규제 범위에 대한 입장에 따라 기

〈표 7-2〉 각 사례별 위험거버넌스 정책 유형

<table>
<tr><th></th><th>기술관료주의</th><th>점증주의</th><th>사전예방주의</th><th>참여/숙의민주주의</th></tr>
<tr><td>바이오기술
(GMO)</td><td>실질적 동등성
기반 과학주의</td><td></td><td>GMO 표시제</td><td>① 합의회의
② 구성적 기술영향평가</td></tr>
<tr><td>나노기술</td><td></td><td></td><td>실시간
기술영향평가</td><td>① 합의회의
② 나노배심원제</td></tr>
<tr><td rowspan="2">신종전염병
(광우병)</td><td colspan="2">특정 비율 조사</td><td>① 전수검사
② 이력추적제</td><td rowspan="2">① 합의회의
② 시민배심원제
③ 이해관계자 대화</td></tr>
<tr><td colspan="3">SRM 및 사료 규제 정책</td></tr>
<tr><td>기후변화</td><td>전문가위원회를 통한 전략적 역량구축</td><td>이행관리</td><td>① 완화정책
② 적응정책</td><td>시민참여 학습</td></tr>
</table>

※ 점선은 서로 다른 정책적 접근법 간 혼용의 가능성이 있음을 의미

술관료주의와 사전예방 간의 다양한 정책적 스펙트럼이 존재한다. 미국의 경우 가장 기술관료주의적 접근에 가깝고, 유럽은 사전예방적 접근과 참여민주주의적 접근을 채택하고 있다. 일본의 경우는 사전예방적 접근을 채택하고 있다. 전수조사는 오염물질의 무방출(zero discharge)과 관련된 것으로, 사전예방적 접근이라 할 수 있다. 반대로 특정비율의 소만 검사하는 것은 기술관료적 또는 점증주의적 접근이라 할 수 있다. SRM의 범위와 관련해서도 기술관료주의와 사전예방주의로 구분이 가능하다. 이것은 사전예방적 접근에서의 "가외시스템(redundant system)" 시스템의 구축과 관련된다. SRM의 부위가 보다 더 포괄적일수록 가외성을 보다 더 고려한 것이므로, 사전예방적 성격이 강하다고 볼 수 있다.

광우병의 경우 사전예방적 접근이 필요하다. 첫째, 광우병 병원체에 대한 과학적 지식이 여전히 불확실하므로 확률론에 근거한 기술관료주의는 그 한계가 있다. 둘째, 시행착오에 의한 점증주의적 접근법도 광우병의 위험에 대응하는 데 한계가 있다. 광우병의 경우 점증주의적 접근법은 특정비율의 소만 검사하고, 향후 문제가 생길 경우 조치를 취하는 방법이다. 문제는 광우병의 경우 그 잠복기가 매우 길어 그 증상이 수십 년 후에 발생할 수 있다는 점에서, 점증주의적 접근법의 한계가

존재한다. 즉, 점증주의적 접근이 효과적으로 나타나기 위해서는 시행착오와 피드백의 기간이 짧아야 하지만, 광우병의 경우 그 기간이 너무 길다. 따라서, "지능적 시행착오(intelligent trial and error)"가 제대로 일어날 수 없다. 셋째, 광우병은 한 번 걸리면 거의 모두 사망한다. 광우병에 걸릴 확률이 다른 질병에 비해 크게 높지 않음에도 불구하고, 100%의 치사율은 엄청난 공포를 일으켰으며, 그 사회적 비용은 엄청났다. 광우병이 발생한 영국의 축산업은 세계 각국의 규제에 의해 완전히 궁지에 몰렸으며, 거의 도산할 처지에 놓였다. 우리나라도 2008년 여름 미국 쇠고기의 수입과 관련한 광우병 논란으로 몸살을 앓았다. 한미 자유무역협정의 일환으로 수입이 결정된 미국산 쇠고기에 대한 광우병 위험 공포가 인터넷을 통하여 증폭되고, 많은 학생들과 시민들이 거리로 나와 촛불 시위를 벌였다. 이 사태는 광우병 위험의 불확실성과 이에 따른 공포가 얼마나 많은 사회적 비용을 지출하는지를 보여 주었다. 광우병이 한국에서 발생할 경우 우리나라 축산업 수출 및 국가 브랜드에 심각한 치명상을 입힐 수 있다. 따라서, 광우병을 해결하기 위해서는 사전예방원칙을 통해 해결하지 않으면 안 되지만, 이 원칙은 우리 정부에 의해 받아들여지지 않았으며, 오히려 광우병 발생 확률에 대한 과학적 논의를 통하여 문제의 본질을 회피해 왔다.

기후변화 정책은 사전예방적 접근을 기본으로 하되, 그 실행방식에서 기술관료주의, 참여민주주의, 점증주의 등 타정책적 접근법과의 융합에 의해 일어나고 있다. 기후변화 정책은 완화와 적응의 두 가지로 정책을 구분할 수 있다. 완화는 탄소배출을 줄임으로써 기후변화의 원인을 차단하려는 정책이며, 적응은 미래에 일어날 수 있는 기후변화의 피해에 대비하여 인프라의 구축 및 재해 보험 등 다양한 정책적 조치를 마련하는 것이다. 최근 세계 각국은 완화로부터 적응으로의 전환을 추진하고 있다. 기후변화는 현재 진행되고 있지만, 보다 큰 잠재적 위험을 방지하기 위해 사전에 대처한다는 측면에서 완화와 적응정책은 사전예방적 접근이라 할 수 있다. 하지만 구체적인 접근방식에 있어서 완화 및 적응정책은 기술관료주의적 접근 및 참여적 접근과 융합되어 나타날 수 있다. 탄소거래세 도입과 재해 보험 또는 전략적 역량구축을 위한 전문가위원회의 활용은 기술관료주의적 접근과 사전예방적 접근 간의 결합으로 볼 수 있으며, 재난에 대한 민관합동 학습 및 사회적 복원력(social resilience)의 구축을 위해 다양한 사회집단 간 사회적 자본과 네트워크를 구축하는 것은 사전예방적 접근과 참여민주주의적 접근의 융합으로 평가될 수 있다. 완화와 적응정책의 진행에 대해 "이행관리"를 추진하고, 단계적인 접근법을 추구한 경우에는 사전예방적 접근법과 점증주의적 접근 간의 결합이라고 볼 수 있다.

하지만, 이러한 사전예방적 접근들은 새로운 불확실성에 직면하고 있다. 이는 정책실행의 불확실성으로 "무지"에 해당한다. 세계 각국은 기후변화 적응정책을 기후변화 완화정책과 무관하게 다루고 있다. 최근에 세계 각국이 이산화탄소 절감에 중점을 둔 완화정책으로부터 적응정책으로의 전환을 추진하는 것은 바람직한 방향이라 볼 수 있다. 그럼에도 불구하고, 완화정책과 적응정책 중 어느 하나만을 고려하는 것을 바람직하지 않다. 하지만, 대부분의 국가들이 완화전략과의 상호관계를 전혀 고려하지 않고, 적응전략을 도출해 내는 것은 매우 문제가 많다고 할 수 있다. 물론, 모든 적응전략이 완화전략과 관계가 있는 것은 아니다. 하지만, 특정 기후변화 대응전략은 완화전략이면서 적응전략이기에 서로 상보적인 효과를 가질 수도 있으며, 특정 적응전략은 기후변화의 완화에 부정적인 영향을 초래할 수 있다(Howard 2009).

하지만, 대부분의 국가들이 이러한 측면에 대해서 전혀 고려하지 않고 적응전략을 완화전략과 무관한 형태로 제시하는 경향이 있다. 더불어, 대부분의 세계국가들은 완화전략과의 관계를 고려하지 않을 뿐만 아니라, 적응전략 간의 상호관계도 전혀 고려하지 않는 경향이 있다. 기후변화의 적응전략에는 무수한 형태가 존재하고, 각각의 적응전략 간에는 충돌이 일어날 수 있다. 특히, 토지 이용방식에 있어 재해에 따라 서로 상충되는 효과를 낳을 수 있다. 예컨대, 홍수와 가뭄 등 서로 상반적인 재해가 동일한 지역에서 나타날 수 있기에, 홍수에 대응한 적응전략은 가뭄에 대응하는 적응전략과 충돌을 일으킬 수도 있으며, 서로 도움을 줄 수도 있다. 하지만, 세계 각국은 이러한 적응전략 간의 상호관계를 거의 고려하지 않고, 각각의 재해 유형별 적응 전략을 소개하고 있는 실정이다.

제 3 절 불확실성 유형별 위험거버넌스 전략

기술관료주의적 접근을 추구하는 많은 학자 및 정책전문가들은 과학이 위험의 불확실성을 모두 해결해 줄 수 있다고 믿는 경향이 있다. 하지만, 위험정책이란 항상 한정된 시간 내에 의사결정을 해야 하고, 이러한 시간적 한계 속에서 과학이 정책결정자에게 충분한 지식을 제공하지 못하는 경우가 매우 허다하다. 특히, 사회 속에서 이해집단 간의 충돌로 논란이 일어날 경우 과학이 이러한 논쟁의 해결사 역할을 하기는 쉽지 않다. 이는 기술관료적 전문성에 대한 무용론을 의미하는 것이 결코 아니다. 오히려, 특정한 유형의 불확실성에 있어 과학기술적 전문성은 매우 효과적이나, 모든 불확실성을 해결하는 만병통치약은 아니라는 것이다.

기술관료주의적 접근법이 해결할 수 있는 불확실성은 기술적 불확실성과 방법론적 불확실성이다. 하나의 측정 방법의 반복에서 비롯된 오차와 관련된 기술적 불확실성의 경우, 통계적 중요성(statistical significance)을 설정하는 기술 표준을 만들 수 있다. 서로 다른 측정방법 및 모델을 사용할 때 나타나는 방법적 불확실성은 전문가 델파이조사에 의한 수많은 전문가들 간의 협의를 통하여 불확실성을 해결할 수 있다. 예를 들어, 기후변화와 관련하여 IPCC는 이러한 역할을 수행한다. IPCC는 다양한 모델과 측정방법을 활용하는 전 세계의 수많은 전문가들을 동원하여 기후변화의 미래에 대한 표준 시나리오를 만든다.

하지만, 인식론적 불확실성은 기술표준이나 전문가 동료심사 및 델파이 조사로 쉽게 해결할 수 없다. 인식론적 불확실성은 이해집단의 가치관이 과학적 지식과 결합하거나, 현재의 지식의 부족에 의해 나타나는 것으로, 기술관료주의적 접근법으로 쉽게 해결되지 않는다. 기술관료주의적 접근은 이해집단의 가치가 지식에 개입되어 불확실성이 생산될 때 가치와 사실 또는 정치와 과학적 사실을 분리(demarcate)하려고 한다. 즉, 이해집단의 정치적 영향으로부터 자유로운 독립적인 전문가집단이 존재한다면, 객관적인 사실에 도달할 수 있다는 가정이다. 이 접근법에서 전문성은 가치중립적인 것이다. 하지만, 위험정책의 역사에서 전문가는 이러한 가치중립성을 충분히 가지고 있지 못했으며, 객관성은 과대 포장되어 왔다.

물론, 인식론적 불확실성이 특정 전문가 집단 간의 논쟁으로 국한될 경우 전문가 위원회를 통하여 가능할 수 있지만, 전문가 집단을 넘어 다른 사회집단(예: 시민단체 및 정치집단)으로 논쟁이 확대될 경우에는 기술관료주의적 접근법은 효용성이 매우 낮아지며, 참여민주주의에 기반한 정책이 보다 필요하다. 이와 같이 사회적 맥락 속에서 이해집단가치의 차이에 의해 생성되는 불확실성을 불확정성(indeterminacy)이라 부른다. 불확정성을 해결하기 위해서는 전문가 및 관료 등 정책결정자 그리고 이해집단 간의 신뢰와 위험정책 수립에서의 절차적 정당성이 매우 중요해진다. 참여적, 숙의적 접근법이 필요한 것은 기술관료주의적 접근법보다 불확실성을 해결하는 데 더 효과적이기 때문인 것은 아니다. 참여적, 숙의적 접근법이 기술관료주의적 접근법보다 불확실성의 해결에 보다 효과적일 수 있다는 보장은 결코 없다. 불확실성은 전문가와 시민 중 어느 누구의 편도 아니다. 오히려 불확실성이 높기 때문에 사회적 합의와 절차적 정당성이 필요하고, 정치가 필요한 것이며, 참여적, 숙의적 접근법이 그 하나의 방법인 것이다. 다양한 사회집단이 의사결정에 참여함으로써 사회적 지능을 활용하여 불확실성에 대응하고, 사회적 합의에 의해 만들어진 정책에 대해 공동책임을 지는 것이 필요하다.

불확실성이 인간 지식의 절대적 한계와 관련한 “무지”에 해당할 경우에는 사전예방적 접근법과 점증주의적 기법이 필요하다. 최악의 시나리오를 예상하고, 그 위험에 견딜 수 있는 가외시스템(redundant system)을 구축하고, 위험에 대한 안전의 증명을 잠재적 위험 생산자에게 부담시킨다. 불확실성이 높을 경우 정책을 한꺼번에 추진하지 말고, 정책에 우선순위를 두어 단계적으로 추진하여 정책의 유연성을 높이고, 시행착오로부터 얻는 경험을 통해 오류를 시정하여 불확실성에 대응하도록 해야 한다. 또한, 정책실행정보에 대한 신속한 피드백 시스템을 마련하여 문제가 발생할 경우 신속하게 정책을 변경할 수 있도록 해야 한다.

마지막으로, 불확실성에 대응(cope)하는 위험 정책을 만드는 데 있어 가장 중요한 것은, 불확실성은 위험정책의 하나의 이상 현상으로써 제거해야 할 대상이 아니라, 위험정책의 본질적 부문이라는 것이다. 산위로 굴러 올려야 하는 시지프스 신화의 돌처럼, 불확실성은 위험정책의 벗어 던질 수 없는 숙명과 같은 것이다. 불

〈표 7-3〉 불확실성 유형별 대응 전략

불확실성의 유형		대응 전략	정책사례(예시)
기술적 불확실성	부정확성	• 기술관료주의적 접근법 –위험–편익분석 –시행착오기법	–안전지수 –기술표준
방법적 불확실성	비신뢰성	• 기술관료주의적 접근법 –위험에 대한 메타분석(i.e. 위험 간 비교분석) –전문가 동료 심사	–전문가 델파이 조사 –전문가 위원회 구성
인식론적 불확실성	무지	• 지능적 시행착오 기법(점증주의적 접근법) –정책 집행의 단계화/우선 순위선정을 통한 정책 실행 –대체물질/수단의 개발 –유연한 대응전략 허용을 통한 정책의 유연성 확보	–우선순위 설정 –신속한 위험정보 피드백 시스템 구축 –이행관리
		• 사전 예방적 접근 –대상 위험 물질의 고립(containment) –조직 및 사회 공동체의 복원력(resilience) 구축 등 적응력 증진 –재난관련 보험의 활용 –위험생산사 안선성 증빙 부남	–무방출 (zero discharge) –전수검사 –재해보험 –탄소거래세 –실시간 기술영향 평가
	불확정성	• 참여적 접근 –이해당사자의 정책 참여 증진 –위험 소통 및 사회적 담론 증진	–합의회의 –시민배심원제 –구성적 기술영향 평가 –대중역학

※ 점선은 서로 다른 정책적 접근법 간 혼용의 가능성이 있음을 의미

확실성은 위험정책 전문가에게 하나의 실존적 한계이다. 그것은 벗어 던진다고 해서 버릴 수 있는 것이 아니다. 인간이 아무리 지식을 많이 확보한다고 하더라도 그 지식은 잠정적인 것이며, 절대적인 한계 즉 무지는 벗을 수 없는 짐이다.

이 연구에서 제시된 대안적 접근법도 단지 불확실성에 대응할 뿐, 불확실성을 완전히 제거할 수는 없다. 이 접근법들도 또 다른 불확실성에 계속해서 노출되는

것이고, 시지프스가 산 아래로 뛰어 내려가 굴러 내려간 돌을 다시 올려야 하듯이 위험정책 전문가들은 새로운 불확실성에 다시 직면해야 하는 것이다. 대안적 접근법들은 불확실성을 극복하는 방식을 제공하는 것이 아니라, 불확실성에 적응하는 방식을 제공하는 것이다.

또한, 불확실성은 지식의 문제일 뿐만 아니라 사회적 현상이라는 것을 이해할 필요가 있다. 불확실성은 사회 속에서 인간의 다양한 활동에 의해 끊임없이 생산되고 증폭된다. 불확실성은 위험 정책 및 위험 정치의 하나의 자원으로 동원된다. 따라서, 불확실성에 대응하기 위해서는 과학뿐만 아니라, 정치가 필요하다. 위험정책 수립과정의 절차적 정당성의 획득 그리고 전문가, 관료, 정치인에 대한 신뢰 등과 같은 정치적인 요소들이 위험정책에 필수적이다.

불확실성이 위험정책에 주는 가장 중요한 함의는 바로 성찰성(reflexivity)이다. 불확실성에 대한 인식은 위험정책에 관여하는 모든 이해당사자들이 – 즉, 전문가, 관료, 시민, 기업 등 – 그들 자신들의 의사결정에 대한 한계를 인식하고 성찰성을 갖게 한다. 그러므로 위험정책은 정부의 특정한 법, 제도에 입각한 과정(rule-based process)을 넘어서, 모든 이해당사자들이 참여하는 하나의 성찰적 학습(reflexive learning process)이 되어야 한다.

참고문헌

국내 문헌

강기갑 의원 홈페이지. http://gigap.net

건강을위한약사회. http://www.pharmacist.or.kr

경향신문. (2009.4.18). "한 · 미 정상회담 '선물'에 집착…1주일만에 '졸속'".

고대신문. (2005.10.31). 위험평가 기능 독립으로 수입식품 안전기준 높여야.

교육과학기술부 · 한국과학기술정보연구원. (2009). 나노기술연감 2008.

국민건강을위한수의사연대. http://www.vetnews.or.kr/news/read.php?idxno=53

권원태. (2005). 기후변화의 과학적 현황과 전망. Journal of Korean Meteorological Society, 41(2-1): 325-336.

______. (2008). 국제적 기후변화 현황. 국제평화, 5(1): 37-63.

권원태 · 구교숙 · 부경온. (2007). IPCC WGI 평가보고서 주요 내용 비교를 통한 기후변화에 관한 과학적 진보. Atmosphere, 17(4): 483-492.

기술영향평가위원회. (2004). 2003 기술영향평가보고서(안). 한국과학기술기획평가원.

김광수 경제연구소. (2008.5.20). 일본과 비교해보면 기막힌 광우병 대책. 경제연구소. http://igreenish.egloos.com/366163

김동광. (2001). 생명윤리기본법을 둘러싼 논의. 과학기술정책, 11(5): 36-49. 과학기술정책연구원.

김기흥. (2009). 광우병 논쟁. 해나무.

김명진. (2004). 나노기술, 꿈인가, 악몽인가? 창비 웹매거진. 6월호.

_____. (2008). GM 식품 논쟁의 현주소. 시민과학, 72(5): 19-26.

김용선. (2004). 광우병과 변종 크로이츠펠트 야콥병. 가정의학회지, 25(7).

김우주. (2008.10.22). 국경 뛰어넘는 전염병의 역습. 중대신문.

김은진. (2009). GMO, 유전자 조작 밥상을 치워라. 도솔출판사.

녹색성장위원회. (2009a). 국가 온실기체 중기(2020년) 감축목표 설정 추진계획. (2008/08/04).

_____. (2009b). 국가 온실기체 중기(2020년) 감축목표의 설정방안. (2008/11/05).

농림부. (2008). GM 농산물의 개발 및 관리 동향. 농림부.

농식품안전정보서비스. http://www.agros.go.kr:8084/sebf

데일리 NK. (2008.6.4). "日 광우병 전수검사= '국민 신경안정제' 아시나요?".

동아일보. (2008.6.4). 광우병 파문의 사회 심리학.

리처드 로즈. (2006). 죽음의 향연. 사이언스 북스.

문화일보. (2001.2.20). 광우병의 모든 것: 발생지 영국에서 배운다.

메디칼 업저버. (2003.1.16). '아미로이드 플라크' 로 vCJD · sCJD 구별: vCJD 발병 '코돈 129번' 다형성과 연관, 광우병 소고기서 감염 높아.

미국 동식물 검역소(APHIS). www.aphis.usda.gov

미국 식품안전 검사국(FSIS). www.fsis.usda.gov

미국 육류 수출협회 홈페이지. http://www.usmef.co.kr

민중의 소리. (2008.7.24). 식품안전 종합대책, '종합' 만 있고, '대책' 이 없다.

박병원 외. (2007). 2006년도 나노소재 기술영향평가보고서. 과학기술부, 한국과학기술기획평가원.

박상표(2006). 미국산 쇠고기가 광우병에 안전하지 않는 이유. http://cafe.naver.com/

madcowlmo.cafe

_____. 우리가 알지 못했던 인간광우병의 위험. 함께사는길. 10월호.

박은수(2007). 먹지 않을 권리는 어떻게 보장할 것인가. 함께사는길. 9월호.

박현철. (2007). 문명의 야만, 광우병 쇠고기 권하는 사회. 함께사는길. 9월호.

박희제. (2008). 기후변화 논쟁을 통해 본 환경과학의 역할과 성격. ECO, 12(1): 183-216.

박희주. (2008). 소비자위험 커뮤니케이션 활성화 방안 연구. 한국소비자원.

사이언스타임즈. (2007.9.21). 투명성이 최선-가공 없이 정보 공개.

서울시민네트워크. http://cafe.naver.com/eseoul2007/507

성지은. (2008). 기술위험 유형에 따른 관리 전략과 기술위험 거버넌스 비교 분석: 광우병(BSE)을 중심으로. 행정논총, 46(1): 63-91.

성지은 · 정병걸. (2007). 탈추격형 혁신체제에서의 기술 위험 관리. 과학기술학연구, 7(1): 33-66.

성지은 · 정병걸 · 송위진. (2007). 탈추격형 기술혁신의 기술위험 관리. 과학기술정책연구원.

송위진 외. (2007). 탈추격형 기술혁신체제의 모색. 과학기술정책연구원.

송위진. (2006). 기술혁신과 과학기술정책. 르네상스 스투리움.

식품의약품안전청. (2002). 알기쉬운 유전자재조합식품 표시제.

_____. (2004). 소비자에게 올바른 정보를 제공하기 위한 유전자재조합식품 표시제 관리동향. 수입식품과, 식품의약품안전청.

_____. (2008). 알기쉬운 유전자재조합 식품 Q&A.

_____. (2009). 유전자재조합식품에 대한 이해.

식품정보센터 홈페이지. http://infocenter.kfri.re.kr/

식품환경신문. (2009.4.2). 식품정책의 방향과 과제(2).

신동호. (2003). 나노의 반란? 나노튜브 동물실험에서 독성 확인. 과학동아. 4월호.

아시아경제. (2009.8.25). "농식품차관 '식품 위험관리, 한 부처로 통합 필요'".

여성신문. (2006.11.10). 광우병 불감증 걸린 한국사회.

연합뉴스. (2005.5.15). 광우병 특집.

_____. (2005.11.21). 식품안전행정 일원화 외국에선 어떻게 했나.

우석균. (2006.4.28). 미국산 쇠고기는 광우병에 안전하지 않다. 국회공청회 자료집.

우희종. (2008.8.11). 정부의 광우병 소설 쓰기. 프레시안.

_____. (2008.10). 축산물 안전에 대한 국내 정책. 월간소비자.

윤미은 · 김두환. (2002). 포커스 그룹. 참여연대 시민과학센터 편. 과학기술 · 환경 · 시민참여. 한울아카데미.

윤순진. (2007). 영국과 독일의 기후변화정책. ECO, 11(1): 43-95.

_____. (2009a). 저탄소 녹색성장의 이념적 기초와 실재. ECO, 13(1): 219-338.

_____. (2009b). 기후변화 대응을 둘러싼 사회갈등 예방과 완화를 위한 거버넌스의 모색, 국정관리연구, 4(1): 125-160.

이상협 외. (2005). 2005년도 나노기술영향평가보고서. 과학기술부, 한국과학기술기획평가원.

이영희. (2004). 나노기술을 둘러싼 사회적 쟁점 연구. 과학기술학연구, 4(1).

이은경. (2007). 한국의 나노기술: 초기 정책 형성과 사회적 수용을 중심으로. 과학기술학연구, 7(1).

이인식. (2002). 나노 시대가 온다. 이인식 편. (2002). 나노기술이 미래를 바꾼다. 김영사.

이혜경. (1999). 시민운동 속의 생명공학. 참여연대 과학기술민주화를 위한 모임. 진보의 패러독스. 당대.

인도주의실천의사협의회 성명과 논평. (2006/4/18). http://www.humanmed.org/

임현진 외. (2003). 한국사회의 위험과 안전. 서울대학교 출판부.

정기혜. (2005). 식품안전관리체계의 세계적 동향과 시사점. 국제사회보장동향.

정병걸 · 성지은. (2008). 정치화된 위험과 기술위험 관리의 실패. 과학기술학연구, 8(2).

정영평 · 이곤수. (2008). 유전자변형생명체(GMO) 규제의 정치; 규제삼각형과 옹호연합모형의 결합을 통한 EU의 GMO 규제 역동성 분석. 행정논총, 46(1): 33-62.

정태인. (2008). 광우병의 경제학: 사전예방인가, 사후약방문인가. http://www.pressian.com

정해관. (2006). 다시 수입되는 미국산 쇠고기 광우병은 안전한가. 함께사는길. 7월호.

조선일보. (2008.6.22). 일본은 '쇠고기 개방' 어떻게 했나.

조성은 · 김선혁. (2006), 정책결정요인으로서의 제도, 이해 그리고 아이디어; EU · 한국 · 미국의 GMO 표시정책 비교연구. 행정논총, 44(3): 121-152.

조용성. (2008). 기후변화레짐과 거버넌스: 기후변화협약과 교토의정서. 국제평화, 5(1): 101-131.

조현석. (2008). 과학기술정책 거버넌스. 과학기술학연구, 8(1): 29-54.

조황희 외. (2006). 나노기술 영향평가에 관한 국내외 동향. 혁신정책 Brief, 제16호. 과학기술정책연구원 .

최지현 외. (2004). 선진국의 식품안전 관리체계와 국내 도입방안. 한국농촌경제연구원 보고서.

쿨머니. (2008.10.13). 법과 시장: 멜라민의 식품법.

Food News. (2009.8.21). 송기호 변호사의 식품법 칼럼 ③ 식품안전기본법의 풍경.

프레시안. (2003.12.30). 미국에 대해 단호히 'NO' 라 말한 일본.

_____. (2006.5.4). 광우병 쇠고기 먹는다고 다 광우병 걸리지 않는다?

_____. (2006.6.28). 인간광우병 안전지대는 없다…진단 못할 뿐.

_____. (2006.9.6). 도대체 뭘 보고 정부를 믿으란 말인가: 미국산 쇠고기, 일본 정부는 이렇게 했다.

_____. (2008.5.5). 미국과는 너무 다른 유럽의 광우병 대책.

_____. (2009.5.6). 신종 독감바이러스가 인류에 보내는 경고. 창비주간논평.

피어스 프레드. (2002). 멕시코 옥수수 스캔들. 번역 박사로한, 김명진, 시민과학, 39(8): 38-41.

한겨레신문. (2008.5.6). 참여정부 세운 '광우병 원칙' 모두 무너트려.

한국농어촌사회연구소. (2005). 국내 GMO 수입 · 가공 · 유통 현황 및 표시제 개선 방안에 관한 연구. 한국생명공학연구원.

한국바이오안전성정보센터. (2009). 바이오안전성백서 2009. 한국바이오안전성정보센터.

한국식품개발연구원. (2002). 농축산물 안전관리제도 개선에 관한 연구. 농림부.

한재각. (2002). 위험사회에 대한 시민사회의 대응: 사전예방원칙. 시민과학. http://blog.peoplepower21.org/PSPD/6834

허남혁. (2000). 우리의 안전한 먹거리를 위하여 - 국내외 GMO 반대운동의 현황과 전망. 권영근. (2000). 위험한 미래 - 유전자조작식품이 주는 경고. 당대.

현택환. (2002). 거대한 나노기술: 나노기술 개요. 이인식 편. 나노기술이 미래를 바꾼다. 김영사.

홍성기. (2008). 광우병과 사전예방의 원칙. 계간 시대정신. 가을호.

국외 문헌

Adger, W. N. & Vincent, K. (2005). Uncertainty in Adaptive Capacity. C. R. Geoscience, Vol. 337: 399-410.

Adger, W. N. (2001). Scales of Governance and Environmental Justice for Adaptation and Mitigation of Climate Change. Journal of International Development, Vol. 13: 921-931.

Allhoff, F. & Lin, P. (eds.) (2009). Nanotechnology and Society: Current and Emerging Ethical Issues. Springer.

Allhoff, F., Lin, P., Moor, J. & Weckert, J. eds. (2007). Nanoethics: The Ethical and Social Implications of Nanotechnology. John Wiley & Sons.

Altmann, J. & Gubrud, M. (2002). Risks from Military Uses of Nanotechnology. Roco, M. & R. Tomellini eds. Nanotechnology: Revolutionary Opportunities and Societal Implications. 3rd Joint EC-NSF Workshop on Nanotechnology and Society, (June 21-22), Princeton, NJ.

Arnall, A. (2003). Future Technologies, Today's Choices: Nanotechnology, Artificial Intelligence and Robotics. Greenpeace Environmental Trust.

Asselt, B.A Marjolein & Vos., E. (2008). Wrestling with Uncertain Risks; EU Regulation of GMOs and the Uncertain Paradox, Journal of Risk Research. 11(1-2): 281-300.

Baer, P. & Risbey, J. S. (2009). Uncertainty and Assessment of the Issues Posed by Urgent Climate Change-An Editorial Comment. Climate Change, Vol. 92: 31-36.

Barber, B. (1984). Strong Democracy: Participatory Politics for a New Age. Berkeley: University of California Press.

Barden, D., Fisher, E., Selin, C. & Guston, D. (2008). Anticipatory Governance of Nanotechnology: Foresight, Engagement, and Integration. Hackett, E. et al.

eds. The Handbook of Science and Technology Studies. Cambridge, MA: MIT Press.

Bennett, M. (2004). Does Existing Law Fail to Address Nanotechnoscience? IEEE Technology and Society Magazine. winter.

Bennett-Woods, D. (2008). Nanotechnology: Ethics and Society. London: CRC Press.

Berube, D. (2006). Nano-Hype: The Truth Behind the Nanotechnology Buzz. New York: Prometheus Books.

Bowman, D. & Hodge, G. A. (2006). Nanotechnology: Mapping the Wild Regulatory Frontier. Futures, 38.

_____. (2007). Nanotechnology and Public Interest Dialogue: Some International Observations. Bulletin of Science, Technology & Society, 27(2).

_____. (2008). 'Governing' Nanotechnology without Government? Science and Public Policy, 35(7).

Bruin, K, et al. (2009). Adapting to Climate Change in the Netherlands: An Inventory of Climate Adaptation Options and Ranking of Alternatives. Climate Change, Vol. 95: 23-45.

Bueno, O. (2006). The Drexler-Smally Debate on Nanotechnology: Incommensurability at Work? Schummer, J. & D. Baird eds. Nanotechnology Challenges: Implications for Philosophy, Ethics and Society. Singapore: Wold Scientific Publishing Co.

Coleman, J. (1986). Individual Interests and Collective Action. Cambridge: Cambridge University Press.

Collingridge, D. (1993). Management of Scale, New York: Routledge.

Collingridge, D. & Reeve, C. (1986). Science Speaks to Power: The Role of Experts in Policy Making. New York: St. Martins.

Costanza, R., & Cornwell, L. (1992). The 4p approach to dealing with scientific uncertainty. Environment, 34(9): 12.

Craye, M., Funtowicz, S. & van der Sluijs, J. P. (2005). A Reflexive Approach to Dealing with Uncertainties in Environmental Health Risk Science and Policy. International Journal of Risk Assessment and Management, 5(2/3/4): 216-236.

_____. A Reflexive Approach to Dealing with Uncertainties in Environmental Health Risk Science and Policy. International Journal of Risk Assessment and Management, 5.

Cvetkovich, G. & Loefstedt, R. (1999). Social Trust and the Management of Risk. London: Earthscan.

Davies, J. (2006). Managing the Effects of Nanotechnology. Washington, DC: Woodrow Wilson International Center for Scholars.

DEMOS. (2006). Governing at the Nanoscale. London: DEMOS.

digital BOSA. (2005.11.29). 행정체계 일원화는 국제적 대세.

Doubleday, R. (2007). Risk, Public Engagement and Reflexivity: Alternative Framings of the Public Dimensions of Nanotechnology. Health, Risk and Society. 9(2).

Drexler, E. & Peterson, C. 한정환 외 역. (1995)[1991] 나노 테크노피아. 세종서적.

Drexler, E. (2002)[2001]. 나노 비전/기계 단계의 나노테크 박성근 편역. 작은 나노의 큰 세상. 과학과 문화.

Dryzek, J. S. (1994) Discursive Democracy: Politics, Policy, and Political Science, Cambridge, MA: Cambridge University Press.

_____. (2009). Promethan Elites Encounter Precautionary Publics; The Case of GM Foods. Science Technology & Human Values, 34(3). 263-288.

_____. et al. (2002). Environmental Transformation of the State: the USA, Norway, Germany and the UK Political Studies, Vol. 50: 659-682.

Edna, E. F., Jelsoe, E & Breck, T. (2001). Publics at the technology table; the consensus conference in Denmark, Canada, and Australia. Public Understanding of Science, 10(1): 83-98.

Einsiedel, E. & Goldenberg, L. (2004). Dwarfing the Social? Nanotechnology

Lessons from the Biotechnology Front. Bulletin of Science, Technology & Society, 24(1).

Epstein, S. (1995). The Construction of Lay Expertise. Science, Technology and Human Values, 20(4).

Fiorino, D. (1990). Citizen Participation and Environmental Risk: A Survey of Institutional Mechanisms. Science, Technology and Human Values, 15(2).

Fischer, F. (2000). Citizens, Experts and the Environment: The Politics of Local Knowledge, Durham and London: Duke University Press.

Fisher, E. & Mahajan, R. (2006). Contradictory Intent? US Federal Legislation on Integrating Societal Concerns into Nanotechnology Research and Development. Science and Public Policy, 33(1).

Fisher, E. (2005). Lessons Learned form the Ethical, Legal and Social Implications Program (ELSI): Planning Societal Implications Research for the National Nanotechnology Program. Technology in Society, 27.

Fisher, E., Selin, C. & Wetmore, J. (2008). The Yearbook of Nanotechnology in Society. Springer.

Funtowicz, S. & Ravetz, J. R. (1992). Three Types of Risk Assessment and the Emergence of Post-Normal Science. Krimsky, S. & D. Golding. eds., Social Theories of Risk. Westport, CT: Praeger.

_____. (1993). Science for the Postnormal Age. Futures, (September 1993): 739-755.

Gaskell, G., Eyck, T., Jackson, J. & Veltri, G. (2005). Imagining Nanotechnology: Cultural Support for Technological Innovation in Europe and the United States. Public Understanding of Science. 14.

Gavelin, K., Wilson, R. & R. Doubleday. (2007). Democratic Technologies? The Final Report of the Nanotechnology Engagement Group. Involve.

Gibson et al. (2005). Sustainability Assessment. London, U.K.: Earth Scan.

Gieryn, T. E. (1995). "Boundaries of Science" in Sheila Jasanoff, Gerry Markle,

James Peterson, and Trevor Pinch, edit., Handbook of Science and Technology, SAGE.

Granberg, N., & Elander, I. (2007). Local Governance and Climate Change: Reflections on the Swedish Experience. Local Environment, 12(5): 547-548.

Groot, R. S. et al. (2006). Climate Adaptation in the Netherlands. Netherlands Environmental Assessment agency. Bilthoven.

Guston, D. & Sarewitz, D. (2002). Real-Time Technology Assessment. Technology and Society. 24(1-2).

Hallegatte, S. (2009). Strategies to Adapt to an Uncertain Climate Change. Global Environmental Change, Vol. 119: 240-247.

Haraway, D. (1997). Modest_@Second_Millenium.Female Man©_Meets_OncoMouse™; Feminism and Techonoscience, Routledge New York, London.

Hargendijk, R. & Kallerud, E. (2003). Changing Conceptions and Practices of Governance in Science and Technology in Europe: A Framework for Analysis. STAGE(Science, Technology and Governance in Europe) Discussion Paper 2, March 2003.

Heinzerling, L. (2008). Health Regulation and Governance: Climate Change, Human Health, and the Post-Cautionary Principle. The Georgetown Law Jounal, Vol. 96: 445-460.

Hilgartner, S. (2000). Science on Stage: Expert Advice as Public Drama. Stanford, CA: Stanford University Press.

Hodge, G., Bowman, D. & Ludlow, K. (2007). New Global Frontiers in Regulation: The Age of Nanotechnology. Cheltenham: Edward Elgar.

Hovland, C., Janis, I. & Kelley, H. (1953). Communication and Persuasion (New Haven, CT: Yale University Press).

Howard, J.(2009). Climate Change Mitigation and Adaptation in Developed Nations: A Critical Perspective on the Adaptation Turn in Urban Climate Planning. in Davoudi, S. Crawford J. and Mehmood, A. Planning for Climate

Change: Strategies for Mitigation and Adaptation for Spatial Planners. 19-32. London: Earthscan.

Hulme, M. & Turnpenny, J. 2004. "Understanding and Managing Climate Change: The UK Experience," The Geographical Journal. Vol. 170, No. 2: 105-115.

Hunt, G. & Mehta, M. eds. (2008). Nanotechnology: Risk, Ethics and Law. London: Earthscan.

IPCC. (2005). Climate Change 2007: Synthesis Report. The Third Assessment Report (TAR).

______. (2007). Climate Change 2007: Synthesis Report. The Fourth Assessment Report (AR4).

IRGC. (2007). Nanotechnology Risk Governance: Recommendations for a Global. Coordinated Approach to the Governance of Potential Risks. Geneva: IRGC.

Irwin, A. (1997). Citizen Science. New York: Routledge.

______. (2006). The Politics of Talk: Coming to Terms with the 'New' Scientific Governance. Social Studies of Science. 36(2).

Jamison Andrew & Erik Baark. (1990). Modes of Biotechnology Assessment in the USA, Japan and Denmark. Technology Analysis & Strategic Management, 2(2): 111-127.

Jasanoff, S. (1991). The Fifth Branch: Science Advisors as Policy Makers. Harvard.

______. (1996). Science at the Bar, Cambridge, MA: Harvard University Press.

Jesper, T. (2005). Denmark's Regulation of Agri-biotechnology; Co-existence Bypassing Risk Issues, Science and Public Policy, 32(4). 293-300.

Joseph, L. M., & Susan, C. (2007). Recasting "Substantial Equivalence", Transatlantic Governance of GM. Food, Science, Technology & Human Values, 31(1): 26-64.

Joy, B. (2002)[2000]. 왜 우리는 미래에 필요 없는 존재가 될 것인가. 이인식 편. 나노기술이 미래를 바꾼다. 김영사.

Kasperson, E. R. (1992). The Social Amplification of Risk; Progress in Developing an Integrative Framework. in Krimsky, S. & Golding, D. (eds.). Social Theories of Risk. PRAEGER.

Kay, A. L. et al. (2009). Comparison of Uncertainty Sources for Climate Change Impacts: Flood Frequency in England. Climate Change, Vol. 92: 41-63.

Kelly, P. M. & Adger, W. N. (2000). Theory and Practice in Assessing Vulnerability to Climate Change and Facilitating Adaptation. Climatic Change, 47(4): 325-352.

Krimsky, S. (1984). Epistemic Considerations on the Value of Folk-Wisdom in Science and Technology. Policy studies Review 3(2): 246-262.

Krimsky S. & Nora, K. M. (2002). Biotechnology at the Dinner Table; FDA's Oversight of Transgenic Food, Annals of the American Academy of Political and Social Science. ANNALS, 584(Nobember, 2002): 80-96.

Lafferty, W. (2004). From Environmental Protection to Sustainable Development: The Challenge of Decoupling through Sectoral Integration. in W. Lafferty (ed.) Governance for Sustainable Development. Edward Elgar: Cheltenham.

Lash, S., Szersynski, B. & Wynne, B. (eds.) (1996). Risk, Environment and Modernity. London: Sage.

Lassen, J. & Jamison, A. (2006). Genetic Technologies Meet the Public, The Discourse of Concern. Science Technology & Human Values, 31(1): 8-28

Lassen, J. (2006). Changing Modes of Biotechnology Governance in Denmark, STAGE(Science, Technology and Governance in Europe) Discussion Paper 3.

Levidow, L. (2001). Precautionary Uncertainty; Regulating GM Crops in Europe. Social Studies of Science, 31(6): 842-74

Lindblom, C. E. & Woodhouse, E. J. (1993). The Policy-Making Process. Englewood Cliffs. NJ: Prentice Hall.

Liso, K. R. (2006). Integrated Approach to Risk Management of Future Climate

Change Impacts. Building Research & Information, 34(1): 1-10.

Lofstedt, R. E. (2005). Risk Management in Post-Trust Societies. London: Earthscan.

Lundqvist, L. (2004). Sweden and Ecological Governance: Straddling the Fence. Manchester University Press.

Macnaghten, P., Kearnes, M. & Wynne, B. (2005). Nanotechnology, Governance, and Public Deliberation: What Role for the Social Sciences?. Science Communication, 27(2).

Martin, P. (1998). From Eugenics to Therapeutics; The Impact of Opposition on the Development of Gene Therapy in the USA. in Peter Wheale et al, edit. (1998). The Social Management of Genetic Engineering. Ashgate.

Mayer, S. (2002). From Genetic Modification to Nanotechnology: The Dangers of 'Sound-Science'. Gilland, T. et al. eds., Science: Can We Trust the Experts? Hodder & Stoughton.

Meadowcroft, J. (2009). Climate Change Governance. the World Bank Policy Working Paper 4941 (of The World Bank).

Mehta, M. (2004). From Biotechnology to Nanotechnology: What Can We Learn from Earlier Technologies? Bulletin of Science, Technology & Society, 24(1).

Meridian Institute. (2005). Nanotechnology and the Poor: Opportunities and Risks. www.merid.org.

Metlay, D. (1999). Institutional trust and confidence: A journey into a conceptual quagmire, in: G. T. Cvetkovich & R. E. Löfstedt (Eds) Social Trust and the Management of Risk (London: Earthscan).

Ministry of the Environment. (2009). The Government's Climate Policy. Sweden.

Mnyusiwalla, A., Daar, A. & Singer, P. (2003). 'Mind the Gap': Science and Ethics in Nanotechnology. Nanotechnology 14.

Mol, A. & Law. J. (1994). Regions, Networks and Fluids; Anaemia and Social Topology, Social Studies of Science, 24(4): 641-672.

Morone, J. G. & Woodhouse, E. J. (1986). Averting Catastrophe: Strategies for Regulating Risky Technologies. Berkeley, CA: University of California Press.

Mouffe, C. (1993). The Return of the Political. London: Verso.

Mulhall, D. (2004)[2002]. 노용한 역. 분자혁명과 준비된 미래. 한티미디어.

Murphy, J., Levidow, L. & Carr, S. (2006). Understanding the US-European Union Conflict over Genetically Modified Crops. Social Studies of Science, 36(1): 133-160.

Nelkin, D. (eds.) (1992). Controversy, Politics of Technical Decisions (3rd.). Sage Publications. London, New Delhi.

Nye, J., Zelikow, P. & King, D. (1997). Why People Don't Trust Government Harvard: Harvard University Press.

Philbrick, M. & Barandiaran, J. (2009). The National Citizens' Technology Forum: Lessons for the Future. Science and Public Policy. 36(5).

Raffensperger, C., & Tickner, J. A. (eds.) (1999). Protecting public health and environment: Implementing the precautionary principle. Washington, DC: Island Press.

Ratner, M. & Ratner, D. 김희봉 역. (2004)[2003]. 미래를 위한 기술, 나노테크놀로지. 야스미디어.

Ren O. (2008). Risk Governance, Coping with Uncertainty in a Complex World, Earthscan. London. Stirling, VA

Renn, O. & Roco, M. et al. (2006). Nanotechnology Risk Governance. Geneva: IRGC.

Renn, O. & Levine, D. (1991). Credibility and trust in risk communication, in: R. Kasperson & Stallen. P-J. (eds.) Communicating Risks to the Public (Dordrecht: Kluwer).

Responsible Nano Code. (2007). Terms of Reference. London.

Roco, M. & Tomellini, R. eds. (2002). Nanotechnology: Revolutionary Opportunities and Societal Implications. 3rd Joint EC-NSF Workshop on

Nanotechnology.

Roco, M. & Bainbridge, W. eds. (2001). Societal Implications of Nanoscience and Nanotechnology: NSET Workshop Report. National Science Foundation.

Roco, M. (2003). Broader Societal Issues of Nanotechnology. Journal of Nanoparticle Research 5.

Sandler, R. (2006). The GMO-Nanotech (Dis)Analogy? Bulletin of Science, Technology & Society, 26(1).

Schneider S. H. & Lane. J. (2006). An Overview of 'Dangerous' Climate Change. International symposium on stabilisation of greenhouse gas concentrations, avoiding dangerous climate change, 2006: 7-24

Schneider, A. L., & Helen, I. (1997). Policy Design for Democracy (Lawrence, KS: University Press of Kansas.)

Siegrist, M., Earle, T. & H. Gutscher. (2007). Trust in Cooperative Risk Management. London: Earthscan.

Smalley, R. (2002)[2001]. 나노 오류/화학, 사랑, 그리고 나노봇. 박성근 편역. 작은 나노의 큰 세상. 과학과 문화.

Stationary Office of the UK. (2008). Climate Change Act 2008.

Stirling, A. (2005). Opening Up or Closing Down? Analysis, Participation and Power in the Social Appraisal of Technology. Scoones, I & B. Wynne eds. Science and Citizens. London: Zed Books.

______. (eds.) (2001). On Science and Precaution in the Management of Technological Risk. European Commission Joint Research Centre.

Stone, D. (2000). Policy Paradox: The Art of Political Decision Making. New York: Norton.

Swedish Ministry of the Environment. (2008). The Government's Climate Policy.

Taylor-Gooby, P. (2006). Social Divisions of Trust: Scepticism and Democracy in the GM Nation? Debate. Journal of Risk Research. 9(1),: 75-95(January 2006).

______. (2008). Risk Governance and Public Trust.

The Ecologist. (2003). Special Report: Nanotechnology. The Ecologist May.

The ETC Group. (2003). The Big Down: From Genomics to Atoms. The ETC Group.

The Royal Society & The Royal Academy of Engineering. (2004). Nanoscience and Nanotechnologies: Opportunites and Uncertainties. The Royal Society & The Royal Academy of Engineering.

UNESCO. (2009). Report by the World Commission on the Ethics of Scientific Knowledge and Technology (COMEST) on the Ethical IMplication of Global Climate Change. Hundred and eighty-second session.

UK Climate Impact Programme. (2003). Climate Adaptation: Risk, Uncertainty and Decision-Making. UKCIP Technical Report.

UK Defra. (2009). Adapting to Climate Change: UK Climate Projections.

WBGU(German Advisory Council on Global Change). (1998). Welt im Wandel. Handlungsstrategien zur Bewältigung globaler Umweltrisiken. Jahresgutachten. Berlin et al.: Springer.

Weber, E. P. (2008). Financing and Managing Climate Change: Assumptions, Science, and Governance Responses. Political Science, 60(1): 133-149.

Weiss, C. (2003). Scientific Uncertainty and Science-based Precaution. International Environmental Agreements: Politics, Law and Economics, Vol. 3: 137-166.

Wheale R. P. et al, (eds.) (1998). The Social Management of Genetic Engineering, Ashgate.

Whitman, J. (2007). The Governance of Nanotechnology. Science and Public Policy, 34(4).

Wilsdon, J. (2004). Nanotechnology, Risk, and Uncertainty. IEEE Technology and Society Magazine. winter.

Wood, S., Jones, R. & A. Geldart. (2003). The Social and Economic Challenges of Nanotechnology. ESRC.

Woodhouse, E. J. (1996). When expertise goes awry, and when it proves helpful. Paper presented at Technical Expertise and Public Decisions: 1996 International Symposium on Technology.

Woodhouse, E. J., & Nieusma, D. C. (2001). "Democratic Expertise," in Hischemoller et al., (eds.), Knowledge, Power, and Participation in Environmental Policy Analysis. New Brunswick, NJ: Transaction Publishers.

Woodrow Wilson Center for Scholars. (2007). A Nanotechnology Consumer Products Inventory. http://www.nanotechproject.org

Wynne, B. (1992). Public understanding of science research, Public Understanding of Science, 1(1): 37-43.

_____. (1996). May the Sheep Safely Graze: A Reflexive View of the Expert-Lay Knowledge Divide. In S. Lash, B. Szerzynski, B. Wynne. (eds.) (1996). Risk, Environment, and Modernity: Toward a New Ecology. Newbury Park, CA: SAGE.

http://gigap.net/sub.asp?pageindex=pf&pfindex=view&page=11&id=211&refno=211&levelno=0&sequence=0

http://infocenter.kfri.re.kr/bbs/doc_board.asp?site=2&num=42

http://infocenter.kfri.re.kr/bbs/doc_board.asp?site=2&num=45

http://pds9.egloos.com/pds/200805/05/70/aaa.hwp

http://www.cbef.co.kr/main.php?type=industry&page=1

http://www.cjd.ed.ac.uk/index.htm.

http://www.cjfeed.com/php/pds/view.php3?code=pds_cow&id=20

http://www.fas.usda.gov/dlp/BSE/bse.html#BSE%20Surveillance

http://www.maff.go.jp/work/press0109919

http://www.nofta.or.kr/webbs/view.php?board=nofta_19&id=10&page=1

http://www.scienceshop.or.kr

http://www.strategy.gov.uk/seminars/social_capital/index.asp.

http://www.usda.gov/oig/webdocs/50601-10-KC.pdf

찾아보기

연구진 약력

■ 연구 책임자

• **정지범**
소속 및 직책: 한국행정연구원 연구위원
학위: 도시공학 박사
관심분야: 위험관리, 갈등관리, 도시계획

• **김은성**
소속 및 직책: 한국행정연구원 부연구위원
학위: 과학기술학 박사
관심분야: 위험정책, 환경정책, 보건정책, 생명윤리, 과학기술정책, 과학기술사회학

■ 참여 연구진
(가나다 순)

• **김동광**
소속 및 직책: 고려대학교 과학기술학연구소 연구교수
학위: 과학기술사회학 박사
관심분야: 과학기술과 사회, 대중의 과학이해, 위험커뮤니케이션

• **성지은**
소속 및 직책: 과학기술정책연구원 부연구위원
학위: 행정학 박사
관심분야: 과학기술정책, 과학기술행정체제, 기술위험관리

• **윤순진**
소속 및 직책: 서울대학교 환경대학원 부교수
학위: 환경 · 에너지정책학 박사
관심분야: 기후변화의 정치경제학, 환경 · 에너지의 정치경제학, 환경거버넌스, 공유지관리, 환경사회학

• **이영희**
소속 및 직책: 가톨릭대학교 사회과학부 교수
학위: 사회학 박사
관심분야: 과학기술과 사회, 정보사회학, 환경사회학, 위험거버넌스

자연재해 및 국가위기 발생시 국가적 종합위기 관리방안연구 3편

불확실성에 대응하는 위험거버넌스

– 신기술 및 신종재난을 중심으로 –

2009년 12월 25일 초판 인쇄
2009년 12월 31일 초판1쇄 발행

편저자 김 은 성
발행인 배 효 선

발행처 도서출판 法 文 社

413-756 경기도 파주시 교하읍 문발리 526-3
등 록 1957. 12. 12 / 제2-76호(윤)
TEL 031) 955-6500~6 FAX 031) 955-6525
e-mail (영업): bms@bobmunsa.co.kr
(편집): edit66@bobmunsa.co.kr
홈페이지 http://www.bobmunsa.co.kr

조 판 법 문 사 전 산 실

정가 22,600원 ISBN 978-89-18-02352-6